21世纪高等学校
经济管理类规划教材
高校系列

INTERNATIONAL MARKETING

国际市场营销学

✚ 顾春梅 李颖灏 主编

ECONOMICS AND MANAGEMENT

人民邮电出版社
北京

图书在版编目（CIP）数据

国际市场营销学 / 顾春梅，李颖灏主编. -- 北京 : 人民邮电出版社，2013.9（2022.12重印）
21世纪高等学校经济管理类规划教材
ISBN 978-7-115-32503-7

Ⅰ. ①国… Ⅱ. ①顾… ②李… Ⅲ. ①国际营销－高等学校－教材 Ⅳ. ①F740.2

中国版本图书馆CIP数据核字(2013)第177109号

内 容 提 要

本书共分为六个部分：第一部分是国际市场营销概述；第二部分是国际市场营销的环境；第三部分是国际营销战略决策；第四部分是国际市场营销组合策略；第五部分讨论国际营销管理过程；第六部分介绍国际营销的发展趋势，包括国际市场服务营销和网络时代的国际营销。

本书可作为各类高等院校工商管理类专业学生的教材，也可供从事国际营销活动的市场实战精英阅读。

◆ 主　　编　顾春梅　李颖灏
责任编辑　武恩玉
责任印制　彭志环　焦志炜
◆ 人民邮电出版社出版发行　北京市丰台区成寿寺路 11 号
邮编　100164　电子邮件　315@ptpress.com.cn
网址　https://www.ptpress.com.cn
北京盛通印刷股份有限公司印刷
◆ 开本：787×1092　1/16
印张：18　2013 年 9 月第 1 版
字数：420 千字　2022 年 12 月北京第 7 次印刷

定价：39.00 元

读者服务热线：(010)81055256　印装质量热线：(010)81055316
反盗版热线：(010)81055315

前 言 Forward

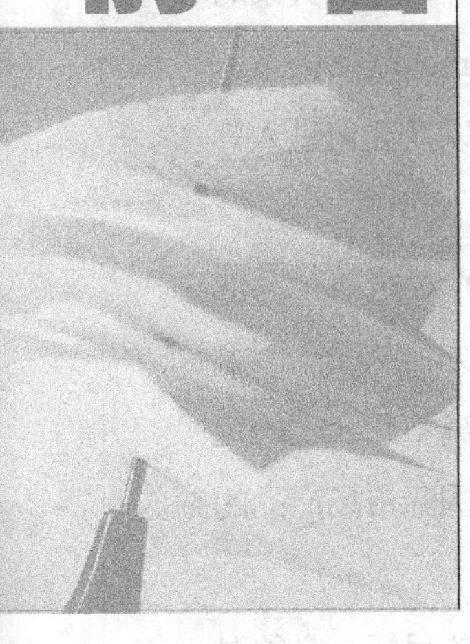

随着经济全球化的发展，企业面对的是复杂多变的全球市场。如何深入研究国际市场营销环境，运用国际市场营销理论，更好地把握国际市场的特点，制定科学的国际市场营销策略，已成为世界各国企业共同关注的问题，也是中国企业更快更好走向世界的重要课题。

中国加入WTO已经十余年，这意味着中国已经全面参与经济全球化的进程。随着我国对外开放程度的提高，越来越多的跨国公司进入中国市场，我国企业在国内市场上就面临激烈的国际竞争，企业不仅需要学会在国内市场上与国际大公司过招，更要主动进发国际市场，积极参与国际竞争，全面分享经济全球化的利益。但是，目前中国企业的国际营销处于初级阶段。特别是全球金融危机发生后，中国企业的国际营销活动面临更大的挑战。中国企业如何迅速融入全球化时代，有效地进行国际营销决策还有很长的路要走。本书的出版，希望能对我国企业的国际化经营提供一定的理论指导，使更多的中国企业能更快走向国际市场，在国际市场上取得更好的发展。

本书的内容共分为六个部分：

第一部分是国际市场营销概述，包括第一章国际市场营销学导论，主要介绍了国际市场营销学的产生和发展、国际市场营销的内涵和特点以及企业开展国际营销活动的动因。

第二部分是国际市场营销的环境研究，它主要包括：第二章国际市场营销的人口、经济与自然环境，第三章国际市场营销的政治法律环境，第四章国际市场营销的社会文化环境。这一研究顺序是符合国际市场营销决策程序的，首先，一个国家的人口、经济、自然环境客观地反映了该国的市场吸引力，如果通过这些环境因素的分析发现一个国家具有市场吸引力，则可进一步通过分析研究该国的政治法律环境，以确定该国市场的可进入性。当企业进入一个国家后要在市场上站稳脚跟，则必须进一步研究该国的社会文化环境，以提高企业及其产品的市场适应性。而企业要把握环境因素及其发展趋势，则需要进行国际市场营销调研，为国际市场营销决策提供依据。

第三部分讨论的是国际市场营销战略决策，它是本书的重点。主要包括：第五章国际市场分析、第六章国际市场营销调研，这是企业进行国际目标市场选择和进入决策的前提；第七章是国际市场细分与目标市场战略决策，第八章是国际市场进入战略决策，它主要解决企业是否需要进入国际市场、进入哪个（些）目标国家市场以及如何进入等一系列战略问题。

第四部分讨论的是国际市场营销组合策略。其中，第九章国际市场产品决策是其他各项营销组合决策的基础；第十章是国际市场分销决策，它要解决产品如何从一个国家的生产者转移到另一个国家的消费者手中的问题，而要实现这一转移，离不开合理的定价决策和有效的沟通决策。因此，第十一章和第十二章我们将分别讨论国际市场产品的定价决策和沟通决策。

第五部分讨论国际市场营销管理过程。要实现企业的国际市场营销的目标，必须对国际市场营销活动加以管理与协调，这部分内容包括第十三章国际市场营销的计划、组织与控制。

第六部分介绍国际市场营销的发展趋势。随着时代的发展变化，国际市场营销的内容和方式也在不断发展和变化，在这里主要讨论国际市场的服务营销和网络化对企业开展国际市场营销的影响。它包括第十四章国际市场服务营销和第十五章网络时代的国际市场营销。

本书的最大特色是每章开头都有明确的学习目标和要把握的重点，并由案例引出所要讨论的内容，可以激发学生的学习兴趣；每章内容的主要知识点后有相关的精选案例和全球视野，便于学生更好地把握理论、开阔视野；每章结尾后设有本章小结，使学生对每章的主要内容有清晰的认识，复习思考题可以帮助学生对每章的一些主要问题进行反复练习和深入思考。

本书由顾春梅和李颖灏主编，全书共十五章，其中顾春梅编写了第一章、第二章、第三章、第四章、第七章、第八章、第九章、第十一章；李颖灏编写了第六章、第十章、第十二章；宋金柱编写了第五章、第十四章；鲁敏编写了第十三章、第十五章。本书在编著过程中汲取和引用了国内外许多专家学者的研究成果，在此，对有关专家学者一并表示感谢。由于国际市场营销理论与实践处于不断发展中，加上笔者水平有限，书中难免存在缺陷，敬请读者批评指正。

顾春梅

2013 年 5 月于浙江工商大学

目 录 Contents

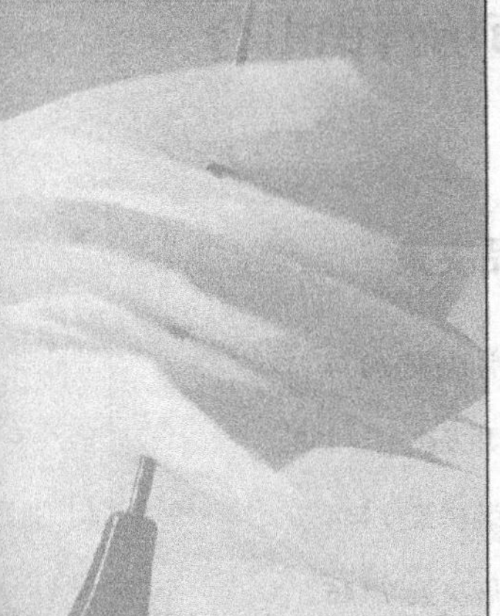

第一部分　国际市场营销概述

第二部分　国际市场营销的环境研究

第三部分　国际市场营销战略决策

第五章　国际市场分析

第六章　国际市场营销调研

第七章　国际市场细分与目标市场战略决策

第八章　国际市场进入战略决策

第四部分　国际市场营销组合策略

第九章　国际市场产品决策

第十章　国际市场分销决策

第十一章　国际市场产品定价决策

第十二章　国际市场沟通决策

第五部分　国际市场营销管理过程

第十三章　国际市场营销的计划、组织与控制

第六部分　国际市场营销的发展趋势

第十四章　国际市场服务营销

第十五章　网络时代的国际市场营销

1

第一部分

国际市场营销概述

第一章 国际市场营销学导论

【本章学习目标】

- 了解国际市场营销学的产生和发展；
- 掌握国际市场营销的含义和特点；
- 把握国际市场营销的动因。

【导入案例】

耐克公司（Nike）始建于1962年，最初公司名称是蓝带体育用品公司（Blue Ribbon Sports），主营体育用品。该公司特别关注专门为运动员设计高质量的跑鞋。其创始人菲利浦·奈特(Philip Knight)深信，只要将生产环节向国外转移，以富有竞争力的价格生产专门面向跑步者的高科技跑鞋是可行的。可以说，致力于为专业或准专业运动员设计创新运动鞋使得耐克在美国消费者中逐渐拥有了大批忠实粉丝。1985年，耐克与运动新星——迈克尔·乔丹签约，让他担任公司代言人。1988年，耐克公司花费2000万美元第一次推出“Just Do It”的广告活动。随着耐克公司向欧洲市场扩张，该公司发现对于欧洲人来说，美国风格的广告显得过于激进。于是，耐克公司开始积极赞助青年联赛、当地俱乐部和各个国家队。1994年，耐克公司迎来最大转折，其赞助的巴西队获得世界杯冠军，这一成功改变了耐克在欧洲的形象，从帆布胶底运动鞋的企业形象转变成代表情感、忠诚和身份的品牌形象。到2003年，耐克公司海外市场的销售收入首次超过了美国市场的销售收入。2007年，耐克公司收购了茵宝(Umbro)——一家生产足球运动鞋、运动服和足球设备的英国制造商，提高了耐克公司在足球领域的影响力，成为世界上100多个职业足球队唯一球衣供应商。2008年北京奥运会期间，耐克公司努力开拓国际市场，尤其是中国市场，通过赞助中国运动队和美国男子篮球队员产生巨大影响力。那一年，耐克公司在亚洲地区的销售增长了15%，达到了33亿美元，其国际部门的收入占公司总收入的53%。今天，耐克公司占据全球运动鞋市场的31%，占据美国市场的50%，耐克已成为世界第一大运动鞋服制造商，2009财年其全球收入超过190亿美元。①

第一节 国际市场营销学及其研究对象

一、国际市场营销学及其产生和发展

（一）国际市场营销学

国际市场营销学（International Marketing），简称国际营销学，是一门研究企业如何向一国以上

① 资料来源：菲利普·科特勒等著，《营销管理》（原书第15版），格致出版社 & 上海人民出版社 2012（8）：31～32。

的消费者或用户提供商品和劳务，以获得全球利益最大化的学科，它是一门建立在市场营销学基础上的高级市场营销学。

(二) 国际市场营销学的产生和发展

任何理论都源于实践。同样，国际市场营销学的产生也是因为国际市场营销实践的发展，需要相应的理论来指导。

国际市场营销的实践由来已久，正如美国国际市场营销学家根基所说“国际市场营销是世界上一种古老的职业”，古代国际商人是国际市场营销的最早实践者。如我国公元前五世纪就有丝绸的国际市场营销，当时，我国的丝绸经甘肃，由新疆出境，销往希腊、罗马和印度等国家，受到当地消费者的喜爱。

但真正意义上的国际市场营销出现在产业革命以后。产业革命以前，资本主义国家的市场或贸易是由商业资本控制的，产业资本比较弱小，还不能支配自己的国内外市场。在这种产业资本从属于商业资本的情况下，生产企业无论是在国内市场还是国际市场上都不可能对产品从生产者到达消费者手中的全过程加以策划和引导，也就不可能有现代意义上的国际市场营销。产业革命以后，资本主义企业完成了从工场手工业到机器大工业的历史性转变，资本主义的生产力空前提高，产业资本迅速增长，壮大起来的产业资本为了争夺国内和国际市场，开始支配和控制其市场销售活动，摆脱商业资本的控制并反过来控制商业资本。由于这个历史性转变，产品的市场销售活动，从原来纯粹的商业或贸易活动转变为产业资本引导产品从生产者到达国内或国际用户的一种企业活动，这种活动就是国际市场营销。但当时还没有系统的国际市场营销理论指导国际市场营销实践。

20 世纪 50 年代以后，国际市场营销实践有了较大的发展。主要表现为：一是市场空间逐步扩大，超越了国界的限制；二是随着市场的扩大，不仅是商品，还有技术、资本等实现了跨越国界流转。因此，原有的市场营销理论已经无法满足市场营销实践的需要，必须要有新的理论来指导跨越国界的市场营销活动的开展。于是，国际市场营销理论就应运而生。这一时期国际市场营销理论的发展大致经历了两个阶段：第一个阶段是第二次世界大战结束到 20 世纪 50 年代上半叶，这一时期的国际市场营销学实际上就是将国内营销理论应用于国际贸易的问题。当时的有关国际市场营销学的代表作是帕莱塔教授 1956 年发表的著作《近代国际商业论》，此书中正式采用了“出口营销学”这一用语，并把出口营销界定为“出口企业针对美国大陆以外的各国条件，运用美国商品化政策及营销方式，有秩序有组织的技术性交易过程”。第二个阶段是 50 年代以后，出口营销理论开始向现代国际市场营销理论演进。当时比较有代表性的人物是美国宾州大学教授克莱默，他在其 1959 年出版的《国际市场营销学》序言里指出：“目前，我们有必要采用国际企业、国际经营、国际市场营销等用语。其事实和根据是美国国际企业的海外经营活动有爆发性的扩大，所以陈旧用语（这里指出口营销学）就不符合时代要求了。”

(三) 国际市场营销学的最新发展

进入 20 世纪 80 年代以后，国际市场营销实践进入了一个新的阶段，表现为生产要素和服务业的国际市场营销迅速增长，国际企业进入全球营销时代。此时，也是国际市场营销理论发展最突出的阶段，出现了大量的国际市场营销方面的专著，主要代表有：杰恩的《国际市场营销管理学》（1984 年，第 1 版）；菲利浦 • 科特勒的《国际市场营销学》（1987 年，第 6 版）等，这标志着国际市场营销理论日趋成熟化和系统化。

随着国际市场营销实践的发展，要求国际市场营销理论更加注重对全球市场营销的管理和协调，因此，国际市场营销学更加强调对国际市场营销活动的分析、计划、组织和控制。目前西方多数国家是从管理决策的角度来研究国际市场营销活动的，所以，我们突出国际市场营销管理，正是体现了这种研究趋势。

20 世纪 90 年代以来，全球经济一体化进程加速，促使国际企业间的竞争不断扩大和激化，加快了世界买方市场的形成，迫使企业着力研究国际市场营销环境，以制定切合实际的国际市场营销战略，于是国际市场战略营销学等理论正在出现。近几年来，随着科技的发展，虚拟经营、电子商务等对传统的国际市场营销提出挑战，国际网络营销学等新的理论也在形成。

二、国际市场营销学的研究对象和方法

（一）国际市场营销学的研究对象和内容

国际市场营销学是研究企业的国际市场营销活动及其规律性的学科，其核心内容是研究国际市场的需求，更好地为国际市场提供产品或服务，从而实现企业的营销目标。国际市场营销学从研究市场环境入手，进而讨论如何根据不同环境下的市场需求，开发设计相应的产品，采取合适的分销并制定合理的价格，通过适当的促销宣传将产品推向国际市场。在整个市场营销过程中，国际市场营销人员都应重视研究市场需求及其变化，努力满足市场需求，实现营销目标。

（二）国际市场营销学的研究方法

国际市场营销学是应国际市场营销实践的需要而产生的，其直接目的是指导国际市场营销实践。因此，它是一门具有很强应用性和实践性的学科，这一特点决定了国际市场营销学研究的方法除了唯物辩证法等科学研究的基本方法外，还需要运用以下具体研究方法。

1. 微观分析的方法。国际市场营销学是立足于企业的经济活动，通过微观分析和研究，指导企业的营销活动。虽然国际市场营销中也涉及宏观问题，但它们不是主要的，所以我们还是从微观的角度来分析研究问题。

2. 系统分析的方法。在国际市场营销活动中，国际市场的环境复杂多变，我们需要用系统的方法去分析、研究各个层次的环境因素；各个国家的市场也是由各个因素互相影响、纵横交错而成的系统，因此，我们也应进行系统的分析；国际企业本身也是一个系统，各子公司、各部门之间相互联系，互相影响，必须系统地加以研究和调配，以取得整合优势。

3. 动态分析的方法。影响企业开展国际市场营销活动的各种环境因素都不是固定不变的，而是随时随地都在发生着变化，市场的需求和竞争也时刻在发生变化。因此，企业的营销决策必须根据市场变化的要求及时进行调整。这就要求企业运用动态分析的方法制定相应的营销策略。

4. 定量与定性分析相结合的方法。国际市场营销活动中的许多问题，如对形势的判断、对政策的理解和掌握等都涉及定性分析。但有些问题却需要通过定量分析来解决，如目标市场的评估、市场进入方式的选择等。因此，在国际市场营销学中需要把定性和定量这两种方法有效地结合起来，才可能进行科学决策。

三、国际市场营销学与相关学科的关系

（一）国际市场营销学与市场营销学

国际市场营销学作为市场营销学的分支学科，自然与市场营销学具有许多共性。与市场营销学一样，国际市场营销学也属于管理学范畴，它是以管理学的基本原理为基础，吸收了经济学、行为科学、哲学和社会科学等学科的优秀成果。此外，由于国际市场营销学具有跨越国界的特点，它和国际经济学、国际贸易学、国际投资学、国际企业管理学、国际经济法学又有千丝万缕的联系。但总的来说，国际市场营销学主要是运用了市场营销学的一般原理和方法，研究跨国营销的特殊问题。所以，国际市场营销学可以说是市场营销学的一个分支学科，它与市场营销学一样需要以市场为中心开展营销活动，只不过是市场营销活动的范围更广、难度更大，是一门建立在市场营销基本原理之上的高级市场营销学。

（二）国际市场营销学与国际贸易学

国际市场营销学主要是研究企业如何在国际市场上开展营销活动，它是一门微观管理学，而国际贸易学是研究国与国之间的商品交换活动及其规律性的学科，是一门宏观经济学。

（三）国际市场营销学与国际企业管理学

国际市场营销学与国际企业管理学都属于微观管理学，但国际企业管理学的范畴比国际市场营销学广泛。因为国际企业管理学的研究范围包括：国际生产管理、国际人事管理、国际财务管理、国际市场营销管理等，因此，国际市场营销学只是国际企业管理学的一个分支学科。

四、学习国际市场营销学的意义

1. 学习国际市场营销学有利于中国企业把握国际市场营销的规律性，尽快融入到全球经济一体化的大潮中去，分享经济全球化的利益。进入 21 世纪，我国的对外开放度将越来越高，同时，国际市场对中国企业及其产品的接受程度也将越来越高，中国企业应尽快把握国际市场营销的理论和方法，利用这一契机，积极参与国际竞争，迅速提高在国际市场上的地位。

2. 学习国际市场营销学有利于我国企业适应国际市场营销环境及其发展变化趋势，顺利开拓国际市场，并实现预期的营销目标。

3. 学习国际市场营销学有利于我国政府了解和运用国际惯例，对在华开展国际市场营销活动的国际企业采取相应的管理措施，以维护本国的正当利益。同时，我们也可借鉴外资企业的管理方法和经验，洋为中用，为中国企业的国际市场营销实践提供帮助。

第二节 国际市场营销的内涵和特点

一、国际市场营销的概念

国际市场营销（international marketing）是指企业向一国以上的市场提供产品或劳务，在满足市

场需求的基础上实现更大的经济利益的跨越国界的经济活动。

理解国际市场营销的内涵可从以下几方面入手：1．国际市场营销的主体是企业；2．国际市场营销的范围是一国以上的市场，包括本国市场；3．国际市场营销的内容是提供产品或劳务；4．国际市场营销的目的是取得更大的经济利益。

二、与国际市场营销相关的几个概念

（一）出口营销、多国营销和全球营销

从国际市场营销的发展阶段来看，国际市场营销活动的发展经历了出口营销→多国营销→全球营销等阶段。出口营销、多国营销、全球营销是国际市场营销在不同发展阶段的活动，它们既有区别，又有联系。

出口营销（export marketing）是指企业将国内生产的一部分剩余产品销往国外，此时，企业的市场重心是国内市场，仅把海外市场作为国内市场的补充。出口产品的行为也带有偶然性和辅助性，企业并没有真正将全球市场作为一个整体，以制定相应的营销战略和策略。出口营销是国际市场营销初级阶段的表现形式。

多国营销（multinational marketing）是指企业开始将国外市场作为目标市场，有计划地、系统地运用国际市场营销手段开拓国外市场。但此时企业的海外市场仍集中在少数几个国家，企业尚未将全球市场作为一个整体来制定和实施相应的营销策略。

全球营销（global marketing）是指企业将全球市场作为整体，从世界范围来筹划企业的营销行为，以求得企业的综合竞争优势，实现全球利益最大化。

综上所述，三者之间的区别见表 1-1。

表 1-1　　跨国营销、多国营销与全球营销的区别

性　质	定　义	活动与职责
跨国营销	跨越国界的营销活动	面对不同的环境，协调跨国经营所必需的活动
多国营销	企业母国以外的多个国家开展营销活动	建立在国外市场开展营销活动所必需的营销形象，并开展相关的管理活动
全球营销	协调、整合和控制营销活动，使其实现全球利益最大化	整合国际市场营销活动，使全球利益最大化

资料来源：郭国庆，张平淡.《国际市场营销学》，中国人民大学出版社，2008。

（二）国际化经营、国际市场营销和跨国经营

从国际市场营销的活动形式来看，与国际市场营销相关的概念有国际化经营、国际市场营销与跨国经营。

国际化经营是一切涉外经济活动的代名词。它既包括引进产品、技术、资本等生产要素，也包括将产品、技术和资本输往国际市场。

国际市场营销是指企业将产品、技术和资本输往国际市场的经济活动，是国际化经营的表现形式之一。

跨国经营是国际市场营销的高级阶段，它是指企业向国外市场直接输出资本，通过在当地设立

子公司或分支机构等形式，在国外直接从事产品的生产经营活动。通过跨国经营开展国际市场营销活动的企业往往被称作跨国公司。

（三）国际企业

我们往往将从事国际市场营销活动的企业统称为国际企业（international business）。国际企业有广义和狭义之分。

狭义的国际企业仅指跨国公司(transnational coporation)，它一般具有以下特征：1. 在两个或两个以上的国家和地区；2. 通过直接投资设立分支机构；3. 在当地从事生产经营活动；4. 海外市场业务比重高，一般占总营业额的25%以上。

广义的国际企业包括面向国际市场，从事国际市场营销活动的所有企业。在此，我们讨论的是广义的国际企业。

三、国际市场营销的方式

企业进入国际市场的方式主要有以下三种。

（一）出口

出口产品是企业进入国际市场的最基本方式，它是指企业在国内生产产品，然后将其销往国外市场。由于出口产品所承担的风险较小，所需资金也少，所以是一般企业进入国际市场的首选方式。出口又可分为间接出口和直接出口两种具体形式。

（二）合作

对外合作是企业开拓国际市场的又一种重要方式，它是通过合约的形式，向国外输出技术、劳务等无形产品。其主要形式有许可证贸易、特许经营、合同制造等。

（三）投资

投资是企业进入国际市场的高级阶段，它包括直接投资（FDI）和间接投资（FII）。直接投资是指企业通过对外直接输出资本，在国外设立子公司或分支机构，直接从事产品的生产经营活动。在这里，我们主要讨论直接投资。

具体内容将在第八章国际市场进入战略决策中加以讨论。

四、国际市场营销与国内市场营销

国际市场营销与国内市场营销的基本原理相同，但由于国际市场营销活动需要跨越国界在一个完全陌生的环境下进行，故国际市场营销要比国内市场营销更为复杂和困难。国际市场营销与国内市场营销的差别主要体现在以下几个方面。

1. 营销环境的差异性。由于企业的营销活动从国内市场延伸到国外市场，市场环境发生了很大变化。各国在经济、政治、文化等方面都存在着一定的差异，因此市场需求千差万别，在本国市场可行的营销策略不能直接在国外市场沿用，在国外一个国家市场成功的营销方法也不能照搬到另一个国家。

2. 营销系统的复杂性。营销系统是指在有计划的营销过程中，构成企业营销链的各种相互作用的参与者，它包括企业的供应者、营销中介、顾客、竞争者和公众等。构成国际市场营销系统的主要参与者，有的来自本国，有的来自东道国，还有的来自第三国。而在国内市场上，这些参与者大多来自本国，因此营销系统相对较为简单。

3. 营销过程的不确定性。由于环境差异，各国的消费需求存在显著差异，从而使国际市场营销人员无法确切地把握国外市场的需求水平、需求构成、需求心理等，难以为之提供合适的产品、制定合理的价格、构建通畅的分销网络，也难以取得理想的促销效果。

4. 营销管理的困难性。国际市场营销管理的任务不仅在于把每一个国家的市场营销活动搞好，还需要对其在各国的营销业务进行统一规划、控制与协调，使母公司和分散在世界各地的子公司的营销活动成为一个整体，实现总体利益最大化。

从总体上看，国际市场营销与国内营销的区别见表 1-2。

表 1-2 国际市场营销与国内市场营销的区别

比较内容	国内市场营销	国际市场营销
营销环境	本国环境	本国环境，他国环境
市场空间	一国：一国性、规模小、同质性较强	两国或两国以上：多国性、规模小、较大，异质性明显
营销利益	主要涉及企业利益	既涉及企业利益又涉及国家利益和国际关系

资料来源：陈祝平，《国际市场营销教程》，中国发展出版社，2009 年 8 月版。

【全球视野 1-1】 **国际市场营销阶段**

（1）非直接对外营销阶段。此阶段公司并不积极培植国外客户，公司的产品会销售到国外市场，可能是销售给贸易公司或找上门来的国外客户。

（2）非经常性对外营销阶段。是指生产水平和需求变化所产生的暂时过剩而导致的非经常性海外营销。

从本质上讲，参与国际市场营销的前两个阶段更多地属于反应性行为，对国际市场扩张并没有战略考虑。

（3）有规律的对外营销阶段。在此阶段，企业拥有持久的可以用于生产在国外市场销售的产品的能力。企业可以雇用国外的中间商或国内的海外业务中间商，或者在重要的国外市场拥有自己的销售力量或销售公司。这些企业的生产和经营重心在于满足国内市场需求，但是，随着海外需求的增加，加强了针对国际市场的生产能力，并调整产品以满足国外市场的不同需要，海外利润不再被视为是对正常利润的补充，公司依赖对外销售额和利润以实现公司的目标。

（4）国际市场营销阶段。在此阶段，公司全面参与国际市场营销活动，公司在全球范围内寻求市场，有计划地将产品销往许多国家市场。这时不仅需要国际市场营销，而且需要在境外生产货物，公司已成为国际或跨国的营销公司。

（5）全球营销阶段。此阶段公司将包括本国市场在内的世界视为一个市场，从全球角度统一安排企业的组织机构、资金和生产经营活动等。通常公司的一半以上销售收入来自国外，国际市场营销向全球营销进程加快。

资料来源：[美]菲利普 R.凯特奥拉等著，赵银德等译.《国际市场营销学》（原书 15 版），机械工业出版社，2012（7）：17。

五、国际市场营销与国际贸易

国际市场营销与国际贸易都是以国际市场为舞台的跨越国界的经济活动，都是以取得利益最大化为目标。但是两者在活动内容、活动形式等方面存在一定的差异，见表1-3。

表1-3　国际市场营销与国际贸易的比较

比较内容	国际贸易	国际市场营销
行为主体	国家	企业
产品跨越国界	一定	不一定
动机	比较利益	公司决策（通常是利润动机）
信息来源	国家的国际收支平衡表	公司记录
营销活动：		
买和卖	进行	进行
实体分销	进行	进行
定价	进行	进行
市场调研	一般不进行	进行
产品开发	一般不进行	进行
促销	一般不进行	进行
分销渠道管理	不进行	进行

资料来源：Vern Terpstra，International Marketing，4th.ed.(Orlando：The Dryden Press，1987)。

从上表可以看出，国际市场营销与国际贸易主要有以下区别。

1．行为主体的差异性。国际贸易是国与国之间的商品交换活动，其行为主体是国家；国际市场营销是企业在国际市场上开展的营销活动，其行为主体是企业。

2．产品转移的差异性。在国际贸易活动中，产品必须实现跨越国界的转移，如商品的进出口活动；而在国际市场营销活动中，产品不一定跨越国界转移，如企业直接在国外投资，就地生产并就地销售，并不涉及产品的越国转移，同时，在国际市场营销活动中，即使是跨越国界的商品交换活动，也可以在一个企业内部进行，如母公司可以向在国外的子公司直接出口产品。

3．活动内容的差异性。国际贸易活动除了进行产品的买卖、实体运输和定价以外，其他活动，如市场调研、产品开发、分销管理和促销宣传等一般不进行，而这一系列活动却正是国际市场营销的重要活动内容。

第三节　国际市场营销的动因

企业开展国际市场营销活动，无论对于国家，还是企业都具有十分重要的意义。国际市场营销的宏观动因主要是指国际市场营销活动给国家带来的利益，它主要表现为：有利于扩大创汇，实现国际收支平衡；引进先进技术，加快技术改造；优化经济结构，带动国内产业发展等。

由于国际市场营销是一种企业行为，因此，在这里我们主要研究企业开展国际市场营销活动的微观动机和原因。

对于企业来说，进发国际市场，开展国际市场营销活动往往有以下动因。

一、国际市场营销的市场动因

企业开展国际市场营销活动的首要动机是获得更大的市场，具体来说，表现在以下四个方面。

1. 进入国外市场。各国政府为了保护本国市场、扶持本国企业的生产和经营，往往采取一系列贸易保护措施，如关税和非关税壁垒，限制外国产品进入本国市场。因此，企业需要通过技术转让和对外直接投资等方式，将产品生产转移至市场国或不受贸易壁垒限制的第三国，以避开关税和非关税壁垒，使产品顺利进入该国市场。

2. 拓展国际市场。由于一个国家的市场容量和潜量总是有限的，为了扩大市场，获得更大的市场生存和发展空间，企业需要通过国际市场营销活动来开拓市场。

3. 市场多元化。某些产品由于销售的季节性等因素，经营可能出现波动。如果通过国际市场营销，将在国内市场处于滞销的产品销往处于热销的国外市场，就可以维持经营稳定，减少销售波动带来的经营风险。当企业在全球各国设有分支机构从事生产经营活动时，经营活动的弹性就会加大，对整个市场的适应性也会增大。通过市场多元化，可实现经营风险分散化。

4. 市场内部化。通过国际市场营销活动，特别是国际企业分散在世界各国市场的子公司之间的交易活动，可以将原来外部化的市场交易尽可能地内部化，纳入企业的管理体系中，实现对市场的支配和控制。所以，将国际市场内部化并发挥其优势，是国际市场营销的深层次动因。

【全球视野 1-2】　　部分美国公司全球收入额及境外收入比例

公司	全球收入(10 亿美元)	境外收入(占总量%)
沃尔玛	401.2	24.6
福特汽车	146.3	51.9
通用电气	182.5	53.7
花旗集团	52.8	74.8
惠普	118.4	68.2
波音	60.9	38.9
英特尔	37.6	85.4
可口可乐	31.9	77.0
苹果公司	36.5	46.0
星巴克	10.4	20.8

资料来源：上市公司编制的 2010 年年报。

二、国际市场营销的竞争动因

企业开拓国际市场的另一个重要原因是市场竞争的需要，这里又有四个层次动因，其竞争目的不断深化，反映了企业的竞争动机更为理性和成熟。

1. 避开竞争锋芒。目前，许多产品的国内市场供求日趋饱和，竞争十分激烈，为了避开竞争锋芒，企业开始走出国门，寻找更大的市场空间。例如，2007 年我国生产近 5 亿部手机，占全球总产量的 40%以上，而 2010 年，我国生产手机近 10 亿部，产量翻了一番，在这近 10 亿部手机中，将有 8 亿多部出口到国外，占总量的 80%以上。为了减少产品积压，企业纷纷走向海外，开拓国际市场，寻求新的市场空间。

2. 追逐竞争对手。由于企业的竞争对手已经开始进发国际市场，如果企业不追随竞争对手进入国际市场，就会产生一种市场失落感或竞争挫败感。因此，企业往往为了追逐竞争对手而进入国外市场。这实际上是一种"寡占反应"。它是指在寡占市场结构中，只有少数大厂商，它们互相警惕地关注着对方的行为，如果有一家率先投资海外，其他竞争对手就会相继仿效，追逐带头的企业去海外投资。这里固然有海外投资利润诱人的原因，更重要的是为了保持竞争关系的平衡，否则，竞争地位难保。从美国不少大企业的国际市场营销实践来看，寡占反应的现象十分明显。例如，在软饮料市场上，可口可乐与百事可乐这两大竞争对手之间；在美式快餐市场上，麦当劳与肯德基之间；在汽车市场上，通用与福特等竞争对手之间都存在着在国际市场上相互追逐、互相竞争的现象。这种寡占反应在跨国的竞争对手之间也存在，如美国的耐克公司与德国的阿迪达斯公司相互追逐国际运动鞋市场等。

3. 锻炼竞争能力。除了以上原因之外，许多企业跨出国门，开拓国际市场也是为了锻炼其在国际市场的竞争能力。因为国际市场的竞争水平一般超过国内市场，企业进入国际市场，就有机会参与较高水平的市场竞争，从而可以借助竞争的动力和压力来推动企业技术创新和提高管理效率。例如，广东健力宝公司在国内市场的竞争地位名列前茅，但为了使企业能得到锻炼，他们毅然决定进军竞争激烈的美国市场，目的是提高竞争能力。可见，"小舢板"需要到"大海"中搏击，才能真正体现其能力。

4. 发挥竞争优势。由于各国的经济发展阶段和技术进步水平不同，同一产品在不同国家处于生命周期的不同阶段。在一个国家市场上已不具备优势的产品，可能在另一个国家仍具有显著的竞争优势。某些在国内市场上供大于求、市场竞争力逐渐衰退的产品，可能在另一个国家的市场上正处于成长期，产品供不应求。因此，企业可将国内市场上已不具备优势的产品转移到国外市场，延长产品的生命周期，发挥其竞争优势。例如，20 世纪 70 年代末，日本企业将在本国市场上濒临淘汰的大量的黑白电视机出口到中国，使在日本市场上已没有竞争力的黑白电视机，在中国市场上重新焕发竞争力。

三、国际市场营销的资源动因

各国都有各自的资源优势，国际企业可以通过国际市场营销充分利用这些资源优势。许多跨国公司已将其置身于整个国际市场，充分利用各种资源，取得全球利益最大化。目前，大型跨国公司所需的零部件通常分散在世界各地生产，各国子公司只负责生产该国具有资源优势的那部分零部件。例如，一架波音 777 飞机上有 300 万个零部件，由来自全球 17 个国家的 900 多家供应商提供。

1. 开发自然资源。由于各国的自然资源条件不同，企业通过国际直接投资，开发国外的自然资源，以弥补本国资源的不足，因此，对于资源贫瘠的国家来说，利用国外资源成为重要的投资目的。如日本开拓国际市场的重要原因是赢得本国所不拥有的资源。此外，通过开发国外资源，可能比开发国内资源成本更低，收效更大。例如，我国中冶公司在澳大利亚投资建立"恰那铁矿"，其开采成本只是本国的 1/8，而且矿产质量更好，这些优质的铁矿石不仅可运回国内，而且可以销往其他国家和地区，取得更大的利益。

2. 利用劳动力资源。不少发达国家的企业纷纷来华投资，直接从事生产经营活动，除了看中中国巨大的市场外，更看中了中国所拥有的较低廉的劳动力等资源。

3. 获取技术资源。通过国际市场营销活动，还可以使企业获得通过其他途径无法获得的先进技术。这对于发展中国家的企业尽快缩小与发达国家的技术差距有着十分积极的意义。

4. 赢得信息资源。一方面，由于企业直接面对国际市场，有利于更及时地了解国际市场的有关信息，为企业把握机会、科学决策提供条件；另一方面，企业走出国门，走向世界，也可以更直接地向海外市场传递信息，加强与国外消费者和用户的沟通。

【案例精选 1-1】　　　　　　　吉利收购沃尔沃

2010年吉利斥资18亿美元收购福特汽车公司旗下沃尔沃（Volvo）品牌，获得沃尔沃轿车公司100%的股权及相关资产，也包括了沃尔沃品牌。沃尔沃品牌拥有百年历史，具有丰富的产品线和高端的品牌形象，在轿车安全性和可靠性方面获得一致好评。沃尔沃拥有9大系列产品和3个最新车型平台，这些产品系列包括沃尔沃目前在全球范围内销售的所有车型，其中也有为中国消费者量身定制的。沃尔沃的知识产权和研发人才为以后吉利运作沃尔沃品牌，加入中国元素提供了技术和人才支持。沃尔沃的全球经销网络有利于吉利继续开拓沃尔沃品牌的全球市场，沃尔沃的供应体系，有利于为未来沃尔沃轿车提供在生产和品质等方面的保障，也可进一步提升沃尔沃汽车的全球声誉。

资料来源：王志乐等著，《2012 走向世界的中国跨国公司》，中国经济出版社，2012（3）：190。

四、国际市场营销的利润动因

企业开展国际市场营销活动的根本目的是实现全球利益最大化。国际企业通过扩大市场、利用国外的资源优势等取得更大的收益。

1. 通过规模效应，获得更大利润。当企业的产品销量增加时，可以使产品分摊的成本降低，从而实现规模经济效益。但是，一个国家的市场容量有限，往往使企业的产品销量受到限制，从而难以实现规模经济效益。通过国际市场营销活动，企业可以将产品销往国外市场，从而实现扩大销量、取得规模经济效益的目的。目前，我国绝大部分产品的国内市场已基本饱和，要扩大市场就应积极开拓国际市场。

2. 利用资源优势，获得更大利润。国际企业通过利用东道国的资源优势，包括上述自然资源、技术资源、劳动力资源及信息资源等可以降低成本，从而取得更大的收益。

3. 利用政策优惠，获得更大利润。各国政府为了鼓励本国企业走向海外，往往采取一系列优惠措施，如减免关税、出口补贴、出口退税等。因此，开展国际市场营销活动，有利于获得母国政府的政策优惠，同时，一些国家为了吸引外商投资，在税收等方面采取一系列优惠政策。国际企业也可以通过东道国政府的优惠政策获得更大的收益。例如，中国政府为了吸引外资，在税收方面采取二年免税、三年减半收税等优惠政策，这也是国际企业纷纷投资中国的原因之一。

【案例精选 1-2】　上海汽车借助通用汽车开拓印度市场

通用汽车与上海汽车已经有多年的合作经验，双方通过合作积累了合资经营经验。2009年，双方合资在印度建立合资公司，借助通用汽车在印度的品牌、销售网络、两个整车厂和一个发动机工厂，在印度生产并销售由上海通用、泛亚汽车技术中心、上海通用五菱主导开发的小型和微型车产品。两家公司由开始在中国国内的合作进一步扩展到国外投资的合作，无疑为上海汽车打开国际市场大门提供了便利。

资料来源：王志乐等著，《2012 走向世界的中国跨国公司》，中国经济出版社，2012（3）：27。

本章小结

国际市场营销学是一门建立在市场营销学基础上的高级市场营销学，随着国际市场营销实践的发展正在成为越来越重要的理论。

国际市场营销是指企业向一国以上的市场提供产品或劳务，在满足市场需求的基础上实现更大的经济利益的跨越国界的经济活动。国际市场营销与国内市场营销以及国际贸易活动有一定的联系，但它更为困难和复杂。

企业开展国际市场营销活动，无论对于国家，还是企业都具有十分重要的意义。尤其对于企业来说，开展国际市场营销活动对于企业扩大市场、发挥竞争优势、锻炼竞争能力以及实现全球利益最大化有着更为现实的意义。

思考题

1. 什么是国际市场营销？把握国际市场营销的内涵应注意哪些方面？
2. 国际市场营销的发展主要经历了哪几个阶段？
3. 国际市场营销的方式主要有哪些？
4. 国际市场营销与国内市场营销有何区别？
5. 国际市场营销与国际贸易有何区别？
6. 企业开展国际市场营销的动因主要有哪些？

2

第二部分

国际市场营销的环境研究

国际市场营销的人口、经济与自然环境

【本章学习目标】

- 了解国际市场营销的人口环境因素及其对国际市场营销的影响；
- 了解和掌握经济环境对国际市场营销的影响；
- 了解一国的自然环境对国际市场营销的影响；
- 把握绿色壁垒及绿色国际市场营销。

【导入案例】

改革开放以来，进口奶粉一直在中国大陆市场颇受消费者青睐。近一段时间，面对洋奶粉涨价，购买者非但未望而却步，反而问津者众。一些年轻的妈妈通过各种手段，订购囤积洋奶粉，各种代购洋奶粉的网站也遍地开花。目前世界排名前二十的乳业品牌全部进入中国市场，并有多家乳业集团在中国大陆投资建厂。为抢占中国乳业市场，以澳大利亚、美国、新西兰为代表的国家大量向中国出口奶粉。“三聚氰胺事件”使中国最大奶粉企业轰然倒下的同时，也使中国整个奶粉市场格局发生变化。而原来在高端市场占据优势的洋奶粉，在中国整顿牛奶行业之时，及时抓住商机，市场份额逐渐加大。调查数据表明，洋奶粉在高端市场的占有率由2008年的70%上升到85%，同时，在中端市场上的份额也有所上升。惠氏、美赞臣、雀巢、多美滋等几乎掌握了中国大陆中高端奶粉市场的控制权。洋奶粉缘何在中国大行其道，中国的婴幼儿奶粉市场有着巨大的发展空间和消费者崇洋心理是其主要原因。

企业在进入一国市场时，应对该国的人口、经济和自然环境等因素作全面的了解。因为人口、经济和自然环境是决定一个国家市场规模，进而影响一国市场吸引力的重要因素。当然，要衡量一个国家的市场容量和潜量，必须综合考虑以上三个方面的环境因素。有时，一个贫穷的大国，其市场吸引力可能远远不如一个富裕的小国。而一国的自然禀赋，往往决定了一个国家经济发展的天然优势和致命障碍。

国际市场营销的人口环境

人口因素是组成市场的最基本因素，是衡量一个国家市场规模首先应考虑的因素。而一个国家的市场容量和潜量的大小、市场需求水平的高低、市场需求结构及其变化等是与该国的人口总量和增长情况、人口结构及其变化、人口分布及流动等因素密切相关的。

一、人口总量

（一）人口总量与市场规模

从某种意义上说，一个国家的人口总量决定了该国的市场容量，尤其是以个人为消费单位的生活消费品的需求量往往是与人口总量成正比的。一个国家人口越多，对日常生活用品的需求也越多，市场潜力也较大。但这只是相对的，而不是绝对的。

（二）各国的人口总量特点

1．世界各国的人口总量差别巨大。世界上人口最多的国家是中国，全国人口超过 13 亿，是世界上人口最少国家的上万倍。

2．世界上的人口大国主要是发展中国家。从表 2-1 可以看出，世界上人口最多的十个国家中，属于发展中国家的有 7 个，这 7 个国家的人口总数占全世界人口总数的 70%。

表 2-1　人口总量前十位的国家　单位：百万人

排名	1	2	3	4	5	6	7	8	9	10
国家和地区	中国	印度	美国	印度尼西亚	巴西	巴基斯坦	孟加拉国	尼日利亚	俄罗斯	日本
人口数量	1346	1198	316	232	186	163	157	148	142	128

资料来源：2011 世界银行数据。

3．世界上大多数人口集中在亚非拉地区。上述亿人大国中，亚非拉国家有 8 个，其总人口数超过 34 亿，占全球人口总数的 50%以上。

二、人口增长

人口数量并不是一个静态不变的指标，而是每时每刻都处于变化之中。世界人口总体呈较快的增长态势：人类到 1804 年才勉强凑够 10 亿，又经过了整整一个世纪增加了 10 亿，但现在每经过 12 年左右就会增加 10 个亿。世界总人口在 20 世纪增加了 44 亿，增长率为 300%。据美国人口调查局预计，到 21 世纪中叶，世界人口将增加 45%，达到 93 亿。尽管全球出生率仍在下降，但世界人口在今后几十年里仍将继续以迅猛的速度增长。

（一）世界各国的人口增长差异较大

总体上看，发展中国家的人口增长速度快于发达国家。目前，人口增长率最高的地区是非洲，而人口增长率最低的国家和地区是北欧，欧洲不少国家的人口呈负增长态势。进入 20 世纪 90 年代以后，我国的人口增长也呈现下降的趋势；进入 21 世纪以后，我国的人口增长速度继续呈现出稳定的逐年下降的趋势。人口自然增长率从 2006 年的 5.28‰下降到 2011 年的 4.79‰。

（二）人口增长对市场营销的影响

1. 人口增长对需求水平会产生两种影响：一方面，一国人口数量的增加使该国市场规模得以扩大。如人口增长率较高的国家，食品、衣着、医药、日用品等的市场需求相对增长较快。另一方面，由于实际购买力的下降而使市场萎缩，因为在一国经济增长率低于人口增长率的情况下，较高的人口增长率会使人均国民生产总值下降，从而影响购买力。据联合国统计，非洲国家中除了博茨瓦纳、埃及、突尼斯、塞舌尔等少数国家外，绝大多数国家的人口增长率都高于经济增长率，经济增长的成果被人口增长消耗。因而，非洲的人均国民收入呈负增长，市场购买力尤其是生活资料的购买力下降，所以，非洲地区各国的市场规模随人口增长反而缩小。

2. 人口增长对需求结构产生影响。例如，在人口增长较快的国家，由于儿童人口增加，儿童用品的需求大增，“金色消费”受到重视。本章引例中描述的世界各大奶粉企业集团原来主要是以欧美市场为目标市场的，但近几年来，由于欧美国家的人口增长减缓，婴儿人口下降，导致公司的婴儿奶粉销售受到影响，这些公司便将市场重点转移到人口增长幅度较大的亚非拉市场。

3. 人口的增长情况，还会直接影响营销活动的进行。例如，由于欧洲某些国家的人口呈负增长态势，这些国家的后备劳动力队伍不断萎缩，因此，在这些国家进行投资，必然会遇到劳动力供应不足、劳动力成本增加等一系列问题。

三、人口结构与国际市场营销

人口结构往往会影响一个国家或地区的消费需求水平、需求结构和需求心理，从而对国际企业的营销活动产生制约和影响。

（一）性别结构对国际市场营销的影响

1. 性别结构与消费需求。男女有别，不同性别的消费者的消费需求结构有着显著的差异。例如，女性对化妆品、服饰等的需求较大，而男性则对电脑、汽车等的需求较大。据调查，美国 16～19 岁的男孩的零用钱消费集中在电影、约会、娱乐和食品上，而同年龄段的女孩的消费集中在衣服、食品和电影上。

2. 男女比例失调对营销的影响。目前大部分国家都存在男女比例失调现象，2011 年底我国男女比例为 55.8∶44.2，男性人口比女性人口多 3398 万。男女比例失调，尤其是男性人口数量超过女性，从人口数量来看，男性市场潜力更大，但男性人口总数大于女性，也说明女性市场更有挖掘潜力。

3. 女性地位对国际市场营销的影响。女性地位影响需求水平和购买决策。目前全球女性消费群体具有以下特点。

（1）全球女性地位普遍不高。据国际劳工组织的报告：妇女占全世界穷人的 70%，占全球 10 亿文盲的 65%，职业妇女人均收入比男子低 25%，失业率比男子高 50%～100%。在全世界，高级管理职务只有 6%由女性担任。

（2）各国女性地位不同。世界上不同国家的经济发展程度、文明程度和社会文化习惯不同，女性的地位也有着明显的差别。在一些国家女性可以当家做主，如博茨瓦纳、格林纳达等女权国家，在我国等一些社会文明进步较快的国家，女性能顶半边天，这些国家的女性作为家庭消费品的采购代表，对营销活动产生影响。而在另一些国家，由于传统文化等原因，女性地位低下，在发达国家也存在着明显的性别歧视，表现为男女同工不同酬，女性收入低于男性。

（3）需要重新思考“红色消费”问题。犹太人的经商法则中“赚女人的钱”是一条放之四海而皆准的规律。但今天我们似乎应该重新审视这句话。因为全球许多国家的女性收入低，经济地位低下，无购买决策权，所以赚女人的钱将变得越来越困难。

（二）年龄结构对国际市场营销的影响

不同年龄结构的国家，其消费需求水平、需求结构等差异较大。例如，儿童较多的国家可能需要更多的奶粉、玩具；青年人较多的国家可能需要更多的游戏机、时装等；中年人较多的国家可能需要更多的家用电器、汽车等；而老年人较多的国家则更需要医药产品和保健产品。年龄结构不同的国家有着不同的市场结构，同一国家的市场需求结构也会随人口年龄结构的变化而变化。

1. 年龄结构与消费需求。处于不同年龄段的消费者往往有不同的需求，如美国青少年零用钱消费集中在电影、食品和娱乐上；而中年人则将消费集中于住房、汽车、娱乐上。

2. 各国年龄结构的差异对国际市场营销的影响。世界各国无论在平均年龄、平均寿命等方面都有较大的差别。根据德国联邦人口研究所的研究显示，2010 年世界人口的平均年龄为 26 岁，平均寿命为 65 岁。但各国的人口平均年龄有较大差距，平均年龄最高的国家是意大利和日本，平均年龄达 40 岁，而加沙地带、乌干达、尼日利亚的平均年龄只有 14～15 岁。

3. 人口老龄化与国际市场营销。人口老龄化现象最早主要出现在发达国家，但现在已成为全球普遍现象。如 2011 年底我国 65 岁以上的老年人已占全部人口的 9.1%，达 1.23 亿人。人口老龄化不仅会影响需求结构，对于老年人需要的医药和保健产品的需求增加，而且人口老龄化可能还会影响劳动力资源。在一些欧洲国家，由于人口持续负增长，老年人口庞大，将缺乏劳动后备力量，若在这些国家进行直接投资，则可能因劳动力成本的提高而影响营销效益。

4. 欠发达国家的人口低龄化与国际市场营销。与人口老龄化现象并存的是人口低龄化，主要集中在不发达国家。如非洲整体人口发展呈现越来越严峻的趋势，主要表现为人口生育率高，人口低龄化的特征。非洲妇女的生育率居全球之冠，平均每个妇女生 6.9 个孩子，其中肯尼亚妇女平均每人生 8 个孩子。非洲国家的人口构成呈低龄化趋势，15 岁以下儿童占总人数的一半，有的国家甚至高达 2/3。人口低龄化说明儿童市场规模较大，但由于劳动人口需要抚养更多的儿童，则负担沉重，市场总体需求水平降低。

（三）家庭结构对国际市场营销的影响

1. 家庭结构与消费需求。家庭是社会的细胞，是消费品的最主要购买单位。家庭结构及其变化，不可避免地对消费需求，进而对市场营销产生影响。如规模较小的家庭，其购买决策往往更趋于民主化，而大家庭则需要通过集权来协调。

2. 各国家庭结构的差异及其对国际市场营销的影响。世界上不同国家由于社会文化环境等影响，家庭规模大小不一，购买决策也有较大区别。世界上家庭人口较少的国家如挪威、丹麦等国，平均家庭人数仅 2.1 人，而在伊拉克、马尔代夫等国，家庭人数在 7 人以上。

3. 家庭的裂解对国际市场营销的影响。全球家庭结构变化的总体趋势是：家庭总数增加，家庭规模缩小。由于出生率下降，加上单身家庭、单亲家庭的增多，家庭规模在变小。目前全球家庭平均规模为 4.1 人。家庭总数的增加，为家用消费品市场的扩大提供了机会；而家庭规模的缩小，则要求企业在产品开发、设计等方面加以改进，从而符合小家庭消费的需求特点。根据第六次全国人口普查资料显示，我国平均每个家庭户的人口为 3.10 人，比 2000 年减少 0.34 人。家庭规模继续缩小，我国家庭人口裂解趋势明显。

四、人口分布及流动

一个国家的人口分布与流动不仅会影响对产品的需求，而且会直接影响营销效率。

（一）人口分布与国际市场营销

1. 人口分布对国际市场营销的影响。人口分布的差异，一方面会影响消费需求，如分布密度越高的地区往往经济越发达，而经济发达的地区会吸引更多的人口，从而带来消费需求水平、消费需求心理等的变化；另一方面，人口分布还会对营销效率产生直接影响。在人口密度高的国家和地区，无论是市场调研、产品运输和分销，还是促销宣传等营销活动的成本更低、效率更高。

2. 各国的人口分布差异。世界上各地区的人口分布差异较大，亚洲和欧洲的人口密度远远高于大洋洲。世界各国的人口分布密度有很大差异，人口密度最高的中国香港地区是人口分布密度最低的澳大利亚的 3500 倍。不同国家和地区的人口分布差异，使营销效率发生很大变化。如美国拥有世界上最先进的运输工具，但由于其人口分布密度是荷兰的 1/15，因此，其产品分销效率仍低于荷兰。

（二）人口流动与国际市场营销

1. 人口流动对国际市场营销的影响。人口的流动往往带来消费观念、消费结构的变革，从而对国际市场营销活动产生影响。

2. 人口的流动规律及发展趋势。目前全球人口流动出现两大趋势：一是农村人口流向城市，促进城市化进程。一般来说，发达国家的城市化比率较高。根据世界银行的数据，比利时的城市化程度已高达 97.22%。而发展中国家的城市化程度也在不断提高，大量人口从农村流向城市，使消费观念和消费结构发生变化。如城市化程度提高，不仅人口集中，而且消费者普遍地具有较强的商业意识，对合乎现代化生活方式的新产品、新技术接受较快，另外，交通、通信、商业等条件也较好，有利于国际市场营销活动的开展。二是城市人口流向郊区，出现城市空洞化现象。在纽约、巴黎等国际性大都市，大量城市人口从市中心向城市外围移动，这就要求企业在国际市场营销活动中，在分销网点的设立、促销活动的开展等方面作出相应的调整，从而实现营销目标。

【全球视野 2-1】　　世界作为一个村庄

如果世界是一个由100人构成的村庄：

- 61个人是亚洲人（其中20个人是中国人，17个是印度人），14个是非洲人，11个是欧洲人，8个人是拉美人，5个人是北美人，剩下那个人可能来自澳大利亚、太平洋或南极洲。
- 至少有18人不能读和写，但33人会有手机，16人会上网。

- 18人是10岁以下，11人60岁以上。
- 村子里有8辆小汽车。
- 63人没有合格卫生设备。
- 32人是基督徒，20人是穆斯林，14人是印度教徒，6人是佛教徒，16人没有宗教信仰，剩下12人则为其他宗教徒。
- 30人失业，在工作的70人中，28人从事农业生产（第一产业），14人从事工业生产（第二产业），其他28人工作在服务业（第三产业）。
- 53人每天的生活费用在2美元以下，1人患有艾滋病，26人吸烟，14人肥胖。
- 到年底，1人去世，2人新生，所以人口增加到101人。

资料来源：David J. Smith and Shelagh Armstrong,If the world were a village:A Book About the World's people,2nd ed (Tonawanda,NY:kids Can Press,2002)。

第二节 国际市场营销的经济与金融环境

一、经济发展阶段

一国所处的经济发展阶段会影响该国市场上各行业的发展及市场运行情况。美国著名经济学家罗斯托1960年在《经济成长的阶段》一书中提出经济发展阶段理论。他在该书中将经济发展分为传统社会阶段、起飞前夕阶段、经济起飞阶段、趋向成熟阶段和追求生活质量的大众高消费阶段。根据经济发展阶段理论，每一个国家都会经历这五个不同的阶段，在经济上表现为相应的特征。

1. 传统社会。处于这一发展阶段的国家往往生产力水平低下，以农业经济为主，农村人口占绝大多数，识字率低，人口素质差。

2. 起飞前夕。处于该阶段的国家通常正在向起飞阶段转化。在此阶段，科学技术初步应用于农业和工业生产，国家的交通、通信设施正在逐步建立，卫生保健和教育等公共事业开始发展，人口素质逐渐提高。

3. 经济起飞。处于这一阶段的国家，经济稳定增长，社会福利转好。农业和工业的现代化水平不断提高，规模迅速扩大。

4. 趋向成熟。在此阶段，经济持续增长，工农业基本实现现代化，国家和企业更多地参与国际经济活动。

5. 大众高消费阶段。这一阶段，公共设施完善，生活质量全面提高。全体公民的实际收入激增，可支配收入高，社会进入大量生产、大量消费阶段。

在上述五个阶段中，处于前三个阶段的是发展中国家，达到后两个阶段的国家已经属于发达国家。国际企业应根据目标国家所处的经济发展阶段，采取相应的营销对策。例如，发展中国家对产品的需求较为侧重实用、功能和价格，而发达国家则更注重品牌和特色。

【案例精选 2-1】 英国联合利华公司按经济发展程度制定的营销策略

英国联合利华公司针对不同目标国家的市场特点，推出不同产品，以满足不同市场的需要。它们在最不发达国家的市场上销售肥皂，在次不发达国家销售洗衣粉，在较发达国家推出洗衣机用洗衣粉，在发达国家提供纤维软化剂。联合利华在进入中国市场初期推出的是“力士”香皂，接下来推出“夏士莲”洗发水和“奥妙”洗衣粉，后又将洗衣粉和洗发水市场进一步细分，推出更有针对性的产品。近几年，根据中国市场的经济发展和需求水平的提高，进一步推出“金纺”织物柔软剂、“舒耐”止汗香体和“凌仕”男士香氛等提高生活品质的相应产品。

二、经济结构

各国的经济结构有所不同，从而各国的经济发展水平也有一定的差异。世界各国的经济结构大致可分为以下四种。

1. 原始农业经济。这些国家主要从事农业生产，农业人口占绝大比重，从事制造业和其他生产的人口微乎其微。这些国家的农业劳动生产率十分低下，产品绝大部分供自身消费，能用于出口的剩余产品很少。由于原始农业经济属于维持性经济，几乎没有出口，也没有能力进口产品，所以，这类国家的营销机会很少。同时，由于这些国家交通、通信等基础设施落后，法制不健全，文盲人口比率很高，因此，也不是理想的投资场所。

2. 原料输出经济。这类国家往往拥有某种得天独厚的自然资源，但其他资源却十分贫乏，因此，自然资源的开采和出口换汇就成为该国的重要经济支柱。如沙特阿拉伯、伊拉克等是石油输出国，境内除了石油资源丰富以外，没有其他资源，食品等主要依靠进口。原料输出经济型国家由于自然和历史原因，国民经济结构单一，经济结构极不合理，一方面，与某一自然资源相关的行业发展迅速，处于世界先进水平；另一方面，其他产业十分落后。由于原料输出国的大量自然资源出口，因而支付能力很强，对进口商品的需求量大、需求面广。

3. 工业化进程中的经济。这些国家正处于经济转型时期，是新兴的工业化国家，如韩国、中国。在这类国家中，从事第二、第三产业的人口增加，从事第一产业的人口减少，他们对开展国际贸易的愿望迫切，希望提高自身的创汇能力。但由于这些国家要发展自己的民族工业，所以需要进口的主要是机器设备和中间产品，尤其是先进设备和关键零部件，最终消费品的进口将受到一定程度的限制。这类国家一般均实行对外开放政策，并努力健全各项经济立法，以吸引外来投资者。这类国家存在较多的国际市场营销机会。

4. 工业化经济，又称发达国家经济。这类国家的多数或大多数人口从事第二、第三产业，第一产业人口较少。由于科学技术的发展，这类国家的机械化程度很高，农业生产也实现了工业化。这些国家是工业品、资金、技术的主要出口国。这类国家由于资金雄厚、技术先进、工资水平高，因此，资金和人口都集中于高度技术密集型产业和资金密集型产业，而最终消费品不少来自发展中国家，中间产品在这些国家也有较好的市场前景。这类国家的生产往往呈现高度社会化和专业化，在本国往往只生产主机及重要设备，而其他零部件则从国外进口或在国外装配。如美国的汽车工业在国内主要生产引擎，零部件则大量从东南亚国家进口，美国的宇航工业也有类似情况。

三、收入情况

收入情况是反映一个国家市场吸引力的重要指标，它不仅影响市场规模和潜力，也影响着市场的结构、消费行为等。但在考察一国的收入指标对国际市场营销活动的影响时应注意。

1．收入指标的系统性。在考察一国的收入指标时，不仅应考察国民收入，还应系统考察人均国民收入、人均可支配收入和人均可自由支配收入等指标。

国民收入通常以国民生产总值和国内生产总值表示。国民生产总值是一国居民在一定时期内所创造的产品或服务的总值，也是一国居民在国内生产和在国外投资所创造的总收入。国内生产总值则是实行国土计算原则，凡是在本国范围内的生产活动，均计入一国的国内生产总值。国民收入从整体上决定了一个国家的经济实力，决定了总体的需求力水平。如表 2-2 所示，2011 年中国的国民生产总值世界排名第 2 位，但人均国民生产总值 4382 美元，位列 93 位。因此，我们除了考察国民生产总值以外，还要考察人均国民收入。

表 2-2　2011 年国民生产总值和人均国民生产总值世界前十位国家或地区

排名	GDP		人均 GDP	
	国家和地区	百万美元	国家和地区	美元
1	美国	150940.30	卢森堡	108832
2	中国	72981.47	挪威	84444
3	日本	58694.71	卡塔尔	76168
4	德国	35770.31	瑞士	67246
5	法国	27763.24	阿联酋	59717
6	巴西	24929.08	丹麦	56147
7	英国	24175.70	澳大利亚	55590
8	意大利	21987.30	瑞典	48875
9	俄罗斯	18504.01	美国	47284
10	加拿大	17368.69	荷兰	47172

资料来源：世界银行报告。

人均收入也不能完全反映一国市场的购买力，所以我们还必须考察人均可支配收入和人均可自由支配的收入。人均可支配收入是在人均国民收入中扣除税收，而人均可自由支配收入则是在人均可支配收入的基础上再扣除基本生活开支。人均可任意支配收入可用于选择性消费，发展中国家的居民对进口产品的需求往往在选择性消费之列。

2．收入指标的可比性。各国的收入指标之间不具有可比性。首先，因为各国的统计口径不尽相同，有些项目在 A 国被列入国民收入中，但可能被排除在 B 国的国民收入之外。其次，不能将一国的国民收入按汇率换算成另一国的收入进行比较，因为这涉及汇率的合理性等因素。例如，将美国的贫困线收入标准，即 4 口之家年收入 19350 美元或 3 口之家年收入 16090 美元，按现行美元对人民币汇率换算，约折合人民币超过 10 万元，这在中国是属于中高收入家庭，显然不能采取这样的换算方法。

3．收入分配的不均衡性。收入分配在国家之间、一国的居民之间的分配不均衡。目前全球的贫富差距正在不断扩大。根据世界银行最新报告，在列的210个国家中，2011年世界上人均收入最高的国家是卢森堡，人均国民收入108832美元，而人均收入最低的国家是刚果（金）、布隆迪等非洲国家，人均GDP都在200美元以下。而且在一国市场内部也存在着收入分配不均衡等问题，如科威特是一个典型的两极分化的国家，少部分富翁收入水平甚至高于美国，但大众的收入较低，对绝大多数产品的需求量要少于美国。

4．收入与需求的相关性。一般来说，收入水平越高，对某些产品的需求量就越大，如汽车等耐用消费品。但收入的高低与产品需求量的大小并不完全呈正相关关系。这是因为有些消费需求并不完全受收入影响，而更取决于其他因素。例如，在20世纪60年代，荷兰的家用电动吸尘器拥有率高达95%，而意大利仅7%。造成这一差异的主要原因并不是收入水平的不同，而是地板覆盖物的区别：在荷兰，几乎每个家庭都用地毯；而在意大利，使用地毯的家庭屈指可数。又如，家用空调的需求往往不单纯取决于收入水平，而与气候条件密不可分。在一个贫穷的国家，即使天气再热，普通家庭也无法享用空调；而在另一些国家，即使人们再有钱，却可能因为四季如春而不需要购买空调。

四、基础设施与国际市场营销

一个国家的基础设施是否完善，将直接影响企业开展国际市场营销的效率。一般来说，国际企业宜选择基础设施条件较好的国家开展营活动，但对于基础设施较为薄弱的国家，国际企业也可以寻找到相应的机会。

1．交通运输。一国的交通运输条件越差，其营销效率就差，尤其是在产品分销过程中，分销成本高、分销效率低。各国的交通运输情况有较大的差异，一般来说，发达国家的交通运输条件远远好于发展中国家。例如，德国所拥有的汽车数量是尼日利亚的20倍。但发展中国家之间也有差异，同是发展中国家的墨西哥，其汽车数量也比尼日利亚多4倍。此外，各国公路、铁路的情况也会影响营销效率，一般来说，发达国家往往有健全通达的公路、铁路网，而发展中国家的交通运输系统相对较薄弱。当然，国际企业也可以直接投资帮助发展中国家建设交通运输系统，但由于这是一个国家的基础设施建设，具有较高的政治敏感度，可能遭遇政治风险，因此，国际企业须谨慎行事。

2．能源供应。不但每个国家发展经济都需要有稳定而充足的能源供应，而且企业在国际市场营销活动中也应选择能源供应条件较好的国家和地区，以保证其营销效率。很难想象企业可以在一个连电力等基本能源供应条件都有不具备的国家能获得营销成功。

3．通信条件。通信条件影响沟通效率，进而影响营销效率。通信设施是国际企业在营销活动中必需的沟通工具，它包括电视、电话、广播、邮递服务、网络等。企业在一个国家开展营销活动离不开通信设施，企业需要与外部的顾客、供应商、政府和其他公众之间进行信息沟通，企业内部子公司与母公司之间、企业的各级员工之间也需要沟通设施。因此，通信条件对于企业的市场调研、促销宣传具有直接的作用。

4．商业设施。商业基础设施包括金融机构、广告公司、分销机构、市场调研机构等，它对国际市场营销的影响更大、且更直接。一般来说，一个国家的商品经济越发达，其商业设施条件就越好，企业在该国的市场营销活动就越为顺利；反之，在一个基础设施落后的国家，企业的国际市场营销活动将遇到很大困难。

5. 城市化程度。城市化程度是考察一个国家经济特性的重要指标。一般来说，一国经济越发达，农业人口越少，从事工业和服务业的人口就越多，城市化程度就越高；反之，一国经济越落后，农业人口越多，从事工业和制造业的人口越少，城市化程度就越低。各国的城市化程度有较大的差别。目前世界平均城市化率达 40%～60%。2011 年中国的城市化率是 51.27%，已达到世界平均水平，但这与发达国家相比，还有很大差距。

由于城乡之间在需求水平、需求结构、需求习惯等方面有较大差异，因此，城乡居民的消费行为不尽相同。例如，农村居民的衣食住行等方面以自给自足为主，而城市居民则必须通过交换以满足这些方面的需要。城市居民由于经常接触商业设施和各种商业活动，他们在购买商品时，与农村居民相比，考虑问题较多，挑选性强，且由于城市的信息媒介较发达，因而城市居民在购买行为中掌握的相关信息较农村居民多，决策过程更为复杂。另外，由于城市居民受教育机会多、文化程度相对较高，思想也较开放，更容易接受新事物，所以，很多新产品和新的消费模式往往首先被城市接受，然而再向农村扩散。国际市场营销人员应分析研究各国城市化程度与企业所生产的产品之间的关系，并针对其目标市场特点，采取相应的营销对策。

【案例精选 2-2】　凌宇客车开拓喀麦隆市场

自1960年独立以来，喀麦隆政府一直比较重视国内的交通运输事业。到目前为止，全国已初步形成以公路运输为主体的陆、海、空立体交通网络，公路里程49600公里，但由于自身经济的限制及其他种种原因，道路主要以土路为主，硬化路面仅3000余公里。喀麦隆的城市交通运输也面临着车辆老旧，数量严重不足的问题。为此，喀麦隆政府制定了客车及公交车的发展规划，由政府委托IBD公司到中国实地考察。IBD公司历经近一年时间调查，确定与洛阳中集凌宇汽车有限公司和中国机械进出口总公司合作并最终通过喀麦隆政府的批准，在2011年6月正式签约了500台意向订单。为了适应当地的运营环境及道路状况，该批订单存在车型多样化、个性化、特殊要求多等特点。公司在生产过程中外方还多次要求调整产品设计方案。整个生产过程历时近两个半月完成，凌宇客车顺利通过各方检验，正式出口喀麦隆。此案例为中国汽车拓展非洲市场带来了很好的启示。

五、金融环境与国际市场营销

企业在国际市场开展营销活动，不可避免地面临国际金融市场的影响。企业在国际市场上经营会面临因汇率变化、通货膨胀、货币转换等的影响而产生的风险。因此，企业必须了解国际金融市场运行规律，分析国际市场上的金融风险。

（一）国际货币制度对国际市场营销的影响

国际货币制度是国际货币关系的集中反映，它构成国际金融活动总的框架，各国之间的货币金融交往，在各个方面都要受到国际货币制度的约束。由于世界上没有统一的货币，各国主要是以主权国家的货币作为国际货币。国际货币制度的主要目的是为协调各个独立国家的经济活动，促进国际贸易和国际支付活动的顺利进行。国际货币制度主要包括以下几个方面。

1. 国际收支及其调节机制。国际收支是各国对其经济活动的系统记录。国际收支及其调节是国际货币制度的核心问题。国际收支调节机制，必须能有效地帮助和促进国际收支出现不平衡的国家进行调节，同时，使各国在国际范围内公平地承担国际收支调节责任。

2. 汇率及汇率制度。汇率是指一国货币折算为他国货币的比率，它是两国货币的相对比价。汇率制度就是围绕汇率确定、波动界限、调整、维持采取措施，制定一系列安排。各国政府一般都要颁布有关金融法令，规定本国货币能否对外兑换和对于对外支付是否进行限制等。

3. 国际货币资产或储备资产的确定。各国之间进行国际贸易必须确定使用什么货币作为支付货币，一国政府应持有何种为世界各国普遍接受的资产作为储备资产，以维持国际支付能力和满足国际收支平衡的需要。各国在作这些选择时应遵循国际协调或国际的普遍可接受性原则。

4. 国际货币活动的协调与管理。由于各个国家都存在不同的社会经济条件和特定的政策目标，因而各国的国际收支调节、国际汇率制度、国际储备体系都不同，所以在国际货币制度中，就产生了国际货币活动协调与管理问题，其实质是协调各国的国际货币活动及与此相关的经济政策。

（二）国际金融市场对国际市场营销的影响

1. 国际金融市场。金融是指资金的借贷交易或资金的融通。由于经常发生多边的资金借贷而形成的资金供求市场，就是国际金融市场。国际金融市场是生产国际化和资本国际化的必然结果。随着经济全球化的演进，国际金融活动进一步扩大，国际金融市场也在不断演变，并出现不同类型的金融市场。按照经营业务划分，可分为资金市场、外汇市场和黄金市场，其中资金市场又分为短期资金市场和长期资金市场。短期资金市场是指资金借贷期限在一年内的信贷业务市场，也称为货币市场或资金市场。长期资金市场也称为资本市场，是指资金借贷期在一年以上的中长期信贷业务交易场所。

2. 国际金融风险。企业从事国际市场营销活动会碰到多种风险、如信用风险、商业风险、政治风险、法律风险，等等。风险的结果都会反映到企业财务报表上来。例如，当买方以种种理由拒绝承兑和支付已发出货物的款项，或无力偿还，应收款就变为坏账；又如，当货物出口后，被进口国海关或商检机关定为不合该国规章、法律，而征收额外的税或被扣押、没收；由于子公司所在国政治、军事动乱而遭严重损害等，这些风险都会影响到企业的财务指标和经济效益。

企业在衡量这些风险时主要是判断其营销行为会带来怎样的风险及潜在的市场机会能否抵消这些风险。当然，风险的多少与大小与进入一国市场的方式和进入国际市场的深度有关。对这些风险的控制：一是靠认真的事先调查，包括对市场环境特别是对交易对方的资信的调查；二是靠对交易合同的严格执行，包括对产品要求和净化条件的认真落实；三是靠有效的保险制度，国外有各种政府的或私人的机构对国际经营中的信用、商业、政治风险进行保险。企业在国际市场上遇到的风险除了上述几种之外，还会遇上一种更直接、经常发生且无法避免的风险，即由外汇汇率波动带来的风险。外汇风险有三种类型：交易风险，这是指在经营活动中发生的风险；折算风险，这是指海外子公司以外币计价和财务报表合并到母公司的财务报表时资产和负债的价值随汇率变动而变化的风险；经济风险，这是指公司的价值由于未来经营收益受未预期的汇率变动而引起的变化。

对我国绝大部分从事国际市场营销的企业来讲，经营活动的主要表现形式仍是出口。因此，最常见的、最主要的汇率风险是交易风险。交易风险往往在以下几种情况下发生：（1）以即期或延期付款为支付条件的商品或劳务的进出口，在货物已装运或劳务已提供，而货款或费用尚未收到这一期间，外汇汇率变化所发生的风险；（2）以外币计价的国际信贷活动在债权债务清偿前承受的汇价变动的风险；（3）本期外汇合同到期时，由于汇率变化，交易某一方可能要拿出更多的或较少的货币去换取另一种货币的风险。

（三）汇率对国际市场营销的影响

企业在国际金融市场上遇到的最大风险是外汇风险。汇率是一国货币以另一国货币表示的价格，汇率同一般商品价格一样是由货币供求关系决定的。当供大于求时，价格下降；当供不应求时，价格便上升。尽管外汇汇率的波动千变万化，但归根结底是由供求关系所决定。

在国际外汇市场上，影响外汇市场的供求力量，从而影响外汇走势的因素有两大类：影响汇率走向的基本因素，包括利率、通货膨胀、贸易差额、经济情况等；影响汇率走向的非基本因素包括外汇管制、政治因素和其他因素等。

第三节 国际市场营销的自然与生态环境

在这里，我们讨论的国际市场营销的自然与生态环境包括两部分：一部分是自然因素对国际市场营销的制约和影响；另一部分是生态环境及其恶化对国际市场营销活动的挑战。

一、影响国际市场营销的自然环境因素

（一）地形、地貌等地表特征

一国的地表特征包括平原、丘陵、山脉、江河、湖泊、森林、沙漠等。这些因素不仅会影响需求水平和需求习惯，从而对企业的国际市场营销活动提出相应的要求，而且还会直接影响企业的营销效率。

1. 一国的地表特征可能会使一国的需求形成差别。例如，在哥伦比亚，由于高山峻岭的阻隔，形成了四个人口集居区，每个人口集居区都有自己的方言、生活方式和人口特征，连气候也不同，各集居区之间的交通也不方便，是四个完全不同的市场。

2. 一国的地表特征会对企业的营销活动提出要求，使企业在产品的设计、产品的包装等方面作出调整。例如，挪威由于地处北极圈内，所以一年内有一半时间天空处于半明半暗状态。因此，在这里，即使是白天开车也必须开着车灯，世界各地出口到挪威的车都必须装有这种灯光系统。

3. 一国的地表特征还会影响企业的营销效率。例如，地势平坦的国家，交通条件相对较好，公路和铁路的运费都较低；如果一国山多，道路崎岖不平，交通环境恶劣，运输费用自然较高。可见，

一国的地表特征会影响产品的实体分配效率。

（二）自然禀赋

一个国家的自然禀赋是指自然界提供给该国的各种形式的财富，如矿产资源、森林资源、土地资源、水力资源等。企业到某国开展营销活动，必须了解该国的自然资源条件。如果某国对本企业所生产的产品的需求量很大，但缺乏生产该产品的资源条件，企业就只能通过向该国出口产品来满足当地需要；如果某国对本企业产品的需求量大，同时又具备生产这种产品的资源条件，企业就有可能前往当地投资设厂，在当地进行产品生产，然后就地分销。可见，一国的自然资源条件往往是吸引外国企业前来投资设厂的重要原因之一。

（三）气候条件

气候条件主要是指一国的气温高低、干湿度等气候特征。不同国家或地区的气候条件不同，其需求结构与需求习惯有较大差异。一般来说，在气候较寒冷的地区，御寒产品的需求量较大；而在气候炎热的地区，则需要大量的降温产品。例如，向热带国家出口汽车，车内应装有空调；向寒带国家出口的汽车则必须装有暖气设备。企业如果不重视气候条件，就可能在国际市场营销活动中遭受挫折。

二、环境恶化与绿色营销

（一）全球环境日趋恶化对国际市场营销活动提出挑战

随着经济的进一步发展，全球正经历着前所未有的生态灾难：臭氧层破坏、温室效应、酸雨成灾、水体污染、森林破坏、水土流失、土地荒漠化加剧、野生动物物种大量灭绝等。全球生态环境正面临着严峻的挑战，人类未来的生存将面临严重威胁。

由于生态环境的恶化，对国际市场营销提出挑战，这就要求企业在国际市场营销活动中应以环境保护为己任，积极开展绿色营销，努力保护环境，促进全球经济可持续性发展。

（二）绿色壁垒与绿色营销

1. 绿色壁垒及其提出。所谓绿色壁垒，实际上是绿色贸易壁垒，是指在国际贸易活动中，一国以保护环境为由而制定的一系列环境贸易措施，使得外国产品无法进入该国市场或进入时受到一定限制，从而达到保护本国产品和市场的目的。

由于发达国家的产品科技含量和公众的环境意识普遍较高，他们对环境标准的要求非常严格，不仅要求末端产品符合环保要求，而且规定从产品的研制、开发、生产、包装、运输、使用、循环再利用等整个过程均需符合环保要求。这无疑会给广大发展中国家产品的国际竞争力及出口带来很大的影响。

绿色壁垒的产生有其深刻的原因。生态平衡遭到的破坏，已严重危及人类自身的生存和发展。人类在进入 21 世纪之际，对自身行为方式进行了深刻的反思。痛定思痛，关注环境、保护地球成了人类最为重要的事情之一，贸易与环境也随即成为全球瞩目的焦点。而且越是经济发达的国家，对绿色产品的需求越多，从而也刺激了绿色贸易的盛行。同时，国际环保公约和世贸组织《技术性贸易壁垒协议》中的有关规定，成为国际贸易中的绿色法律，从客观上支持了绿色壁垒的形成。

2. 绿色壁垒的表现形式及对我国企业国际市场营销的影响。目前，国际上使用的绿色贸易壁垒主要有以下形式。

（1）绿色关税制度。进口国对可能造成环境威胁及破坏的进口产品征收的一种进口附加税。

（2）绿色市场准入制度。进口国以污染环境、危害人类健康以及违反有关国际环境公约或国内环境法律、规章为由而采取的限制国外产品进口的措施。如1994年美国环保署规定，进口汽油中硫、苯等有害物质必须低于有关标准，否则禁止进口。

（3）“绿色反补贴”、“绿色反倾销”以及环境贸易制裁。一国怀疑进口产品的低价是由于接受了来自于出口国政府的环境补贴或未将生产过程中的环境成本内在化，而对进口商品采取的一种限制措施或给予相应的制裁。

（4）推行国内PPMs标准及其他环保标准。PPMs（Processing & Product Methods）是对产品生产和加工过程所制定的特定环境标准。有的国家生产技术水平较高，随着人们对生存环境提出了更高的质量要求，这些国家制定了较为严格的PPMs标准以及其他一些近乎苛刻的环保标准，要求进口商品必须达到。

（5）强制性绿色标志（签）、强制要求ISO 14000认证等。绿色标志（签）、认证制度本身是非强制性的，各类企业可以根据自身的需要而决定是否申请，但是如果进口国政府把通过认证规定作为进口商品的必要条件或国内企业对外合作的必要条件，对于想要出口产品到对方国家的企业来说，就必须选择通过认证，取得标签这条路。

（6）繁琐的进口检验程序和检验制度。绿色贸易壁垒有很多是针对有毒有害物质的含量而设置的。为了达到限制进口的目的，进口国政府不惜重力研究制定了一整套严密的检验制度和繁琐的检验程序，利用其先进的检验设备和条件对进口货物实施检验，使进口货物难以通过。

（7）要求回收利用、政府采购、押金制度等强制性措施。例如，荷兰政府规定啤酒、饮料一律采用可以回收利用的包装容器，实际上为进口的同类产品带来了极大的麻烦。

近年来，我国对外贸易正面临越来越多来自于发达国家甚至发展中国家的绿色贸易壁垒的挑战。总体来说，绿色贸易壁垒对我国出口市场份额、贸易机会、企业和商品信誉等方面都产生了不利影响，导致国外消费者对我国部分产品尤其是农产品食品信心下降，对我国出口造成长期的负面影响。具体地说，绿色贸易壁垒对我国对外贸易的影响主要体现在如下几个方面：从产品出口的市场范围来看，我国目前的主要出口方向仍然是美国、欧盟、日本等国家，对它们的出口份额占我国外贸出口总额的80%，而这些国家（或地区）多数是环保主义倡导者和拥护者，也是绿色贸易壁垒的发源地，我国出口商品的市场销路极易受绿色贸易壁垒的影响。从产品的出口增长速度来看，由于我国的出口市场相对单一、固定，一旦目前的市场销路受到影响，出口的增长速度必然有所下降。尤其是在一些发达国家专门针对我国的某些商品设置绿色贸易壁垒的情况下，该商品的出口会立即出现停滞，如不及时采取对策，就会影响到整个产业的发展。从企业的出口成本和出口效益来看，由于绿色贸易壁垒多数是以环境标准和标志的形式出现，要想实现其环境标准、获取其环境标志，就必须投入大量的资金和人力进行技术改造，改善环境质量；同时还将增加有关的检验、测试、认证和公关等手续以及相关的费用，从而使企业出口产品的成本大幅度上升，价格优势大大削弱，丧失了国际市场竞争力，企业的出口效益日渐下降。从我国的对外贸易关系来看，由于遭遇了越来越多的绿色贸易壁垒，我国与主要贸易伙伴国之间的贸易摩擦不断，稍有处理不当，就会影响到双边或多边贸易关系，因此，政府必须恰当处理绿色贸易壁垒对我国对外贸易产生的冲击。

3. 绿色壁垒的应对之策。在国际贸易舞台上，面对绿色壁垒，我们无路可退，只能直接面对它、克服它。

从政府角度，有关部门应正确认识绿色壁垒，积极推进绿色产业发展，实施可持续发展战略；搞好环境标准化建设工作，积极推行 ISO 9000、ISO 14000 认证；建立预警及快速反应机制和信息咨询服务机构，全面了解主要贸易国有关绿色壁垒的内容、动态及相关信息。

对企业来说，首先应深刻认识绿色壁垒对企业开展国际市场营销影响的严重性，全面树立绿色营销意识；努力提高科技水平和环保水平，积极开展 ISO 9000 系列及 ISO 14000 系列的认证活动；把握国际市场动向，不断开发符合标准要求的新产品。总之，企业只要练好内功，信息灵通，就没有迈不过去的坎。

同时，我国政府及有关部门也应借鉴国外经验，不断完善我国的技术标准体系，防止国外的不良产品进入我国境内。

【全球视野 2-2】　　绿色壁垒之社会国际责任标准

所谓绿色壁垒（Green Barriers， GBs），也称为环境贸易壁垒（Environmental Trade Barriers，ETBs），是指为保护生态环境而直接或间接采取的限制甚至禁止贸易的措施。绿色壁垒通常是进出口国为保护本国生态环境和公众健康而设置的各种保护措施、法规和标准等，也是对进出口贸易产生影响的一种技术性贸易壁垒。它是国际贸易中的一种以保护有限资源、环境和人类健康为名，通过蓄意制定一系列苛刻的、高于国际公认或绝大多数国家不能接受的环保标准，限制或禁止外国商品的进口，从而达到贸易保护目的而设置的贸易壁垒。

近年来，随着传统贸易壁垒逐步走向分化，关税、配额和许可证等壁垒的作用逐渐弱化，反倾销等传统贸易壁垒虽然在相当长时间内仍继续存在，以绿色贸易壁垒为核心的新贸易壁垒形式不断发展。ISO 26000成为国际贸易间新的贸易“技术壁垒”的可能性大大增加。

2000年联合国启动了“全球契约”计划；2010年国际标准化组织（ISO）发布了《社会责任国际标准指南》（ISO 26000）。截至2011年末，已有36个国家将社会责任国际标准转化为国家标准。

本章小结

企业在进入一国市场之前，首先必须对该国的市场规模和市场吸引力进行分析评价，而决定一国市场规模和发展潜力的重要因素就是该国的人口、经济和自然环境因素。人口环境主要从人口总量、人口增长、人口结构、人口的分布和流动等方面对企业的国际市场营销活动产生制约和影响。研究一个国家的经济环境主要应对该国的经济结构、经济发展阶段、国民的收入水平、基础设施特征等进行分析。自然环境对国际市场营销的影响主要体现在地理位置、自然资源、气候条件等方面，企业必须重视对这些自然环境因素的分析，以采取相应的营销对策。此外，企业应重点关注生态环境的恶化对国际市场营销提出的新要求，当前企业在国际市场营销活动中尤其要重视绿色壁垒对国际市场营销的挑战。

思考题

1. 影响国际市场营销的人口环境因素主要有哪些？
2. 一国的经济发展阶段可分为哪几个阶段？它对国际市场营销产生哪些影响？
3. 一国的经济结构主要有哪几种形式？对国际市场营销产生哪些影响？
4. 考察一国的收入指标对国际市场营销的影响应注意哪些问题？
5. 一国的自然环境因素对国际市场营销的影响主要有哪些方面？
6. 什么是绿色壁垒？它对国际市场营销会产生哪些影响？

第三章 国际市场营销的政治法律环境

【本章学习目标】

- 了解和把握影响国际市场营销的政治因素；
- 掌握政治风险的评估及防范措施；
- 了解影响国际市场营销的法律因素。

【导入案例】

可口可乐公司自1979年进入中国市场，其旗下的可乐、雪碧、芬达等碳酸饮料在中国市场取得较大的成功。随着碳酸饮料市场的日趋成熟、竞争加剧，可口可乐开始开发果汁饮料和原叶茶饮料市场，并相继推出美汁源、果粒橙，但市场反应和市场业绩都一般。公司曾对外表示，需要通过收购来加强和拓宽无气饮料的业务，目的在于扩大在中国的市场范围，占领果汁饮料市场。2008年9月3日，可口可乐以24亿美元作为条件，向汇源发出收购其全部股份的要约，并于9月19日向商务部提交了收购汇源的相关申请材料。2009年，中华人民共和国商务部发布了该部门的公告2009年第22号，即商务部关于禁止可口可乐公司收购中国汇源公司审查决定的公告，商务部以如下三点作为该收购案审查不通过的依据：1. 集中完成后，可口可乐公司有能力将其在碳酸饮料市场上的支配地位传导到果汁饮料市场，对现有果汁饮料企业产生排除、限制竞争效果，进而损害饮料消费者的合法权益。2. 品牌是影响饮料市场有效竞争的关键因素，集中完成后，可口可乐公司通过控制“美汁源”和“汇源”两个知名果汁品牌，对果汁市场控制力将明显增强，加之其在碳酸饮料市场已有的支配地位以及相应的传导效应，集中将使潜在竞争对手进入果汁饮料市场的障碍明显提高。3. 集中挤压了国内中小型果汁企业生存空间，抑制了国内企业在果汁饮料市场参与竞争和自主创新的能力，给中国果汁饮料市场有效竞争格局造成不良影响，不利于中国果汁行业的持续健康发展。

企业在进入某一国家市场时，不仅要考虑该国人口、经济等环境因素，分析研究其市场吸引力，从而决定是否进入该国市场，而且要考虑能否进入该国市场。而决定一国市场可进入性的是该国的政治法律环境。

政治法律环境对企业开展营销活动的制约和影响有以下特点：1. 刚性。政治法律环境对企业的影响不像社会文化环境那样是柔性的，而是必须遵循的。2. 直接性。人口和经济环境可能通过对消费需求产生影响进而影响企业的营销活动，而政治法律环境对企业的营销活动直接产生影响。例如，一国的政治暴乱将直接影响国际企业在该国营销活动的安全性。3. 突变性。政治法律环境的变化具有突然性，它可能对国际企业的营销活动带来机会，也可能带来风险。因此，国际企业必须时刻关注政治法律环境及其变化趋势，及早作出反应，从而趋利避害。

第一节 国际市场营销的政治环境研究

政治环境是指影响和制约企业开展国际市场营销活动的各种政治因素，这些政治因素有些来自国际企业母国（Parent country），有些来自东道国（Host country），而有些则是国际性的。在此，我们主要讨论东道国的政治环境，并研究这些政治因素变化可能带来的政治风险，在对政治风险进行评估的基础上，寻找避免和减少政治风险危害的对策。

一、政治体制及政策方针

了解一个国家的政治体制及其方针政策，可以考察一国政策的连续性和决策的民主性等关系国际企业营销的政治因素。

（一）政治体制及政策出台

政治体制是指一个国家的政权形式及其相关的政治制度。世界各国的政治体制纷繁复杂，大多数国家的政体可分为代议制和集权制两种。代议制又可细分为共和制和君主立宪制两种。代议制国家，由于公众对政策的制定有影响力，政党必须围绕特定的立法和行政措施集中公众的意愿。因此，一般来说，在代议制国家，政策、法规的透明度较高，决策较民主，政策的稳定性较好，有利于国际企业的营销活动。集权制则包括绝对君主制和独裁制。在这些国家，君主独揽国家政权，决策的透明度差、政策的稳定性也较差，不利于国际企业的营销活动。

企业在国际市场营销活动中必须了解和把握一国的政体，从而判断其政策的民主性、透明性和稳定性。

（二）政党体系及其纲领文献

一个国家的政党体系及其纲领文献将直接影响企业在该国的营销活动，考察一国的政党及其制度有助于国际市场营销人员了解执政党的政治主张，以此推测该政府是保守的、中立的或是激进的，是倾向于贸易保护还是贸易自由。

世界各国的政党体系大致可分为：一党制、两党制和多党制三种类型。

一党制是指一个国家只有一个政党并掌握政权，或虽有几个政党，但仅一个执政党。一党制在第三世界比较普遍，如墨西哥是典型的一党制国家。一党制国家只有一个政党执政，因此，政局相对较稳定，政策的连续性和稳定性也较好。两党制是指势均力敌的两大政党轮流执政的政党体系，美国和英国是典型的两党制国家。两党制国家由于两大政党轮流执政，两党的政治纲领不同，它们之间的交替对国际企业在该国的营销活动影响巨大。例如，美国的共和党和英国的保守党倾向于政府尽量少干预经济，主张企业自主地开展经济活动；而美国的民主党和英国的工党则比较倾向于搞所谓的福利社会，主张政府对经济要有足够的参与，要将一些经济部门由国家直接掌握。英国的工党曾在其上台后将进口关税提高了 15%。

多党制是指由几个政党联合执政或轮流执政的政党体系。与一党制、两党制相比，多党制国家的政局相对不稳定，政策多变，不利于企业在该国的营销活动顺利进行。日本是典型的多党制国家，这几年日本政界的频繁变更是与多党轮流执政不无关系。

二、政府的角色和行为目标

（一）政府在经济中的作用

各国政府在本国的经济事务中都扮演着重要的角色，但角色不同，作用也不一样。一般来说，政府在经济活动中可能有两种角色：一种是经济活动的参与者；另一种是经济法规的制定者。

政府作为经济事务的参与者，往往表现为政府常以下列身份直接参与到经济活动中去。第一，政府是所有者。这是指政府往往直接垄断某些行业的产品生产和经营，使国际企业无法插足其间。大多数国家的交通、通信等基础设施是由该国政府垄断经营的，外国投资者往往无法获得这方面的市场机会。第二，政府是购买者。在任何国家，政府都是最大的买主。为了执行政府的职能，政府往往需要购买大到航空母舰、小到文具纸张等物品。政府支出一般包括国防、社会保障、教育、公共卫生、环境保护等。第三，政府是合作者。在一些国家，特别是社会主义国家，外来投资者能找到的合作者只能是政府，即直接与政府合伙经营企业。

一般来说，当政府作为参与者时，企业的国际市场营销能力便会降低。

政府作为经济事务的规范者时，往往只为经济活动制定有关规定，而不直接参与经济活动。在这种情况下，国际企业只需要了解东道国的有关法规并遵从相应的法规。一般来说，在发达国家政府往往只是经济法规的制定者而非直接参与者。

（二）政府的行为目标

许多政治学家指出，政府的行为目标或动机很大程度上取决于政府自身的利益（国家利益），各国政府的行为目标各有区别，但归纳起来主要有以下几个方面。

1. 自我保护目标。它主要是指政府需要保护本国的主权完整。当外来企业的进入对该国主权构成一种潜在威胁时，政府往往制定相当严格的限制性措施，阻止外国企业的进入。

2. 安全目标。各国政府都在尽最大努力寻求生存下去的机会，并将外来威胁限制在最小程度。为了实现这一目标，各国政府除了建立以军事为主的防御体系外，还在一些主要领域保持高度的政治敏感度。许多国家的政府规定在基础设施、国防工业、重要原材料供应方面不能依赖外国企业，并尽可能减轻外国企业对这些行业的影响力。

3. 繁荣目标。繁荣本国经济、提高国民的生活水平是各国政府的重要的、经常性的目标。当国际企业的行为符合东道国的这一目标时，政府会对国际企业的经营活动给予鼓励；反之，则严加限制。

4. 声誉目标。多数国家的政府也把提高本国及其政府在国际上的声誉作为目标，或者将此作为实现其他目标的一种手段。当国际企业能帮助该国政府达成这一目标时，就会得到鼓励，否则，受到限制。

5. 意识形态目标。政府往往把保护某种意识形态的存在并促进其发展作为政府的行为目标之一。例如，民族意识等，如果外来投资者的进入会破坏这种意识形态的东西，则会遭到拒绝或阻止。

可见，东道国政府对国际企业的经营活动往往既有鼓励又有限制，而这些行为的出发点是上述五项目标。当然，在不同时期，不同政治、经济环境下，东道国政府的目标重点有所不同，因此鼓励或限制措施也不尽相同。国际企业只有通过仔细分析研究东道国的政府行为，保持对东道国政策导向的预见力，才可能发现机会，防范风险。

三、政治干预

无论政府在本国经济中扮演什么样的角色，它们对本国经济都不是放任不管的，而是采取一系列政治干预措施，迫使外国企业改变其经营方式、经营政策和行为。

（一）没收、征用和国有化

没收（Confiscation）是指政府强迫外国企业交出其财产，不给予企业任何经济补偿。征用（Expropriation）是指政府强迫外国企业交出财产，给予企业一定的经济补偿，但绝不是出于企业自愿的一桩交易。国有化（Nationalization）是指政府将外国企业的资产收归国有，由政府接管。没收、征用、国有化的区别在于：前两者是政府强迫外国企业交出资产后不一定由政府接管，也可能交由该国私人企业接管，而后者是政府强迫外国企业交出资产后直接由政府打理。

东道国政府对外国企业的资产进行没收、征用和国有化现象在20世纪60～80年代发生较多。较为典型的事例是：1937年墨西哥政府接管了所有外国人经营的铁路系统，1938年又接管了整个石油工业；1953年危地马拉政府接管了所有外国人在本国的香蕉园；1960年古巴政府将所有工业收归国有；1962年又接管了美国公司拥有的发电厂；1969年秘鲁政府没收了美国标准石油公司在该国的资产；1979年，伊朗政府没收了所有外来投资；1983年法国政府将所有银行收归国有。根据一项研究报告，在1960年到1980年期间发生的所有接管事件中，49%发生在拉美国家，近30%发生在阿拉伯国家，13%发生在非洲，11%发生在东南亚国家。联合国组织的研究还表明，在1960年至1974年间发生的所有接管事件中，2/3发生在10个国家，其中包括：阿根廷、智利、秘鲁、阿尔及利亚、利比亚及伊朗等。

东道国政府的没收、征用和国有化是国际企业面临的最大政治风险。东道国政府对外国资本采取没收、征用和国有化的根本原因在于，东道国政府认为一些对国家的国防、国家主权、国民福利、经济增长等至关重要的行业不能掌握在外国人手中。一般来说，被没收、征用、国有化风险最大的行业是公用事业和自然开采业。因为人们普遍认为，公共水电业对国民经济和国防至关重要，而采矿、石油以及其他自然资源的开发被看作是国家财富之源泉，因而也特别容易被没收、征用和国有化。

近30年来，采取没收、征用和国有化这样极端措施的国家越来越少，其原因主要有以下三个方面：1．各国政府越来越意识到外来投资对本国经济发展的巨大作用；2．一旦东道国政府采取较为极端的措施，便会遭到国际企业母国的报复和国际社会的强烈反应；3．国际企业为了减少这些政治风险，往往采取各种策略保护自己，如与当地企业合作，通过本土化经营融入当地社会中，降低被没收、征用和国有化的可能性。

（二）本国化

由于没收、征用和国有化这些措施的采用有一定风险，因此，越来越多的东道国政府通过本国化，逐渐将外国公司纳入其控制之中。

本国化（Domestication）是指东道国政府通过对外国企业进行多方面限制，迫使其一步一步出售股权，最后由本国控制。为此，东道国政府往往采取以下措施：1. 将所有权逐渐转移到本国国民手中；2. 提升一大批本国公民担任外资企业的高级管理职务；3. 本国公民拥有更多的决策权；4. 更多的产品在本国生产，以取代进口装配；5. 设计特别的出口管制，以便控制外资企业在国际市场上的营销活动。

对于东道国政府来说，本国化比征用更高明。因为这样一来，一是可避免因征用而造成在国际上的窘境；二是与征用不同，本国化不会影响东道国在国际金融机构的信用等级；三是东道国不需要自己去直接管理这些外资企业；四是本国化有助于保持自身良好的政治气氛。

对于国际企业来说，本国化虽然不像没收、征用和国有化那样，但其风险也很大，有时甚至是灾难性的，其损害程度不亚于后者。例如，东道国政府要求外资企业在规定的时间内出售股权，由于时间紧迫，往往不会得到公平的价格；而在国际企业中要求有一定比例的高级管理职位由东道国国民担任，不管该国是否有相应的人才以及人才是否称职，要求国际企业在东道国当地购买原材料和零部件，但可能在东道国根本无法找到符合质量要求的货源等。于是，国际企业不得不在东道国投入大量的资本、技术培训人员，以便获得当地资源。

（三）限制措施

除了上述政府干预形式以外，东道国政府还采取一系列限制性措施，对外国企业的营销行为进行控制，以下是东道政府通常采用的限制手段。

1. 外汇管制。一些外汇短缺的国家常常对外汇使用进行严格的限制，目的是保持一定数量的外汇以满足基本需要，如巴西是典型的外汇管制国家。巴西的外资法曾规定，外国投资是指“不经巴西外汇支出而进入巴西的，旨在进行生产或提供服务的商品、机器和设备；或用于巴西经济运作的外来金融资源及货币资源。上述商品、机器、设备、金融资源及货币资源的所有权应属于居住、定居或总部在巴西以外的自然人或法人”。巴西对外汇实行一定的管制，外国企业或个人（除有外交特权的单位或个人之外）在巴西银行不能开立外汇账户，外汇进入巴西首先要折算成当地货币后方能提取。

外汇管制对于国际企业的影响往往表现为：第一，外国公司在本国所取得的利润和资本不得任意汇回母公司；第二，原材料、机器设备和零部件等生产经营所需物品不能自由进口。

2. 进口限制。进口限制是指东道国政府所采取的各种限制进口的措施，如许可证制度、关税、配额，以及各种苛刻的进口检验制度等。政府采取进口限制的主要目的是保护本国工业，其结果是迫使外国企业多购买本国产品，以达到扶持本国工业发展的目的。而这对国际企业则造成很大的影响。

3. 税收管制。在有的情况下，东道国政府对外资企业进行额外征税或提前结束免税期，这些歧视性税收政策往往使国际企业的利润大减或计划大乱。东道国政府此举的目的有时是为了增加财政收入，有时则是为了对外国企业进行警告。

4. 价格控制。东道国政府还可能采取价格管制手段，限制外国企业涨价。例如，在通货膨胀严重时期，东道国政府可能冻结物价。尼克松政府就曾在20世纪70年代初为遏制通货膨胀而冻结物价，这就直接对企业的定价决策产生影响，也会使企业的收益减少。

5. 劳工限制。在许多国家，政府为了保护本国国民的利益，往往支持工会要求国际企业给予优惠的待遇并禁止临时解雇员工，如墨西哥不但不准外资企业解雇当地员工，还通过一个由政府代表、劳资双方组成的国家委员会，修订有关法令，使劳工有权分享外资企业的利润。在法国、英国等国家，劳工限制措施也较多。

（四）其他干预措施

除此以外，政府的干预形式还包括政府效率和廉洁程度等。在一些国家，东道国政府为了阻止外资进入，设立重重关卡，事事刁难，使外资企业知难而退，以达到限制外资流入的目的。在某些国家政府贿赂之风盛行，如不进行贿赂则进入无门，这也是难以进入东道国市场的一道障碍。

透明国际（Transparency International）即“国际透明组织”，简称 TI，是研究腐败问题的最权威的国际性非政府组织，曾多次对行贿指数进行调查。根据 2012 年透明国际世界廉政指数排名结果，索马里、阿富汗等国是廉洁指数最低国家，而相对来说，丹麦、芬兰、新西兰等国的公司在从事国际贸易中是廉洁指数最高。

四、政治稳定性

政治稳定性对国际市场营销企业至关重要。如果一个国家的政局不稳定、政策多变，则企业在该国市场的营销活动应谨慎进行。

一个国家政治的不稳定性主要是由内部与外部因素引起的。

（一）影响政治稳定性的国内因素

1. 政权更迭频繁。一个国家政权更迭频繁，政治环境就会多变，政局稳定性差，本国企业及在该国开展营销活动的国际企业遭遇政治风险的可能性大。同时，政权更迭的形式不符合常规，也容易造成政局动荡。此外，掌握国家政权的领导层成员的变化，也会影响一国政局的稳定性。

2. 文化冲突。文化冲突包括宗教矛盾、种族、民族矛盾以及文化的裂变等现象。

3. 政治冲突。政治冲突往往表现为暴动、政变等。如果一个国家的政治冲突频繁，政局则难以稳定，在该国进行营销活动遭受政治风险也在所难免。

4. 国民情感。国民情感是一种民族中心主义的表现形式。民族中心主义一般带有文化狭隘性，它视其所属的“族群”为一切事物的中心，评价和度量其他事物必须参照这一中心。民族中心主义是从其自身的文化立场出发、以自我为中心的视觉看待世界的一种主观倾向或态度。民族中心主义很容易引起对外来文化的敌视和排斥，从而引发矛盾，引起不安定。由民族中心主义引发的民间壁垒目前已成为外国企业或外来产品进入当地社会的一股阻力。

【案例精选 3-1】　　故宫里的星巴克惹争议

2007年7月，故宫星巴克咖啡店在经营了6年零7个月之后关门停业。此前，中央电视台英语主播芮成钢在其网络博客上发出抗议，认为“故宫里的星巴克”是对中国传统文化的糟蹋，星巴克把店开进故宫是挑战中国传统文化的底线，网民纷纷对此表示支持。虽然星巴克大中华区公共关系经理表示，星巴克撤出故宫并不是因为舆论压力，而是尊重故宫的统一规划所做出的选择。但不可否认，星巴克开进中国古代皇宫，还是会触动国民的敏感神经。

（二）影响政治稳定性的国外因素

除了东道国自身的原因之外，外部因素也是引发本国不稳定性的重要原因。

1. 东道国的国际关系。如果一个国家在国际关系中的印象不佳，遭遇外部矛盾的可能性就增加，政治的不稳定性也会加大。

2. 与邻国的领土纠纷。如果一国与邻国之间有领土纠纷等矛盾，则容易引发与别国的政治冲突，从而造成政治不稳定。

3. 遭遇外来侵略或袭击。如果一个国家遭遇外来的袭击，这就会严重影响该国的政治稳定。而这种不稳定性又是最难以预见和防范的，因此，国际企业在营销活动中必须注意到这一点。

第二节 国际市场营销政治风险的评估与对策

由于东道国的政治环境对企业的国际市场营销活动会产生很大影响，易造成政治风险。因此，国际企业必须重视对国际市场营销中的政治风险的分析评估，在政治风险发生之前采取有效的防范措施，在风险发生后积极寻求解决方案，将政治风险带来的危害降低到最小限度。

一、政治风险的表现

政治风险是指由于政策的不连续性、政局的不稳定性、政府干预的强制性和政治事件的突发性使企业的国际市场营销活动具有许多不确定性，增加了国际市场营销活动的困难性。政治风险的具体表现有以下几个方面。

（一）政治风险在国际贸易中的表现

政治风险在国际贸易中的通常表现为：东道国强制关闭本国市场，限制非本国产品进入；东道国实行外汇管制，税率变化无常；东道国单方面破坏契约，并拒绝赔偿本国企业的经济损失等。

（二）政治风险在国际投资中的表现

政治风险在国际投资中的表现为：投资者的财产被当地政府没收、无偿征用和逐步实行国有化；合营企业投资者的利润无法汇回母国，正常的经营活动受到当地政府的任意干预；东道国政府与母国政府发生对抗战争等严重事变，导致投资者遭受损失；东道国发生动乱、革命或政府倒台等政治突发事件，造成投资者经营中断或利润损失等。

（三）政治风险在国际信贷方面的表现

政治风险在国际信贷方面的表现为：债务国否认债务，拒绝履约还款，债务国随意中止还款，造成债权国利益受损；债务国政府单方面要求重议债务；债务国国际收支困难，随意实施严格的外汇管制等。

【全球视野 3-1】　　中国企业海外投资中遭遇的六大非市场风险类型

我国企业海外投资中的非市场风险包括东道国的政治动乱风险、政策与法律风险、文化差异风险、合同条款风险、项目价值风险和企业内部运营管理风险。

1. 东道国政治动乱风险，主要是指东道国参与的任何战争或者在东道国内发生的革命、颠覆、政变、罢工、内乱、破坏和恐怖活动以及地方武装冲突等事件而造成损失的可能性。

2. 政策与法律风险，是指东道国变更政策、法律而给外国投资者造成的经济损失的可能性。政策风险包括外国投资政策的调整、政府禁令、政府违约、税收政策调整、国有化政策（包括征用、征收、没收、报复性充公）；法律风险主要有立法不全、执法不严、法律冲突等。例如，2010年5月2日，澳大利亚联邦政府宣布，拟从2012年7月开始向在当地注册的资源类企业征收税率为40%的资源租赁税，我国在澳大利亚开采铁矿的企业直接受到影响。

3. 文化差异风险，主要是指我国企业及管理人员与东道国政府、社区、员工由于文化冲突而带来损失的可能性。

4. 合同条款风险，是指我国企业与东道国当事人签订的投资合作协议中，因双方权利义务约定不够具体而产生的理解偏差，最终出现合同纠纷而发生损失的可能性。

5. 项目价值风险，是指由于我国企业对海外投资项目的开发成本、影响项目开发的具体制约因素估计不足或误判而造成损失的可能性。

6. 企业内部运营管理风险，是指因我国企业的内部运营管理出现问题而造成损失的可能性。

资料来源：王志乐等著，《2012 走向世界的中国跨国公司》，中国经济出版社，2012（3）：98—102。

二、政治风险的评估

（一）政治风险的评估方法

对政治风险的评估可采取以下有效方法。

1. 实地考察法。这是指企业派出一位或数位高级经理对企业将要进入的目标国家进行考察，从而确定该国市场的政治风险及可进入性。这种方法有利于得到准确可靠的信息，但由于考察的广度和深度的限制，可能结果所反映的信息并不全面。

2. 专家分析法。这种方法是通过向有关专家进行咨询，从而了解目标国家市场的信息，进而判断该国的政治风险。一般来说，专家是由外交人员、当地政治家、资深商务人员、学者等组成的小组，在分析和判断问题方面较有经验，所获得的信息也较全面和准确。但如果专家本身的素质不高或经验不足，则会影响评估结果。

3. 德尔菲法。这种方法是为了防止专家评估的主观性，而采取由若干专家分别就某一国家的政治环境问题独立地发表意见。企业在将专家意见汇总后，将结果分发给每位专家，让他们在参考他人意见的基础上修正自己的最初意见。企业不断重复这个过程，直到专家们不再修改自己的意见为止。专家们最后的平均意见通常要比最初任何一位专家的意见都正确。这种方法虽然复杂，但得到的结果较客观、准确。

4. 数量分析法。企业还可以通过数量方法来判断政治风险。企业可将影响政治风险的变量一一列出，根据各个变量之间的关系，建立相应的数学模型，用以预测事件发生的可能性。这种方法的评估结果较精确，但由于影响政治风险的因素并不都能量化，同时数学分析要结合专家意见才较可靠。

（二）政治风险的评估内容

企业对国际市场营销政治风险的评估可从企业外部因素和企业内部因素两个方面入手。若在国际市场营销活动中，企业的某项因素在东道国的政治敏感度高，则遭遇政治风险的可能性也就越大。

1．企业外部因素。

（1）企业母国与东道国的关系。企业母国与东道国的关系越密切，企业在东道国遭遇政治风险的可能性就越小，企业在东道国的营销活动就越顺利。

（2）企业所在行业及提供的产品。如果企业从事的行业或提供的产品政治敏感度高，遭遇政治风险的可能性就大。罗宾逊教授曾在《国际企业政策》一书中，提出了一套评估产品政治敏感度的方法。它要求国际企业对12个问题逐一加以回答，由总评分的高低来判断行业和产品的政治敏感度。

① 该产品的供应是否需经政治上的讨论或立法机构授权方可经营？（例如：石油、运输设备、公共设施等）

② 是否有其他产业依赖该产品或以其作为再加工的原材料？（例如：水泥、钢铁、电力等）

③ 该产品是否具有社会及政治敏感度？（例如：医药、食品）

④ 该产品对于该国的国防是否有重要影响？（例如：交通设备、电讯设备）

⑤ 该产品对于农业生产是否重要？（例如：农业机械、化肥）

⑥ 该产品是否必须利用当地资源才能有效地营运？（例如：当地劳动力、原料）

⑦ 在近期内是否会有与该产品竞争的产业出现？（例如：各种小型或投资少的制造业）

⑧ 该产品与大众传播媒体是否有关？（例如：印刷业、电视）

⑨ 该产品是否属于服务产品？

⑩ 该产品的使用或设计，是否基于某些法律上的需要？

⑪ 该产品对于使用者是否具有潜在的危险性？

⑫ 该产品的营销是否会减少东道国的外汇？

对上述问题的回答是肯定的，说明该行业或产品的政治敏感度高，遭遇政治风险的可能性大；若回答是否定的，则说明政治敏感度低，不易遭受政治风险。

【案例精选 3-2】　　华为在美国市场屡遭政治风险

华为公司（Huawei）是世界第二大电信与互联网设备制造商，公司在全球的业务开展得非常顺利。这家中国公司的客户遍及130个国家，全球排名前50的电信公司中，有45家采用了华为的产品。2010年，华为的年收入达到270亿美元，在《财富》全球500强（Fortune’s Global 500）中名列第352名。今年，华为的销售额预计将增长10%，或许它很快就将超过瑞典的爱立信公司（Ericsson），成为全球第一大通信设备制造商。但在全球最大的电信市场——美国，华为却始终未能打开局面。从10年前初次登陆美国市场，华为便屡次参与投标，却始终未能获得美国主要运营商的大额合约。华为2007～2008年刻意联合拥有深厚政治背景的美国股权投资基金贝恩资本收购3Com公司，却遭否决，竞购摩托罗拉公司部分业务失败，竞标美国斯普林特公司移动电信设备合同受阻。美方禁止华为参与建设美国全国应急通信网，禁止华为收购美国服务器技术公司三叶系统公司部分资产。2011年11月，美国众议院情报委员会以所谓"窃密事件"为由要求政府禁止华为、中兴两家中国电信设备厂商进入美国市场。可见政治性风险已经成为中国电信设备制造企业进入美国市场面临的最大障碍和最大风险。

（3）企业规模及地址。正所谓"树大招风"，企业规模越大，被东道国视为威胁的可能性就越大，同时，若企业选址在东道国的政治经济中心，遭遇政治风险的可能性也会加大。

（4）企业的知名度。企业的知名度越高，政治敏感度越高，政治风险可能越大。

（5）东道国的政治状况。东道国政治局势越不稳定，对国际企业来说遭遇政治风险的可能性就会增加。

2. 企业内部因素。

（1）企业的行为。国际企业的经营行为会导致企业在东道国公众中的形象不一。形象好的国际企业政治敏感度低，遭遇政治风险的可能性小；反之，则容易遭遇政治风险。

（2）企业对东道国的贡献。如果外来投资者能为东道国的经济发展作出贡献，如提供就业机会、出口创汇、引进技术等，则遭遇政治风险的可能性就小；若外来投资无法为东道国经济发展带来好处，或好处不明显，则容易遭遇政治风险。

（3）经营的当地化。如果国际企业在东道国实现经营当地化，如使用当地的原材料、零部件，使用当地的资金，使用当地人才，在当地开发新产品，使用当地的品牌等，则不易遭遇政治风险。一般来说，外来企业的当地化程度越高，遭遇政治风险的可能性越小。

（4）子公司对母公司的依赖性。如果在东道国的子公司需要在关键性的技术资源、市场等方面严重依赖母公司，则子公司在当地遭遇政治风险的可能性降低。由于子公司对母公司在技术、市场等方面的依赖性太强，所以即使东道国接管该子公司，也无法正常发挥子公司的作用。

（三）政治风险的权威评估

国际上有不少权威的评估机构，定期或不定期对世界各国的风险进行评估，为国际企业的决策提供依据。企业可以在国际市场营销活动中关注权威机构的政治风险评估结果，作出更为合理的决策，以减少政治风险的威胁。

三、政治风险的防范对策

（一）政治风险发生前的对策

在政治风险发生以前，国际企业应该采取一系列防范措施，以减少政治风险发生的可能性。根据对政治风险的评估，结合国际企业的成功经验，政治风险的防范对策主要有以下几个方面。

1. 寻求当地合作者。这是国际企业最常用的防范政治风险的策略。因为，一方面当地的合作者较了解本国的政策法规，与东道国有关部门有着一定的联系；另一方面东道国政府也会顾及当地投资者的利益，在采取极端措施时会"投鼠忌器"。

2．在当地融资。国际企业若采取在东道国筹集资金的方法，在东道国政府采取极端措施时，往往可起到保护作用。因为东道国政府要顾忌本国资本的利益，不会轻易采取没收、征用、国有化等强制性措施，这样就可使国际企业避免遭遇政治风险。

3．股权的多国籍化。股权的多国籍化，可以分散风险。如果企业的资本来自多个国家，东道国政府就会因为顾忌与多个国家为敌，而不敢贸然采取极端措施。因此，国际企业可利用这一点，使股权保持在多个国家手中，以减少政治风险。例如，世界著名的英国荷兰皇家壳牌石油公司，因拥有英国和荷兰双重国籍，常可以转危为安。例如，当印尼苏加诺政府对荷兰不满时，公司就强调其英国企业身份；而当东道国政府对英国不友善时，公司就可强调其荷兰身份，从而减少政治风险。

4．减少固定资产的投资。国际企业可采取“有形”资产与无形资产分开或生产技术与营销技术分开的策略。例如，让东道国当地合伙者拥有固定资产，而核心技术等无形资产掌握在母公司手中，这样国际企业被接管的可能性就会减少。例如，美国联合水果公司在拉丁美洲一直是左翼政党紧盯的目标，为了减少政治风险，该公司放弃了在拉美的大多数土地所有权，将水果事业集中于营销和运输环节。

5．及时调整有关业务。在政治风险来临之前，及时预见政治风险，尽快转移经营业务，这对于国际企业来说既是必要的，也是可行的。东道国政府往往对高度政治敏感的行业进行干预，若国际企业能够预见风险发生的可能性，及时将业务的政治敏感度调低，就可能躲过劫难。例如，美国电话电报公司（AT&T）在秘鲁的子公司，1960 年未被征收之前，立即将经营业务转向东道国政府易接受的行业，如兴建喜来登宾馆和制造电器设备。又如，当巴西国会研究如何将圣保罗到里约热内卢高速公路两旁十公里以内的外国工厂收归国有时，德国巴斯夫（BASF）公司转向桉树种植，从一个巨大的化工制造商摇身一变为林业经营者，最终得以免遭没收的厄运。由于国际企业的业务范围较广，因此，实现业务的转移是可行的。

6．保持子公司对母公司的依赖性。国际企业可以将产品的研发（R&D）放在母国进行，使东道国无法得到生产所必需的关键技术，从而使子公司在技术上形成对母公司的依赖性。国际企业还可通过控制原材料和关键零部件、控制主要市场等手段来增强子公司对母公司的依赖性。例如，可口可乐的秘方始终掌握在母公司手中，这样，即使在外国的子公司被东道国没收，由于无法得到关键性技术，子公司无法独立运行，东道国政府因不能实现目标而放弃没收等行为。

7．开展公共关系活动。如果国际企业与当地公众搞好公共关系，就可在当地公众中建立良好的形象，赢得当地公众的好感，这样它所面临的政治风险就要小得多。例如，许多在华投资的跨国公司纷纷支持中国教育事业，其目的是为了得到中国公众的认同，从而减少政治风险。

8．投保政治风险。向保险公司投保政治风险也不失为一种明智之举。近年来，由于政治形势变化加快，不少国际企业已意识到政治风险对企业经营的巨大影响，所以企业开始重视并投保政治风险，以减少风险发生所带来的损失。

（二）政治风险发生后的对策

一般在政治风险发生之前，往往有一些相应的征兆，此时，国际企业应积极采取对策，如理性地与东道国政府进行谈判，一方面让东道国政府了解其对东道国经济发展所作出的或将要作出的贡献，以及东道国政府采取极端措施所可能造成的严重后果；另一方面向东道国政府承诺企业会在经营策略等方面作出让步，如改组人事、增资扩股，帮助当地政府实施新的投资计划，以及进行政治性或公益性捐款等，以得到东道国政府的认同，防止政治风险的发生。

若此举不能奏效，那就只能依照国际惯例，通过法律手段或其他途径减少政治风险的损失。

1. 积极寻求补偿。一旦发生政治风险，国际企业的财产即使被没收、征用或国有化，也不必绝望，国际企业要继续保持与东道国的关系，从长期来看，仍可获得相当利润。如继续经营出口业务，或通过合同关系提供生产技术和管理经验，或出售原材料和零部件给东道国当地企业等，通过这些举措来寻求最大残余价值。

2. 寻求母国支持。当国际企业在国外投资遭遇政治风险时，企业可以通过母国政府进行外交干涉。一般来说，在经济全球化的今天，母国政府往往具有双重身份，它既是国际企业的母国政府，又是外来投资者的东道国政府，政府就可利用这种双重身份，帮助本国企业在国外市场上赢得公平的条件。例如，母国政府在本国企业的要求下，可向对方国家在本国的企业进行报复，采取禁止该国产品进入本国市场或其他制裁措施。当然，动用母国政府进行报复，可能会使两国的关系恶化。

3. 寻求国际社会支持。国际企业在遭遇政治风险后还可积极寻求国际支持，企业可向海牙国际法庭申请法律赔偿，也可请求“国际投资纠纷调解中心”（即 International Center for Settlement of Investment Disputes，ISCID）加以仲裁。

第三节 国际市场营销的法律环境

国际市场营销所面临的法律环境主要由三个层次构成：一是本国的法律环境；二是东道国的法律环境；三是国际法与国际惯例。在这里，我们分别加以讨论。

一、各国的法律体系差异

要研究国际市场营销的法律环境，必须对各国的法律体系有一个基本的认识。世界各国的法律体系大致可分为大陆法系和普通法系两种类型。

大陆法系的基础是一个由成文法规（法典）构成的无所不包的法律体系，大陆法系是由罗马人创造出来的，为大多数国家所采用；普通法系的基础是传统、过去的惯例，以及法律通过对成文法和过去判例的解释所确立的法律先例。普通法系也称英美法系，在英国、美国及加拿大、澳大利亚等英联邦国家使用。

上述两大法律体系对于同一问题的解释和处理方法有较大区别。例如，在大陆法系国家，工业产权的所有权按“注册优先”原则确定，而在普通法系国家，则按“使用优先”原则确定。由此可见，法律体系的差别会对企业的国际市场营销活动产生较大影响。因此，企业在国际市场营销活动中，首先必须了解目标市场国家的法律体系。当然可能同属于一个法律体系的不同国家的具体法律也不尽相同，企业还必须了解和把握各国具体的法律法规。

二、母国的相关法规

各国政府为了维护国家的整体利益，出于政治、军事、经济等方面的考虑，往往会制定一系列法规，对从事国际市场营销活动的本国企业加以限制和保护。

母国政府对本国企业的国际市场营销活动往往进行出口管制，出口管制包括出口产品管制、市场管制和价格管制等。

出口活动中的产品管制主要是限制那些具有战略意义或国家稀缺资源和产品的出口。受出口管制的产品通常有以下几类：1．战略物资，如军火等；2．高科技产品及技术资料，如宇航技术、通信设备等；3．国内奇缺的原材料和某些消费品；4．实行“自动”出口限制的商品；5．古董、艺术品等。此外，各国的法律对出口产品本身均有相关规定，如我国的《进出口商检条例》、《出口食品卫生管理法》等。市场管制主要是限制产品出口的目标市场，防止产品进入敌对国市场。价格管制是指对出口价格的约束。

出口管制的主要手段是出口许可证。政府根据出口管制的有关规定，制定出口管制货单和输往国别分组管制表，然后采用许可证具体输出申请和通关手续。出口管制的目的防止国内物资短缺、保障国家安全和推行国家对外政策等。

各国政府为了鼓励本国企业扩大出口，加快对国外市场的开拓，也采取一系列鼓励的措施，各国鼓励出口贸易的法规主要有税收减免、出口退税、出口信贷、出口补贴等。

三、市场国的相关法规

国际市场营销企业要着重了解并研究的是目标市场国家的法律法规。这里具体包括两个方面的法律：一是与企业进入市场国有关的法律；二是与企业进入目标市场国后的营销活动直接相关的法律。

（一）与进入市场国有关的法律

1．与出口进入有关的法律。与产品出口进入有关的相应法规主要有：关税和非关税壁垒。其中非关税壁垒又包括：进出口配额制、自动限制出口、进口许可证制、商品检验制度、外汇管制、反倾销法等。

2．与合约进入有关的法律，主要涉及专利使用权、商标使用权和专有技术使用权等有关技术转让的法规和国际保护知识产权的有关规定等。

3．与投资进入有关的法律，主要是公司法、企业法、外商投资法等有关法规。例如，2001 年 3 月第九届全国人大四次会议闭幕会通过了关于修改中外合资经营企业法的决定，对原有的中外合资企业经营法进行了修改。修改后的法规更加有利于外国企业在中国市场的经营活动，为外资企业进入中国市场增添了信心。

（二）目标国家与市场营销有关的法律

1．与产品决策有关的法律。在国际市场营销活动中，产品决策是最基本的决策，也是在限制最多情况下的决策。每个国家都对产品制定了许多相关的法律、法规，对产品的质量、包装、品牌等作了相应的要求。如各国对产品的质量要求，除了要求产品的纯度、安全性、性能等物理、化学、生物指标符合外，还有严格的环保要求。例如，向美国出口的汽车必须装上防污染装置，否则难以满足美国防污染法对汽车排泄控制的严格要求。日本要求护发、护肤用品不得含有甲醛，所以欧美一些化妆品出口厂商只能对产品作相应的调整，否则无法进入日本市场。除此以外，各国还制定了严格的产品包装法，如美国的食品包装法要求对食品的成分及所含的微量元素进行详细标注，否则视为不符合要求；丹麦的包装法规定软饮料的瓶子必须可回收，这使得许多法国矿泉水厂商对该国市场望而却步，因为要把瓶子运回法国的成本实在太高了；英国禁止进口法国牛奶的理由是法国的牛奶是以公升为计量单位，不符合英国以品脱为单位的食品计量法。此外，许多国家还对产品商标的使用等有相关的法律规定。

2．与分销决策有关的法律。在营销组合决策中，渠道决策受到的法律限制可以说是最轻微的，厂商往往可以根据市场条件自由地选择分销渠道。但如果企业一旦与当地分销商签订分销合同后，就会有法律上的问题，因为在一些国家，不能随意中止与本国代理厂商的协议，否则将带来很大的麻烦。因此，国际企业在进行渠道决策时，也需谨慎行事。

3．与定价决策有关的法律。价格是买卖双方都非常敏感的方面。各国政府为了保护本国公民的利益，均制定了一系列控制物价的法规，但具体做法有差异。一般来说，发展中国家对价格的控制较发达国家更加严格，其通常做法是：规定最高限价、最低限价或限制价格变动等。有些国家采取直接控制利润率的方法，如加纳政府曾按不同行业，把生产企业的利润率规定在25%～40%之间。德国政府虽未对利润率作出规定，但要求企业详细地申报其价格和利润方面的资料。

产品价格的管制，可能是对于全部产品，也可能是对于部分重要产品。对于一些关系国计民生的重要产品，不少国家均采取了相应的价格限制。如比利时政府则规定了药品的最高限价，同时规定药品的批发毛利率和零售毛利率分别不得超过12.5%和30%；阿根廷政府规定制药公司的标准利润率为11%。可见政府的价格管制一般针对食品、药品、日常用品等。

4．与促销决策有关的法律。各国对产品的促销活动均制定了相应的法规，对企业的广告宣传、营业推广等促销活动都作了严格的限定。对于这部分内容，我们将在国际市场产品促销决策中详细讨论，在此不作赘述。

四、国际法与国际惯例

世界上并不存在制定和执行国际法的机构，所谓的国际法事实上只是具有相应法律效应的国际公约、条约，具有准法律效应的国际惯例，以及国际性组织的规章制度。

（一）国际条约与国际市场营销

国际条约是国际法最重要的渊源。国际企业的行为必须符合母国缔结或参加的有关国际经济、贸易和金融方面的条约。国际条约包括双边条约和多边条约。战后多边条约逐渐增多，如布雷顿森林协定、多边清算贸易协定、关税与贸易总协定等。

对国际市场营销活动影响比较大的国际条约主要有：有关国际货物买卖公约；有关产品责任的公约；有关保护工业产权的公约。

（二）国际组织与国际市场营销

国际性组织及其规章制度对其成员国来说具有法律效应，因此参加相应国际性组织的成员国必须在承担相应的义务的同时才能享受相应的权利。对国际市场营销活动具有直接影响的国际组织主要有以下几个方面。

1. 世界贸易组织（WTO）。世界贸易组织的前身是关贸总协定（GATT），它代表着全球性的多边贸易体制，它既是多边贸易的规则或契约，又是多边贸易谈判的场所，也是解决多边贸易争端的机构。关贸总协定于1947年签订，于1984年生效，1995年改为世界贸易组织。目前世界贸易组织已拥有150多个成员国，其成员国之间的贸易额占贸易总额的90%左右。世界贸易组织所制定的多边贸易规则，已成为各国普遍接受的国际关系准则，而且多边贸易规则所规范的领域也不断扩大，从关税到非关税措施，从货物贸易到服务贸易、知识产权和投资措施等。世界贸易组织的宗旨是通过多边贸易谈判，在缔约国之间“达成互惠互利协议，导致大幅度地削减关税和其他贸易障碍，取消国际贸易中的歧视待遇”，“以提高生活水平，保证充分就业、保证实际收入和有效需求的巨大持续增长、扩大世界资源的充分利用以及发展商品的生产交换”。

2. 国际货币基金组织（IMF）。国际货币基金组织是影响全球多边贸易关系的联合国组织，是世界上最有影响力的国际金融组织，它对国际市场营销活动有着重要的影响。

国际货币基金组织（IMF）成立于1945年，现有成员国188个，总部设在美国首都华盛顿。它对国际市场营销环境的影响主要表现为：（1）稳定国际汇率、减少汇率波动，从而减少汇率波动对国际市场营销带来的不利，使国际市场营销有一个比较稳定的金融环境；（2）消除妨碍国际市场营销的外汇管制，促进国际货币的自由兑换，从而促进国际贸易和投资的自由化；（3）通过国际货币储备和国际短期贷款解决成员国在国际收支上出现的暂时性困难，以提高成员国的外汇支付能力，从而维护和促进国际贸易；（4）参与贸发会议和世界贸易组织的某些审议活动。

3. 国际标准化组织（ISO）。ISO是一个国际标准化组织，其成员由来自世界上100多个国家的国家标准化团体组成。代表中国参加ISO的国家机构是中国国家技术监督局（CSBTS）。ISO与国际电工委员会（IEC）有密切的联系，中国参加IEC的国家机构也是国家技术监督局。ISO和IEC作为一个整体担负着制订全球协商一致的国际标准的任务。ISO和IEC有约1000个专业技术委员会和分委员会，各会员国以国家为单位参加这些技术委员会和分委员会的活动。ISO、IEC每年制订和修订1000个国际标准。ISO和IEC都是非政府机构，它们制订的标准实质上是自愿性的，这就意味着这些标准必须是优秀的标准，它们会给工业和服务业带来收益，所以各成员国自觉使用这些标准。

（三）国际惯例与国际市场营销

国际贸易惯例是国际组织或者权威机构为了减少贸易争端、规范贸易行为，从长期的、大量的贸易实践的基础上总结，并在实践中不断地修改和丰富其内容的基础上制定出来的。它不是法律，没有法律的强大的约束力，但是它是在当事人的意思自治的基础上制定出来的。因此，对贸易双方当事人具有强制的约束力。

国际惯例是在国际交往中逐渐形成的不成文的法律规范，这些国际上普遍承认的惯例可以发展为规则，成为国际市场营销活动中自觉遵守的规范。对国际市场营销活动产生影响的国际惯例主要有国际贸易术语解释等。如在交易中发生争议，它则是双方奉行的所期望的行为模式，如 FAS，通常称作装运港交货，按这一贸易术语成交时，卖方要提供商业发票或电子信息，并自付风险费，提供通常的证明其完成交货义务的单据；如果在买方要求下，由买方承担费用和风险的情况下，卖方可协助买方取得运输单据，而有关货物过境所需的出口许可证及其他官方文件，均可由买方负责办理。如果交易发生争议，法院或仲裁机构也会引用这一惯例判决或裁决。由此可以看出，国际惯例虽然不是法律，但各国的立法或国际公约，却赋予了它法律的效力。

五、国际市场营销纠纷及其解决

由于国际市场营销活动涉及面广，关系复杂，各种贸易纠纷也在所难免。因此，国际企业需要通过合适的途径来解决贸易争端和纠纷，以减少其带来的影响。

解决国际贸易纠纷的主要途径有以下几个方面。

（一）协商

协商是解决国际贸易纠纷的最基本的方法和最好的方法。协商是指双方当事人进行磋商，彼此作出一定的让步，在双方认为可以接受的基础上解决纠纷。由于这种方法无须经过法律程序，不必支付相应的司法费用，而且通过协商解决问题，可避免双方陷入关系紧张的局面，有利于今后的合作和发展。

（二）仲裁

仲裁是双方当事人在发生争端后达成书面协议，自愿将其争端交由双方认可的仲裁机构，按照一定的程序进行审理并作出裁决，从而消除争议的一种方式。由于仲裁对双方当事人来说，审理时间短、审理费用低，灵活性强，因此，大部分国际贸易纠纷是通过仲裁来解决的。

（三）诉讼

诉讼是指经济争端发生后，当事人一方向有管辖权的一国法庭起诉，请求法院按法律规定作出判决，以解决争端。诉讼方式的最大特点是强制性。如果双方没有仲裁协议，一方当事人向法院起诉，无须征得对方同意，法院作出的判决是具有强制约束力的，败诉方必须无条件履行。

采用诉讼方式有时会涉及司法管辖权的问题，即以哪一个国家的法律作为依据。因此，国际企业在签订合同时，最好包括司法管辖权条款，以避免在发生争端时再确定司法管辖权的困难。但即使有了司法管辖权条款，如果合同不是在该条款指定的国家内签订或履行的，有些法院也不予理睬，此时管辖权条款没有效力。当合同中没有司法管辖权条款或司法管辖权条款没有效力时，人们有时以合同履行地点，有时以合同签订地点的法律为依据。如果按两种方法会得出不同的结果，法院按“最密切联系”原则解决争端，即哪国与合同关系密切，就适用哪国法律。

可见诉讼涉及的问题较多也较复杂，所以国际企业一般不愿通过诉讼来解决纠纷，它们只有在其他方法失败时，才会采用这最后的步骤。而且通过诉讼解决争端可能会冒下列风险：1．诉讼时间长、费用高；2．诉讼损害企业形象，影响公共关系；3．担心在外国法院会遭遇不公正待遇；4．容易泄露商业秘密。

减少国际市场营销纠纷的根本方法是事先就充分重视外国的法律问题。许多企业的国际市场营销活动失败的原因是对法律问题的忽视，因此，如何减少国际市场营销活动中的法律问题是国际市场营销人员必须面临的问题。福兰克・布雷德里曾提出四大类方法（见表 3-1），对于国际企业减少法律纠纷有一定的借鉴作用。

表 3-1　减少国际市场营销中法律问题的方法

（一）了解各国商业法规
1. 可能受不同法规环境所影响的商业活动
（1）渠道
（2）定价
（3）促销
（4）产品发展与导入
（5）产品责任
（二）了解国际商业合同要素
1. 合同的形式使用不可受单方文化限制
2. 清楚的计量单位
3. 避免不标准的国际或国内合同
4. 引起争端时裁判的条款
（三）为纠纷仲裁设立条款
1. 在寻求其他法律途径之前，仲裁者根据合同所列条款承诺来处理纠纷
2. 仲裁的理由（略）
（四）对于国际条约的认知
1. 世界各地均已有致力于有关惯例、商标、检疫、计量单位和税务的标准化等方面的法规
2. 应注意国际条约在国外市场上对知识产权的保护

资料来源：Frank　Bradeley,（1991） International Marketing Strategy,p.157.

本章小结

一个国家的政治体制、政党体系、政府在经济中的作用以及政府对经济的直接干预等因素直接影响到企业能否进入该国市场、企业进入该国市场后可能面临的政治风险等。因此，国际企业必须对东道国的政治和法律环境进行深入分析和全面评估。企业在进入一国市场之前，尤其要对该国政治法律环境变化对企业可能带来的潜在政治风险进行评估，并采取相应的对策以避免和减少风险带来的损失和影响。企业在国际市场营销活动中还将面临三个层次的法律环境，即本国的法律环境、东道国的法律环境、国际法和国际惯例的影响。国际企业尤其要关注东道国的法律环境。由于不同国家有不同的法律体系，因此，企业不但要分析研究对国际市场营销产生直接制约的法律因素，还应了解东道国的法律体系。

思考题

1．东道国的哪些政治因素会对国际市场营销活动产生制约和影响？

2．东道国政府对外来投资者行为的干预形式主要有哪些？各有什么特点？

3．对政治风险进行评估需要考虑哪些内容？

4．国际市场营销者可采取哪些措施来防范政治风险的发生？

5．当政治风险发生时，企业可采取哪些对策来减少风险的影响？

6．国际市场营销活动面临的法律因素主要有哪些？

第四章

国际市场营销的社会文化环境

【本章学习目标】

- 了解研究国际市场营销社会文化环境的重要性；
- 把握文化适应及克服SRC的重要性；
- 掌握影响国际市场营销的社会文化因素；
- 了解和把握社会文化因素对商业习惯的影响。

【导入案例】

香港迪士尼是美国迪士尼继东京迪士尼巨大成功和巴黎迪士尼失利后在海外开设的第三个迪士尼乐园，也是迪士尼在全球的第五个乐园。香港迪士尼位于大屿山竹篙湾临海地段，占地126公顷，耗资35亿美元，于2005年9月开园。乐园以加州迪士尼乐园为蓝本，为游客提供乐趣无穷的娱乐体验，具有多个主题表演及刺激玩意，园内设有店铺、餐厅以及宾客服务设施。

香港迪士尼在开园前就因为经济、土地、风水等问题备受争议，开园后因种种不公平条约遭到反对，2006年春节更是因人满为患关门拒客而形象大打折扣。

2006年9月，开园一周年，香港迪士尼乐园仅实现客流量500多万人次，未能完成首年560万人次的预定目标。开园二周年，入园人次仅400万。2008年9月，香港迪士尼开幕三周年，“终于” 有机会达到游客560万人次。不过，与当年香港地区政府定下的“第三年目标”620万人次，仍有很大距离，估计亏损15亿港币。开园4年，香港迪士尼累计接待超过1700万名游客，其中内地游客占三分之一。2010年9月12日，香港迪士尼开园五周年，累计接待游客2000万人，客流及经济效益均远低于1999年筹建时的预测，客流只达预测的78%，而前4年的经济效益只及原估计的53%。2012年9月12日，香港迪士尼开园七周年，没有相关的报道。2015年，上海迪士尼建成在即，等待它的不知又将是怎样的命运。

第一节 文化环境研究与跨文化适应

一、文化及其特点

（一）文化的界定

文化一词的英文为Culture；德文为Kultur，它们都出自拉丁文Culture，意为耕作、培养、教育、发展、尊重。目前对文化尚无一个明确的界定，但我们普遍认为文化是社会生活的总和，它包括诸如一般行为、信仰、价值观、语言和社会成员的生活方式等要素，它是某一区域内人们的价值观、特性或行为的特征表现。共有的文化观念使社会中的人们有了身份确认感和同他人交往的方法。例如，文化提供了许多标准和规则，说明什么时候吃饭、三餐吃什么合适，以及在各种聚会中怎样招待客人。

（二）文化的特性

一般来说，文化主要有以下特性：1. 实用性：为群体行为提供指导；2. 社会现象：文化存在于群体的关系中间，但是又高于群体的相互关系；3. 规范性：定义和规定了什么是可以接受的行为，什么不是；4. 学习性：不像基因可以遗传，而是后天学习获得的；5. 武断性：对不可接受的行为具有武断性，也许不同文化的群体难以理解；6. 价值载体：群体的价值观以及对价值的期望；7. 沟通工具：语言、非语言等；8. 适应性/动态性：文化是不断变化以适应新的环境和知识；9. 长期性：数千年的经验和知识积累而成的；10. 满足需求性：文化满足人们的需求，吸纳新的特性，抛弃无用的特性，然而文化核心的价值观是保持不变的。

（三）文化的功能

文化的功能是建立行为模式、执行标准以及人与人、人与环境之间的关系处理方式，这将减少不确定性、提高可预测性，从而促进社会成员的生存和发展。不同文化间的社会规范是不同的。当日本人为个人关系而谈判时，美国人也许为合同本身谈判。中国人趋向于接受环境而不是改变它，努力适应环境并与之和谐相处，而西方人则试图控制他们的环境。这种深深扎根于各自文化的行为对商业行为和营销体系有着巨大的影响。

二、社会文化与国际市场营销

（一）国际市场营销的最大障碍是社会文化环境的差异

在不同文化的商业活动中，市场营销的最重要因素就是理解消费者观念、价值观和社会需求的差异。由于市场营销本身是基于满足客户需求的，而这个需求在很大程度上是以文化为基础。因此，成功的市场营销是建立在理解所要开拓的市场文化规范的基础之上的，是一种跨文化营销。如果产品不被接受是因为产品的价值观或习惯没有充分满足人们的需求，或者没有充分满足特定社会文化的价值观，企业就必须调整和重新制定生产程序。在此，我们必须了解是什么构成文化之间的差异。文化差异是在各种人类关系中都存在的，它不只限于语言，还包括非语言沟通、宗教、时间、空间、颜色、数字、美学、风俗习惯、身份意识和食物偏好等，所有这些对国际市场营销者，尤其是不审慎者都是潜在的陷阱。

企业的国际市场营销活动可能是在一个完全陌生的国家进行的，所面临可能是一个截然不同的文化环境。如果不了解这个国家的社会文化环境而贸然进入，企业可能将遭受挫折。

（二）社会文化环境对国际市场营销的影响特点

1. 社会文化环境因素的影响具有广泛性。文化的影响是无所不在的，它会影响人们的价值观念、生活方式和消费习惯，进而对企业的国际市场营销活动提出相应的要求。

2. 社会文化环境因素的影响具有深刻性。千百年来，各国形成了特定的社会文化背景，它是根深蒂固的，一般不会轻易改变。因此，国际市场营销者只有充分了解目标国家的社会文化环境，努力适应该国的文化环境，才可能在国际市场营销活动中少受挫折。

3．社会文化环境因素具有微妙性。国际市场营销学权威菲利浦·科特勒曾经将企业在国际市场营销中遇到的社会文化因素划归为两大类：一类是事实性因素，即原本就是如此；另一类是领悟性的，即只可意会不可言传。而且在国际市场营销活动中，企业遇到的社会文化因素大多可能是领悟性的，非常微妙。国际市场营销者常会受到各国不同的文化习俗带来的困惑。

三、文化适应与国际市场营销

所谓文化适应是指企业的营销决策要适应文化的特点，即充分考虑目标国家的文化特点，使营销决策及其实施过程不会触犯当地的文化传统、生活习俗、宗教禁忌，而且能比竞争对手更好地满足当地消费者的需求，取得竞争优势。

在国际市场营销实践中做到文化适应必须克服“自我参照准则”的影响。“自我参照准则”（Self-Reference Criterion，SRC）是美国詹姆斯·A.李在1966年《海外经营中的文化分析》一文中首先提出的，指的是“无意识地参照自己的文化价值观”。具体来说，SRC是指国际市场营销人员一遇到经营中的具体状况，就不由自主地用自己的价值体系作为理解和处理这种状况的尺度和标准。例如，营销人员认为，如果自己喜欢和使用某种产品，别人也会这样做，如果某种产品在一地销路好，则在另一地也会有相似的业绩。

可见，要取得国际市场营销的成功，企业必须了解目标国家的社会文化环境，并且入乡随俗，努力适应当地的社会文化环境的要求，而不能按照其原有的价值观念来思考和解决问题，即要避免按“自我参照准则”SRC行事。

而要克服SRC，则要做好以下几个步骤的工作：第一步，按照本国文化特点、习俗、规范来确定业务问题或目标；第二步，按照市场所在国的文化特点、习俗、规范来确定业务问题或目标；第三步，将SRC在该问题中的影响孤立出来，研究SRC如何使问题变得复杂；第四步，在没有SRC的影响下，重新确定业务问题适当的业务目标。

例如，我国的自行车要顺利打入美国市场，就必须克服SRC。具体来说：

第一步，自行车是中国家庭的主要交通、运输工具，中国人购买自行车的主要着眼点是车身结实程度、喷漆、电镀工艺和外观。中国消费者要求自行车身用钢或其他材料制成，结实、耐用；挡泥板必不可少，因为雨天可防止泥浆带入车轮，影响车速；车后普遍有后座，便于带小孩或放置物品；一般没有变速挡，车重约20公斤。

第二步，在美国自行车主要用做健身器材，因为美国家庭的主要交通工具是汽车，因此他们买自行车主要是用于体育锻炼或娱乐消遣，所以要求自行车车身轻巧、灵便，要有多挡变速并配上美观的零部件。自行车的车身一般用铝合金制成，全车重量在10～15kg。自行车不设车后座和挡泥板。

第三步，将第一步与第二步比较后，可以发现中美两国对自行车的需求有着本质的不同，将中国的自行车原封不动地搬到美国去，不会有销路。

第四步，中国自行车要在美国市场上立足，必须进行重新设计，使自行车符合美国人的需求特点，小巧、轻便、有变速、无后座和挡泥板等，才可能打开美国市场的销路。

总之，在国际市场营销活动中要做到文化适应，必须做到：

1. 对可以做的事和禁忌的事要有文化敏感性，对出现的各种问题要善于从文化的角度寻求答案；
2. 认知、理解、接受和尊重他人的文化和文化差异；
3. 保持文化中立，并承认文化差别也许是好事；
4. 不要试图将一个文化的概念移植到另一个文化中；
5. 避免自我参照标准。

四、文化变迁和文化渗透对国际市场营销的影响

（一）文化的可变性

一国的文化并不是一成不变的，而是发展变化的。随着一国经济的发展，对外交流的增进，一国的文化可能发生变化，表现为传统文化色彩的淡化和外来文化的渗透。例如，在中国，过洋节越来越成为年轻人的时尚，而他们对于中国传统节日却越来越淡漠。

（二）文化的渐变性

由于文化具有深刻性，是根深蒂固的。因此文化环境并不如政治环境变化那样容易发生突变，而是渐渐发生变化，这就是文化环境变化的渐进性。

文化的渐变性使得受一国文化影响的需求不会在短期内发生根本性的变化。例如，就饮食文化而言，欧洲人不可能在一夜之间全改为用筷子吃饭；中国人也不会一下子只吃汉堡、炸鸡，不吃米饭、馒头。因此，国际市场营销者不能奢望用自己的产品改变当地文化，而只能先适应当地文化，在此基础上来引导消费。

文化的变迁要求国际企业适时地改变营销决策，使之适应文化的新特点。

（三）各国间的文化渗透对国际市场营销的影响

一国的文化不仅是可变的，而且随着经济、科技的发展，文化之间相互渗透，互相交融，这也是文化变化的另一个特征。东方文化西化，西方文化东化正在成为文化发展的一种趋势。

【全球视野 4-1】　　人类的共性：文化多样性的解析

人类学家布朗E.唐纳德睿智地指出，人性相通。因为我们同属一个物种，因此，有很多共同点。以下就是人类共同享有的几个特点。

- 使用隐喻
- 拥有地位和角色系统
- 有种族优越感
- 关注成功和失败
- 抵触外人
- 模仿外来影响
- 以面部表情表达情绪
- 回报恩情

资料来源：[美]菲利普 R.凯特奥拉等著，赵银德等译，《国际市场营销学》（原书15版），机械工业出版社, 2012（7）：67。

第二节 影响国际市场营销的社会文化因素

社会文化环境是指一个社会的民族特征、风俗习惯、语言、意识、道德观、价值观、教育水平、社会结构、家庭制度的总和。不同国家营销环境的差别，主要体现为不同国家文化背景的差异性，可以说社会文化环境是国际市场营销实践中最富有挑战意义的环境要素。

一、语言文字

语言文字是人类沟通交流的方式，是文化因素中最重要的因素，它反映了一种文化的实质，渗透到文化各个层面。在国际市场营销活动中的需要沟通的每个环节，都存在语言沟通障碍。企业进行跨国营销，必然要与东道国的政府、中间商、大众传媒、顾客等各方面进行沟通，如不熟悉东道国语言或不能正确使用它，就会产生沟通障碍，难以实现营销目标。在广告、产品目录、产品说明书、品牌等方面的翻译中，我们经常会发现由于语言障碍而带来的麻烦。其中一个经典的例子是美国通用汽车公司曾将其“NOVA 型雪佛兰”汽车销往讲西班牙语的拉美国家，结果很少有人问津。原来“NOVA”在英语中意为“神枪手”，在西班牙语中却成了“跑不动”的意思。

世界上现存的语言大约有 3000 多种，其中汉语、英语、德语、法语、西班牙语等普遍被运用。不同的语言对同一件事物的表达方式完全不同。

同一种语言在不同的文化背景下的含义不同，例如，“Table the report”这一词组，在英国意味着“将某事列入议程”，而在美国则意味着“将某事搁置起来”，是完全相反的两个意义。

同一国家也有多种语言，比较典型的国家是新加坡，有四种官方语言，即英语、华语、泰米尔语、马来语等；在加拿大，有英语和法语两种语言，因此出口到加拿大的产品，必须用同时这两种语言标注。

此外，还有非语言因素的影响沟通：非语言行为包括表情、眼神、手势、身体移动、姿势、衣着、空间距离、接触等，它们在不同文化中的作用是不同的。

【案例精选 4-1】　　韩国现代汽车在美国遭遇挫折

韩国现代汽车公司于1986年进入美国汽车市场时发现，自己的营销活动受挫，因为人们常常弄不清公司名称的正确拼法，很多人将其名称和Honda（日本本田汽车）混淆在一起。而本田汽车是现代汽车公司最大的日本竞争者之一。韩国人努力让美国人使用韩国发音（High-Yoon-Day），但始终没有成功。最后他们只能让步，在促销活动中鼓励顾客根据“Sun-Day”的发音，将Hyundai念成“Hun-Day”。

资料来源：董俊英译，国际市场营销错误案例，经济科学出版社 2003：53。

二、教育水平

衡量一国教育水平的指标通常有识字率或文盲率。不同年龄阶段的消费者受教育程度不同，不同国家的教育水平差距也很大。在一些发达国家，国民的受教育条件较好，大部分国民受过良好的教育；而在一些不发达国家，有许多人没有受教育的条件，文盲率较高。

1. 教育水平往往影响需求行为。教育水平高低往往与经济发展水平相一致，同时也与消费结构、购买行为存在着密切关系。受教育程度往往影响消费者的需求水平、需求结构、购买决策特点，可以作为市场细分的标准之一。一般来说，受教育程度高的消费者，往往因从事良好职业而具有较高的购买力，他们对于新产品的鉴别能力和接受能力较强，购买时理性程度较高，对产品的质量和品牌比较挑剔，而且有的还有个性化要求；受教育少的消费者，对产品需求低，对新产品认识和接受比较困难，在接受广告信息方面，偏向于对图案颜色、声响产生兴趣。

2. 教育水平影响营销调研的效率。一般来说，某国的识字率较低，则企业在该国的营销调研效率就无法提高。这是因为：首先，该国的统计工作往往较差，可供利用的二手资料少，企业在搜集市场信息方面的成本增加、工作量加大；其次，企业难以在当地找到合适的调研机构和调研人员；最后，由于当地的识字率普遍较低，企业无法通过问卷调查获取所需要的信息，并且在与被调查者沟通时的难度增大，影响调研的进度。

3. 教育水平对营销组合决策的影响。首先，企业在设计产品时，必须使产品的复杂程度和技术性能等符合国外顾客的受教育程度，对于教育程度低的顾客，产品包装应说明力求通俗易懂。瑞士雀巢婴儿食品有限公司曾在非洲市场上推出婴儿奶粉，由于当地妇女的文化程度低，无法读懂包装说明，致使产品不能正确使用，造成使用效果受影响，为此，雀巢公司花费了大量的人力、物力才挽回了影响。其次，在产品分销过程中，企业还必须与不同教育程度的分销商打交道，由于教育程度不同，双方在营销理念、营销方式运用等方面可能产生较大分歧，会影响销售效果。最后，不同国家的教育水平还会影响促销方式的选择及促销效果。例如，在教育水平比较低的国家，广告往往不如营业推广那样具有直观效果，即使是采用广告宣传的方式，由于一些国家的识字率低，报纸和杂志广告也往往难以奏效，而口碑宣传则可能会产生良好的效果。可口可乐在全球许多国家收到良好效果的广告宣传攻势并没有在拉美国家取得相应的反应，究其主要原因是拉美一些国家的教育水平较低，无法理解广告的诉求。最后，可口可乐公司不得不将大量的饮料运往当地，让当地居民现场品尝，使他们直观地感受可口可乐的魅力，这一措施达到了很好的促销效果。

4. 教育水平对人员当地化的影响。当企业准备实施人才当地化战略时，企业在教育水平较高的国家往往较易寻找到合适的营销人员，但在教育水平较低的国家，人员当地化则无法实现，因为在当地根本找不到合适的人员。

三、宗信仰教

宗教是文化的一个重要方面，它影响，甚至支配着人们认识事物的方式、行为准则和价值观念，是人们思想和日常生活的一部分。世界上有许多不同的宗教派别，其中最典型的是三大宗教：佛教、基督教和伊斯兰教，每一派宗教都有教规、教义，有特定的流行地区。宗教属于文化中深层的东西，对于人的信仰、价值观和生活方式的形成有深刻影响，从而对企业的国际市场营销决策产生深远的影响。

宗教在国际市场营销中的影响力主要体现为以下几个方面。

1. 宗教禁忌制约着人们的消费选择。不同的宗教教规往往影响教徒的需求和购买行为。如伊斯兰教、印度教都有自己的禁食食品。宗教禁忌影响着某些企业的产品销售，但也可能给另一些企业带来市场机会。例如，穆斯林和犹太人禁饮烈性酒，这反而帮助可口可乐成为阿拉伯国家的畅销饮品。

2. 宗教节日往往影响消费需求。有时宗教节日是最好的消费品销售旺季，如圣诞节在欧美国家也意味着购物节，许多厂商借此机会竞相促销；但有时却形成消费低谷，如农历九月是伊斯兰教的斋月，一切皆清静无为。伊斯兰教徒终日在祈祷，不做生意，也很少购买东西，甚至连门都不出。

3. 宗教组织往往在经济事务中起着相当大的作用。宗教组织是不可忽视的消费力量，其本身是重要的团体购买者，有时宗教组织往往掌握着政治、经济大权，同时也对其教徒的购买决策起着指导作用。

4. 宗教矛盾往往是产生不安定的重要因素，易引发政治冲突。

【案例精选 4-2】　中国清真食品产业在机遇与挑战中拓展国际市场

据相关数显示，全球清真食品和穆斯林用品的年贸易额逾2万亿美元，目前仅清真食品年贸易额就达1500亿美元。近年来中国清真食品出口逐年增长，实现了提质增量，出口类别从过去主要以牛羊肉等初级产品为主，发展为以科技附加值较高的中间产品、食品添加剂等产品占比较大,产品主要销往马来西亚、中东等伊斯兰国家和地区。双汇集团作为唯一生产清真食品的公司，漯河双汇万中禽业加工有限公司正在加快开拓海外市场。根据公司市场部门调研，中东伊斯兰国家超过80%的清真食品依靠进口。

四、社会组织

社会组织是指人与人相互联系的方式，它确定了人们的社会角色与关系形态。一般可分为亲属关系和社会群体两大类。

亲属关系中最基本的单位是家庭，家庭又有核心家庭和扩展家庭之分。核心家庭是指父母与一两个未婚子女组成的家庭；而扩展家庭则包括更多的直系乃至旁系亲属的家庭。研究家庭形式是因为许多产品是以家庭为单位来购买的，如洗衣机、电冰箱、淋浴器、电话等。有些扩展家庭，其成员人均收入虽低，但因其成员多，集合购买力强，因此也可能购买汽车等较为昂贵的消费品。研究家庭结构，还应了解购买决策人。在核心家庭中，丈夫还是妻子抑或是孩子往往对不同的产品购买拥有不同的影响力。

社会群体主要是指家庭以外的社会组织形式，包括年龄群体、性别群体和共同利益群体。年轻人与年长者由于在价值观念、生活方式等方面的显著差异而分属于不同的子市场；男性与女性在生理、心理上的差异也决定了对许多产品的不同需求，此外，妇女的社会地位也影响着其对购买的决策作用。至于共同利益群体，如消费者协会、行业协会、劳工组织、政党等在现代社会的消费潮流中也常常扮演着举足轻重的角色。

五、价值观念

不同国家、民族和宗教信仰的人，在价值观上有明显的差异。美国人喜欢标新立异，爱冒风险，因此对新产品、新事物愿意去尝试，对不同国家的产品也抱着开放的心态。而东方民族相对保守持重，如日本许多年长者甚至认为购买外国货就是不爱国。

时间观念是价值观念的重要组成部分，也是主要的文化特征之一。时间观念会影响消费者对产品的需求，在认为“时间即金钱”的国家，省时、省力的产品较受欢迎，像快餐食品、速溶饮料等产品往往好销；而在另一些时间观念不强的国家，这些产品可能不受欢迎。时间观念还会影响人们的商业习惯。例如，日本人认为不准时是不能接受的；对德国人，准时是仅次于信奉上帝的事。不同文化在时间概念、时间观念上的认知是不同的，一般来说，发达国家往往较某些发展中国家更具有时间意识。

不同的文化背景对新产品的态度是不同的。在一些国家，人们认为新产品总比老产品有优势，人们比较容易接受新产品或外来产品；而在另一些国家，人们则对新产品和外来产品持一种排斥的态度，因为他们认为新产品和外来产品是未知的，要接受它们风险很大。因此，对新产品的态度也反映了人们对待风险的态度。美国人通常比较容易接受变化，并乐于承担风险。而一些传统色彩很浓的国家，人们一般不愿意改变长期以来形成的生产和消费习惯，也不愿意去冒风险，新产品进入这样的国家会遇到较大的障碍。

此外，不同文化下的财富观念、义利观等也是有着很大差别。

六、风俗习惯

一个社会、一个民族传统的风俗习惯对其消费嗜好、消费方式起着决定性作用。欧美人喜食奶酪，其品种可达上千种，但拿来在中国销售，许多中国人会对其绝大多数品种不甚习惯，凡事种种，皆是风俗习惯使然。

1. 饮食习惯。受不同的文化影响，各国有不同的饮食习惯。例如，泰国人主食大米，喜食辣味，辣椒是餐桌上不可或缺的东西。

2. 节日习惯。不同国家有不同的节日和节日的庆典方式。例如，中国有春节、清明节、端午节、中秋节等传统节日。泰国华人较多，民间也有春节、清明节、端午节、中秋节等节日。日本同我国一样，有许多节日，例如，一月有救火节、二月有雪节、五月有插秧节等。日本小朋友不仅过“六一”国际儿童节，而且女孩三月三日要过女孩节。那一天，凡有女孩的家庭大都购备成套人形娃娃，陈列在家中；五月五日，男孩要过男孩节，凡有男孩的家庭在家里悬挂用纸或布做的“鲤帜”。他们认为鲤鱼有很强的生命力，是成功者的象征。美国则有感恩节、圣诞节、元旦等节日。

3. 交往礼仪。不同国家有不同的交往礼仪习惯。例如，泰国是一个礼仪之邦，被誉为“微笑的国度”。泰国人性情温和，待人热情，有礼貌，泰国人见面时通常双手合十于胸前，互致问候，合十后可不再握手。随着社会的发展，在外交和一些正式场合，泰国人也按国际习惯握手致意。但常人不能与僧侣握手。日本人见面行鞠躬礼，问候礼躬身 15°，欢迎礼躬身 30°，告别礼躬身 45°。

不少国家还有一些礼仪禁忌。例如，头被泰国人认为是最神圣的部位，忌讳别人触摸；忌用左手传递东西、接拿物品；坐时忌翘二郎腿；谈话时，忌用手指指对方；到寺庙拜佛或参观时，须衣冠整洁，脱鞋。

总之，风俗习惯对消费需求的影响是多方面的，企业开展国际市场营销活动必须“入乡随俗”。

七、审美意识

对美的追求是人类的天性，所以审美意识是影响消费者购买行为的重要因素。审美意识往往决定了一国消费者对图案、颜色、花卉、动物、食品等的好恶。值得注意的是，这里的审美并不是从纯粹的美学角度出发的，而是一种文化现象，但它会影响人们对产品的色彩、品牌、包装、宣传等的偏好，从而制约着人们对产品的选择。一种色彩和图案在一国的文化中被视为吉祥，但可能在另一国却被看作是凶兆。例如，中国人有赏菊之好，意大利人却认为菊花是不祥之兆。因此，在不同国家销售产品、设计品种及其图案、选择促销工具等都要充分考虑该国特殊的审美禁忌，只有这样，国际市场营销企业才可能立于不败之地。部分国家的审美喜好和禁忌如表 4-1 所示。

表 4-1 部分国家的审美喜好和禁忌

国家地区	色彩喜好与禁忌		图案喜好与禁忌			
			植物（花卉）		动物	
	喜	忌	喜	忌	喜	忌
中国	红色	白色、黑色			仙鹤	豺狼虎豹
美国		红色				蝙蝠
日本	柔和鲜艳的颜色	绿色	松、竹、梅	荷花		狐狸
英国		黑色		百合花 菊花		大象；山羊； 孔雀
法国	鲜艳色彩	墨绿色				仙鹤 黑桃
埃及		黄色、蓝色				熊猫
阿拉伯	绿色	蓝色				
巴西	红色	紫色、黄色、棕色	兰花			

第三节 社会文化环境与商业习惯

一、研究各国商业习惯的必要性

各国的商业习惯是各国商人在长期的国际经济活动中所形成的习惯性做法。在国际市场营销实践中，了解和适应外国的商业习惯是重要的环节。如果国际市场营销人员对外国商业习惯一无所知，自以为外国的商业习惯与本国一样，盲目采用本国经商中的习惯做法去从事国际市场营销活动，必然会遭受失败。

俗话“入乡随俗”。在国际商务活动中，营销人员必须事先了解外国的商业习惯，并主动地适应外国的商业习惯，这样做可以有以下几方面好处。

1．有利于避免冒犯。一个国家的商业习惯是与该国的风俗习惯密切相关的，在国际市场营销活动中，如果不了解东道国的风俗习惯，可能会产生冒犯行为。例如，一家生意兴隆的国际广告代理公司在泰国曼谷开设了一个办事处。有人警告经理说，这个办事处一定不会兴旺。对此，这家公司不以为然，因为该公司在远东的所有分支机构都取得了成功。但事实上，一年过去了，办事处生意全无。原来，马路对面有一尊佛像正好位于比这个办事处低一段台阶的地方。而在泰国，佛像是神圣不可侵犯的，绝不能把自己置于佛像之上。这位办事处经理了解了泰国的习俗后，便把办事处迁到没有佛像的地方，从此以后，生意便蒸蒸日上。其实，在泰国还有一些敏感的禁忌。例如，门槛是不可踩踏的，因为泰国人认为仁慈的神灵栖居其下；窗户在晚上是不可打开的，否则会引入邪恶的神灵；不可触摸别人的头部，即使是最亲密的朋友，这会有终止友谊的危险，因为泰国人把头部看得十分神圣。如果国际市场营销人员不了解和遵从泰国的这些风俗，有可能冒犯当地公众，难以取得营销成功。

2．有利于减少误会。不了解外国的商业习惯，有时会产生误会。例如，在保加利亚和土耳其等国，点头表示“不”，而摇头却表示“是”，如果按照中国及大多数国家的方式去理解，就可能造成误会。

3．有利于增进感情。增进感情，建立友谊往往是开展商务活动的重要内容。一般来说，增进感情的做法主要有送礼、宴请、拜访等。但在不同国家，这些做法是截然不同的。

就送礼而言，不同国家对要不要送礼、送什么礼、送多少、何时送？看法和做法都不一样。在不少国家，送点小礼物有助于增进感情，促进交往，但在阿拉伯国家，商人初次交往时赠送礼物会被当作是贿赂。中国人认为礼多人不怪，礼物送得多总是好事，但在许多国家，礼多人也怪，礼物太昂贵，反而会把人吓坏。一般来说，外国人所送的基本上是一些小礼品，但不同国家有所差别。例如，在赠送礼品方面，日本人非常注重阶层和等级，因此不要给他们赠送太昂贵的礼品，以避免他们为此而产生你的身份比他们高的误解；不要送太随便的礼品，如T恤衫、运动帽和廉价的圆珠笔等；日本人喜欢金饰礼品，但必须是24K金的；日本人喜欢龟和鸭，认为是长寿的标志；切忌用白色或黑色包装，这两种颜色在日本是不吉利的；与美国人相反，日本人不喜欢在人家面前打开礼品，如果打开看后，也不会像美国人那样表现出强烈的反应。

就宴请而言，中国商人喜欢在餐桌上增进交流，达成交易。但宴请的安排在不同国家有很大差异，无论是宴请的位置安排、菜式、进餐程序等各国都有差别。因此，在宴请客人时，尤其要注意，否则，不但不能增进感情，而且可能适得其反。

就拜访而言，各国的商业习惯也不同。例如，在日本，一般商务往来中，商人之间较少登门拜访，但在印尼，商人之间建立亲密感情的途径正是登门拜访。在印尼，即使是并不十分富有的商人，也会尽可能将其客厅布置得豪华阔气，以便招待客人，而且无论客人何时登门拜访，均持欢迎态度。在拜访时还要注意交谈话题禁忌，如政治问题、宗教问题、高度个人的问题等内容应避免。

可见，只有了解和适应不同国家的商业习惯，才有可能达到增进感情的目的。

4. 有利于取得谈判成功。不同国家的商务谈判习惯不同，在谈判风格、谈判程序等方面差别较大。例如，日本商人与美国商人的谈判风格迥然不同，美国商人习惯于开门见山、立即拍板；日本商人则拐弯抹角、拖延时间。

二、社会文化与商业习惯

一个国家的商业习惯是与该国的社会文化环境密切相关的。一般来说，一个国家的商业习惯是其文化传统影响的结果，不同国家的文化传统又可带来不同的商业习惯。

不同国家的社会文化对商业习惯的影响主要体现在以下几个方面。

1. 商人的价值观念。不同的社会文化环境，可以形成不同的价值观念。曾经有一个很通俗的例子，说的是有一家国际大酒店着火，犹太人抢出的是钱箱，日本妇女拉出的是丈夫，中国人背出的是老母亲。虽然有些夸张，但也从某种意义上说明了不同文化环境下人们的价值观念的差别。如表4-2 所示，日本和美国由于不同的社会文化背景，商人的价值观念差异较大。美国人在商务往来中注重效率，决策快而执行慢；日本人则注重效益，决策慢而执行快。此外，有些国家的商人注重利润，而在受罗马教思维方式支配和僧侣统治思想影响的地方，却认为利润是罪恶的。

表 4-2　日本与美国的社会文化背景比较

日本（东方文化）	美国（西方文化）
集体主义	个人主义
相互依赖性	独立性
协作、调和	竞争、对抗
参与决策	集体决策
决策慢、执行快	决策快、执行慢
间接	直接
长期目标	短期目标
讲究效益	讲究效率
拘谨、正统	无拘束、随和
严肃	风趣
注重通才	注重专才
注重声誉	注重能力

2. 商人的性格。不同国家的社会文化背景还会影响商人的性格。例如，美国商人直爽，日本商人含蓄，英国商人傲慢，德国商人正统等。在北欧三国中，流传着这么一句话：“挪威人先思考；接着瑞典人加以制造；最后，丹麦人负责销售。”可见，不同的社会文化会形成商人不同的性格特征。

3. 商人的谈判风格。不同的文化背景下，各国的商务礼仪也是不同的。例如，不同国家的见面礼不同，有些国家习惯于握手礼，有些国家习惯于鞠躬，有些国家则习惯于吻礼。有些国家的商务谈判是单枪匹马、单刀直入；而在些国家是大队人马、成群结队出发。

曾有专家将美式和日式的谈判风格用图 4-1 表示。

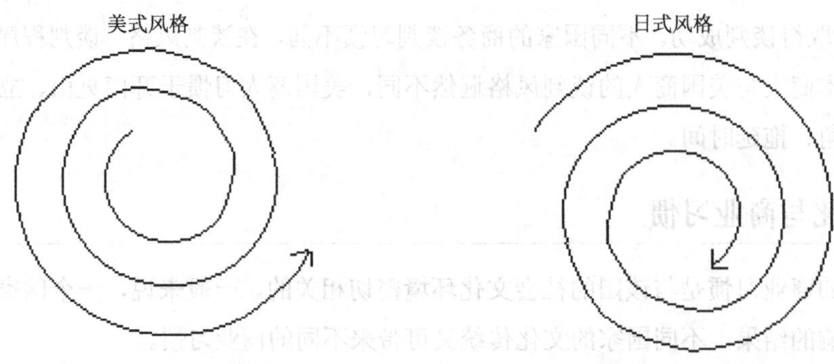

图 4-1　美式和日式谈判风格比较

上图中，代表美国和多数西北欧国家的美式谈判风格是从中心向外延伸，说明这些国家的商人首先注重的是产品等核心的要素，而后考虑其他人际方面的因素；而代表日本和部分拉美国家谈判风格的日式谈判风格是从外慢慢向中心靠拢，说明这些国家的商人首先关注的是人际关系等外围因素，然后慢慢过渡到产品等核心问题。

三、各国商业习惯简介

国际市场营销学家菲利浦·科特勒曾对世界上不同国家或地区的不同文化传统而产生的不同商业习惯作出如表 4-3 所示的概括。

表 4-3　不同国家和地区的商业习惯概括

国家或地区	商业习惯
东方国家	讲明观点而不争强好胜
意大利	争强好胜，严肃认真
英国	喜欢用诱人的“软办法推销”
德国	喜欢用“硬办法推销”
墨西哥	注重货物的价格
委内瑞拉	注重货物的重量

【全球视野 4-2】　文化维度的综合表述

信息导向	关系导向
低语境	高语境
个人主义	集体主义
低权力距离	高权力距离
贿赂不普遍	贿赂较普遍
与英语的语言距离小	与英语的语言距离大
语言直接	语言不直接
单一时间利用方式	多种时间利用方式
互联网	面对面
前景	背景
竞争	减少交易成本

资料来源：[美]菲利普 R.凯特奥拉等著，赵银德等译，《国际市场营销学》（原书 15 版），机械工业出版社，2012（7）：109。

本章小结

国际市场营销实质上是一种跨文化营销。在国际市场营销活动中文化的影响是无所不在、根深蒂固的，因此企业必须重视对东道国文化环境的研究。影响企业开展国际市场营销活动的社会文化环境因素主要有一国的语言文字、教育水平、宗教信仰、社会组织、价值观念、风俗习惯和审美意识等，企业必须对这些具体因素加以分析，以更好地适应东道国社会文化环境的要求。一个国家的社会文化环境因素不仅会影响该国国民的消费需求，还会影响该国的商业习惯。因此，企业还必须了解和把握不同社会文化背景下的商人性格和商业习惯。

思考题

1．企业在国际市场营销活动中研究社会文化环境有何意义？
2．企业在国际市场营销活动中如何克服 SRC？
3．文化的变迁对国际市场营销会有何影响？
4．教育水平对国际市场营销将产生哪些影响？
5．宗教信仰对国际市场营销有哪些影响？
6．研究各国的商业习惯有何意义？
7．社会文化环境对商业习惯的影响主要表现在哪些方面？

3

第三部分

国际市场营销战略决策

第五章 国际市场分析

【本章学习目标】

- 了解国际市场的内涵和分类；
- 掌握国际市场的基本特征和发展趋势；
- 熟悉主要国家和地区市场的特点；
- 了解国际消费者行为及其基本研究内容。

【导入案例】

2012年9月，华为出于战略需要，以及为了更好地开拓当地市场，宣布在英国投资12亿英镑。其中，直接投资6亿英镑，未来五年将为英国至少创造700个工作岗位，另外6亿英镑的投资，通过采购方式完成。

作为大型电信设备供应商，华为的主要客户是世界各国的电信运营商，而电信行业在任何一个国家往往都是受到政府管制的行业。华为在英国大规模投资，除了直接的商业目的外，还有向当地政府和民众示好的因素，因为这些投资能够直接带动当地的就业，有利于刺激当地经济。

多年来，华为几经波折寻求欧洲市场的发展机遇，以缩小与爱立信等国际电信设备商的距离。自2001年进入英国，到2011年拿到英国最大移动运营商的订单，华为用了整整十年时间。而在这期间，华为正是通过不断地招聘本地员工和加大本地采购力度的方式，突破了当地市场偏见。2012年，华为英国公司的员工75%是英国人，包括财务总监、审计总监等高层管理人员，其余25%是从中国派去的专家和技术人员。正是这样的员工结构组成，使华为既解决了当地就业问题，又顺利实现对当地政府及其相关企业的对接。

华为已与英国当地各大运营商建立了联合创新实验室。截至2012年5月，华为与英国电信合作已为超过1000万家庭提供了光纤覆盖。华为还将在英国打造一张企业网，为当地的大型公司和机构提供专线服务，以打破公司业务仅停留在电信领域的局面。①

作为国际市场营销活动的出发点和归宿，国际市场对开展国际业务的企业意义重大，因为它们的一切国际市场营销活动都必须围绕国际市场来展开。因此，对国际市场做出正确的分析和判断是国际市场营销活动成败的关键。同时，作为国际企业的主要服务对象的国际消费者，由于所在地之间的经济、政治、文化和历史等环境的不同，其消费行为差异性很大。因而，了解和掌握不同国家消费者的消费行为特点对国际市场营销活动决策也至关重要。

本章主要介绍国际市场的内涵和分类，分析国际市场的特征、发展，介绍主要国际区域市场的特点，分析国际消费者的消费行为特点。

---

① 参见：李娜，《华为海外逆势扩张，在英国豪掷120亿》，第一财经日报，2012年9月12日。

第一节 国际市场概述

一、国际市场的内涵及分类

作为交易活动在空间范围上拓展的产物，国际市场是世界各国或地区之间进行商品、劳务、技术交换和投资的场所，是在世界范围内通过国际分工和国际经济活动联系起来的各国（地区）市场以及各国（地区）之间市场的总和。

国际市场的形成主要基于人类历史发展的三个条件：一是随着自给自足经济时代的终结，大量的剩余劳动力出现；二是由于集中、专业化和规模化的生产，产生了大量的剩余产品；三是在世界范围内形成大规模的水、陆、空交通网络，从而使人类交易活动可以直达世界各地。

国际市场的存在表明了人类交换关系突破了国家的界限。因而，这使得国际市场成为不同的文明、文化在时间、空间上交织而成的多维概念。它既是一个历史、时间的概念，因为国际市场有萌芽、形成和发展的过程；它也是一个地理、空间的概念，因为国际市场总是相对于某一个具体范围内的市场而言，即被用来探讨商品交换、劳务交换和资源配置等在一定范围内的特征。

做好国际市场营销的前提是对国际市场做正确、有效的分析，这首先需要对国际市场进行适当分类，进而分析各类市场的特征，从而才能制定出有针对性的营销策略。

根据不同的划分标准，国际市场可以按多种方式进行分类。

基于地理区域划分，既可以按洲别划分为欧洲市场、北美市场、拉美市场、非洲市场等，也可以按国别划分为美国市场、日本市场、德国市场、中国市场等；

基于经济集团划分，可以分为欧盟市场、东盟市场、阿拉伯共同市场、中美洲市场、西非国家经济共同体市场等；

基于交易对象划分，可以分为国际商品市场、国际金融市场、国际劳务市场、国际技术市场等；

基于贸易商品构成划分，可以分为工业制成品市场、半制成品市场和初级产品市场，工业制成品市场又可分为机械产品市场、电子产品市场、纺织品市场等；

基于行业竞争程度划分，可以分为完全竞争市场、垄断竞争市场、寡头垄断市场和完全垄断市场；

基于国家经济发展程度划分，可以分为发达国家市场、新兴国际市场和发展中国家市场。

一般而言，企业在进行国际市场营销时，同样也需要进行类似国内市场营销式的营销环境分析，分析 PEST，即 Political（政治），Economic（经济），Social（社会）和 Technological（科技）。所不同的是，在政治法律分析部分，需要分析国内政治与国际政治，而法律分析需要进行分析国内法律法规与国际法规、惯例、准则等。

二、当代国际市场的基本特征

自 20 世纪 80 年代以来，经济全球化进程不断加快，加上信息科技的飞速发展，使得国际市场呈现出与过去不同的特征。

（一）国际市场规模持续扩大

如今的国际市场的规模远远地超过人类贸易历史上的任何时期，具体体现在以下两个方面。

1. 全球性国际市场基本形成。社会制度和政治差异曾长期致使国际市场分割，使得国与国之间互相封锁。自20世纪80年代以来，苏联解体、东欧等社会主义国家进行了政治、经济改革，从而排除了东西方、资本主义与社会主义阵营的政治障碍，使得国家间的经贸关系随之发展，过去相互隔绝的市场逐渐融合，世界经济一体化趋势开始显现。

20世纪90年代，随着世界各国经济联系的加强，世界经济一体化的趋势更加明显。1994年结束的GATT“乌拉圭回合”不仅使关税水平大幅度削减，而且使非关税贸易壁垒受到了极大的限制。1995年WTO的建立使全球贸易自由化和市场开放化的程度和速度进一步提高。在这一时期，许多国家之间建立了自由贸易、互为开放的市场，这都为全球性国际市场形成向前迈出一大步。

进21世纪，随着科学技术的日新月异，尤其是通信与信息技术的迅猛发展，以遍及世界的水、陆、空交通网络的形成，促使世界各国的经济贸易交往变得越来越切。这些从根本上决定了世界贸易量的增长,而世界贸易量的增长又促进了世界经济的增长。在这样的良性循环的基础上，全球性的国际市场已经形成。

2. 国际贸易总量持续增长。国际贸易规模是国际市场容量最直接的表现。以世界出口贸易总额为例，1950年为1136.5亿美元，1960年为2625亿美元，1970年为6423亿美元；基于WTO官方网站公布的数据，1980年世界出口贸易总额达到20340亿美元，1990年增长到34490亿美元，2000年和2010年分别已达到64560亿美元和152740亿美元，而2012年是183230亿美元。

如今，国际市场的一个重要特征就是国际贸易增长速度超过实际经济的增长速度。基于IMF官方网站公布数据，在1980年—1990年间的平均世界GDP增长率为3.1%，而国际贸易额（世界出口贸易总额）年平均增长率为5.7%，2000年世界GDP增长率为4.7%，国际贸易额增长率达到12%，2010年世界GDP增长率为5%，国际贸易额增长率为14.5%。

（二）国际市场结构变化显著

自“二战”结束后，国际分工格局发生了巨大的变化，从而使得国际贸易商品结构也发生了相应的变化。而随着生产专业化和社会化的进一步提高，以及世界各国经济联系的日趋紧密，各国对国际市场依赖程度日益增强，国际市场结构发生了显著的变化，主要体现在以下两个方面：

1. 国际间产业转移的变化。国际产业转移是指某些产业从一个国家或地区通过国际贸易和国际投资等多种方式转移到另一个国家或地区的过程。自20世纪中期以来，国际产业转移主要发生在制造业领域。早期的产业转移从劳动密集型产业，逐步过渡到资本密集型产业，再到如今的技术、知识密集型产业。从产业产生的附加值来看，产业转移已由低附加值产业发展到高附加值产业。由西方发达国家为主导、以信息技术和生物技术为核心的高新技术产业，现如今已成为产业结构调整转移的重心。

当前，发达国家之间的相互投资与发展中国家之间的相互投资，日益成为国际资本流动的两大主要方向。同时，发展中国家具备一定国际竞争力的跨国公司已然发起向发达国家的逆向产业转移。

无论是发达国家还是发展中国家，都在根据自身经济发展需要，积极在不同产业、多个领域进行新一轮的产业结构调整或转移。

2. 国际贸易商品结构的变化。从国际市场上的贸易对象来看，国际贸易商品结构变化显著，而商品的种类和类型也越来越丰富，从而增加了国际市场的复杂性。

首先，早期占据国际贸易主要份额的原料和初级工业产品在如今的国际贸易中的市场份额极大地缩小，而工业制成品的市场份额显著地扩大；其次，自20世纪90年代以来，服务贸易以高于商品贸易的速度持续增长，在世界贸易中的比重进一步上升；然后，随着服务经济的不断发展，服务贸易的种类也迅速地增加，国际市场上出现了名目繁多的服务商品和服务贸易类型，进一步增加了国际市场的复杂性；最后，随着科技的迅速发展及其产业化，以及国际消费者环保意识的加强，新开发的高科技产品和环保产品的种类增加，在国际贸易中的比重显著提高，而这些新产品正与传统商品展开激烈竞争。

（三）区域经济一体化趋势明显

20世纪60年代，出现了欧共体、经互会等区域性经济组织，开始形成区域性共同市场。之后，各种区域性经济组织不断涌现，世界市场的区域化特征越来越明显。进入21世纪以来，以内部贸易自由化为特征的区域性市场在世界市场中的比重越来越大，这种区域化趋势的增强使以自由贸易为特征的区域性市场逐渐覆盖全球。

而区域经济一体化趋势往往是为了适应国际竞争，保护本地区或本国市场。作为历史最悠久的区域经济组织——欧洲联盟，简称欧盟，早已在内部消除了关税。于1992年签字生效的《马斯特里赫特条约》更使欧盟除了英国之外的国家都互相接壤，占有了地理上的便利，并吸收了欧洲经济发展相对落后的国家加入，使得欧盟区域内的互补机制充分运转。2004年5月1日，欧盟进行了历史上规模最大的第五次扩张，马耳他、塞浦路斯、波兰、匈牙利、捷克、斯洛伐克、斯洛文尼亚、爱沙尼亚、拉脱维亚、立陶宛10国加入欧盟，使欧盟市场的规模进一步扩大。

为了与欧洲统一大市场相抗衡，美国积极寻求自己的区域集团。1988年签订的《美加自由贸易协定》使世界上两个最大的工业国之间不仅消除了与商品有关的障碍，而且使投资及劳务移动自由化。1992年8月《北美自由贸易协定》正式签订，由美国、加拿大和墨西哥三国组成的北美自由贸易区正式形成。但是，北美自由贸易区并不是美国的最终目的，美国更加期望建立把所有拉美国家都包括进来的美洲自由贸易区。

东盟自由贸易区于1992年提出，包括原东盟（东南亚联盟）6国（印度尼西亚、马来西亚、菲律宾、新加坡、泰国、文莱）和4个新成员国（越南、老挝、缅甸、柬埔寨），共10个国家。经过10年的构建，原东盟6国于2002年正式启动自由贸易区，而其他新成员国也加快了关税的削减速度。

中国—东盟自由贸易区（以下简称自贸区），是中国与东盟10国组建的自由贸易区。2010年1月1日自贸区正式全面启动。自贸区建成后，东盟和中国的贸易占到世界贸易的13%，这使得自贸区成为一个涵盖11个国家、19亿人口、GDP达6万亿美元的巨大经济体。它是目前世界人口最多的自贸区，也是发展中国家间最大的自贸区。

（四）跨国公司在国际市场上的影响力增大

"二战"以后，跨国公司获得了空前的巨大发展，它们制定全球经营战略，并拥有错综复杂的网络结构，从而将世界各国的经济联系在一起。现如今，跨国公司对各国经济乃至世界经济的发展，产生了举足轻重的作用与影响。

一方面，跨国公司是跨越国界从事生产经营活动的经济组织，以全球性的战略目标作指导，在全球范围内寻求有利的投资场所，组织产品研究与开发、生产和销售活动，在全球范围内合理配置资源，从而大大地促进了生产、贸易、技术开发和金融的国际化；另一方面，跨国公司利用其雄厚的资本和科学技术上的优势，通过对外直接投资，绕过他国的关税和非关税壁垒，进入他国市场。通过采用多种组织形式和策略，许多跨国公司垄断着世界的销售市场和原料产地，从而垄断了世界市场上很大一部分贸易。

仅在2001年，全世界6.5万家跨国公司的85万个国外子公司雇用了5400万名员工。当年，跨国公司销售额达19万亿美元，超过该年世界出口额的两倍以上。同期，跨国公司国外子公司分别占全球GDP的十分之一和全球出口的三分之一，而由跨国公司产生的外国直接投资流出量达到6.6万亿美元。如果把跨国公司在全球范围内的国际分包、生产许可证发放、合同制造商等活动都考虑在内，跨国公司占全球GDP的份额就会更高。①

（五）国际市场竞争异常激烈

自20世纪90年代以来，国际市场上的竞争愈加激烈，且随着世界经济的不断发展而进一步加剧。如今，世界市场上的竞争激烈异常，发生在世界市场的各个角落和所有领域，各国间的贸易摩擦频繁发生，这背后的最终目标都是抢占世界市场，扩大市场份额。

当下世界各国都已认识到国际市场对本国经济发展的重要作用，纷纷到国际市场上寻找机遇。而国际市场上的大部分供求关系都是供过于求，使得许多领域已成为买方市场。国际市场的可扩展的空间日益变小，往往需要通过挤占他人市场份额来获得国际市场空间。再加上长期的贸易发展不平衡和贸易收支严重失衡，影响了各国之间贸易的正常进行。

许多国家政府现已不同程度地介入到国际贸易竞争中，它们往往制定出有利于本国公司海外竞争的法令、政策。它们利用强大的国家机器，对本国的外贸企业或跨国公司予以积极扶植，加强其在国际市场上的竞争能力，成为这些企业政治与经济上的坚强后盾。

【全球视野5-1】　　中国—东盟自由贸易区建设进程回顾

1991年7月，中国时任外长钱其琛出席第24届东盟外长会议开幕式，是为中国与东盟首次接触。

1992年1月，第四次东盟首脑会议正式提出建立东盟自由贸易区。

1999年4月、5月，中国与美国、欧盟先后达成加入世贸组织（WTO）的协议。

2000年10月，中国时任国务院总理朱镕基在新加坡举行的中国与东盟领导人会议上，提出在WTO承诺基础上，建设更加互惠的中国—东盟自由贸易区倡议。

2001年11月，中国与东盟各国签署了《南海各方行为宣言》，在当年"10+1"领导人会议上，

① 资料来源：《跨国公司主宰全球经济》，经济日报，2012年10月10日。

中国拿出更为充实的议案，终于与东盟达成了自贸区共识。“10+1”宣布十年内建成自由贸易区的目标。

2002年11月4日，《中国与东盟全面经济合作框架协议》签署，自贸区建设正式启动。

2003年温家宝接任中国国务院总理。10月7日，温家宝出席第七次东盟与中日韩“10+3”领导人会议，签署《东南亚友好合作条约》，中国成为首个加入该条约的非东盟国家。

2004年1月1日，中国—东盟自由贸易区早期收获计划实施，下调农产品的关税。到2006年，约600项农产品的关税降为零。

2004年底，《货物贸易协议》和《争端解决机制协议》签署，标志自贸区建设进入实质性执行阶段。

2005年7月20日，《货物贸易协议》降税计划开始实施，7000种产品降低关税。

2009年8月15日，《中国—东盟自由贸易区投资协议》签署，标志主要谈判结束。

2010年1月1日，拥有19亿人口、GDP接近6万亿美元、世界最大的自由贸易区——中国—东盟自由贸易区正式建立。

2010年1月7日，在广西南宁举行的中国—东盟自由贸易区建成庆祝仪式上，中国—东盟18个合作项目正式签约，签约金额48.96亿美元。

资料来源：百度百科，东盟词条，http://baike.baidu.com/view/351255.htm

第二节 主要国家和地区市场特点分析

一、美国市场的特点

美国是世界上市场经济最发达的国家，也是世界上最开放的巨大市场。其市场主要特点有如下几点。

（一）市场容量大，需求多样化

美国市场容量世界最大，美国也是世界上最大的消费市场，每年的商品贸易进口总额超过11000亿美元。首先，是因为美国人消费能力强，美国人人均年收入超过3万美元。其次，是美国人消费意识强，美国人不但较少储蓄，而且超前消费，许多人都拥有信用卡，甚至有好几张。第三，是美国人对消费品的更新快，很多日用品使用都不超过一年，他们往往不是因为旧的坏了而买新的，而是因为“喜新厌旧”，遇到新鲜时髦，或节假日商品打折都会引起他们的购买意愿。最后，是因为美国劳动力成本高，政府规定每小时工资高于5美元，有的地区与行业每小时工资高于10美元，因此，美国劳动密集型的消费品生产多已转移到其他国家和地区。所以，美国国内市场上所需要的日用消费品主要靠进口，而且进口需求量相当大。如市场上的服装、鞋类、箱包、礼品、小家电，以及家具、卧具、灯具、文具、工具、玩具、厨具、餐具，等等，很多都是进口的。而且这一趋势还在上升，不太可能转变。美国经济的景气指标可能会影响高档商品的销售，但不会减少大众百姓对其他国家制造的价廉实用的日用消费品的购买。

美国人虽然收入高，但贫富悬殊大、两极分化严重。在美国，高收入阶层约占15.3%，中等收入家庭约占53%，低收入阶层占31.7%，不同的阶层由于收入的限制，决定了他们对消费品的购买是不同的。因此，在美国市场上，无论是高档产品、中档产品还是低档产品都有很广阔的销路。另外美国是一个移民国家，各个种族、民族在相互影响的同时也很大程度上还保留有自己传统的消费习惯。因此，各种民族的消费品都可在美国找到市场。上述情况使高档品和低档品，新消费品和传统民族消费品共同形成了美国消费市场的多样化。

（二）市场竞争激烈

美国市场容量巨大，自然成了没有硝烟的战场：美国自己已经拥有了很多强大的企业，而来自国外的企业也不甘落后，他们各自凭着自己独有的竞争优势一起抢滩美国这个大市场。在这里，“优胜劣汰”表现得淋漓尽致。由于美国市场的自由化程度高，因此各种大中小企业形成的强烈竞争涉及了绝大多数的市场领域。

（三）市场法规健全、行业协会左右市场

美国的市场经济比较成熟，政府对企业的经营范围与经营方式很少限制，但对各行各业产品进出口，以及批发、零售均有极为详尽的法规与执照要求，而且执法十分严厉，尤其在商标、环保、安全、税务、劳工方面。因此，在美国从事商务不但必须学习了解，依法办事，而且最好请专业人士来处理，千万不可自以为是，套用在企业母国的商业习惯。企业在美从事贸易要聘请律师作法律顾问，也要有会计师帮助处理公司税务，以免误触法规。

此外，美国各行各业都有协会。美国的行业协会作用相当大，可以左右政府决策与市场。他们为保护本行业利益，游说政府制定有利的政策，为行业发展举办各类研讨会，为开拓市场组织展览，出版杂志，向会员提供市场资讯。美国一些行业性法规也往往都是这些协会提出与起草的，例如，很多产品的反倾销法案。因此国际企业与产品要进入美国，不但要研究对应的行业协会，还应该加入这些行业协会。参加美国行业协会很容易，交纳会费就能享受相应权益。美国行业协会对会员的服务意识很强。对一些企业而言，成为行业协会会员表示是这个圈子内的人，比较容易被客户认可，尤其是一些历史比较悠久的著名协会。

（四）消费者对产品质量要求高，讲品牌，尤其重视产品安全

美国市场对产品质量的含义已扩展为广义的，并不局限于一般的产品用途，技术指标与规格，他们认为这些是产品进入市场本来就应该符合市场标准的。他们还将产品的包装质量、产品使用说明质量，尤其是售后服务质量也纳入质量含义之中。此外，按美国市场的惯例，美国大零售商都接受顾客退货，只要有发票，即使包装已拆开、商品已被使用，也可退换，而且不用作什么说明。因为退货的损失并不是由零售商承担，所以进口批发商更要对产品质量严格把关。当然，这样做可以保证假冒伪劣产品进不了大商场，商场的信誉也自然可以提高。

美国消费者对产品品牌的认可度极深，因为品牌很全面地包含了他们对质量概念的理解，而且也比较准确地表示了自己的消费层次，所以他们较多购买有品牌的产品，也愿意付更多的钱。但是，

有品牌的产品并非一定高价，美国产品的品牌往往针对不同的消费群体，一般由品牌就可知道其价位，如 Macys（梅西）属于中档，Wal-Mart（沃尔玛）则是较为便宜与大众化的。

美国市场竞争十分激烈，经销商还要对其商品承担责任险，商家稍不注意就会吃巨额赔偿官司。所以，美国对产品的质量要求都非常严格，各种产品的标签、包装、说明都要符合美国市场要求，以分清责任。其中最为突出的是安全标准，如电子产品要符合 UL 标准，打火机要防止儿童开启发生火灾，玩具零件不能脱落而被儿童误吞。美国对各类食品进口的安全要求就更严格了，不允许一些商品随意标明有医药功能。

（五）美国市场销售季节性强

美国消费品市场对各种商品的需求均有较强的季节性，通常分春季（1—5 月）、夏季（7—9 月）和节日季（11—12 月）。每个季节都有商品换季的销售高潮，如感恩节（11 月底）开始便是美国人冬季节日购物的季节。特别是圣诞节，是美国商品全年销售旺季，其销售额通常要占全年销售额的 1/3。美国进口商进口订货均是根据其国内销售季节来组织的，因此，如错过销售季节，这些商品就难以销售，意味着这一年度退出美国市场，甚至被竞争对手长时间排除在市场之外。

此外，美国有许多节日，如情人节、母亲节就是商家销售礼品的良机。美国作为移民大国，各个民族都有自己不同的传统节日，这些传统节日也就形成了为数众多的消费市场，商家往往都想方设法利用这些传统节日来促销。

二、西欧市场的特点

这里所指的西欧并非地理意义上的“西欧”，而是广义的西欧即欧洲西部，是指前苏联和东欧国家以外的欧洲部分，包括西欧、中欧和南欧大大小小 25 个国家和地区，即欧盟的德国、法国、意大利、英国、丹麦、荷兰、比利时、卢森堡、爱尔兰、希腊、西班牙、葡萄牙、奥地利、芬兰、冰岛、挪威、瑞士和瑞典等国家。西欧地区约有 3.8 亿人口，土地面积约 370 万平方公里。从地理上看，西欧是欧亚大陆西部伸向大西洋的大型半岛，西、北、南三面分别面对北冰洋、地中海、黑海和大西洋。漫长曲折的海岸线上有许多海湾、海峡、半岛和岛屿。沿岸有众多闻名世界的重要港口，如伦敦、利物浦、马赛、敦刻尔克、鹿特丹、汉堡、哥本哈根、斯德哥尔摩等，这些海港把西欧市场同世界各大洲市场紧密相连。自古以来就十分发达的水上航运，为西欧的经济发展提供了有利条件。

（一）市场规模大

西欧是世界上经济最发达的地区之一。第二次世界大战后，西欧国家走上经济区域集团化的发展道路，国民经济迅速发展，人民生活水平有较大的提高。据经济合作与发展组织初步统计，目前西欧人均消费接近 13000 美元。而整个区域的国民生产总值则占世界国民生产总值的 1/4。在西方发达国家中，西欧同美国、日本保持三足鼎立之势。西欧不仅是世界最大的进出口市场，也是世界最大的金融集团。同时，西欧也是世界上最大的消费市场，西欧有 3.8 亿消费者，人均收入均在 20000 美元以上。西欧居民的收入水平与消费水平都是很高的，有着巨大的市场购买力。

（二）一体化程度高

自 1993 年欧盟成立以来，欧盟就朝建立经济一体化市场的方向前进，并不断地完善和发展。1995

年 1 月 1 日，奥地利、瑞典和芬兰三国正式加入欧盟，欧盟由 12 国扩展为 15 国；1999 年 1 月 1 日，欧盟的统一货币欧元诞生了，欧盟的第一批成员国正式流通发行欧元，至此，欧盟市场内部已实现了商品、服务、劳动力、技术和资本的自由流动；2004 年 5 月 1 日，欧盟又进行了历史上规模最大的第五次扩张，欧盟市场的规模进一步扩大。

另外，欧盟各国作为一个统一的整体自 1968 年起就对区外实行统一关税。目前，欧盟根据出口国与欧盟的不同关系采取不同的税率，由高到低分别为自主税率、协定税率、特惠税率和普惠税率四种。另外，欧盟自 1979 年起开始实行统一的进口数量限制和配额管理制度。

（三）市场自由贸易程度高

西欧国家实行自由贸易政策，凡在当地注册登记的贸易公司，哪怕是只有一间小店铺的零售贸易公司，都可以直接经营进出口业务。直接进口的渠道有零售商店、大型零售公司的采购中心、工业企业的贸易公司；进口的间接渠道有传统进口商、传统批发商、独立的专业商店成立的共同采购中心和独立的中间商。西欧是世界上国际贸易最发达的地区，进口额平均占各国国民生产总值的 1/4 以上，其中在比利时、卢森堡高达 60%以上，在荷兰、爱尔兰接近一半。

（四）商品分销网络发达、集中，零售商业发展快

西欧的商品分销网络十分发达，批发零售业星罗棋布，分销网络日益集中，主要体现在综合商品商店数目减少了一半；超级市场在各类商品的销售中比例大幅度增加，占零售额的 30%以上；商品分销业加快并购，形成了大的销售集团公司。

在西欧各国市场中，专门出售高档货的主要是大百货公司、专业商店，而主要经营中档商品的则是大众商店、超级市场和邮售公司，它们是商业零售的主要渠道，其中以超级市场和邮售公司的业务发展最快。在商业零售渠道中，超级市场、大百货公司、专业商店和邮售公司有一个共同的特点，即仓库小，存货少。一般仅有可供卖几天的货物，所以要求供货单位能持续、稳定供货，同时商品质量比较稳定，包装装潢美观，能吸引顾客。尤其是邮售公司的顾客凭样本订货，所以要求商品的规格、质量与样本必须完全一致，否则将影响邮售公司的信誉。

（五）政府对市场商品监督管理严格

西欧多数国家对市场上各类商品的名称、质量、包装上的文字说明有严格的规定，并且通过各种立法予以规范。例如，罐头食品、服装及日用消费品的包装说明必须使用当地文字，一般应包括如下内容：商品名称、原产地和生产企业（或进口公司）的名称、地址、商标、数量、成分、生产日期、保存时间与条件、截至消费日期、使用说明、商品性能等。近几年来，由于西欧经济萧条，失业增加，企业倒闭越来越多，贸易保护倾向日益发展，各国政府相继采取各种措施，加强了对进口商品的监督管理。

三、日本市场的特点

（一）市场规模大，消费水平高

日本是仅次于美国的第二大经济强国，同时也是次于美国和德国的第三大进口市场，其经济实力占世界经济的 10%左右。第二次世界大战以后，日本经济得到快速发展，仅在 1955—1989 年期

间，日本的国民生产总值就增加了 8.4 倍，年平均增长率为 6.8%。近年来，虽然日本经济处于低迷不振状态，但其经济大国的地位却未因此而动摇。日本有 1 亿多人口，人均收入高，2007 年人均 GDP 达到 34326 美元，居世界第 19 位。据日本有关机构调查，目前日本有 90%的家庭认为自己属于“中等阶层”，而以中产阶级家庭为主的国家的市场购买力是最旺盛的。此外，日本市场存在着老龄化的倾向，整个社会消费态度的变化和闲暇时间的增多，使消费倾向不断提高。

（二）市场垄断色彩浓厚

由于历史原因，左右日本经济的是一些实力雄厚的巨型企业集团。第一次世界大战后，三井、三菱、住友、安田四大财阀形成巨大的市场势力，是日本经济的轴心。第二次世界大战前及战争期间，又出现了一批新财阀。鲇川、浅野、古河、大仓、中岛、野村等，到第二次世界大战结束时，控制了日本企业总资本的 35.2%、金融资本的 53%、重工业的 49%。1955 年后，垄断资本重新组合，逐渐形成三井、三菱、住友、芙蓉、三和、第一劝业六大企业集团。到 1992 年，这六大集团所属直系企业只占全国法人企业总数的 0.008%，但其资产总额和营业总额都分别占 13.29%和 14.68%。如果加上它们的子公司及相关公司，则其资产总额和营业总额分别占 26.95%和 25.20%。它们不但拥有银行、保险公司、综合商社，而且涉足矿产、化工、建筑、运输、机械、电子、钢铁、造纸、纤维、食品、服务等广泛的行业，从而形成有着强大竞争优势和排他性的“企业系列”，使外国企业几乎很难与其展开竞争。

（三）市场开放程度加大

为了维护本国的利益，长期以来，日本对国外市场强调“出口导向”和“第一主义”的政策，对国内市场则严加保护，使贸易逆差不断扩大。但是，随着美日贸易、欧盟与日贸易的摩擦越来越严重，日本的政策早已引起欧美各国的普遍不满，各国强烈要求日本开放其国内市场。近年来，日本政府已采取了一系列开放市场的政策，如大规模降低关税，改善政府检查标准和认证制度，简化进口手续以及紧急进口等，显示了日本市场走向开放的势头。但是，日本所谓的开放市场措施主要以美欧国家为对象，以发展中国家为对象的相当少。

（四）对商品质量要求高

随着日本国民生活水平的提高及广大居民文化教育水平的提高，日本消费者对商品质量要求十分苛刻。目前许多商品，特别是耐用消费品在日本已经处于“饱和”状态，市场需求向多样化、个性化、时髦化发展。人们不仅追求商品的使用价值，而且追求商品的“文化”价值。日本消费者选择商品时不仅追求品质优良、款式新颖，而且要求产品外观达到完美，稍有疵点和污迹，尽管并不影响使用，产品也无法进入日本市场。

（五）市场竞争激烈

日本市场竞争与其他西方国家市场相比显得尤为激烈。因为第一，日本产业发展长期实行“配套主义”，门类齐全，且质量较高；第二，日本与美国、西欧等国家长期存在巨额贸易顺差。所以，美国、西欧及亚洲新兴发展中国家都十分注意扩大对日出口，从而加剧了日本市场上的竞争。

（六）市场分销渠道复杂

在发达的资本主义国家中，日本的分销渠道可以说是最复杂的，并且层次多、流程长。日本的零售店总数约为 160 万个，比美国多 5%，但其人口只有美国的一半。在日本，平均 1 万人就有 132 家零售店，而在美国，1 万人只有 65 家零售店。日本同时需要较多的中间商，据统计，日本市场上的批发商数量就超过了 40 万家。日本的批发商和零售商的分类也很细。许多商品的销售要经过批发商，甚至是多层的批发环节才能到达零售商店，这样不仅增加了销售费用，给外国企业进入日本市场也带来了很大的困难。

四、东南亚市场的特点

东南亚一共有 11 个国家，其中已经有 10 个国家是东盟的成员，于 2002 年才获得独立的东帝汶现在是东盟的观察员国。东南亚各国都是发展中国家，经济技术水平同西方发达国家相比还有一定差距。但是，最近 20 多年来，东南亚各国经济发展较快，昔日贫穷落后的面貌有了很大变化，人民生活水平有了显著提高，进口能力不断增强。因此，东南亚市场已成为很有吸引力的市场，其市场的主要特点如下。

（一）市场容量较大

东南亚国家陆地总面积约 451 万平方公里，人口总数约 5.2 亿，国内生产总值总和约有 7000 亿美元。2004 年人均 GDP 超过 10000 美元的国家有两个：新加坡（21825 美元）和文莱（14532 美元）；超过 2000 美元的国家有两个：马来西亚（3904 美元）和泰国（2016 美元）；接近 1000 美元的国家两个：菲律宾（928 美元）和印度尼西亚（852 美元）。可见东南亚国家的现实购买力比较强。对外贸易在东南亚各国经济中具有十分重要的地位，尤以新加坡的进口容量最大，多种农产品及原材料、燃料、零部件以及机械设备等大多来自国外。马来西亚、印尼和泰国的进口每年也在百亿美元以上，进口商品多种多样，几乎无所不包。印度尼西亚、马来西亚和文莱是石油生产和出口国，而其他国家则需进口石油。食品是东南亚国家的主要进口项目之一，除泰国外，其余 9 国的食品进口均占总进口的 7%以上，机械和运输设备等制成品的进口数额最大，各类化工产品在东盟也有较大的销路。

（二）经济发展后劲充足

在 1997 年金融危机爆发前，主要的东南亚国家的经济发展一直呈良好的上升趋势。但是，金融危机使东南亚国家这种经济发展的上升态势中断了 10 年，人民生活水平受到不同程度的影响，有些国家甚至出现大幅度的下降。近年来，东南亚各国经济已经开始走向复苏，复苏比较快的有新加坡、马来西亚、菲律宾，泰国的势头也不错，越南和印尼的发展势头非常好，尤其是越南，最近几年一直保持 8%左右的经济增长率。目前，东南亚国家的外国投资、国内私人投资、对外贸易、国内生产总值和人均国内生产总值等重要的经济指标均明显超过了金融危机前一年即 1996 年的水平。经过 10 年的努力，东南亚国家已经从金融危机中走出来，正在步入一个新的发展阶段，即更加重视质的提高而不是量的扩张的阶段。

随着经济的复苏，各国消费者的购买力也在上升，尤其是在马来西亚、泰国、新加坡等国，人们的购买力已经差不多恢复到甚至超过金融危机前的水平。

由于过去几十年的经济高速发展，东南亚国家，尤其是马来西亚、泰国、印尼和菲律宾等国，造就了一大批中高收入阶层，这些人的购买力相当强且有较高的购买欲望，是企业家们必须密切注意的一个社会群体。

（三）消费需求多样化

在东南亚，收入分配是非常不平均的，贫富悬殊相当大，以印尼为例，20%的最高收入者占有几乎一半的国民收入，而最低收入的 20%的人口只占国民收入的 6%左右。不同收入阶层的消费者受当前经济状况影响的程度存在较大差异，因而他们对消费品的需求和购买力非常不同。另外，东南亚国家的人文环境表现得相当的多样化，具体表现为民族、宗教、文化和语言以及生活方式的多元化。不同的人文环境有不同的消费习惯和需求，有特殊的喜好和禁忌。不同的价值观也会影响人们的消费和购买力。不同的人文环境有不同的消费习惯和需求，有特殊的喜好和禁忌。例如，佛教徒不吃牛肉和狗肉，天主教徒反对堕胎，等等。在泰国，90%的人都信仰佛教，生产各种佛像和宗教用品成为一个重要的产业。

（四）市场管制相对较松

东南亚市场是一个进口管制较松、外汇支付能力较强的市场，如新加坡只对少数商品征收进口税。其他国家开放程度虽然比不上新加坡，但商品进口也较自由。按各国规定，大多数商品可以自由进口，国家只通过关税手段进行调节，少数商品需要申请特别许可证，只有个别商品出于安全或卫生的理由禁止进口。在外汇管制方面，东盟国家也比较松，它们都拥有自己的可兑换货币，新加坡自 1978 年 6 月已取消外汇管制，在其余东南亚国家获取外汇也较容易。

（五）华人众多

东南亚国家与我国有着地缘优势，大量的华人、华侨生活在那里。据估计，目前海外华人在全球约有 3000 多万，其中 2000 多万（80%）集中在东南亚地区。他们的语言和生活习惯与我国相近，这就为我国与东南亚国家的经济贸易发展提供了较大方便。

五、中东市场的特点

中东一般指亚、欧、非三洲连接的地区，该地区石油资源丰富，其石油存储量占世界总储量的 70%。中东市场的主要特征有以下几点。

（一）市场购买力强

中东地区盛产石油，国家比较富裕，有着较强的市场购买力。如沙特阿拉伯素以“石油王国”著称，已探明石油储量达 2575 亿桶，占全球总储量的四分之一，居世界首位。2008 年沙特阿拉伯 GDP 实现 3690 亿美元，人均 GDP 达 14250 美元，属中上等收入国家。国内实行高福利制度，教育和医疗免费。

（二）对进口依赖大

中东地区由于长期以来受到殖民主义及宗主国的影响和控制，经济发展单一畸形，大多数国家依赖于石油一种初级产品，经济建设、产业结构调整所需要的生产资料和人们生活所需要的粮食、工业品以及除石油以外的其他原料基本上都要依赖进口。值得注意的是，中东市场不仅是世界上最大的绵羊肉进口市场和重要的粮食进口市场，也是世界上最大的国际承包工程及劳务输入市场。总的来说，中东市场是世界上进口工业品、资本货物门类品种最多的市场之一，不管是外来的货物还是本地货物，只要符合需要，人们都会争相购买。

（三）市场关税低，进口限制少

中东地区由于外汇充裕、需求旺盛，各国在进口方面都采取自由贸易政策，进口商品基本上无限制，关税税率也很低。

（四）市场竞争激烈

中东经济的发展和市场的扩大，已引起欧美等发达国家和新兴工业化国家和地区的重视，各国企业正在越来越多地进入该地区，故市场竞争也日益加剧。

（五）宗教亚文化色彩浓厚

中东地区是犹太教、基督教、伊斯兰教三大世界性宗教的发源地。在宗教信仰方面，除塞浦路斯信仰东正教、以色列信仰犹太教、黎巴嫩信仰天主教外，其他国家均以伊斯兰教为国教，这一特征对该地区的市场需求及市场规模均有重要的影响。伊斯兰教对该地区来说，不仅是一种宗教信仰和社会意识形态，更是一种文化基础和政治因素，对有关国家的社会经济生活以及思想、文化、艺术、法律等都有深刻的影响。因此，国际企业在中东市场进行营销活动时，要特别慎重考虑宗教文化因素，这往往会成为企业成功与否的关键。

六、非洲市场的特点

（一）市场潜力大，资源丰富

非洲有 59 个国家和地区，人口近 7 亿，年进出口额超过 2000 亿美元，其中进口额达 1100 亿美元。20 世纪 90 年代以来，非洲国家整体上政局趋于稳定，各国都加快经济改革步伐，致力于发展地区经济合作，投资环境和经济发展有所改善。据非洲开发银行统计，2007 年非洲国家平均经济增长率达 8.8%，较上一年度增长了 3.1 个百分点。受 2008 年全球经济形势的影响，2008 年非洲国家平均经济增长率有所下降，但仍然实现 7.3%的增长率。非洲拥有丰富的资源，有“世界原料库”之称，它不仅拥有发展工业所必需的 50 多种最主要的基本矿物和金属，而且有着丰富多样的林业、农业和渔业资源。巨大的市场潜力和丰富的资源使非洲成为许多国家未来或正在努力开发的目标。

（二）市场竞争激烈

非洲市场并不是一块处女地，而是竞争十分激烈的地方。非洲以其丰富的资源和巨大的市场潜力在世界上占有特殊的地位。由于历史原因，非洲一直是欧洲的传统市场。美国在与欧盟争夺非洲市场的竞争中处于下风，其对撒哈拉以南非洲市场的占有率只有 7.7%。近来美国已开始调整非洲政策，将这块长期被冷落的大陆纳入其全球战略体系，从而加大了对非洲的投资，并把南非列入今后大力开拓的十大新兴市场之一。

（三）经济落后，人均收入低

非洲经济从总体上看还是比较落后的，在全球 48 个最贫穷的国家中，有 33 个在非洲。非洲经济不发达，人均收入低，农业人口比重高，工业基础薄弱，国家整体购买力有限。因此，非洲市场比较适合于销售劳动密集型产品。同时由于缺乏生产技术和先进生产设备，这一市场也非常广大。扩大与非洲的贸易应注意开展互利互惠的经贸合作，尤其要注意与经济技术合作结合进行，利用对外承包、合资经营、合作生产等途径，带动机械设备、建筑材料等物资的出口。

【案例精选 5-1】 **可口可乐在印度市场**

印度一直是可口可乐心中的隐痛。1977年遭印度政府驱逐出境的“礼遇”，可口可乐公司并不甘心就此退出；16年后，可口可乐于1993年10月重新登陆印度之后，却一直麻烦不断。

2003年印度的“科学与环境中心”首次公开调查称，可口可乐和百事可乐两大公司在印度生产销售的部分软饮料中杀虫剂含量超标；同年，印度卫生部门警告该国民众，可口可乐含污染成分，切忌饮用；同年12月26日，印度当地法官判可口可乐败诉，原因是可口可乐在当地滥采地下水，甚至还发生当地农村妇女在企业大门口抗议的事件；2004年2月17日，当地妇女组织以保护国家利益之名向跨国公司诉讼，当地政府函令可口可乐厂关闭。

2006年，印度再爆可口可乐和百事可乐“有毒”事件，印度最高法院下令要求百事可乐和可口可乐公司公布他们的秘方。对于可口可乐来说，公布120年的秘方，意味着什么？显然，印度的做法过于苛刻甚至得理不饶人。

不过可口可乐将商业行为上升到政治高度，这种做法让印度人难以接受。他们自己不出面解决，却抬出美国政府。负责国际贸易的美国商务部副部长拉文表示：“此类行动对印度经济而言是一种倒退”。显然，政治压力只能使可口可乐更不受印度公众“待见”。可口可乐在其他国家游刃有余，却始终难以攻克印度市场，这和他们的公关、态度有直接的关系。

可口可乐的30条重要成功经验有这样的几条：别触犯法律、全球性战略、地区性战术、坚持长远利益、随机应变、耐心而执著。在印度30年的时间里，可口可乐对印度市场依然执著，但在随机应变和地区性战术方面，可口可乐是不是需要反思呢？

参考资料：周颖，《成功营销》，全球品牌网，2006-12-12。

第三节 国际消费者行为分析

一、国际消费者行为的基本特征

国际消费者行为是指各个国家的消费者为满足个人或家庭的需要而挑选、购买、使用或处置产品、服务、观念或经验所涉及的过程。由于国与国之间在经济、社会、文化等方面存在着明显的差异，因而导致各国消费者的消费行为存在着不同。目前，国际市场上的消费者行为主要呈现出以下两大特征。

1. 国际消费者跨文化的消费行为。随着经济全球化以及信息技术的飞速发展，使得各国的消费者能够接触到来自世界各地的产品和服务、商业信息与资讯和不同文化下的消费流行趋势。越来越多的国际消费者做出跨文化的消费行为，他们购买来自海外的各色商品，享受跨国公司提供的各种服务，搜索并收集国际上各种新鲜产品信息，追随甚至能够影响国际消费文化和消费时尚。

现如今，东西方文化的相互渗透，使得代表美国文化的好莱坞大片在世界范围内盛行，而印度宝莱坞歌舞剧也深受世界各地人民喜爱；西方快餐文化的代表——麦当劳已经开遍全世界，而包含中国饮食文化的中餐馆更是在西方发达国家林立；西方发达国家的生活方式逐渐被东亚国家所接受，而东方文化元素越来越多地出现在西方消费者的生活中。

2. 国际消费者差异性的消费行为。尽管当下世界文化呈现出融合的趋势，但这种融合并不是无差异性的。当国际消费者在面对坚持自己的文化或接受外来文化的抉择时，他们经常会展现出差异化的消费品位。他们可能往往不会一成不变地全盘接受外来文化，也可能不会一味地固守自己的文化。因而，国际消费者的在消费同一消费对象时，往往会呈现出一定差异性。

同样，在不同的文化背景、经济模式、政治制度、宗教信仰、生活习惯、种族等因素的影响下，各国的消费者的购买行为表现出很大的差异性。国际消费者在购买和消费同种商品时会对品种、规格、型号、外观、质量、颜色、服务、价格等提出许多各异的要求。例如，西方发达国家的消费者不仅要求产品的品种齐全、品质高而且还要求外观新颖别致，符合个性化需求。而在一些发展中国家或不发达地区的消费者则更注重产品的实用性和价格实惠。

二、国际消费群体间的消费行为主要差异

一般而言，影响消费者的消费决策与行为模式的因素往往更容易甄别，因而国际消费群体间在消费决策与行为方面存在较为明显的差异性。以下以亚洲消费者和西方消费者为例，分析他们的消费决策与行为模式的差异。

（一）决策方式的差异

亚洲和西方消费者在决策方式的差异往往体现在购买决策过程、产品名称选择、消费品选择标准以及对待权威的态度等方面，如表 5-1 所示。

表 5-1　亚洲和西方消费者的消费决策方式差异

消费决策方式	亚洲消费者	西方消费者
购买决策过程	社会的自我引导问题识别过程	私人的自我引导问题识别过程
产品名称选择标准	对产品名称非常关注，产品的名称是否是“幸运的名字”常常是消费者对品牌态度的重要指示器	对于产品名称的要求则体现为短小、有特色、好记、直接陈述产品功能
消费品选择标准	强调实用，较少发生冲动性购买行为	往往与情感相联系，较多发生冲动购买
对待权威的态度	较多体现容忍等级、尊重权威的态度，名人广告的作用往往更为突出	对权威易提出质疑和挑战

（二）行为模式的差异

由于东西方文化的差异，以及不同的社会和历史发展轨迹，亚洲和西方消费者在消费行为模式方面的差异也较为显著，如表 5-2 所示。

表 5-2　　亚洲和西方消费者的消费行为模式差异

消费行为模式	亚洲消费者	西方消费者
认识风格	从综合的、具体的、情景导向的角度对事物做出判断和评价	从线性的、抽象的、分析的角度分析事物
形象偏好	非常关注公司形象	强调品牌形象
品牌忠诚	花较多的时间来了解某一品牌，品牌忠诚态度的形成时间较长，但一旦形成后这种忠诚态度的持续时间很长	形成品牌忠诚的时间相对较短，持续的时间也较短
社会风险敏感性	对社会风险的敏感性较强烈	倾向于规避货币和功能性风险，而非社会风险
购后行为	抱怨、退货或更换产品被认为是冒犯的行为，会使销售人员丢面子，因而较少表达不满情绪，多表现出忍让的态度，而卖方对买方的责任因此持续产品的一生	关注自身的利益，出现问题后会向商店或生产厂家立即表达不满并寻求赔偿，习惯表达不满
与他人的态度	习惯依据年龄和性别来评价他人，社会阶层主要是家庭及亲戚的反映	社会阶层主要是收入的反映
与群体的关系	遵循集体主义原则，非常在意他人对自己的选择的看法，因此群体一致性往往会导致消费者在决策和行为上采取妥协态度	遵循个体主义原则，虽然也会考虑参照群体的意见，但主要还是依据自身的感知做出选择

三、国际消费者行为研究的基本内容

企业在面对国际消费者时，需要对其消费行为做如下研究：首先，了解当地消费者的消费行为表现，通过科学有效的方法发现该消费群体独特的消费行为；然后，着力揭示当地消费者消费行为的规律，掌握影响他们消费行为发生的主要原因；最后，深入挖掘当地消费者行为。跨国公司营销活动的任务往往不仅是满足消费者的现实需要，更重要的是发现他们潜在需求，把握他们未来的消费走向。

具体的国际消费行为研究的内容，主要包含以下几个方面。

1．国际消费者行为的外在影响因素分析。对国际消费者的消费行为的分析，首先可集中在营销其消费行为的外在因素上，例如，本国宏观经济形势等经济因素；消费者的家庭类型与结构、相关社会群体、时尚、社会舆论等社会因素；消费者的年龄、性别、宗教信仰、民族、种族、地理环境、社会阶层等社会文化因素等。

2．国际消费者行为的内在影响因素分析。在分析完外在影响因素后，需要对目标国市场的消费者的消费心理活动过程、特点和规律进行分析与发掘，从而获得影响其消费行为的内在因素。通过研究消费者对特定商品的感知和知觉，消费动机和所持价值观，态度和获得该商品主要信息的传播渠道等，以及分析消费者对自我的认识、个性、生活方式等，继而总结出影响其对特定商品的消费行为的内在因素。

3．国际消费者购买过程分析。对国际消费者的购买过程分析包括购买前，购买中和购买后三个阶段的行为分析。一般意义上完整的消费者购买过程，由问题确认、信息搜索、决策方案评价、购买决策和购后行为五部分组成。由于文化差异的影响，不同国家的消费者在购买过程中对各种问题的重视程度、决策的模式、问题处理的具体程序等方面存在着客观的差异，不同国家的消费者在购买过程的不同阶段上会明显表现出不同的行为特点。因而，企业营销人员在国际消费者研究过程中对于复杂程度不同的各国消费行为应分别加以分析。

【案例精选 5-2】　　LV 对中国消费者的洞察

LV全称LOUIS VUITTON，中文名称路易·威登。它创立于1854年，隶属于法国专产高级奢华用品的Moet Hennessy Louis Vuitton集团。作为享誉世界的国际奢侈品牌，路易·威登一直都是国际品牌经营的典范，其国际市场营销策略有许多值得学习之处。其中非常重要的一点，就是它非常注重对不同国家消费者的消费心理研究。

仅从路易·威登官方网站的几次细微改变能看出其对国际消费者的重视程度。1997年，路易·威登首次开设正式官方网站时，设置了最初的中文网页，这时仅是LV进入中国内地的第五个年头。四年后，路易·威登的官方网站拥有英语、法语、日语和中文四种不同的语言版本。同年7月，路易·威登中文版的网页中增添了"大中华焦点"栏目，主要涵盖LV在香港地区、中国台湾地区和内地的动向。

路易·威登中国董事总经理施安德先生为此解释说："这的确是为LV的中国消费者，尤其是中国内地消费者而设立的。"如今，LV简体中文版网站拥有丰富的贴近中国内地市场的内容。这些都表明这个奢侈品行业的豪华品牌早已放下架子去聆听中国客户的心声，去感受这个新兴市场的时代脉动。

路易·威登对中国消费者的研究发现：全新的奢侈品文化已登陆中国；中国奢侈品消费者的平均年龄在40岁以下；奢侈品不仅仅属于上流社会，新新人类主张人人有权拥有奢侈品；年轻的中国消费者喜欢将奢侈品与街头时尚品牌混搭。于是，在这样的对中国消费者的研究基础上，路易·威登向中国客户提供有别于发达国家市场的创新服务。例如，由于当季商品的数量及范围不断增加，LV缩短每一季奢侈品的货架期，在华推出时尚商品的频率越来越高，数量也越来越多。同时，LV还在中国内地市场提供较小商品（因此不太昂贵），通过"可得到的奢侈品"或"价值导向奢侈品"策略来达到吸引年轻新会员的目的。

路易·威登在中国做出的这样低姿态，不仅没有损害了其尊贵的形象，反而因此抓住了中国消费者的特性，深入了解了他们购买的动因和能够承受的价格范围，使它牢牢占据了中国奢侈品消费品牌的头把交椅。

贝恩咨询公司（Bain）在2005年奢侈品报告中表示："过去，在奢侈品业取得成功的黄金法则是高贵优雅、始终如一和积极有效。不要问客户他们想要什么，而要告诉他们应该拥有什么。"如今，面对陌生、复杂的国际市场，以自我为中心的方法不再奏效。企业必须了解客户，深入把握他们的高端价值主张。"不仅仅是让你的客户知道你，而是要努力了解他们。"

路易·威登在中国取得的令人瞩目的成功证明，只有理解推动奢侈品购买行为的"原因"，奢侈品公司才能获得建设品牌方面的新想法，触摸到目标市场的情感需求，卖出更多产品。

第四节 全球市场机会评估

随着全球经济的一体化，越来越多的企业走向国际市场。而企业在决定进入国际市场之前，需要明确自己的国际市场营销目标和政策。更重要的是要决定在国际上哪些国家开展业务，评估自己在国际市场上的潜力与机会。

一、发现合适的国际市场机会

市场机会通常指市场上存在"未被满足的需求"。由于产品存在生命周期，消费者的需求不断变化，以及科技创新的层出不穷，“未被满足需求”的市场可以说永远都存在。而在国际市场上，企业需要对发现的市场机会进行综合评价，从而确定哪些市场机会适合自己。企业主要可以通过以下几条来评价国际市场机会：

1．国际上的市场机会是否与企业的目标和使命相吻合；

2．企业是否具备利用国际市场机会的能力；

3．企业能否通过国际市场机会获利；

4．国际上的市场机会是否有利于企业的长远发展。

二、评估国际市场机会的指标

一个国家的吸引力取决于产品、地理因素、收入与人口状况、政治气候以及其他一些因素。而对可能进入的国际市场可以根据以下几个因素进行机会评估：市场规模、市场增长率、经营成本、竞争优势以及风险评级。这样做的目的在于确定每个市场的潜力，然后确认哪个国际市场将会提供最大的长期投资收益率。

对具体评估国际市场机会需要考虑的指标如表 5-3 所示。

表 5-3　　国际市场机会评估指标

人口特征	人口规模
	人口增长率
	人口年龄结构
	受教育水平
社会文化	文化、风俗习惯
	生活方式与价值观
	语言的分化程度
	主要的商业模式
地理特征	气候
	地理规模
	城镇与农村人口密度
	交通
经济因素	GDP 规模与增长率
	工业基础结构
	自然资源
	国民收入结果
	产业结构
政治与法律因素	政治稳定性
	政府对外资的态度
	政府机构
	货币政策
	相关法律

三、评估国际市场机会的方法

具体评估国际市场机会的方法，除了通过一手及二手资料，掌握可靠的历史数据来判断其发展趋势之外，还有专家意见法和类比法。

（一）专家意见法

专家意见法在用于评估国际市场机会的时候，主要是征询专家对特定市场的意见，例如对其规模及增长率的看法。专家既可以是企业外部的，如来自国际咨询机构、世界经济贸易组织和政府的官员等；也可以来自企业内部，如企业资深的市场专家等。通过采用专家意见法，企业获得各个专家的看法，综合考虑他们的观点，得出对国际市场机会的评估。

（二）类比法

类比法主要是将特定国家或地区与经济发展情况相类似的国家或地区进行类比分析。例如，通过对类似市场的 GDP、市场规模、消费模式等指标的了解，可以大致推断出目标市场的情况。这种方法首先需要确定一个国家的某个量与某国的某个可度量的变量之间的关系式作为类比的基础。一旦关系确立，即可将已知的情况类推到目标国家市场。

本章小结

国际市场是企业进行国际市场营销的出发点和归宿。国际市场可以根据多种标准划分为各种不同的类型。

随着经济全球化进程的加快和信息技术的不断发展，国际市场呈现出市场规模迅速增长、市场结构调整和产业转移明显加快、区域经济一体化趋势加强、国际市场竞争日益激烈、跨国公司影响力日趋增大等特点。

由于社会历史条件、经济发展状况及人文地理的巨大差异，美国、西欧、日本、中东、非洲和东南亚等主要国家和地区的市场分别存在各自所独有的市场特点。国际企业在进入各个不同的市场时，应根据其特点制定针对性强的营销策略。

国际消费者购买行为存在着跨文化性和差异性两大特征。国际消费者决策与行为往往更加复杂和多样化，因而存在较大的差异性。国际消费者行为的基本研究内容包括国际消费者消费行为影响因素分析、购买过程分析。

企业在决定进入国际市场之前，需要决定在国际上哪些国家开展业务，评估自身在国际市场上的潜力与机会。

思 考 题

1. 简述当代国际市场的基本特征及发展趋势。
2. 美国、西欧和日本等国别市场各有哪些主要特点？
3. 中东、非洲和东南亚等地区的市场有哪些特点？
4. 国际消费者行为的两大基本特点是什么？
5. 国际消费者行为研究的具体内容有哪些？
6. 评估国际市场机会的具体指标有哪些？

第六章　国际市场营销调研

【本章学习目标】

- 了解国际市场营销信息系统的构成；
- 理解国际市场营销调研的概念和内容；
- 掌握国际市场营销调研的程序；
- 熟悉国际市场营销调研的方法；
- 了解国际市场营销调研的组织管理。

【导入案例】

许多人知道Facebook、谷歌及苹果等公司十分了解用户。事实上，亚马逊可能更胜一筹。亚马逊公司（Amazon）的一位发言人向《财富》杂志（Fortune）表示，“我们的任务是取悦用户，让他们在不经意之间发现美妙的产品。我们相信快乐每天都会出现，这是我们衡量成功的标准。”

市场调研公司的数据显示，亚马逊网站推荐的销售转化率可以高达60%。亚马逊能够做到这一点并非偶然。它的成功来自于对用户需求的充分了解。亚马逊依靠公司自主研发的数据挖掘算法对用户一般的购物流程进行分析，掌握用户过去搜索了什么，看了哪些产品的详细介绍，购买过哪些商品；他们的虚拟购物车里有什么；哪些商品被他们评价或“赞”过；其他用户浏览及购买了哪些东西。在收集用户行为数据的基础上，亚马逊整合用户行为数据和喜好，挖掘用户的潜在需求，对有相同特征的用户作定向、精准的营销。例如，亚马逊向回头客们提供了深度定制的浏览体验，如数码爱好者们会发现亚马逊上满是新潮电子产品的推荐，而新妈妈们在相同的位置看到的却是婴幼儿产品。同时，亚马逊将推荐系统深度整合到购物流程的方方面面，从商品发掘到结账付款，几乎无处不在。登录Amazon.com，你会看到许多商品推荐板块，点入某个商品的网页，“人气组合”与“（浏览了该商品的）用户还购买了其他商品”等栏目赫然在目。

2012年第二财季，亚马逊的营收达到了128.3亿美元，与去年同期的99亿美元相比大涨了29%。毫无疑问，如此惊人的增长肯定离不开亚马逊对消费者信息的深入挖掘和利用。

国际市场营销环境错综复杂，营销管理和协调存在较大难度，国际市场营销人员必须掌握更多和更准确的信息，才能制定并成功地实施国际市场营销战略。信息是决策的基础，搜集有关顾客需求的营销决策方面的信息，必须对国际市场进行调研。本章主要就国际市场营销信息系统、国际市场营销调研的内容和方法以及国际市场营销调研组织管理进行阐述。

第一节 国际市场营销信息系统

一、国际市场营销信息系统的定义与构成

(一)国际市场营销信息系统的定义

国际市场营销信息系统就是为搜集、整理、贮存、检索和分析信息并据以制定国际市场营销决策而设计的一个持续的系统。这个系统的功能是：1. 向各业务部门提供准确的业务信息；2. 向业务职能管理部门按时间、按地点提供管理信息；3. 为企业决策部门提供识别、选择和解决营销问题或机会进行决策的容易理解和使用的信息。

国际市场营销信息系统是连接企业经营决策者和营销环境的桥梁。国际市场营销面临的营销环境复杂多变，所以，企业必须建立有效的国际市场营销信息管理系统。世界各国的跨国公司都建立了高度现代化的国际市场营销信息系统，以保证国际市场营销决策的正确性、灵活性和及时性，使企业适应国际市场瞬息万变的营销环境。一个现代化的市场情报中心，能够在3～5分钟内得到世界上任何一个角落的信息及市场动态，从而迅速做出最恰当的决策。

跨国公司的国际市场营销信息系统与国内营销信息系统不同之处在于：范围不同，它包括两个以上国家；信息层次不同，如按国家或地区建立子系统。跨国公司的国际市场营销信息总系统在全球层次上，包括了每一个国家的营销信息分系统。尽管各个国家或各个市场情况有很大差异，各个分系统都有不同的信息需求，但各分系统建立起来以后，就可建立公司的总系统。每个子系统提供公司在该国营销所需信息，例如，在该国各种产品供求情况、经营方式、经营效果，以及该国的营销环境方面的信息，为公司制定总体控制和长期发展规划服务，同时也用于在该国的日常营销活动。各国子系统还可以从公司总系统中获取信息，帮助日常经营决策。总之，总公司层次的总系统提供面向国际的高层管理所需信息作为战略决策和控制决策的依据，而国家层次的子系统提供在该国营销决策所需信息。

(二)国际市场营销信息系统的构成

国际市场营销信息系统包括营销调研系统（marketing research system，MRS）、内部记录系统（internal records system，IRS）、营销情报系统（marketing intelligence system，MIS）以及营销决策支持系统（marketing decision support system，MDSS），如图6-1所示。

国际市场营销信息系统从信息使用者（营销管理者）开始，到信息使用者（营销管理者）结束。首先由营销管理者确定所需信息的范围，然后根据需要建立企业内部记录系统、营销情报系统和营销调研系统，再由营销决策支持系统对所得到的信息进行整理与分析，最后由营销决策支持系统按照预期的形式、预期的时间将信息传递到营销管理人员手中。

1. 内部记录系统。指的是企业内部最基本的报告体系，它反映了企业的订单、销售额、存货、现金流动及应收应付账款等情况。这些信息是关于企业过去和现在的资料，可以使决策者随时掌握企业的全部经营情况，发现问题，把握机会，节省人力、物力和费用，提高营销效率。

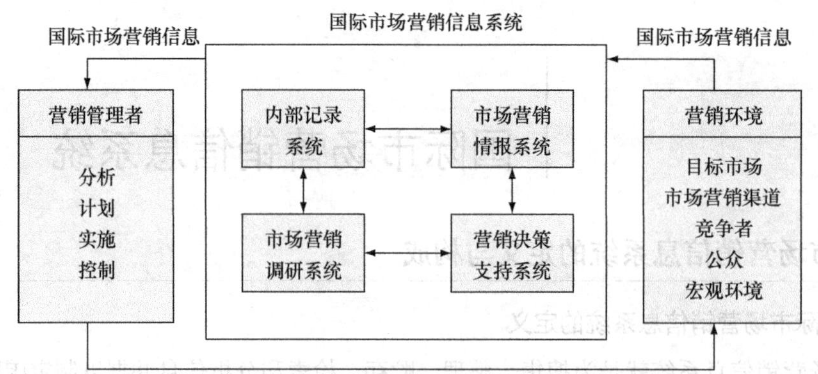

图 6-1　国际市场营销信息系统

资料来源：菲利普·科特勒：市场营销教程，北京，华夏出版社，2004.10。

2. 国际市场营销情报系统。指的是与企业外部环境变化有关的日常情报的提供体系。它包括市场营销管理者可以灵活使用情报的程序和情报源泉。营销情报是每日发生的有关营销环境发展情况的信息，主要包括国际市场营销环境、国际市场产品、价格、分销、促销和竞争信息等。

3. 国际市场营销调研系统。指的是市场营销管理者对某些特定的市场营销问题和市场营销机会进行专题调查研究的调研体系。调研是营销系统的主体部分。营销调研系统的主要任务是收集、评估、整理和传递管理者制定营销决策所需的各种信息，其工作主要侧重于针对特定问题收集原始资料或二手资料，对此加以分析、研究，然后以调研报告的形式上交管理者作为决策的参考。

4. 国际市场营销决策支持系统。指的是市场营销管理者能够灵活使用的硬件和软件体系。它包括计算机硬件系统、统计处理软件以及决策模型。它主要根据研究内容建立各种数据库和市场营销分析模型。其主要任务是从改善经营管理或取得最佳经营效益的目的出发，通过分析各种模型，帮助国际市场营销管理者分析决策国际市场营销问题。

四个子系统相互依赖、相互联系，国际市场营销信息系统的建立要坚持系统化原则，系统的建立必须要同企业国际市场营销结构和营销管理体系相互配套，系统应具有较强的适应性和可靠性，以便能更好地适应企业内部条件和国际市场环境。

二、国际市场营销信息

在现代市场营销活动中，市场信息已被看作是企业的“神经中枢”。国际企业在复杂的国际市场上进行国际市场营销活动，因掌握了准确的信息而取得营销成功的例子比比皆是，因为信息不灵而导致营销失败的例子更是俯拾即是。

国际市场营销信息是指国际市场上各种经济（特别是市场要素）活动和相关环境的数据、资料、情报的统称，它反映了市场活动和环境的变化、特征和趋势等情况；或是指一定时间和条件下国际市场产品营销及与之相联系的多功能服务有关的各种消息、数据资料、报告等的总称，一般以文字、数据、凭证、图表、符号、报表、商情等形式表现出来。简而言之，国际市场营销信息就是反映国际市场活动特征及其变化的各种消息。

(一)国际市场营销信息的内容

国际市场信息包括的内容广泛且复杂，而且这些信息对于正确的市场营销决策必不可少，每进入一个新的市场都必须收集这类基本信息。企业所需收集的国际市场营销信息主要包括国际市场环境信息、国际市场产品信息、国际市场价格信息、国际市场销售渠道信息、国际市场促销信息和竞争信息等。

1．国际市场环境信息

（1）经济信息。经济信息包括经济发展阶段、经济体制、人口和收入等宏观方面的信息，如国民生产总值、国民收入、经济增长率、通货膨胀、工商业周期趋势、股票指数与汇率、就业率等；还包括微观方面的信息，如某种特定商品的价格、某种特定商品的库存与订货情况、某种特定商品的替代品的市场行情等。

（2）社会文化和政治形势。社会文化和政治形势包括政治体制、政府政策、政局状况、文化属性、地理特征等；还包括生态环境、安全标准等。

（3）市场情况。市场情况包括国内外市场条件，还包括目标市场所在国的商业习惯、市场垄断与资金集中情况、信贷制度等。

（4）技术环境。技术环境包括有关技术的现状、交通通信状况与本企业业务的关系等。

（5）竞争态势。竞争态势包括竞争对手的所占市场份额、市场细分方法、产品以及他们在国际市场上所采取的战略等。

2．国际市场产品信息

（1）产品的供给情况。产品的供给情况包括国际市场和每个细分市场对产品的总供给量、产品生命周期、新产品出现及更新换代周期、产品销售的地区分布和地区结构，产品的替代品和互补品。

（2）产品的需求情况。产品的需求情况包括国际市场消费者对产品的特殊需求，对产品质量、包装、性能的要求，消费者的购买习惯、购买动机和禁忌偏好，国际市场产品的派生需求。

3．国际市场价格信息

（1）价格水平。价格水平包括国际市场及细分市场上的价格总水平、价格变化趋势、互补品和替代品的价格。

（2）定价目标及方法。定价目标方法包括国际市场上同类产品不同企业的定价目标和定价方法、同类产品的差价情况、消费者对不同企业产品的价格反应，产品生命周期不同阶段不同企业的价格策略及价格差距、价格歧视的对策。

（3）有关法律。有关法律包括国际市场定价的法律规定、价格惯例及其他特殊规定。

4．国际市场销售渠道信息

（1）流通环节。流通环节信息包括国际市场产品的分销层次和分销结构。

（2）流通渠道。流通渠道信息包括国际市场产品销售渠道的种类及市场惯例以及各中间商的购买潜力、经营范围、信誉、市场地位等。

（3）流通方式。流通方式信息包括国际市场上直接销售和间接销售的种类、形式及特点。

5. 国际市场促销信息

（1）人员推销。人员推销信息包括国际市场人员推销的成本、优势、障碍及利弊分析。

（2）广告促销。广告促销信息包括国际市场上的广告方式、媒体、艺术、技巧、政策、法律及效果。

（3）营业推广。营业推广信息包括国际市场营业推广的方式、在不同市场的特点和要求、中间商及消费者的反应。

6. 国际市场竞争信息

（1）竞争者。竞争者信息包括国际市场上的主要竞争者、竞争者来自何处、竞争者的产量、市场占有率。

（2）竞争方式。竞争方式信息包括国际市场竞争者之间在关税、贸易条件、分销渠道等方面的不同条件及策略，竞争者之间在企业形象、产品声誉、经营实力、营销策略方面的比较。

【案例精选 6-1】　　瑞士再保险公司的亚洲市场

2003年12月，世界第二大的再保险企业——瑞士再保险公司终于获准在华成立分公司，成为第一家获准在华经营的外国再保险公司。远在还没有进入中国市场之前的20世纪90年代，瑞士再保险公司就对亚洲和我国保险市场进行了细致调研。

瑞士再保险公司发表的一份调查报告指出，亚洲一些国家的保险总额在1995年到2000年的这段时间里每年增长10%以上。心存羡慕的外国保险业者正热切地争取进入这些生意兴隆的市场，它们要在这些亚洲国家做生意是显而易见的，因为与亚洲的情况形成对照的是，在同一时期全球保险总额年均增长率预计仅为4%。

这份调查报告的时间范围是1995年到2000年这段时期，调查的国家和地区有中国、印度、印尼、日本、韩国、马来西亚、菲律宾、新加坡、越南及中国台湾和香港地区。1995年年初，世界上总共有850家保险公司，其中包括大约250家外国公司活跃于这些被调查的保险市场上。然而这些外国公司中有一半以上是设在中国香港和新加坡的。

在国内保险总额中，外国公司在非人寿保险业和人寿保险业中所占市场份额平均分别为3%和13%，可见各个国家之间的差别很大。

瑞士再保险公司说，在印度和中国，保险业主要是国家保险公司经营，外国公司在人寿保险和非人寿保险业中所占份额分别为零和1.5%。

在新加坡，外国公司在非人寿保险业中所占份额要高得多，平均为34.1%，在印度尼西亚为16.9%，但在日本仅为3%，在泰国仅为1.2%，在韩国仅为0.4%。在人寿保险业中，外国公司的份额最高的是马来西亚，为56.4%，最低的是韩国，为0.4%。

人寿保险历来是在亚洲市场上占支配地位的保险种类，在1995年～2000年期间该地区人寿保险业的增长率，中国为25%，马来西亚为18.3%，印尼为16.4%，泰国为16.1%，韩国为9.7%，菲律宾为8.9%，中国台湾为8.8%，印度为8.3%。

瑞士再保险公司的调查报告称，人寿保险发展速度快。是由于居民储蓄率高，政府退休金不多，需要额外购买私人人寿保险来弥补。另外，中国实施的支持人们投保的税收政策，也是一个因素。

同时，据预测该地区从1995年到2000年间非人寿保险的增长率，泰国为18.6%，中国为15.5%，印尼为11.9%，菲律宾为8.9%，韩国为8.4%，中国香港为8.5%。

（二）国际市场营销信息的搜集

1．搜集国际市场营销信息的原则。

（1）全面：这是国际市场营销活动本身所决定的，因为只有掌握了与国际市场营销活动有关的全面信息后，国际市场营销决策或活动才能做到眼明耳聪，免于失误。

（2）及时：信息具有时效性。搜集或传递信息延误了时间，信息的价值就会减小，甚至完全失去价值。这在国际市场需求信息和价格行情信息方面表现得尤为突出。

（3）准确：就是所搜集的信息真实地反映客观市场的情况。

（4）适用：就是所搜集的信息都适合本企业进行国际市场营销时使用。

（5）经济：即用较少的费用获得较高价值或很高价值的信息。

2. 国际市场营销信息的来源，国际市场信息的来源分为两大类：一类是企业信息人员亲自搜集、整理，加工的各种原始信息，即主要靠实地考察得来的直接信息，即第一手信息资料；另一类是他人搜集并通过整理、加工的各种间接信息资料，即第二手信息资料。两类来源的具体内容如图 6-2 所示。

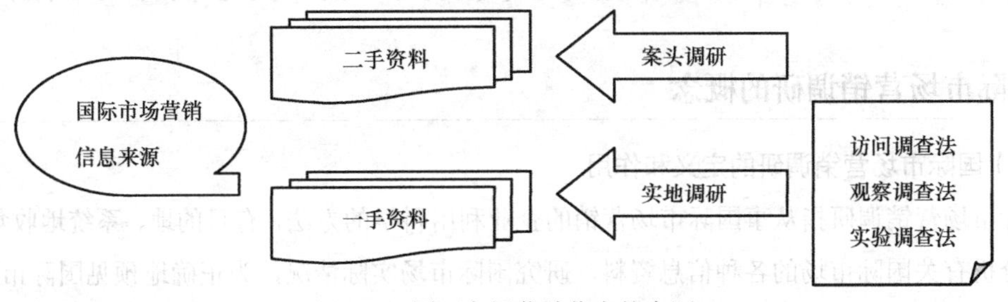

图 6-2　国际市场营销信息的来源

资料来源：张丁卫东，2007，国际市场营销理论与实训，北京：电子工业出版社。

（1）直接信息来源：直接信息主要是靠实地考察得来的。国际市场直接信息主要有五种来源。

① 通过本企业人员和驻外人员搜集信息。如企业派员出国实地调研，从本部门业务人员那里获取信息，委托本企业驻外机构、本国出国人员、本国驻外机构搜集信息等。

② 通过商务关系搜集信息。可以通过国外的客商如代理商、经纪人、进口商、批发商、零售商、用户获取信息，也可以通过本国的其他商人获取信息，还可以聘请有关人员做本企业的信息员、信息顾问以获取信息。

③ 通过交易获取信息。如通过对外询价、发盘来获取国外客商对某种产品的需求和价格信息；通过交易会、展销会获取产品的种类、价格等信息；通过收集国外厂商的广告（如宣传册、产品目录、产品样本等）和价格表、发盘、订单等或直接向国外厂商索取资料来获取信息。

④ 委托国外专业调研机构进行实地调研。利用专业调研机构代理调研是许多企业国际市场营销调研的一种常用方式。与企业自己组织国际市场营销调研相比，这种方式具有专业知识与调研经验

丰富、对当地社会文化环境了解深入以及调研过程公正客观等相对优势。对国际市场营销调研代理机构的选择是国际市场营销调研代理方式成功的关键，最重要的是评估调研机构的资信状况和业务能力。

⑤ 通过企业有关人员到银行、运输机构、保险机构、海关及相关的代理人处直接了解情况，取得有关结算、运输、保险、进出口等手续和费用方面的第一手资料。

（2）间接信息来源：包括企业内部信息源和企业外部的国际市场信息源。

① 企业内部信息源：主要是企业自己搜集、整理的国际市场信息、企业产品在国际市场销售的各种记录、档案材料和历史资料，如客户名称表、购货销货记录、推销员报告、客户和中间商的通信、信件等。

② 国际市场间接信息源：企业外部的国际市场信息源包括的范围极广，主要是国内外有关的公共信息。一般可以从以下几个来源获得国际企业所需要的信息，如国内外大众传播媒介与图书馆、各国使团和贸易机构、国际组织及其出版物、外国政府机构、专业信息机构及其出版物、国际联机检索系统以及银行、商会与同业公会、消费者组织等。

第二节 国际市场营销调研的内容和方法

一、国际市场营销调研的概念

（一）国际市场营销调研的定义和作用

国际市场营销调研指从事国际市场营销的企业利用科学的方法，有目的地、系统地收集、记录、整理和分析有关国际市场的各种信息资料，研究国际市场实际情况，为正确地预见国际市场发展趋势，制定国际市场营销战略和营销组合决策提供依据。

国际市场营销调研在国际市场营销的不同阶段发挥着重要的作用。无论是最初的市场进入决策、产品定位或市场营销组合决策，还是随后的市场扩张决策，国际市场营销调研都是避免错失国际市场良机、防止代价高昂的战略错误所必需的。国际市场营销调研日益为工商企业界所重视，它们将调研结果作为企业制定国外市场营销战略以及实施营销方案的重要决策依据。

（二）国际市场营销调研的类型

根据国际市场调查研究的不同目的要求以及调研对象的不同特点，国际市场营销调研可以分为四种类型。

1. 探测性调研。探测性调研就是用试探的方法了解市场行情。当企业对所调研的问题或范围不甚明确，为了对问题进行鉴别和确定调查的内容，就要运用探测性的调查方法。如企业进入某国市场之前，寻找该国市场存在哪些市场机会；又如某东道国市场的文化环境与母国的文化环境存在巨大差异，寻求适应东道国文化环境的思路与办法。探测性调研属于非正式调研，或称调研的初级阶段，其方法多数是运用第二手数据资料或经验总结，对其结果的分析一般可做出是否需要采取进一步的调研的判断。

2. 描述性调研。描述性调研就是对所需要解决的问题作如实的反映和具体的回答，如本企业的销售增长率、市场占有率、竞争对手的实力等。描述性调研是各种类型营销调研中最基本、工作量最大的一种调研。它比探测性调研更周密、更深入，不仅占有资料，而且要对资料进行整理和分析。描述性调研多采用实地调查法。

3. 因果性调研。因果性调研的主要任务是帮助企业找出营销问题的原因和结果。一般来说，企业的经营目标，如销售额、市场占有率、利润率是因变数，而企业可控制因素则为自变数。因果性调研是在描述性调研的基础上进行的，它可以有定性调研和定量调研之分。在国际市场调研的诸多方法中，实验法是因果关系调研的重要工具。

4. 预测性调研。预测性调研就是以估计未来需要为目的的调研。其特点是在收集、整理大量资料的基础上，运用科学的预测方法，对未来一段时间内国际市场的需求量、供应量等的变化趋势做出估计。其目的在于通过企业销售情况预测，及时提出各种应变措施，切实把握市场机会，制订有效的营销计划，以免造成机会损失与实际损失。

（三）国际市场营销调研与国内营销调研的联系

1. 共同点。国际市场营销调研与国内营销调研的相同点表现在：二者的程序是一样的。无论是国际市场营销调研还是国内营销调研，都要首先明确调研问题，制订调研计划（方案），然后执行调研计划（方案），最后撰写调研报告。

2. 区别。国际市场营销调研与国内营销调研的差异性主要表现在以下几个方面。

（1）国际决策比国内决策更需要充分、及时和精确的信息。这是因为，国际市场营销环境比国内营销环境更复杂，国际市场在政治法律、经济文化等方面存在着巨大差异，国际市场营销决策者熟悉了解国际环境要比国内营销决策者熟悉了解国内环境更困难，要想做出科学决策，需要更加充分、精确的信息。

（2）国际市场营销决策所需的信息不同于国内营销所需的信息。例如，国际市场营销首先要选择进入国外市场的方式。为此，企业需要了解目标市场国的外汇和外资政策，了解目标市场国的劳动力、原材料、管理经验等资源条件，了解目标市场国的竞争状况以及渠道模式等营销环境，上述调研内容在国内营销调研中一般不是必要的。

（3）国际市场营销调研比国内营销调研更复杂、更困难。显然，国际市场营销调研涉及的范围更大、涉及的环境更复杂。例如，有些信息在国内很容易得到，在国外则很难得到或根本得不到；有些调研方法在国内有效，在国外则可能无效或受到很大制约。

【案例精选 6-2】　Leica Surveying & Engineering 的调研

当全球最大的高端调研和测量设备供应商——Leica Surveying & Engineering在收集本行业情报时，最初只使用英文布置调研，因为该公司的业务主要用于英语，甚至在欧洲的不同国家也是如此。然而，即使样本中的被调查者对该公司有好感，回复率仍然不理想。进一步的调查发现，各国的销售代表都是用他们的母语来开展业务的，于是公司用各种语言来重新进行调研，如西班牙语和德语，结果回复率几乎在一夜之间就翻了一倍。

资料来源：菲利普·科特勒等著，《营销管理》（原书第15版），格致出版社&上海人民出版社2012（8）：111。

二、国际市场营销调研的内容

国际市场营销调研的内容包括了任何与国际市场营销有关的一切直接和间接的信息，无论是反映企业整体外部环境或者企业内部各类管理信息，还是反映国际市场发展变化规律、直接影响企业国际市场营销决策的信息。国际市场营销调研所涉及的内容非常广泛，在实际调研中应针对不同产品、不同市场以及不同经营管理过程来设计不同的调研内容。

一般来说，国际市场营销调研的内容主要有国际市场宏观营销环境调研、国际目标市场消费者调研、国际市场营销组合调研。

（一）国际市场宏观营销环境调研

国际市场宏观环境错综复杂，各种环境都有可能对跨国公司经营活动产生影响，而且对跨国公司而言，这些宏观环境因素都基本属于不可控制的因素。因此，企业应该充分认识和适应各种市场环境，并且利用有利的目标国市场环境来为企业服务。国际市场宏观营销环境调研主要包括国际政治环境调研、经济环境调研、法律环境调研、社会文化环境调研以及自然地理环境和技术环境调研等。

1．国际政治环境调研。以下三个方面是国际政治环境调研的重点。

（1）本国的贸易法规。调研人员必须查明企业所在国的对外贸易法规中对产品的出口是否有限制，包括外汇管制条例和税收规则、出口许可证和其他单证要求等。关键要弄清本企业产品的出口是否受到限制，是否值得努力出口这些产品以及可向哪些国家出口。

（2）目标市场国的政治稳定性。须查明现政府的结构、执政党的体系、政府现行政策的稳定性和连续性、政府行政效率等，并进行评价。

（3）进入市场的政策限制。包括进口的关税额及税率、进口配额及其分配状况、对外汇的管制状况、各种国内税对进口产品的影响，以及其他法规如卫生与安全规则的影响和政府对价格、促销、分销等方面的管制等。

2．国际经济环境调研。国际经济环境调研主要是指调研跨国公司的目标市场所在国的一般经济指标、经济政策、产业及行业状况、贸易、交通等。

（1）一般经济指标。包括：国民生产总值、国内生产净值、国民收入、国民收入与国民可支配收入的比例、物价指数、工资指数、消费指数、汇率、国际收支、进出口统计及海外投资统计等。

（2）经济政策。包括国家经济开发与发展计划的具体政策内容及对跨国公司进入该国市场的相关政策限制，如对原材料、机器及备用件的进口限制、对企业雇佣劳动力的限制、对价格、促销、分销等限制。

（3）产业及行业状况。包括：工业生产指数、制造业、能源及其他生产行业状况、制造业的生产特征、各产业就业人口、生产结构、产业规格、各产业外国资本投资现状等。

（4）贸易。包括：不同地区的贸易结构、与本企业有关的各国贸易关系、外汇银行的信用度、贸易收支、进出口配额、按不同情况分类的进出口量等。

（5）交通。调研目标市场目前主要使用的交通工具状况，因为交通和物流是息息相关的。交通的优劣主要取决于距离、安全性、费用、速度等因素。

【案例精选 6-3】　　铁矿石谈判中的“内鬼”

中国铁矿石进口量占据了世界铁矿石市场需求的50%。2009年1月9日，受中国商务部全权委托，中钢协向世界铁矿石主要供应商提出了降价40%以上的降幅要求。6月30日，铁矿石谈判的最后截止日，力拓等国际铁矿石三巨头最终不接受中钢协这一最大铁矿石买家的要求。这些巨头的强硬态度，让业内人士困惑不已。7月7日，力拓公司上海首席代表、力拓中国区哈默斯利铁矿业务总经理胡士泰等4名力拓在华员工被国家安全部门带走协助调查，拉开了一场备受海内外关注的力拓“间谍门”事件。这一事件也在一定程度上揭示了力拓等公司为何在谈判中如此“气定神闲”的原因。

胡士泰是出生于中国的澳大利亚人，他很清楚要在谈判中取得最终的胜利，就必须做到“知己知彼”。为了能够了解到比谈判对手“中钢协”更多的市场信息，胡士泰和其所带领的力拓中国区销售团队，深入到三四线的小钢厂，去深度挖掘各种“机密信息”，包括：原料库存的周转天数、进口矿的平均成本、吨钢单位毛利、生铁的单位消耗等财务数据。

胡士泰重视“调查”的价值，更知道“内鬼”的作用。胡士泰清楚地知道“堡垒往往是从内部被攻破”的。因此，胡士泰在中国区主政期间，非常关心如何利用“金元”手段，来腐化与诱惑中国主要钢铁厂的中高层管理者，并与他们合力打造了一条力拓与中国买家之间的商业贿赂链，成功打破了中钢协所制定的谈判统一战线。

由于长时间无法与国际矿商达成协议，迫于压力，中钢协最终不得不接受此前新日铁与力拓达成的首发价，而这个价格与中钢协之前的心理价位相差甚远。据估算，胡士泰的“市场调研”给中国钢铁企业带来的经济损失不下于上百亿元。

3. 国际法律环境调研。国际法律环境调研是指调研目标市场所在国的贸易法规，包括产品的出口配额、种类、关税设置、税率和课税法、非关税壁垒、特别关税、外汇管制条例和税收规则、出口许可证和其他单证要求、进出口商的资格审查和登记制度、国际商事仲裁制度、通商条例、贸易协定等。

4. 国际社会文化环境调研。国际社会文化环境调研主要包括民族分布、语言、宗教信仰以及由此决定的风俗习惯、思维方式和审美观等内容。社会文化环境在很大程度上决定着人们的价值观念和购买行为。例如，销往中东地区的各种用品中不能含有酒精，这是因为该地区绝大多数的居民笃信伊斯兰教，严禁饮酒；又如，有些地区消费者喜欢标有“进口”或“合资”字样的商品，而另一些地区消费者却可能相反，这种情况一方面与民族感情有关，另一方面也与各国各民族的意识开放或保守有关，这些都要通过市场调研去掌握。

5. 国际自然地理环境调研。国际市场自然地理环境调研包括对地理条件和自然资源条件的调研。地理位置会直接影响到产品的物流成本，水土、气候是产品是否适应市场及是否有销路的重要因素。例如，一般的汽车轮胎在终年积雪的地区，会增加不安全性；雨衣在位于赤道的干旱地区根本没有买主。农林矿产资源等自然资源的优劣与产品的销路有密切的关系，正是因为缺少某种资源才形成了从国外购买该产品的动机，这也就是国际贸易的基础。此外，自然资源的多与少还会对一个国家的工业发展形势产生影响，从而又影响到这一国家或地区的最终购买力。

6. 国际技术环境调研。国际技术环境调研主要是调查目标市场所在国的生产技术水平和科技创新能力。具体包括技术发展动态、技术转移和技术商品化的速度；专利及其保护情况；科技力量及研究和开发状况。同时，企业还需要密切关注科技水平在全球范围内的发展和转移情况。

（二）国际目标市场消费者调研

跨国公司除了要调研国际目标市场的宏观外部环境之外，对于目标市场的消费者本身也要进行仔细的调查。可以说消费者的数量、结构、偏好、收入、教育背景等一系列要素都会直接影响市场规模和市场需求结构。

1. 消费者人口构成。在调查消费者人口构成时，主要调查的指标有：人口总数、人口分布、人口密度、人口增长率、人口年龄结构、人口性别分布、人口职业结构、人口受教育程度等。

2. 消费者购买力水平。主要了解消费者人均可支配收入，以及不同收入群体的收入支出构成及比例等。这样企业就可以了解自己产品的目标客户的收入是否与该产品价格相匹配。

3. 消费者购买行为。各国消费者的消费行为差异很大，所表现的购买行为也大相径庭。调研消费者购买行为主要调研消费者购买了什么、购买动机和理由、购买决策者和使用者、购买频率和购买方法、购买者知晓商品的途径、购买场所以及购后意见等。

此外，对于目标市场的组织和机构的购买行为，跨国公司也要予以高度重视，这部分需求量和金额要比一般个人消费者大很多。

（三）国际市场营销组合调研

跨国公司在选定了目标市场之后，要进一步确定正确的营销组合策略，这样才能使企业准确找到切入点，从而迅速打开市场，实现本企业的发展目标。而制定有效的营销组合策略的关键就在于市场营销调研所提供的信息和依据。调研内容主要包括以下几个方面。

1. 国际市场营销产品调研。产品信息调研内容主要包括：国际市场和每个细分市场产品的总供求量、供求结构、供求特点及其变化趋势；消费者对产品的各种信息反馈资料；国际市场产品生命周期和产品发展趋势；国际市场上该产品的替代品和互补品情况；国际市场产品的相关需求情况等。

2. 国际市场营销价格调研。价格信息调研主要涉及：国际市场上同类产品不同企业的定价目标和定价方法；国际市场及各细分市场上的价格总水平；国际市场上产品的价格弹性或消费者对产品价格的敏感度；国际市场上替代品和互补品价格走向；不同细分市场上消费者在价格上的反应；产品不同生命周期竞争者的价格策略；国际市场上中间商对价格的调整幅度；国际市场定价的法律法规和惯例等。

3. 国际市场营销分销渠道调研。国际市场分销渠道信息调研主要包括：国际市场产品销售渠道及中间商的种类以及各国的市场惯例；国际市场直接销售、间接销售的种类和特点；国际市场上各类中间商的背景资料；国际市场分销渠道和中间商的发展趋势等。

4. 国际市场营销促销调研。国际市场促销信息调研主要包括：国际市场上促销的各种具体形式、种类及可利用程序；国际市场促销成本、优势、障碍及利弊分析；国际市场营销推广的方式、特点和要求，以及中间商、消费者对此的反应；国际市场上广告方式以及各种促销方式的效果；国际市场促销的法律法规及惯例等。

【全球视野 6-1】　　OAT 测试

OAT，英文“广告脚本测试（OFF AIR TEST）”的单词缩写，是为了保证新广告投放的有效性而进行的投放前测试。OAT是国际公司和市场研究公司长期研究积累形成的广告效果测定方法。通过OAT测试评价拟投放广告的制作质量和估计它可能对实际市场的影响力，从而对广告效应有所了解。根据研究项目需要，测试机构以配额的形式邀请符合条件的目标消费者在指定时间到指定地点观看广告，然后征求他们对广告的意见，并对收集回来的数据进行处理，最后为客户提供有效的数据资料。OAT主要测试三个核心指标：TPM（购买潜力测试值），REACTION（消费者反应），RECALL（消费者记忆度）。通过测试，了解目标消费者对广告的评价；对广告的记忆程度；对广告概念的理解和评价，以及广告对他们选择品牌有哪些影响。该测试的目的在于深入了解目标消费者对该广告的理解和评价，来分析新广告是否可以投放，以及在可以投放的前提下，研究该广告还有哪些方面有待改进。

5. 国际市场营销竞争调研。国际市场营销竞争调研主要包括：国际市场上主要竞争者的识别；竞争者的背景资料；国际市场上各竞争者的产量、销售和市场占有率情况；国际市场上竞争者之间在成本、价格、利润、质量、品种、规格、型号、服务等方面的比较；国际市场上竞争者之间在关税、贸易运输条件、分销渠道等方面的不同条件和不同策略；国际市场的竞争结构和竞争强度等。

三、国际市场营销调研的程序

国际市场的复杂性，决定了国际市场信息的多样性和复杂性。科学的调研程序有利于帮助企业营销人员达到目标。一般来讲，调研分 5 个步骤：确定调研问题与目标；制订调研计划；搜集信息资料；资料整理与分析；提交调研报告。

（一）确定调研问题与目标

决定调研的方向是国际市场营销调研过程中最基本也是最重要的步骤，同时也是最困难的步骤之一。营销人员往往对身边所出现的种种经营问题熟视无睹，很难将其转化为调研问题及具体的调研目标；或者找不出发生问题的原因，错误地提出问题，错误地选择了调研目标。在国际市场营销中，异国的陌生环境使该问题变得难度更大。营销人员往往会忽略异国文化对调研问题及目标的影响；或者不自觉地用本国的思维方式来确定问题及调研目标，犯方向性错误。例如，如果导致销售额下降的真正原因是目标顾客偏好发生变化，而调研人员认为是销售渠道不畅或者广告策略失当等，都会使调研工作事倍功半，并可能给企业带来损失。

在该过程中，常犯的另一类错误是把调研问题的范围规定得过窄，无法包括影响市场营销活动的全部因素。由于国外市场的营销环境不同于本国，因此需要搜集涉及面尽可能广泛的信息，所确定的问题及营销调研目标要有足够的宽度，要能概括各种答案的可能性。

（二）制订调研计划

在第一步确立了问题及目标之后，接下来就需要制订完善的调研计划，以提高调研的效率和针对性。

1. 确定所需搜集的信息。根据企业的调研目标，确定所需信息。如果企业需要调研目标市场新产品的需求情况，就需要调查目标市场消费者的收入水平、消费习惯、购买行为等。

2. 确定信息来源。确定信息主要是通过实地考察等方式获得的原始资料，还是通过各种渠道获得的二手资料。

3. 选择调研方法。如果搜集一手资料，则可以通过问卷调查法、访谈法等。

（三）搜集信息资料

当确定了信息来源之后，接下来的步骤便是从两个信息源搜集有关信息。这一步是调研活动花费时间和精力最多的阶段，也是能否获得所需数据资料、完成调研目标的关键。为了保证调研活动的顺利进行，企业往往需要对调研人员进行严格的监督和管理，以保证资料质量。

（四）资料整理与分析

搜集得到的信息是分散的，所以必须对其进行整理、分类汇编和分析，使之满足市场营销的需要。一般常用的方法是统计方法，如频率分析、回归分析、时间序列分析和相关分析等，使信息系统化。

（五）提交调研报告

营销调研报告是对调查结果的解释和说明，不应是简单的数字罗列和堆砌。调研人员应通过汇总表和图表的形式提供简明扼要的结论，对市场的发展状况做出合乎逻辑的推断，以供决策人员参考。在很多情况下，对同一调研资料可能做出不同的解释与推断，因此调研人员应共同讨论或会同管理人员一道探讨可能的最恰当的解释与推断。调研报告一般分为前言、报告主体和附录三部分。

相关情况见图 6-3。

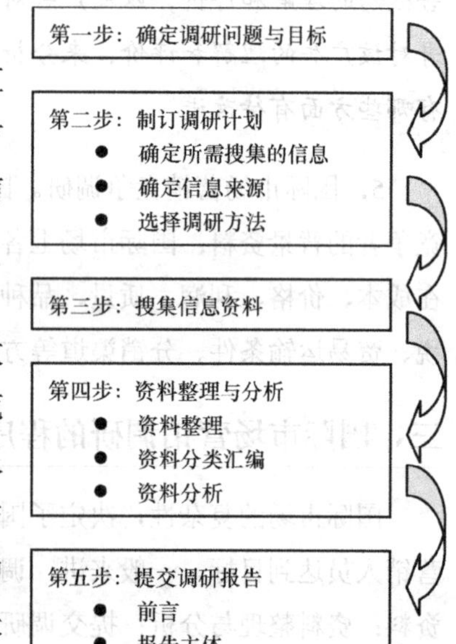

图 6-3　国际市场调研程序

四、国际市场营销调研的方法

国际市场营销活动调研的方法大致有以下五类。

（一）访问法

访问法即直接向被调查人提出问题，并以所得到的回答作为调查结果。调查人员通常需要预先准备调查内容，最好能设计一套精确的调查表格。这是最常见和最广泛采用的方法。它包括以下五种形式。

1. 面谈访问。以访问的方式派调查员直接向被调查者提出问题。无论是工业品市场还是消费品市场，面谈是获得的信息最可靠的方法。在有深度要求和准确度要求的调研活动中，面谈访问是必不可少的。但这种访问一般费用大、时间长，容易受到调查员情绪和看法的影响，使资料带有偏见。它适用于调查对象范围小、问题相对集中，或者调查的问题较复杂、需做深入探讨，以及临时性调查任务，没有事先拟订问卷等情况。

2. 电话调查。由调查人员根据事先确定的原则抽取样本，通过电话向被调查者询问。这种方法费用较低、完成快，并可听取用户询问或提出调查提纲以外的问题，取得额外的信息。由于国外电话普及率高，有完整的电话簿可查阅利用，对调查非常有利。其不足之处是：电话调查只限于简单问题，照片图表无法利用。

3. 邮寄调查。这种方法是将拟好的调查表格邮寄给用户，由他们填写寄回。此方法较面谈费用低、时间快，但主要缺点是回收率低，时间长，调查仅限于简单明了的问题。

4. 计算机访问。国外有些调研公司在购物中心建立交互式计算机终端。愿意被采访的人阅读显示屏上的问题，输入他的回答。这种访问信息搜集的随意性较大。

5. 投影法。这是一种间接探测调查人态度的方法。有许多人不愿在被访问时袒露自己真正的态度和动机，投影法的目的在于使被调查人非自觉地表露其个性和思想。例如，用一些语句、漫画等启发调查人，让他们自由发挥，在不知不觉中流露真正动机。投影法是一种心理测试法，它需要具备一定心理知识，且成本较高。

（二）观察法

观察法指调研者通过直接观察和记录被调查者的言行来搜集资料的方法，即调查人直接到调查现场，耳闻目睹顾客对市场的反应或公开言行，或者利用照相机、录音机、监视器等现代化手段间接地进行观察以搜集资料。观察法可根据不同的调查目的，采取多种形式。

1. 现场观察形式。调查者参加各种展销会、展览会、订货会，观察记录商品销售情况，同类产品的发展情况，各种商品的性能、式样、价格、包装等。中国许多企业都是利用这种方法在“广交会”上进行调查的。

2. 顾客动作观察形式。在设计新商品时，应当研究如何陈列能吸引顾客。调查人员可以观察类似的商品，或用录像机摄下顾客在类似商品中的活动，作为设计新店的参考。

3. 店铺观察形式。调查人员亲自到零售店或参加展销会、陈列会等，观察并记录商品的销售情况。如调查人员调查消费者的实际购买或询问商品的品种、商标、包装等，了解消费者需求，也可统计购买人次，观察客流量和客流规律。这种方法更适合于有条件自办店铺的企业。

观察法通过实际观察，直接了解顾客反映，调查结果更接近实际。这种方法须长期坚持，结合统计资料进行。缺点是只看表面现象，观察不到内在因素，不易分析原因。因此，这种方法需要调研人员具有较高的技术业务水平。例如，具有理解不同国家文化差异，并能排除受本国参照标准影响的能力。为了弥补观察法的不足，可在观察的同时，结合运用访问法。

（三）实验法

实验法是从影响调查对象的若干因素中，选出一个或几个作为实验因素，在其他因素不发生变化的条件下，了解实验因素变化对调研对象的影响。该实验限于小规模活动。实验法在市场调研中的主要形式有以下几种。

1. 新产品销售实验。在试销中听取反映，改进设计，提高质量，定型生产经营。

2. 产品展销会实验。调查人员可通过分析展出产品的销售情况并实地观察顾客的反映意见，来预测新产品的发展情况，预测产品的销售量。

实验法所得资料来源于实践。这种方法科学，搜集的原始资料可靠，但在选择社会经济因素类似的实验市场时存在难度，且实验时间较长，成本较高。

（四）统计分析法

这种方法是利用企业内外的现有资料，利用统计原理，分析市场及销售变化情况，以使销售效果分派到最有利的途径上去。该方法所采用的主要形式有以下几种。

1. 趋势分析。将过去的资料累积起来，进行分析对比，加以合理延伸，以推测未来的发展方向。如某企业几年内的销售量都是递增 5%左右，就可以推测出近两年的增加额和增长速度。这种方法只能分析一个变量，如销售量与时间的关系。

2. 相关因素分析。即分析统计资料中各变量彼此是否有关，以及相关程度的大小。也就是以一个变量分析另一个变量的发展情况。如人口的增长率与销售变量的关系，价格与供求的关系等。

3. 市场占有率分析。统计分析法简便易行，可以经常运用，以弥补其他调研法的不足。但这种方法依据史料，现实发生变化的因素没有包括在内，调研中应给予注意。

（五）互联网调研

互联网调研是利用互联网高科技手段进行的市场调研，主要通过电子信箱向被访人发送和收回问卷，或者设立一个上载了问卷的调查网页，请被访人点击该网页并完成问卷，以及通过网站收集所需的二手资料等。由于互联网调研的便捷性、低费用无时空地域限制等特点，互联网调研成为 21 世纪应用范围最广泛的主流调查方法之一。

互联网在国际市场营销调研中的作用如下。

1. 网上调查与购买者小组访问。这些调查可包括对参与者的鼓励，而且比费用高的邮寄或电话更具直接性与针对性。

2. 网上焦点小组调查。

3. 跟踪网络访问者。服务器可通过网址自动跟踪访问者漫游，并记录漫游的时间。

4. 广告效果评估。服务器跟踪与其他网址的联系，从而对它们的效果做出评价。

5. 建立顾客识别系统。许多公司正在安装登记程序，使他们时刻跟踪访问顾客及观察顾客的购买行为，从而建立一个虚拟的有代表性的用户对象组。

6. 电子邮件营销名单。企业通过互联网让将来愿意为营销直接做出努力的顾客在电子邮件营销名单上签名。

7. 嵌入研究。网络提供新技术使顾客的传统经济角色自动化。如通过互联网寻求产品和服务的信息，产品服务的比较选优，与服务提供者互相作用，维护顾客与品牌关系。有些企业甚至提供给顾客在线设计产品的机会，把市场调研应用于新产品开发。

随着互联网的不断发展，更多种类的研究将变得可行。但也要注意到互联网调研存在的局限性，由于互联网上的主体是网民，调查对象的范围不大，样本的代表性不高。当然，随着各国网络的普及，互联网作为调研的工具将变得更准确和有效。

第三节 国际市场营销调研组织管理

企业可以通过两种途径组织开展国际市场调研活动：依靠自己调研部门（人员）或借助专业调研公司。无论选用何种途径，针对国际市场调研的特殊性，高效的沟通协调和管理都是成功开展国际市场调研的保证。

一、多国调研的组织与协调

对多元化的国际市场进行调研，企业总部必须对多国（多个子市场）调查进行组织与协调，以实现全球经营最优化的根本目的。依据不同的方式和控制程度，企业对多国调查的组织与协调可分为集权式、分权式和分工式三种类型。

（一）集权式

集权式的组织方式将控制权绝大部分归属总部。总部几乎囊括诸如确定调查主题、划定调查范围、设计调查方案等所有具体事项。当地的分支机构只负责依照总部计划执行现场调查任务。所有收集到的信息都汇总到总部统一进行分析、处理，得出调查结果后再由总部向下传达。

（二）分权式

分权式的组织方式给予各地分支机构计划权和操作权，从计划到执行，从确定整体的调查方向到具体的调查工具和数据分析方法，各分支机构都可自主选择。总部只制定调查活动的整体目标和最终接受、评价调查报告。

（三）分工式

分工式的组织方式利用一个中介把总部与各地的分支机构联系在一起。该中介可以是企业的地区性总部或企业以外的调查机构。总部只进行问题的界定，由中介拟订详细计划，各地分支机构执行。收集的信息交由中介检查、处理、分析后，将结果报告总部。

这三种国际市场调查的组织方式各有特点。集权式控制程度最高，保证了所有子市场之间的可比性，当调查活动关系到企业的大政方针时尤显重要。但由于总部的“独裁”与国际市场的复杂性相冲突，难免出现问题，如由于不熟悉当地市场状况和文化特点，总部拟订的调查形式也许不合适，影响调查结果的科学性。分权式与集权式截然相反，特别适用于各地市场差异很大的情况。但由于没有统一安排，可能造成不必要的重复调查，或调查结果缺少可比性而使企业内部沟通困难。分工式则较中庸，是一个适应性较强、有助于企业发挥潜能和内外资源整合的方式。因为中介的调查计划兼顾统一性和多样性，对企业整体战略和地方利益都有所反应，既确保企业整体调查目标实现，又尊重各地市场差异。通过中介，企业总部与各地市场上下沟通、商榷的机会增加，避免总部“独裁”，又能增强各地信息的可比性和基础信息的共享性，减少重复调查。

二、利用国际市场调查代理

对许多中小企业而言，国际市场调查难度大、成本高、限制多，仅仅依靠自身的调查力量难以胜任。即使是大公司，也难免遇到对当地市场不了解、调查规模太大或需要特殊调查技术的难题，不可能拥有专门技术和力量对其所有的目标或潜在目标市场进行国际性调查。因此正确评估企业自身的财力、人力和技术等方面的约束条件，合理利用外部资源，将调查工作外包给市场所在国或国际知名的专业调查代理公司是明智之举。

通常，企业自设的调查部门规模不大，相比之下专业性的调查机构规模要大得多。目前，国际上专业性的市场营销调查行业发展十分迅猛，尤其是一些发达国家，如美国、日本、英国等国的市场营销调查行业日趋成熟和完善，并向国际化发展。它们往往拥有数千甚至上万名员工，在全球设立分支机构，通过精细的分工与高效的合作，建立广泛的业务服务网，能承担全国甚至全球性的大规模市场调查任务。

本章小结

本章探讨了国际市场营销的调研问题。

首先，介绍了国际市场信息的内容和来源，以及国际市场营销信息系统的构成。为满足国际市场开发与营销的需要，企业有必要全面采用国际市场营销信息系统，以了解和掌握国际市场信息。国际市场营销信息系统主要包括四个子系统，即企业内部记录系统、国际市场营销情报系统、国际市场营销调研系统和国际市场营销决策支持系统。

其次，对国际市场营销调研的内容和方法进行了介绍。根据国际市场调查研究的不同目的要求以及调研对象的不同特点。国际市场营销调研可以分为四种类型：探测性调研、描述性调研、因果性调研、预测性调研。国际市场营销调研的内容较为广泛，主要包括国际市场宏观营销环境、国际目标市场消费者、国际市场营销组合因素等方面的调研。国际市场营销调研的程序一般包括明确调研问题与目标、制订调研计划、搜集信息资料、资料整理与分析、提交调研报告五个步骤。在进行国际市场营销调研时要注意调研的方法。调研的方法主要包括访问法、观察法、实验法、统计分析法、互联网调研等具体做法，其目的是完成对国际市场信息资料的收集、整理和分析。

最后，介绍了国际市场营销调研的组织管理。企业可以通过两种途径组织开展国际市场调研活动：依靠自己调研部门（人员）或借助专业调研公司。

思考题

1. 试分析国际市场营销信息系统的构成。
2. 国际市场营销信息的主要内容有哪些？
3. 国际市场营销信息主要来源有哪些？
4. 试说明国际市场营销调研的作用与类型。
5. 国际市场营销调研的主要内容有哪些？
6. 国际市场营销调研一般包括哪几个步骤？
7. 国际市场营销调研的方法有哪些？

第七章 国际市场细分与目标市场战略决策

【本章学习目标】

- 了解国际市场细分的思路，把握国际市场宏观细分的方法；
- 把握国际目标市场决策的内容；
- 掌握国际市场定位决策。

【导入案例】

嘉宝公司（Gerber）是美国著名的婴儿产品生产企业，其产品包括婴儿食品、婴儿保健品和婴儿服装，产品品牌声誉好，影响力大。但这家公司在“国际市场上还是个婴儿”。世界上大约 95%以上的婴儿都出生在美国以外，所以，嘉宝公司产品的国际销量只占公司总销量的 5%。为此嘉宝公司极力争取开拓全球市场，尤其是中国市场。他们通过对中国市场的调研发现目前中国 0～16 岁儿童有 3.8 亿，年童装消费需求量 6 亿～8 亿件，权威机构预测在今后几年，这一需求量每年仍将以 8%左右的速度递增，市场前景良好。但在调研中也发现：中国消费者对 Gerber 品牌的认知度并不高，有 85.5%的受访者从来没听说过 Gerber 这个品牌；连体衣在美国比较受欢迎，但在中国接受连体衣的父母不多，64.4%的人选择购买上下分开的服装；Gerber 童装是按照婴幼儿的作息时间来设计服装及其相关产品的，这与中国人的消费理念也有一定出入。嘉宝公司（Gerber）面临着是否进入中国市场，以及采取何种目标市场和定位战略进入中国市场等问题。

企业的国际市场进入战略决策首先进行国际市场细分，并在此基础上选择目标市场，并且确定其产品和服务在目标国家市场的定位。

第一节 国际市场有效细分

一、国际市场细分的基本思路

世界上有近 200 个国家和地区，其人口、经济、自然、政治、法律等环境千差万别，市场消费需求也是千奇百怪、千变万化的，企业不可能同时满足所有国家的不同消费者的需要，也不可能满足同一国家不同消费者的需求，因此，必须将市场进行细分，从而满足特定国家的特定消费者的特定需求。

由于国际市场环境的复杂性，企业在国际市场上开展营销活动时，继续沿用市场营销学的一般原理和方法已无法解决国际市场上的实际问题，因此，需要根据国际市场的实际情况，调整有关操作思路。根据国际企业的营销经验，对国际市场的细分可遵循以下思路。

（一）将全球视为一个整体市场

从严格意义上讲，这是一种无差异性目标市场营销的思路，它是指企业在国际市场营销活动中，将全球市场看作一个整体，采取一种目标市场策略满足全球市场中相同或相近的消费需求。这种思路认为，随着交通、通讯的发展以及文化的相互渗透，全球消费趋同化的趋势日益明显，因此可以将全球市场视为一个整体的、统一的市场，并采取标准化的策略来满足市场需求。这种思路的代表是“全球营销”理论和标准化策略。

（二）将每一个国家作为一个子市场

这种思路是按照国别进行市场细分，将每一个国家看作是一个子市场。持此思路者认为不同的国家由于环境的差异，在消费需求上与别国总是存在诸多差别的，因此，将一个国家作为一个细分市场，是必需的，也是可行的。

（三）将需求相同的一个交叉市场视为一个子市场

这种市场细分思路是将处于不同国家的具有相同或相近的消费者划归为一个市场，这种市场细分的思路较符合市场一体化的发展趋势，在实践中也有例证。如众多国际企业在将其产品打入国际市场时，考虑不同国家的相同消费者的需求，采取相同的营销策略。但这种市场细分的方法操作起来难度较大，由于消费需求相近的消费者是分散在不同国家的，所以在市场调研、产品分销、市场促销等方面成本较高，影响营销效果。

（四）将需求相近的一组国家视为一个子市场

世界上总有一些国家由于地理环境、经济发展水平、社会文化环境等相近，从而在总体的市场需求方面存在共性，国际企业不妨将这些国家看作是一个子市场，采取相同的营销策略来满足该市场的需求。如阿拉伯国家市场、东南亚市场等。

但以上的市场细分思路都是较为粗略的，它只考虑一国市场的总体需求，而没有考虑到即使是在一个国家内，不同消费者由于其自身条件的差异，对同一产品的需求也会存在某些差别。因此，较为完整的市场细分方法是，先对整体市场按国家进行细分，将市场总体需求相近的国家划归为一个子市场，然后将该子市场上按消费者的个体差异，再进行细分。前者称为国际市场宏观细分；后者则是国际市场微观细分。

【全球视野 7-1】　与识别全球消费者细分市场有关的行为侧面

	全球富人	全球青少年
共同价值观	财富、成功、地位	发展、改变、学习、游戏
寻求产品为其带来的主要利益	代表声望的全球可识别产品；高质量产品	新颖、代表潮流、时尚
人口统计指标	非常高的收入；社会地位和阶层；广泛游历；良好教育	12～19 岁；广泛游历；频繁接触媒体
媒体/沟通	质优价高杂志；有选择社交渠道；直接市场营销	青少年杂志；音乐电视；收音机；录像；同伴；角色模仿

续表

	全球富人	全球青少年
分销渠道	选择性的（上流的；零售商）	有品牌名称的一般零售商
价格范围	溢价	买得起
以其为目标市场的全球公司	奔驰；拉尔夫·劳伦的 POLO；毕雷	可口可乐公司；百事可乐公司；Swatch 国际；索尼
有关的细分市场/人群	富有的妇女；高级行政管理人员；受过高等教育的专业人员；职业运动员	青春期之前的少年；男女青少年
影响形成该细分市场的因素	增加的财富；广泛的游历	电视媒体；国家教育

资料来源：Salah S. Hassan and Lea Prevel Katsanis " Identification of Global Consumer Segment" ,Journal of International Consumer Marketing,3(2):p.24,1994.

二、国际市场宏观细分

（一）国际市场宏观细分的含义

国际市场宏观细分是企业只根据影响各国市场需求的宏观因素，将国际市场细分为若干宏观环境相近、进而市场总体需求相类似的子市场的过程。

理解国际市场宏观细分应注意以下两点：一是国际市场细分的依据是影响各国市场总体需求的宏观环境因素；二是进行宏观细分后的各子市场之间在总体需求上存在较大差异，而各子市场内部则由于宏观环境相近而总体需求相类似。

（二）国际市场宏观细分的方法

国际市场宏观细分的方法主要有以下几种。

1．按地理因素细分国际市场。地理因素是国际市场细分最常用的变量。按照地理因素，我们可以把世界市场粗略地划分为亚洲市场、欧洲市场、非洲市场、拉丁美洲市场和大洋洲市场。若再划分得细些，则亚洲市场又可细分为东亚市场、西亚市场、南亚市场等；欧洲市场则又可细分为西欧市场、北欧市场、东欧市场等。按照地理因素细分国际市场，既切实有效，又简便可行。

具体来说，这种细分方法具有以下优点：（1）地理上接近的市场便于营销管理，便于企业集中采用相应的营销策略，如进行产品的储运和分销以及产品的推广等；（2）处于同一地理区域的各国具有相同的或相似的自然条件、文化背景，地缘特点使这些国家的消费习惯较为接近，可以当作一个市场来开发；（3）随着区域化经济的发展，形成了许多经济区域，进入一个国家的市场就等于进入了一个区域的市场。

按地理因素属于同一个子市场的国家，虽然地理位置相近，但经济、政治或文化环境可能存在较大差异。如北美的加拿大、美国、墨西哥这三个国家虽然地理位置接近，但经济发展水平有较大差距，尤其是墨西哥的经济水平与美国不可同日而语；再如东南亚的新加坡、马来西亚、泰国、印尼、菲律宾、越南等国虽同属热带国家，自然条件较为接近，但各国在政治、经济、文化等方面均有较大差异。

2．按经济因素进行细分。按经济因素细分国际市场，主要是根据经济发展指标将各国进行归类，如国民生产总值、人均国民收入、经济增长率、基础设施发展水平等。其中最常见的方法是采用经济学家罗斯托的"经济发展阶段理论"，将世界各国分为五类：第一类为传统社会阶段；第二类为起飞前夕阶段；第三类为起飞阶段；第四类为趋于成熟阶段；第五类为大众高消费阶段。美国芝加哥大学以诺顿·津斯伯格教授为首的研究小组，则选择与经济增长密切相关的 43 个变量，对 95 个国家进行分析比较，将其划分为：最高度开发国家、已开发国家、半开发国家、低度开发国家和极低度开发国家五大类。

按经济因素细分国际市场的优点是：同一个子市场的国家在经济发展水平或经济环境上比较接近，有助于按市场规模和质量来挑选目标市场及制定不同的营销策略。如联合利华曾经根据不同国家的经济发展特点，开展有针对性的营销活动，它们在最低收入国家提供肥皂，在次低收入的国家推出手洗洗衣粉，在较高收入的国家推出机洗洗衣粉，在高收入国家则推出纤维软化剂。

但处于经济发展同一阶段的各国可能分布在世界各地，则可供选择的目标市场可能较为分散，不便于企业提高营销效率和加强国际市场营销管理。

3. 按文化因素进行细分。文化对国际市场营销的影响是全面的，文化的各项因素均可作为细分国际市场的变量。如语言、宗教、价值观念都可导致消费需求的差异，因此，它们都可用以划分国际市场。如按语言的不同，可把世界各国划分为英语国家、汉语国家、法语国家、阿拉伯语国家等，并在产品的说明、市场促销等方面按不同国家的语言采取相应的营销策略；再如，可按宗教将信仰相同的国家划归为一个子市场。

按照文化因素细分市场有利于文化性较强的产品和服务的营销。但相对于按地理因素细分市场而言，由于市场分散，不便于管理；相对于按经济因素细分市场而言，则可能产生同一细分市场中不同国家的经济状况差异较大，如共同信仰基督教的国家经济发展水平可能有较大差距。而且由于文化因素是软性因素，故不同子市场容量较难测定。

4. 按组合因素进行细分。按组合因素细分国际市场是考虑影响国际市场消费需求行为的多维因素综合起来细分市场，如将地理、政治、经济、文化等因素结合起来细分国际市场。但这里的组合法特指 1980 年由里兹克拉提出的组合法细分国际市场。这种方法从国家潜量、竞争力和风险三个方面分析世界各国市场，将其分为 18 类（见图 7-1）。

		竞争力				
		强	中	弱		
风险	高				大	国家潜量
					中	
					小	
	低				大	
					中	
					小	

图 7-1　国际市场组合细分法

上图中的国家潜量是指企业的产品或服务在一国市场上的销售潜量。而竞争力则包括内部和外部两部分因素：内部因素是指企业在该国市场上所占的份额、企业的资源条件以及适应该国市场的优势和能力；外部因素是指该行业中来自国内外的竞争结构及竞争对手的竞争力。风险是指企业在该国市场可能面临的政治风险、财务风险和业务风险，以及风险可能对企业经营结果的影响力。

与其他的宏观细分方法相比较，组合法具有以下优点：（1）该方法使用三个维度衡量各国市场，更全面地反映了各国市场环境；（2）每个维度都与营销活动有关，且它们都是由若干因素组成，更能全面地表示各国的市场潜量；（3）把风险单独作为一个维度，更突出评估风险的重要性，因为许多国家虽然很有市场潜力，但风险也较大，就不是最理想的目标市场；（4）使用该方法将各国市场划分为18个子市场，各个子市场各有特点，便于企业进行分析评价，从中选出最有利的目标市场。但运用组合法细分国际市场要求掌握大量的信息，事先的工作量大，不便于操作。

（三）国际市场宏观细分应注意的问题

1. 市场细分没有绝对的标准。因为引起各国市场需求差异的因素是多元的，也是多变的，因此，进行市场细分的依据也不是单一不变的。

2. 市场并不是越细越好。因为将市场划分得过细，无法保证足够的市场容量，即使企业采取相应的营销策略占领了该市场，也是得不偿失的。

3. 有效的市场细分必须进行商业分析。企业开展营销活动的目的是取得商业利润，因此，在进行市场细分时必须考虑到每个子市场的回报率。

三、国际市场微观细分

国际市场的微观细分是指在国际市场宏观细分的基础上，企业再按照影响消费需求和购买行为差异性的个体的因素，将市场划小的过程。

国际市场微观细分的方法与国内市场细分基本相同，在此仅作简单介绍。

（一）消费者市场的细分变量

从理论上讲，凡是能引起消费需求和购买行为差异的因素都是细分消费者市场的变量，但概括起来，消费者市场细分的变量主要有以下五个。

1. 人口因素：如消费者的年龄、性别、职业、家庭规模、种族、宗教信仰等。
2. 地理因素：如消费者所在的地区，如城市、农村；北方、南方；沿海、内地等。
3. 经济因素：主要是指消费者的经济收入的高低。
4. 心理因素：主要是指消费者的个性、生活方式等。
5. 行为因素：主要是指消费者的购买行为，如使用情况、追求的利益、品牌忠诚度等。

（二）企业市场的细分变量

企业市场的细分变量往往包括以下五个方面。

1. 地理位置：企业用户所处的地理位置。
2. 用户性质：企业用户是属于生产企业、中间商还是政府部门等。
3. 用户规模：企业用户规模的大、中、小。
4. 用户要求：即用户追求的利益，如方便型、质量型和经济型等。
5. 购买方式：企业用户的购买频率、支付方式等。

（三）市场微观细分的要求

与国内市场细分一样，国际市场微观细分也要求细分后的子市场符合以下要求。

1. 可衡量性。这是指细分后的子市场的规模和购买力是可以被衡量的。如果按照消费者的个性，将消费群划分为追求浪漫生活的人，一个国家有多少这样的人往往是无法衡量的，因此，这种细分就是不符合要求的。

2. 足量性。这是指细分后的子市场的规模应该足够大，这样企业才可能从该市场上得到足够的利润，否则可能是得不偿失的。因此，有时不能将市场划分得很细，从而使市场不能保持足够的规模。

3. 可进入性。这是指企业可以达到并服务于该子市场。在这里，可进入性包括三层含义：一是能否被允许进入，在一些国家有些行业是不允许外国企业进入的，如军用品市场；二是企业能否将产品或服务传递到消费者手中，如有些国家的某些消费群体是不固定的，难以开展有针对性的营销活动；三是企业有没有能力进入到该子市场，即企业在资金、技术、人才等方面是否具备进入该市场的条件。

4. 实效性。这是指企业的营销活动是否能取得相应的效果，即企业进入该市场是否是有利可图的。

【案例精选 7-1】　　欧莱雅的市场细分

欧莱雅基于市场上消费者对化妆品需求的不同，以及他们购买行为与购买习惯上的差异，将中国市场分成若干细小市场，从中选择出自己的经营对象，然后采取了适当的策略占领中国市场。

1. 从产品的使用对象进行细分，有普通消费者用化妆品、专业使用的化妆品。专业使用的化妆品主要是指美容院等专业经营场所所使用的产品。

2. 按照化妆产品的品种进行细分，有彩妆、护肤、染发护发等，并进一步对每一品种按照化妆部位、颜色等进行细分。如彩妆又按照部位分为口红、眼膏、睫毛膏等，而就口红而言，又按照颜色细分为粉红、大红、无色等，按照口红的性质又分为保湿、明亮、滋润等。如此步步细分，光美宝莲口红就达到150多种，而且基本保持每1～2个月就推出新的款式。所以欧莱雅化妆品的品种细分已经达到了极限了。

3. 按照地区进行细分。由于南北、东西地区气候、习俗、文化等的差异，人们对化妆品的偏好具有明显的差异。如南方由于气温高，人们一般比较少做日妆或者喜欢使用清淡的妆容，因此较倾向于淡妆；而北方由于气候干燥以及文化习俗的缘故，一般都比较喜欢浓妆。同样东西由于地区、经济、观念、气候等的缘故，人们对化妆品也有不同的要求。所以欧莱雅集团敏锐地意识到了这一点，按照地区推出不同的主打产品。

第二节　国际目标市场战略

一、国际目标市场选择的有关理论

所谓国际目标市场是指企业在国际市场的宏观细分和微观细分基础上选择要进入的市场部分。

国际目标市场选择有其理由依据，与国际目标市场相关的理论主要有以下几种。

1. 比较成本和相对优势理论。在比较成本和相对优势理论指导下，企业选择目标市场往往是为了在生产成本、分销成本等方面赢得优势。如许多跨国公司选择中国作为目标市场，除了中国巨大的市场容量和市场潜力外，很重要的一点是看中了中国的成本优势，尤其是劳动力成本低的特点。

2. 产品生命周期理论。国际产品生命周期理论认为，产品的成本结构在其生命周期的不同阶段会有规律地发生变化。在新产品阶段，成功的产品研制开发在竞争中至关重要，但这一阶段往往需要大量的科技人才和反应灵敏的供应厂商，以及其他相关行业的支持，因此，新产品的试制阶段往往是在发达国家进行的。而当产品进入成熟期，技术广泛普及，成为“夕阳技术”，不发达国家也能生产该产品，初级劳动力成本低的优势开始显现。所以，对于大多数发展中国家而言，在国际市场营销的初级阶段，应挑选世界上市场成熟的产品为出口市场，因其市场、渠道等均已形成，不需要太多的营销开发，也不需要太多的专门售后服务，而这两项正是发展中国家的短处。若以新产品打入发达国家，则由于该产品的质量待稳定、渠道待开发，进入市场困难重重。

3. 国家大小论。一个国家的贸易倾向与国家的大小直接有关，一般来说，一个国家越小，对进出口的依赖程度越大。这是因为：首先，国家小资源少，自给能力差，需要进口的商品多；其次，由于国家小，与邻国距离也近，相对来说，外贸运费低，贸易可能性高。因此，在小的国家，很多产业“天然欠缺”，因而需要依赖进口，对进口的限制相对比较宽松。向小国出口，不存在对所在国产生失业冲击的问题，进入该国市场的政治阻力相对较小。因此，在选择出口市场时，向小国出口的阻力一般小于向大国出口。同样的道理，向本国没有该产品的“非生产国”出口，要比向有该产品生产的“生产国”出口要容易。但是，由于小国的市场规模有限，所以一般不宜采取投资方式进入。

4. 国情相近论。按照比较优势理论，国际贸易应主要发生在国情相殊的国家之间，如人口众多的劳动力密集型国家向资金密集的发达国家出口劳动密集型产品，而后者则向前者出口资本密集型产品。但事实并非如此，20 世纪以来，世界贸易的实际发展趋势是，国际贸易在很多行业是发生在国情相近的国家之间，一个国家常常同时进口和出口同一类商品。究其原因，主要是因为比较优势理论仅仅是从产品的成本也就是“供”的方面来解释贸易，并没有考虑到产品的“求”，也就是消费需求方面的因素对国际贸易的影响。对很多产品来说，各国的消费偏好往往是比成本更主要的决定因素。因此，决定世界贸易流向的并不仅仅是成本差异，还有消费者对商品花色、品种的追求。因此，从消费需求这方面来看，收入相近、文化相近、资源环境相近的国家更容易有相近的消费需求。正如很多中国产品，如中药等中国传统产品，虽然在发达国家没有市场，但在与中国人文环境相近的东南亚国家却很受欢迎。

5. 国情相异论。根据亚当·斯密的“绝对优势论”，国与国之间之所以贸易是因其有某些其他国家所不具有的绝对优势，如适合种植养殖某种动植物的气候条件、生成某些特殊矿产的地理环境，或因历史原因形成的特殊技能等。根据这一理论，如果企业的产品是建立在某种稀有的、罕见的自然或历史资源的绝对优势之上的，则最可能在与本国国情截然不同的国家找到市场。近年来，斯里兰卡的腰果、美国的开心果等在我国市场走红就是很好的例子。值得注意的是，这一原则同样适用于“心理”差异，在本国国内已经衰落甚至消失了的产品，却可以在国外发现市场。例如，在中国风行一时的“美国加州牛肉面”的分店只有一家开在美国加州洛杉矶，其余都在中国。事实上，美国有没有加州牛肉面店无关紧要，关键是它符合中国人心目中的美国形象。

二、国际目标市场选择的步骤

（一）进行有效的市场细分（见第一节）

（二）估计和测算各细分市场的容量和潜量

1．评估现有市场容量的方法。对一国市场现有容量的测算，一般可通过以下方法进行：

市场规模＝生产量＋进口量－出口量

2．预测未来市场潜量的方法。预测一国未来市场潜量的简易方法有以下几种。

（1）回归分析法。这是指通过各种经济因素之间的关系建立回归方程，并从中推算出某种产品的需求变化。国际商务的实证研究表明，很多耐用消费品的需求量往往与人均收入有关。研究人员通过估测，建立了相关的回归模型，可以据此估测产品的需求量。例如，研究人员对 37 个国家的小汽车拥有量与收入关系的分析，建立回归方程：$Y=-21.071+0.101X$，说明人均收入每增加 100 美元，每千人汽车拥有量会增加 10 辆。

（2）市场缺口分析法。估算市场需求时，重要的是潜在市场或供不应求的那一部分“市场缺口”。多数分析表明，占领尚未被满足的市场比从已经被占领了市场的企业手中夺取市场份额相对容易，因此，最理想的目标国家市场并不是市场绝对容量最大的市场，而是“市场缺口”最大的国家。

（3）动态分析法。评估一个目标国家市场的容量和潜力，还可以通过对该国市场某产品生产和进出口的历史数据和增长速度的把握，来推断出该市场的规模和今后的发展潜力。

（4）需求要素分析法。企业在评估目标市场的规模时，还可以通过对影响需求的各项要素进行分析，从而来确定市场容量和发展潜量。例如，影响小汽车需求的要素主要有：收入水平、交通设施、汽油价格等，采用上述“需求要素”对小汽车的销售量作多元回归分析，就可测算该目标国家市场的容量。

3．市场评估与进入选择。一般来说，企业对于现有市场容量较小，未来发展潜力又较小的候选市场应尽早放弃，因为占领该市场是得不偿失的；对于现有市场容量较大，但缺乏发展潜力的市场，宜采取出口等灵活性较强、较易退出的进入方式；对于现有市场容量不大，但未来发展潜力较大的市场可采取投资当地生产等方式；对于现有市场容量和未来发展潜量都较大的候选市场，企业的选择余地较大，是最为理想的目标市场。

（三）评价各细分市场的风险

企业在选择目标市场时还必须评估各子市场的政治风险、经济风险和文化风险等。

政治风险往往是指各个细分市场政局的稳定性、政策的连续性等对企业国际市场营销活动所造成的不利因素。如对于政治风险高的候选市场，企业一般不宜将其作为目标市场，即使作为目标市场，也不宜采用直接投资等灵活性较差的方式进入该目标市场；企业应选择政治风险出现的可能性较小的市场作为目标市场，并采取有利的方式进入该目标市场。

除了政治风险以外，经济风险也是评价各细分市场的重要指标。经济风险往往是由于汇率等经济环境的变化而带来的风险。在这方面有许多国际知名跨国公司的经验教训值得借鉴。

而企业对文化风险的评估也是必要的。有时尽管文化因素的影响是柔性的，但文化的障碍是难以逾越的，因此企业在选择目标市场时还必须考虑能否适应当地的文化。

（四）分析各细分市场的竞争状况

对各细分市场的竞争态势与竞争结构，以及竞争者情况的分析研究也是目标市场选择过程中必须要做的工作。由于在国际市场营销活动中，市场竞争的构成更为复杂。某一产品的市场上可能既有来自企业母国的竞争者，也有来自东道国的竞争者，还有来自第三国的竞争者。

（五）衡量企业自身的经营能力

企业对目标市场的选择往往还与企业自身的经营能力有关，如果候选市场的市场容量和潜力都较大，但由于企业并不具备进入该市场的条件，这个市场对企业而言也是毫无意义的。

总之，国际目标市场的选择是一个非常复杂的过程，有些专家总结出了国际目标市场选择的筛选步骤，如图 7-2 所示。

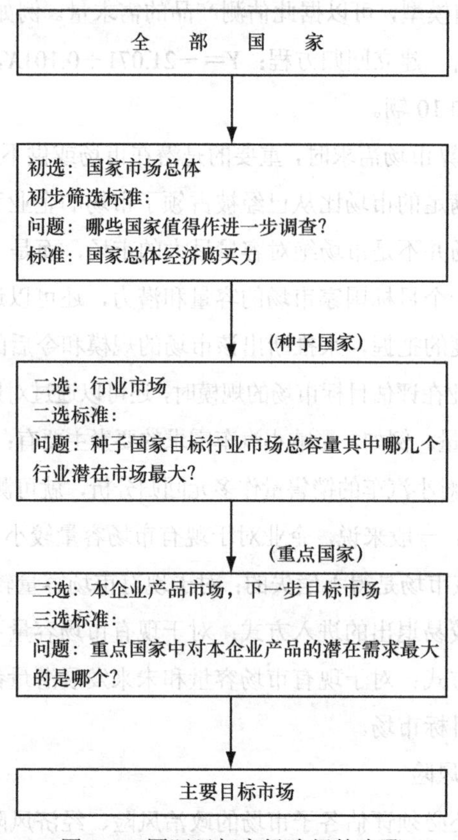

图 7-2 国际目标市场选择的步骤

三、国际目标市场决策及其应考虑的因素

（一）三种国际目标市场战略

与国内市场营销一样，企业在国际市场上可供选择的目标市场战略也是无差异性、差异性和集

中性三种目标市场战略，但由于企业是在世界市场范围内选择并运用这三种战略，因此操作手法更为复杂和困难。

1. 无差异性目标战略。无差异性目标市场战略是指企业将全球市场视为一个整体，把市场营销的重点放在需求的共同点上，通过标准化的营销策略，尽可能多地吸引顾客。这种营销战略的优点在于通过大批量的生产和标准化的营销活动，企业可以降低生产和营销成本，实现规模经济效益。如早期的可口可乐曾以标准的瓶装和统一的广告宣传在世界软饮料市场上独领风骚，美国的其他一些大公司也都采用此战略，如麦当劳等。但是，无差异性目标市场营销的缺点是忽视不同国家和地区的不同消费者之间的需求差异，往往难以满足所有消费者的需要。因此，目前许多跨国公司越来越趋向于采用差异性目标市场营销战略。

2. 差异性目标市场战略。差异性目标市场营销战略是指企业通过市场细分，选择两个或两个以上的子市场上作为目标市场，针对每个子市场的特点，分别设计不同的营销组合方案。例如，国际著名的宝洁公司在世界各国的市场上推出不同的产品，有洗发、护发用品；护肤美容用品；个人护理用品；口腔护理用品；食品和饮料等，以满足不同消费者的不同需要。宝洁公司在中国市场上推出的洗发护发产品就包括海飞丝、飘柔、潘婷、沙宣、润妍等品牌。差异性目标市场营销的优点：一是可以满足不同消费者的不同需要；二是通过增加产品，可以增加企业的销售额，提高产品竞争力；三是通过增加产品，分散经营风险。但是采用差异性目标市场营销战略必将增加生产和营销成本。

3. 集中性目标市场战略。集中性目标市场营销战略是指企业通过市场细分，选择一个子市场作为企业的目标市场，对于该子市场采取有针对性的营销策略，以争取在该市场上取得较大的市场份额。在这里集中性目标市场战略有两层含义：一是指企业将营销精力集中在某一地区的市场上，以在该地区的市场上占有明显的竞争优势；二是指企业集中力量为某一消费群体服务，满足其特定的需要，如德国大众汽车公司（Volkswagen）一向集中致力于小型汽车的发展。

集中性目标市场营销战略的优点是对目标市场的研究较为深入，营销策略具有针对性，营销效果好。但是，由于企业的市场过于集中，当市场形势发生突变时，往往会造成很大的政治风险。例如，杭州某轻纺织品公司原来的市场主要集中于东南亚地区，1997 年东南亚金融危机爆发，该企业的产品出口受到严重影响，从而一蹶不振。

（二）国际目标市场战略决策应考虑的因素

企业在选择国际目标市场战略时应主要考虑以下因素。

1. 企业的资源条件。如果企业的资源条件较好，则有可能选择差异性目标市场营销战略；而企业的资源条件有限时，最好选择集中性目标市场营销战略。

2. 产品的同质性。如果企业经营的产品是同质性较高的产品，则宜选择无差异性目标市场战略。反之，如果企业经营的是同质性较低的产品，则宜选择差异性或集中性目标市场营销战略。一般来说，工业品比消费品的同质性强，耐用消费品比非耐用消费品的同质性高，因此，前者更适合选择无差异性目标市场战略，而后者却更趋向于差异性或集中性目标市场营销战略。

3. 产品生命周期。当产品处于生命周期前期，如投入期时，企业可采用无差异性目标市场营销战略，因为此时的市场需求差异性可能尚未显现。当然，企业也可选择集中进入某一市场，提供专业服务。但当产品进入成熟期时，企业只能选择差异性目标市场战略，以求得竞争优势；或选择某一尚有市场潜力的市场开展集中性目标市场营销。

4. 市场的同质性。如果市场上对某一类产品的需求较为接近，则市场的同质性较高，企业可采取无差异性目标市场营销战略；反之，企业应采取差异性或集中性目标市场战略。

5. 竞争结构及对手的营销战略。如果市场竞争激烈，且竞争对手具有明显的竞争优势，则企业宜采取集中性目标市场营销战略，以在局部市场上赢得优势；如果市场上不存在竞争者或竞争者较少时，企业宜选择无差异性目标市场战略；如果企业在竞争中具有优势，且企业的实力较强，则可采取差异性目标市场战略。

企业在选定目标市场后，还可以不断拓展其市场，争取更大的市场份额或取得更有利的竞争地位。

四、国际目标市场拓展

（一）目标市场拓展的基本原则

根据国际企业市场扩展的经验，企业目标市场扩展的原则是：先近后远；先易后难；先熟悉后陌生。

大部分国际企业的市场扩张的地理程序通常是：本地市场→地区市场→全国市场→海外相邻市场→全球市场。美国企业的全球市场扩展路线：先是地理上较为接近、文化环境较相似的加拿大等邻国市场→经济发展水平较为接近、文化差异较小的欧洲市场→在地理位置上相距较远，文化差异较大的亚洲市场。

【全球视野 7-2】　　《世界是平的》之跨国公司如何应对平坦化

- 规则1：当世界变得平坦，并且你感到压力时，你应该挖掘自己的潜力迎接挑战，而不是修建各种保护墙。
- 规则2：小企业应该有大手笔。小公司要想在平坦的世界中发展必须学会采用大手笔。而要想如此，小公司必须迅速利用所有促进合作的新工具，使自己扩展的力量更大、速度更快、范围更广、程度更深。
- 规则3：大公司应该学会做小卖部。在平坦的世界中，大公司获得发展的一个经验就是学会该放手时就放手。要想做到这一点，关键是要向你的顾客和雇员提供自助式服务，而不必大包大揽。
- 规则4：最好的公司是最善于合作的公司。在平坦的世界里，越来越多的工要通过合作才能完成，不管是公司内部的合作还是公司之间的合作。理由很简单：下一阶段的价值创造，无论是在科技、生物、纳米技术、半导体、市场还是制造业领域，都将是十分复杂的，没有任何一家公司或部门能够独自胜任。
- 规则5：在平坦的世界里，最好的公司在商场上立足的法宝是经常做X光透视，并让客户知道其检查结果。

- 规则6：好的公司转移业务是为了成长壮大，而不是萎缩。他们通过转移业务可以加快改革的进度、降低改革的成本、获得最大的市场份额以及雇佣更多的有不同专长的人，而不是通过解雇人员节省成本。
- 规则7：把工作向海外转移不只是本尼迪克特·阿诺德的叛逃，也是理想主义者的选择。

资料来源：托马斯·弗里德曼著，《世界是平的：21世纪简史》，湖南科学技术出版社，2006（11）。

（二）目标市场拓展的方式

目标市场的拓展方式主要有渐进式和跳跃式两种，如图7-3所示。

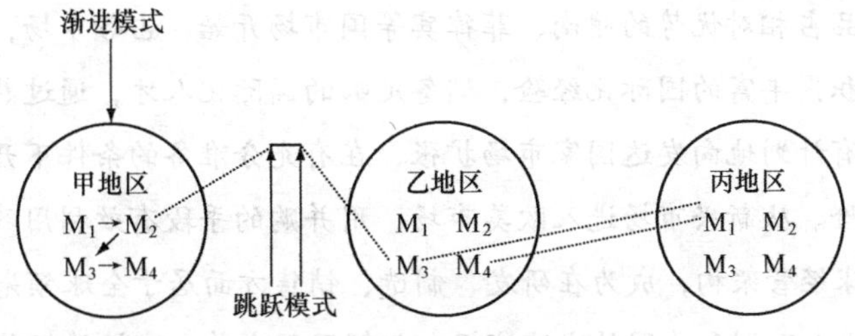

图7-3　目标市场拓展的方式

1. 渐进模式。渐进模式也可称“滚雪球”方式，是指企业在现有市场的同一地理区域内，采取区域内发展的方式，穷尽了该区域内市场后再转移到一个新区域。例如，在图7-3中，企业在甲地区依次开拓 M_1—M_2—M_3—M_4，待甲地区的市场全部开发后再转战另一地区。日本企业最早进入国际市场采取的就是这种目标市场拓展方式。如日本松下电器产业公司早在1961年就开始在泰国生产收音机，在20世纪60年代里打到海外的地域集中在泰国、菲律宾、印度尼西亚等东南亚地区及巴西、墨西哥、秘鲁等中南美洲各国；在发展中国家积累一定的国际市场营销经验后，20世纪70年代，松下开始打入发达国家市场，逐渐在美国、欧洲等地生产彩电等电器，最后形成全球性经营管理体系。采取渐进模式开拓目标市场往往有这样的好处，同一地区内的市场通常具有一定的共性，适合区域内某一国家市场的产品，适合其邻国市场的可能性很大，而且由于地理位置相近，在分销和实体分配等方面也可积累经验，降低成本、提高效率。总之，这是一种较为稳妥的目标市场拓展方式。

2. 跳跃模式。跳跃模式也可称“采蘑菇”方式，是指企业跨区域的目标市场开拓方式。例如，在图7-3中，企业开拓市场的路径是甲地区 M_2——乙地区的 M_3——丙地区 M_4。企业在选择和拓展目标市场时并不考虑目标市场之间地理因素，而是按目标市场本身的优劣条件来决定。因此，企业的上一个目标市场是美国，下一个市场则可能是南非，再下一个可能是新西兰，总之，没有一定的地理上的规律性，而是追随着市场机会发展。这种目标市场的拓展方式虽然有些冒险，但更为积极主动。一般来说，某一产品在世界许多地区都可能有市场，但是企业的最佳市场一般不可能全部分布在同一地区内，而是很可能分散在不同的地区，因此，企业在占领了一个地区内的最佳市场后，与其是留在同一地区追求次佳市场，不如跳出地区的限制，去寻找新地区的最佳市场。跳跃模式具体可表现为按市场容量为序，先进入最大市场，然后依次进入次大市场；还可按照竞争需要，先占领对建立企业全球市场的最关键市场，然后再图其他。

以上两种目标市场的拓展方式各有利弊，相对来说，跳跃模式发展的机会更多，但风险更大。

（三）目标市场拓展的方式选择应考虑的因素

当然，企业具体选择何种目标市场拓展方式要根据市场特点、产品特点和企业自身的特点进行抉择。如海尔集团并不采取由近及远、先易后难的发展原则，而是反其道而行之，先难后易，先进入进口限制等较为严格的国家，在这些国家取得成功以后，再向其他市场进军。

【案例精选 7-2】　　TCL 的“先易后难”国际化战略

TCL在其国际化过程中,采取了“先易后难”的战略，先从与中国文化背景相同或相近的东南亚国家入手，从自己产品占相对优势的越南、菲律宾等国市场开始，占领市场，树立品牌，培育品牌知名度和品牌形象，积累丰富的国际化经验，储备足够的国际化人才，通过熟悉国际化规则，积蓄实力，然后再进一步有计划地向发达国家市场扩张，在有充分准备的条件下开拓发达国家市场，尽最大努力规避企业风险。从新兴市场进入欧美市场，用并购的手段有效利用欧美市场的品牌资源。这样TCL建立起了全球经营架构，成为在研发、制造、销售方面居于全球领先地位的彩电生产商之一，也使得TCL快速进入欧洲和美国的主流市场，化解了国内单一市场的经营风险，在彩电和手机业务领域形成了全球业务架构和竞争力。这种从简单市场向复杂市场的层层推进、步步为营的战略对于我国准备进行跨国投资的其他企业有借鉴意义。

资料来源：王志乐等著，《2012 走向世界的中国跨国公司》，中国经济出版社，2012（3）：282—283。

第三节　国际市场定位战略

一、国际市场定位的含义

市场定位（Marketing Positioning），也被称为产品定位或竞争性定位，是根据竞争者现有产品在细分市场上所处的地位和顾客对产品某些属性的重视程度，塑造出本企业产品与众不同的鲜明个性或形象并传递给目标顾客，使该产品在细分市场上占有强有力的竞争位置。

国际市场定位是指企业在国际市场细分的基础上根据目标市场的需求和竞争特点，为其产品确立一个合适的利益点。

在国际市场上，企业可以确立一个全球统一的定位，以便于统一形象，也可以是因地制宜，采取差异化定位，从而更好地适应东道国市场的文化背景和需求特点。

二、影响国际市场定位决策的因素

影响企业在国际市场上定位的因素有很多，主要包括以下几个方面。

1. 市场特点，即企业进入的目标市场的需求水平、需求结构、需求心理是否与企业的产品原有市场定位相似。如果目标国家市场的需求特点与原有市场相同，且具有相似的价值观，则国际企业原有的产品定位主题可以延续，如果差异较大，则需要作相应调整。例如，U.S.POLO ASSN.是一个在国际上具有广泛声誉的高端品牌，为了使品牌的高端属性和中国市场的特点结合起来，U.S.POLO ASSN.以“商务运动”的全新定位在中国大陆强势登场，迎合商务人士渴望运动但又必须保持商务生活状态的双重需求，成功成为中国“商务运动”服饰市场的领先品牌。

2. 竞争特点，如果当企业面临的目标国家市场竞争不是特别激烈时，企业可采取与本国市场相同的定位，但当企业面临的目标国家市场竞争异常激烈时，企业可能要采取更具竞争力的定位战略。例如，哈根达斯是在美国普遍受欢迎的冰淇淋品牌，进入中国市场时，企业考虑到中国市场的需求和竞争特点，定位该品牌为顶级冰淇淋品牌，使其成为受“小资”追捧的奢侈品。

3. 产品特点。一般来说，满足普遍需求并且在全世界使用方式类似的产品更适合于统一性定位，如家用电器；但如果是满足个性需求且各地使用方法有显著差异的产品，则不适合采用统一性定位，如快消品。

4. 企业特点。企业特点包括企业的资源条件、企业的发展目标等，如企业准备在全球市场上打造统一形象还是有差别化的形象。全球统一形象和差别化形象对于企业来说各有利弊。

三、国际市场定位战略决策的程序

企业制定全球定位战略的步骤包括以下几个方面。

1. 识别一系列相关的竞争产品或品牌，即要充分了解目标国家市场上目前的竞争者的产品或品牌定位情况。

2. 确立当前消费者对于产品或品牌以及竞争者的看法，了解目标国家市场上消费者对既有品牌的态度以及消费需求的满足状态，努力寻找市场空白点。

3. 开发可能的定位主题。即根据市场需求和竞争特点，结合企业和产品的特点开发可能的定位主题。

4. 选择最具吸引力的定位战略。通过以上分析，寻找适合的定位主题。

5. 制定营销组合战略。通过制定符合市场定位要求的营销组合战略，在产品开发设计、分销渠道建立、产品定价和促销等方面全方位传达定位的主题。

6. 监控定位战略的有效性。在定位战略的具体实施过程中还必须进行有效的监控，防止定位走样。

四、国际市场定位战略决策

（一）统一化定位战略

1. 统一化定位的含义。统一定位战略是指企业在全球范围内构建同一个定位主题，传达相同的品牌内涵和主题诉求。例如，诺基亚向全球客户做出“科技以人为本”的承诺，是统一定位战略的表现。

2. 统一化定位的诉求确立。为了吸引来自不同文化背景的全球消费者，统一主题的定位往往可以从以下几个方面入手：（1）具体产品的特征或属性；（2）产品利益（感性或理性的）；（3）使用者类别；（4）用途；（5）生活方式等。例如，从具体的产品特征或利益出发，可以强调产品的功能，如洗衣机（清洁功能）、电视机（高清画面）等；而从使用者类别出发可以强调如“为女性服务”等；从生活方式出发可以强调特定的价值观念，例如，LG 的“Life is Good”。

3. 统一化定位战略的优缺点。统一定位战略的优点是有利于在全球范围内建立统一的品牌和企业形象，减少促销成本，但是在全球范围内往往很难找到一个普遍适用的定位主题，使之放之四海而皆准。于是，一些跨国公司宁愿选择差异化定位。

（二）差异化定位

1. 差异化定位的含义。差异化定位是指根据不同国家或地区的市场特点和文化背景进行不同定位主题的确立和传达。

2. 根据市场情况确立差异化定位诉求。当各地市场的差异化程度较高或跨国公司准备以不同的定位去占领市场时，往往可采取差异化定位。例如，“陆虎”的欧洲市场形象是“货真价实”，但进入北美市场遭遇问题，北美认为克莱斯勒吉普车才是货真价实的四轮驱动代表。

另外一种情况是跨国公司常常将一个在国内市场的主流品牌作为高端品牌投放到海外市场。例如，福特“护卫者”在美国和欧洲是普通的主流客车，在印度市场定位为高级轿车；喜力、百威在美国是主流啤酒，在中国等地市场走高端路线。在中国市场走高端路线的还有在欧美采取大众定位的许多品牌，如欧莱雅、哈根达斯、星巴克等。

3. 差异化定位的优缺点。这种差异化定位可以有效地形成品牌区隔，同时有利于实现价值剩余。例如，在中国市场上，提升定位反而有利于吸引消费者，尤其是高端客户，既提高了收益又提升了品牌。但是差异化定位有时会使企业及品牌的形象模糊化，容易使消费者产生混乱。

（三）属地化定位

属地化定位实际上是差异化定位的一种，是一种完全本土化定位，它是根据目标国家市场的特点量身定做的，具有本地消费文化的特色。例如，梅赛德斯曾在日本推出中等价位的 E 级车型，其广告使用了日本的风景和形象，使用的广告语更加强调了本地感“梅赛德斯和一个美丽的国家”。

由于属地化定位主要是针对目标国家市场的特点而量身定做的，定位的针对性强而延伸性较差，成本也较高。只有当目标国家市场的市场吸引力足够大时才可能采取这样的定位诉求和传达，否则风险较大。

【案例精选 7-3】　　哈根达斯在中国走奢华路线

1921年，美国人鲁本·马特斯在纽约布朗克斯市研制出“哈根达斯”冰淇淋的前身。1961年，发明人将其命名为“哈根达斯”。而研究资料显示，到了2005年时，哈根达斯已成为全球第一大冰淇淋品牌，占据全球市场48%的份额，年销售额达16.5亿美元。1996年，哈根达斯正式进军中国，在上海开了第一家门店，装潢感十足的店面氛围，口味相传的美味，让其一进入中国市场，便深受中国年轻消费者欢迎。哈根达斯制定了明确的品牌定位——高品质的冰淇淋：价格比同类产品高30%～40%，比普通品牌的产品高5～10倍；产品更稠、奶油更多、装饰精湛。它将自己的目标客户群“限定”在那些注重感官享受、宠爱自己、喜欢浪漫而愉悦的体验、富有的成年人身上。

业内人士总结了哈根达斯在中国市场成功的三大策略：一是“大打情感牌”。哈根达斯打出“爱她，就带她去吃哈根达斯”的品牌宣传口号，这对年轻的消费阶层极富诱惑力；二是走的是一条“食品中的奢侈品”路线。通过城市里黄金地段华丽的店面装潢，“健康加美味”的产品宣传，以及昂贵的价格，让吃冰淇淋这样一件普普通通消暑解渴的事，变成了一种充满着“小资情调”的消费体验；三是通过大量派发礼券，拓展了哈根达斯的销售渠道与空间。就这样，在美国的一个大众化品牌，在中国被打造成为“食品中的劳斯莱斯”。

本章小结

企业的国际市场进入战略决策首先是进行国际市场细分，国际市场细分涉及宏观细分和微观细分两个层次，在这里我们主要讨论宏观细分，它是企业只根据影响各国市场需求的宏观因素，将国际市场细分为若干宏观环境相近、进而市场总体需求相类似的子市场的过程。经过宏观细分后，企业还应根据影响消费需求的个体因素将宏观细分后的子市场进行微观细分。

企业在市场细分的基础上需要选择合适的目标国家市场。企业应考虑各子市场的容量和潜量、市场竞争和风险等多种因素，然后进行科学决策。

企业的国际市场定位战略是指企业在国际市场细分的基础上根据目标市场的需求和竞争特点，为其产品确立一个合适的利益点。国际市场定位可以采取全球相同或相似主题诉求的统一化定位，也可以根据目标国家的市场特点采取差异化或属地化定位，这需要国际企业根据目标市场特点和企业及产品的特点慎重决策。

思 考 题

1. 什么是国际市场宏观细分？国际市场宏观细分的变量主要有哪些？
2. 国际目标市场选择的理论主要有哪些？
3. 国际目标市场选择需经过哪些步骤？
4. 国际目标市场的策略主要有哪些？决策应考虑哪些因素？
5. 国际市场战略程序包括哪几个阶段？
6. 国际市场统一化定位和差异化定位策略各有何利弊？

第八章 国际市场进入战略决策

【本章学习目标】

- 了解和把握国际市场的进入方式及特点；
- 理解国际市场进入方式决策的原则；
- 掌握国际市场进入方式决策应考虑的因素。

【导入案例】

1996年达能与娃哈哈成立合资公司，达能出资4500万美元加5000万元人民币商标转让款，占合资公司51%股份，娃哈哈集团占有49%的股份。双方合作十多年来，公司效益非常好，达能先后从合资公司里分得了30多亿元的利润。2006年，达能派驻合资公司的新任董事长范易谋发现，宗庆后在合资公司之外建立了一系列由国有企业和职工持股的非合资公司，这些非合资公司每年也为娃哈哈带来丰厚的利润。范易谋认为这些非合资公司的存在拿走了本应由合资公司享有的市场和利润，因此要求用40亿元收购非合资公司51%的股权。宗庆后拒绝了达能的收购请求。于是，达能发起了一场针对宗庆后和非合资公司的全面诉讼，但最终国内、国外数十起诉讼以达能的败诉而告终。

国际企业在进行目标市场选择后需要进行国际市场进入战略决策，这是关于企业以何种方式进入目标国家市场的决策，它关系到企业长远的、全局性的发展，是企业发展的方向性决策。

国际市场进入方式也称作国际市场进入模式决策，它常被理解为一种制度安排，是指将产品、技术、人力、管理经验、资本和其他资源转移到其他国家的方式。

一个企业进入本国以外的市场，有三种可供选择的方式，一是出口进入；二是合约进入；三是投资进入，如图 8-1 所示。

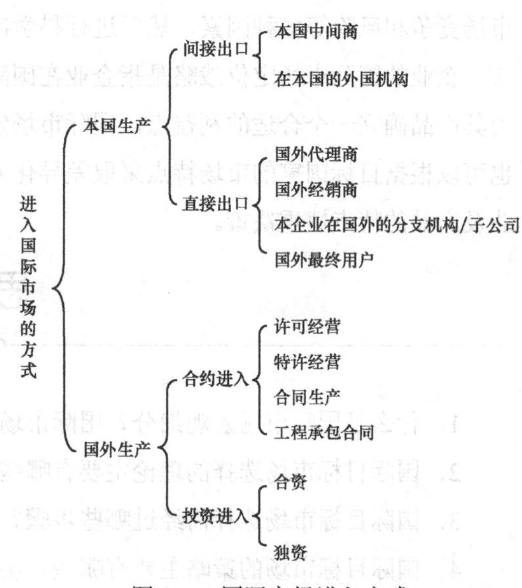

图 8-1　国际市场进入方式

第一节 出口进入方式

一、出口方式概述

出口是企业进入国际市场的最基本方式，它与其他两种进入国际市场方式的根本区别是：1. 通过出口方式输出的是有形产品；2．产品是在目标国家境外制造，然后再输往该国市场销售的。

出口方式又包括间接出口和直接出口两种具体形式。

二、间接出口

（一）间接出口的含义和特点

间接出口是指企业并不直接从事出口业务，而是将产品通过本国中间商或外国公司在本国设立的分支机构输往国外市场。此时，企业与国际市场并没有实质性的接触，在本国市场上就已完成商品交易活动，它与国内市场营销的唯一区别是企业的产品最终到达了国外市场，满足国外消费者和用户的需求。

因为直接出口对企业经营的要求较高，例如，我国商务部规定技术密集型的机电产品生产企业年出口供货额必须达到50万美元，其他行业的生产性企业年出口供货额达到100万美元才可以申请直接出口权。因此，目前我国大多数中小型企业的产品是通过间接出口销往国外市场的。

（二）间接出口的优缺点

在间接出口的情况下，企业一般不需要对国外市场进行深入的调查研究，也不需要设立独立的国际市场营销部门，企业并不直接承受国际市场带来的风险，但是企业对国外市场也没有直接的控制权。

三、直接出口

（一）直接出口的含义和特点

直接出口是指企业不通过国内中间商（机构），直接将产品销往国外市场。它是通过国外中间商或企业在国外设立的分支机构或子公司进行产品销售活动。

（二）直接出口的主要形式

1．设立国内出口部。企业设立专门负责对外销售的出口部，它通常由一名出口销售经理和几名职员组成。它有可能演变成为独立的出口部门，负责企业所有有关出口的业务，甚至还可能成为企业的销售子公司，单独计算盈利。

2．国外经销商和代理商。国外经销商直接购买本企业产品，拥有产品所有权；而国外代理商是代表企业在国际市场推销企业产品，不占有产品，收取佣金。在企业不了解国外市场又想尽快地进入国际市场时，可以把产品卖给国外经销商，或委托国外代理商代售。

3．设立驻外办事处。设立办事处实质是企业跨国化的前奏。办事处可从事生产、销售、服务等一条龙服务。其优点一是可以更直接接触市场，信息反馈准确迅速；二是可以避免代理商的三心二意，而集中力量攻占某个市场。但其缺点是设立国外办事处需要大量投资。

4．建立国外营销子公司。国外营销子公司的职能与驻外办事处相似，所不同的是，子公司是作为一个独立的当地公司建立的，而且在法律上和赋税上、财务上都有其独立性，这说明企业已更深入地介入了国际市场营销活动。这种直接出口方式有利于更好地了解市场，把握市场、也能很好地保护企业的商标、商誉及其他无形资产，并且能更好地提供售后服务，满足当地市场的需求，但风险较大。

（三）直接出口的优缺点

与间接出口相比，直接出口具有以下优点：1．对国际市场有更大的控制权，增加了企业对产品流向和价格的控制能力；2．有利于企业积累更多的国际市场营销经验；3．有利于直接接触国际市场，迅速获取市场信息，有效进行营销决策。

虽然直接出口比间接出口具有更大的市场控制权，但同时需要承担更大的经营风险。直接出口对企业的国际市场营销能力要求较高，风险也较间接出口大。

从总体上看，无论是间接出口还是直接出口，企业对外国市场的渗透都是有限的。

第二节 合约进入方式

合约进入方式是指企业通过与目标国家的法人实体签订长期的非权益性合同，使企业的技术或人力从本国转移到外国。

与出口产品相比,合约进入方式主要是输出技术、商标等无形产品；与直接投资相比，合约进入方式主要输出非资本性生产要素。合约进入方式的具体形式有以下几种，各有利弊。

一、许可证贸易

1．许可证贸易的含义。许可证贸易是合约进入方式中最主要的方式。许可证贸易也称许可合同贸易，它是指许可人（授权方，有时简称授方）通过许可合同，将专利、专有技术、商标及其他工业产权的使用权转让给被许可人（受方）的经济活动。

2．许可证贸易的优点。相对于产品出口和直接投资的方式，许可证贸易具有以下优势。

（1）它是避开进口国限制，作为产品转换形式的最佳途径。当企业采用出口产品这一基本方式打入目标国家市场时，往往会受到进口国的种种限制，而输出技术等不受进口国限制的无形资产，则可以绕过出口壁垒，顺利进入目标国家市场。

（2）可避免和降低国际市场营销风险。由于只是许可人的技术而非资金进入了东道国市场，因此，在面临外汇管制、资产没收等政治风险时，企业不受影响。

（3）可节省高昂的运输费用，提高价格竞争力。有时，企业的母国与目标国家市场有较大的空间距离，产品出口的运输费用高，而通过将生产技术许可给当地企业，就会大大降低成本，从而提高产品在当地市场的竞争力。

（4）有利于特殊技术的转让。某些关系到东道国国计民生的产品，往往具有较高的政治敏感度，因此，企业无法采取投资和出口的方式将产品打入该国市场，而许可证贸易却能做到这一点。

（5）便于服务性企业进入国际市场。许可证贸易为不直接从事有形产品生产的企业进入国际市场提供了可能。

（6）使小型制造企业也能进入国际市场。由于小型制造企业缺乏资金，不可能通过对外直接投资的方式进入国际市场，但只要它们拥有对市场具有吸引力的技术，同样可采取许可证贸易的方式进入国际市场。

3．许可证贸易的不足之处。

（1）与直接投资目标国家市场从事生产经营活动相比，它的收益减少。因为许可人只是将工业产权的使用权转让给被许可人，收取一定的使用费，其收入终究有限，无法与直接投资相比。

（2）许可人必须具备一定的条件。并非任何企业或任何技术都能进行许可证贸易，只有当企业拥有专利或专有技术、驰名商标和良好商誉并对受方有吸引力时，许可证贸易才能实现。

（3）许可人对目标国家的市场运营难以控制。由于许可证贸易双方并非从属关系，而是买卖关系，因此，不管被许可方的市场经营情况如何，许可方也不能对其加以直接干预和控制，充其量只能把对方作为自己在国外的经销商。而当目标市场的经营情况不佳时，则可能对许可方及其产品的全球市场形象和声誉造成不良影响。

（4）许可方可能在国际市场上培养了自己的竞争对手。许可证贸易实际上是授方将一部分技术优势或独占权利转让给了受方，这就等于让出了一部分现实市场和潜在市场，这是授方的风险损失。而且一旦授方的技术为受方所掌握，则在许可合同终止后，仍存在很大的市场风险。因此，在签订许可合同之前，授方就要预见到这一风险的存在，并采取措施，以减少风险带来的损失。

（5）如果授方选择受方不慎，则可能不仅无法实现市场目标，而且会造成很大的市场风险。

二、特许经营

1. 特许经营的含义。特许经营是指通过签订特许合同，特许方将其工业产权（专利、专有技术、商号、商标等）的使用权连同经营管理的经验和方法一起转让给被特许方，被特许方按特许方的经营政策、经营风格从事经营活动。

特许经营是许可证贸易的一种特殊方式，其区别在于它更强调对被许可方整个经营过程的控制。为了保证特许方的商誉，特许方一般要向被特许方提供一系列的支持，包括：后勤支持，如提供设备、原材料、标签等；管理支持，如培训、技术、采购等；销售支持，如促销活动的实施等。

2. 特许经营的优点。特许经营的主要优点是：（1）标准化的经营方式可以最大限度地扩大特许方商号或商标的影响力；（2）用较少的资本便可迅速拓展国际市场；（3）这种特殊的合作方式可化激烈的竞争关系为利益分享的伙伴关系；（4）与投资进入方式相比较，政治风险相对较小；（5）原来经营不善的同行企业乐于接受这种方式。

3. 特许经营的缺点。特许经营的不足之处是：并非任何企业都能以这种方式进入国际市场，只有那些拥有著名商号、商标等特有优势的企业才能采用此方式；特许方的收益水平不如直接投资；对被特许方经营的控制权不如投资；一些国家的政策法律会限制特许经营方式的运用。

三、合同生产

1. 合同生产的含义。合同生产也称合同制造，它是国际企业通过合同，委托国外市场当地制造商按本企业的要求代为生产某种产品，然后由本企业负责产品销售。OEM 是典型的合同生产方式。

2．合同生产的优点。（1）当营销策略和服务水平比生产技术更为重要时，合同生产将是一种非常合适的方式；（2）合同生产的方式投资少、风险小，即使营销出现问题时，企业也可设法中止合同，损失不会太大；（3）市场和技术的控制权还在企业手中，当地生产加工企业对国际企业会有一定的依赖性。

3．合同生产方式的不足之处：（1）合同一旦中止，合作伙伴可能成为自己的竞争对手，因此，国际企业常常要对其最新技术有所保留；（2）当地厂家生产的产品质量可能达不到要求，从而使国际企业的商誉受损；（3）国际企业必须将一部分利润让给合作伙伴。

【全球视野 8-1】　　OEM、ODM、OBM

OEM，即Original Equipment Manufacturer（原始设备制造商），是受托厂商按来样厂商之需求与授权，按照厂家特定的条件而生产。所有的设计图等都完全依照来样厂商的设计来进行制造加工。OEM，又叫定牌生产和贴牌生产，最早流行于欧美等发达国家，它是国际大公司寻找各自比较优势的一种游戏规则，能降低生产成本，提高品牌附加值。

ODM，即Original Design Manufacturer（原始设计商）的缩写，是一家厂商根据另一家厂商的规格和要求，设计和生产产品。受委托方拥有设计能力和技术水平，基于授权合同生产产品。

OBM，即Original Brand Manufacture（原始品牌制造商），指代工厂经营自有品牌，或者说生产商自行创立产品品牌，生产、销售拥有自主品牌的产品。

四、工程承包合同

承包国外的工程项目，也是企业进入国外市场的一种合同进入方式。工程承包合同实际上就是工程建设所需的非资本要素的转让合同，其中主要是劳动力、技术和管理等。

工程承包合同包括以下几种类型：1.分项工程承包合同，即只承包国外总工程的部分项目；2.“交钥匙”工程承包合同，即承包国外工程的全部项目，包括勘察、可行性研究、设计、施工、设备安装、试运行和试生产等，整个工程试运转和试生产合格后，再移交给国外工程业主，即所谓“交钥匙”；3.“半交钥匙”工程承包合同，即不负责试生产的“交钥匙”合同；4.“产品到手”工程承包合同，即不仅负责“交钥匙”所包括的所有项目，而且负责工程投入使用后一定时期内的技术服务，如技术指导、设备维修、技术培训等，再移交给工程业主。

目前工程承包合同正在向 BOT（Build－Operate－Transfer，即建造—运营—转让）投资方式转变。BOT 与工程承包合同的区别是前者先进行投资建设，等工程项目完成并试运行后再转让给国外业主；而后者却是由国外业主投资、按国外业主的要求进行工程建设，完成工程后再交还给国外业主。

总之，合约进入方式的最大优点是：容易进入国外市场；投资少、风险小。但其不足之处是：收益有限；易树立竞争对手；易泄露商业秘密；对国外市场的控制力有限。

【案例精选 8-1】　　星巴克在中国叫停特许经营

2006年，星巴克全球董事长霍华德·舒尔茨访华时，向媒体披露：星巴克将改变过去在中国的经营模式——叫停特许经营，回收股权，星巴克将在华变身为独资直营，并计划将中国打造成星巴克最大的海外市场，门店数量由100家增加到500家以上，超过加拿大和日本。

星巴克这家1971年诞生于美国西雅图、靠咖啡豆起家的咖啡公司，在从1992年挂牌上市后的几十年时间里，以其“童话”般的奇迹让全球瞩目：从1996年至今，星巴克的连锁店已遍布全球39个国家和地区，总数超过1.3万家。统计资料显示，星巴克几乎每8个小时就会新开一家咖啡店。星巴克在全球的1万多家咖啡店是根据不同市场情况建立的不同商业组织结构。目前有四种合作方式：独资直营、合资公司、许可协议、授权经营。

20世纪90年代，星巴克进入中国市场之初，采取的是代理商合作方式。它分别将北京、上海、广东的经营权授予了北京美大星巴克（汉鼎亚太投资公司和北京三元集团）、上海统一星巴克（台湾统一集团）以及广东美心星巴克（香港美心集团）。它不直接控股或投资，收入来源只限于品牌加盟费、广告费等，最多只占利润的20%。最初星巴克在华的经营模式是以授权区域合作伙伴但不参股的方式进行的。随着中国咖啡市场利润的增长，星巴克开始倾向于将资本流入中国市场。2005年4月，星巴克成立独资公司青岛美国星巴克咖啡有限公司，更显示出其在华从纯粹授权经营模式向资本控制方向的转变。

因为星巴克已意识到中国市场的重要性，市场的快速扩张、销售和利润的高速增长，以及维护品牌的意义等使星巴克坚定了其通过直接投资控制市场的决心。历时三年，星巴克完成了对上海统一星巴克、广东美心星巴克和北京美大星巴克的股权回收，增持的股权分别达到了50%、51%和90%。星巴克在华全面直营的扩张号角开始吹响。

第三节 投资进入方式

一、投资进入方式概述

投资进入方式是企业进入国际市场的高级形式。但投资进入又可分为间接投资和直接投资。

（一）间接投资与直接投资

间接投资（Foreign Indirect Investment，FII）一般属于证券投资，投资者希望通过投资得到股息、红利等。

直接投资（Foreign Direct Investment，FDI）主要是指生产性投资，投资者希望得到生产经营的控制权。

直接投资与间接投资的主要区别并不在于所获得的利益的多少，而在于投资目的是否是直接控制企业的生产和经营活动。一般认为直接投资进入方式的风险较间接投资大，但从2008年的全球金融危机来看，间接投资的风险也是非常大的。在这里我们主要讨论直接投资方式。

（二）直接投资的优点

直接投资进入是指企业通过在目标国家直接从事生产和销售活动，从而达到进入该目标国家的方式。直接投资进入是企业进入国际市场的高级形式。

与出口和合约进入方式相比，直接投资进入国际市场方式具有以下优点。

1. 直接投资进入容易取得东道国的支持和鼓励。因为对于东道国来说，它能因此获得所需的资金、技术和先进的管理经验，带动同行业的发展，并可扩大出口，解决劳动力就业等问题。而其他进入方式，如进口产品则不可能带来这些好处，相反会制约东道国民族经济的发展。所以一些东道国，尤其是缺乏资金的国家，政府往往对直接投资进入持欢迎态度。

2. 直接投资进入有利于控制市场、产品和技术优势。因为直接投资进入是以自己控制产品生产和销售的方式向东道国转让技术、商标、管理经验和资金等，这就有利于企业对产品质量进行严格控制，对工业产权加以有效保护，对于东道国市场实行全面控制，从而发挥竞争优势。而企业采取许可证贸易的进入方式则难以对受方的产品产销进行严格控制，出口进入方式则缺乏当场生产的后勤上的优势。

3. 有效降低生产成本，提高产品的国际竞争力。在东道国产销产品，与出口进入方式相比，显然节省了运输费用、关税等费用，也不受东道国进口配额的限制和本国生产能力的影响，同时可在东道国取得廉价的土地、劳动力、原材料，有效地降低生产成本。这样，企业可向东道国提供低成本、低价格的产品，从而提高产品的供应能力和市场竞争能力。

4. 直接投资进入能形成许多市场优势。首先，在东道国生产的一般产品都比出口产品更能适应当地消费者的需求；其次，在当地生产能及时向中间商和顾客交货，并能提供更好的售后服务，在促销过程中与当地顾客的沟通障碍小，易于被接受；最后，可通过加强对东道国的资源投入来巩固市场，不会像出口、许可证贸易那样因容易失去市场而造成巨大损失。

5. 直接投资进入也会带动出口。直接投资进入往往可以带动设备、半成品、原材料等实物的出口，实际上达到了扩大出口的目的。

6. 直接投资进入有利于实现资源优化配置的目标。当企业在多个国家进行投资生产时，有利于合理配置资源，把各个东道国的资源优势集中于产品之中，实现全球利益最大化的目标。

（三）直接投资的缺点

当然，直接投资进入与其他进入方式相比，也有其不足之处。首先，由于大量的资源投入，其政治、金融、价格、经营等风险都要远远高于其他进入方式；其次，成功的直接投资进入决策所需的信息量远远超过出口和许可证贸易，这就需要企业增加市场调查研究等方面的精力和费用；再次，直接投资进入的启动成本高、回收投资的时间长，退出市场的困难大，这些都是明显的缺点。

二、合资与独资决策

投资进入方式有两种具体的形式：合资与独资。

（一）合资进入方式

合资进入是指企业通过建立合资企业的方式进入东道国市场，即企业在东道国与当地投资者或来自第三国的投资者建立共同投资、共同经营、共担风险和共负盈亏的企业，在当地开展生产经营活动。

1．合资进入的优点。与独资进入相比，合资进入具有以下优点。

（1）容易进入国外市场。合资进入由于有当地人参与股权和经营管理，因此在当地所遭遇的心理障碍和政治障碍要比独资进入小，绝大多数引资国家都更欢迎合资进入，可见，合资比独资更容易被东道国所接受。

（2）风险小。合资进入由于有当地资产的参与，可以避免东道国政府没收、征用外资的风险，还可分享东道国政府对当地合作伙伴的某些优惠政策，因此，合资进入的政治风险往往比独资进入小。

（3）合资进入可形成更大的整体优势。合资进入可以借助于合作伙伴的力量，在当地原材料供应、人才资源的利用和销售网络的建立上，形成比独资进入更大的优势。另外，如果当地合作伙伴拥有名牌或较高的商誉，那么，合资进入还可以利用这种无形资产迅速占领和扩大当地市场。

（4）合资进入的产业选择性比独资进入强，产业领域发展的面比独资进入宽，因为大多数东道国对合资进入的产业限制要比独资进入相对宽松。

目前，许多国际企业采用合资方式进入目标国家市场。如外国企业进入中国市场，大多数采用合资方式，中国企业开拓海外市场也是以这一方式为主。

2．合资进入的缺点。合资进入方式也有其不足之处，其缺点主要表现为以下几个方面。

（1）利润分割。合资进入不能像独资进入那样独享经营成果和独立支配利润，因而在利润分配上与合作伙伴可能存在着矛盾和冲突，这种冲突如果处理不好，不但不能发挥整体优势，而且可能影响双方的积极性，不利于合资企业的发展。

（2）权力牵制。合资企业是国际企业与当地厂商共同经营的，因此，国际企业不能完全自主地运用企业的产权，不能完全控制在东道国的生产和销售，如果与合作伙伴之间在经营管理上存在较多的矛盾和冲突，就可能影响合资企业的经营管理效率。

（3）商业秘密保护。合资企业难以保护双方的技术秘密和商业秘密，由于"泄密"，拥有先进技术或营销经验的国际市场营销者的这些无形资产就可能无偿地流失到合作者手中，从而削弱自己的竞争优势，同时为自己树立了一个未来的竞争对手。

（4）沟通困难。合资企业的双方有不同的社会文化背景，因此，在商业习惯、管理风格等方面都存在一定的差异，这就可能使双方在经营管理过程中出现沟通困难，因而合资进入的管理成本一般要比独资进入大。

（5）双方资产评估困难。合资进入在谈判过程中涉及对双方资产的评估，资产评估的准确性和合理性，对合资谈判成功以及今后的运行至关重要。而进行资产的准确评估，难度较大。因此，合资进入要比独资进入决策增加对双方资产评估这一环节，前期工作量大。

（二）独资进入方式

国外独资生产是企业进入国际市场的最高级阶段，它是指国际企业在国外独自进行投资并经营管理该企业。

1．独资进入的优点。独资进入与合资进入相比，具有以下优点。

（1）独资进入可以保证国际市场营销者对独资企业经营管理的自主权，有效控制在东道国市场的生产和销售，内部的矛盾和冲突也较少。

（2）独资进入可以保护国际市场营销者的技术秘密和商业秘密不被泄露，从而保持企业在东道国市场的竞争力。

（3）独资进入可独享在东道国市场的经营成果，可以独立地获得和支配利润，从而避免合资进入的利益分配矛盾。

2．独资进入的缺点。独资进入与合资进入相比，有以下不足之处。

（1）独资进入意味着由外国人单独控制东道国的一家企业，这在有些东道国可能会因为国民感情问题引起民族心理和政治心理上的反感，有的东道国不允许外国企业独资进入。因此，独资进入在东道国可能遇到的心理障碍和政治障碍均要比合资进入大。

（2）独资进入的政治风险要比合资进入大。在一些国家，可能会出现没收、征用和国有化等政治风险，而这些政治干预手段往往是针对外国独资企业的。

（3）独资进入无法获取当地合作者的支持，所以进入市场较困难。由于独资进入不能获得当地现存的原材料、人才和销售网络的支持，因此进入市场难度较大。

三、并购和创建模式

按照直接投资的启动方式划分，国外企业的建立可分为并购和创建两种方式。

（一）并购模式

并购模式是指企业通过兼并和购买现有的国外企业的部分和全部所有权的方式建立国外子公司或分公司，从而进入东道国市场的方式。

并购是一种世界性趋势。跨国公司面向 21 世纪发展战略的巨大转变是从新建投资转为并购投资，这种逐浪推高的购并狂潮在 2001 年达到鼎沸。

1．并购模式的优点。并购与创建相比具有以下优点。

（1）并购可以使国际企业迅速进入目标国家市场。在国外创建一个新企业往往需要较长的时间，这就影响国际企业占领当地市场的速度；而收购或兼并一家现成企业，如果其产品系列与企业相近，只需稍加调整就可迅速在目标国家投入生产和销售。

（2）并购可使国际企业以较少的投入进入目标国家市场。在国外创建一家生产企业，往往需要大量投资用于厂房的兴建、机器设备的购买、人才的招募、原材料供应和产品分销渠道的建立等，而并购一家现成企业的投入相对较少。

（3）并购可使国际企业迅速扩大产品类型和进入新的业务领域。若国际企业需要扩大业务范围或生产新的产品，可通过兼并或收购一个现存企业来达到目的，这比企业自己投资兴建更为简单易行。如日本松下公司通过收购美国音乐公司声速地进入国际影视、音响领域，而这个领域是松下公司过去不很熟悉的，如果自己创建难度较大。

（4）兼并和收购可以充分利用被并购企业的资源条件，包括技术、人才、商誉及其他无形资产，从而迅速在当地形成竞争力。而且在当地收购一家企业只会减少当地竞争对手的数量，有助于缓解市场竞争压力。

（5）并购还可使国际企业以廉价购买特异资产。因为被并购的企业往往为了迅速摆脱困境而不得不低价抛售，这对于国际企业来说是一个极佳的机会，它可以少花钱多办事。

2．并购模式的缺点。与创建相比并购有以下缺点。

（1）对被兼并或收购企业的资产评估困难。一是因为东道国的会计制度可能与收购者所在的母国不同，这就可能影响评估准确性和可比性；二是因为被收购企业的资产账目可能有不实之处，但在国外较难查证；三是因为被兼并或收购企业的技术、管理经验、营销网络、品牌价值等无形资产较难估价。因此资产评估的风险较大，企业可能因为评估不当而出现花高价收购廉价资产的问题。

（2）被收购企业的许多东西均已“定死”，如地理位置、生产规模，甚至思想观念都可能有定势，因此，兼并或收购一个现存企业，往往会受到该企业旧的关系的束缚，影响企业的发展。

（3）与合资进入的情况相似，并购双方在经营管理上往往存在较多的矛盾或冲突，需要一个较长的磨合期。根据国际并购研究的有关资料表明，国际并购双方由于在文化背景、经营理念、管理风格等方面的差异而导致并购的初衷难以实现。

【全球视野 8-2】　　2012 年十大跨国并购案

序号	并购案	进　程	并购金额	特　点
1	三一重工收购德国普茨迈斯特	1 月 31 日宣布，4 月 27 日完成交割	3.24 亿欧元（约 4.2 亿美元）	德国著名中型企业与中国企业的首次合并
2	瑞士嘉能可并购矿商超达集团	2 月 7 日宣布，11 月 22 日获欧盟有条件批准	320 亿美元	全球矿业领域迄今最大宗收购案
3	法国天然气完全收购英国国际电力	3 月 29 日宣布，6 月 29 日完成交易	110 亿美元	巩固了法国天然气苏伊士集团全球最大独立电力生产商和能源服务提供商的地位
4	雀巢收购辉瑞营养品公司	4 月 23 日宣布，11 月 30 日完成交易	118.5 亿美元	过去三年全球营养品领域最大规模收购案
5	大连万达收购美国 AMC 影院公司	5 月 21 日宣布，7 月份获批	26 亿美元	中国民营文化企业在美国最大宗企业并购
6	美国伊顿并购库珀工业公司	5 月 21 日宣布，11 月 30 日完成交易	130 亿美元	美国工业制造商伊顿公司 101 年历史上的最大宗并购
7	中海油并购加拿大尼克森公司	7 月 23 日宣布，12 月 7 日获加拿大政府批准	151 亿美元	中国企业迄今在海外获批的最大宗收购案
8	日本软银收购美移动运营商斯普林特	10 月 15 日宣布	201 亿美元	日本企业有史以来规模第三大的海外并购交易
9	中国财团收购国际飞机租赁公司	12 月 9 日宣布	52.8 亿美元	中国企业在美国最大规模的一次股权收购
10	洲际交易所并购纽约证券交易所	12 月 20 日宣布	82 亿美元	有望掀起全球交易所行业新一轮并购狂潮

资料来源：新华社整理发布。

（二）创建模式

创建投资也称绿地投资，指跨国公司等投资主体在东道国境内依照东道国的法律设置的部分或全部资产所有权归外国投资者所有的企业。

与兼并或收购一个现成的企业相比，创建一个新企业往往较为困难：一是进入市场慢；二是初始投入大；三是风险大。

但创建与并购相比也具有以下优点是：一是一切重新启动，企业无旧关系的束缚；二是重新创建一个新企业有利于积累国际市场营销经验。

【案例精选 8-2】　　三一集团：海外绿地投资向跨国并购转变

1989年三一集团（以下简称三一）有限公司创立，成为新中国成立以来湖南省首家销售过百亿的民营企业，2010年实现销售额超过500亿元。2012年初，三一重工集团宣布收购德国普茨迈斯特。在完成整个并购案过程中，他们借鉴了中联重科并购CIFA案中对于绿地投资与跨国并购的总结，充分评估了跨国并购与绿地投资的优劣势。

绿地投资与并购优劣势

项　　目	绿地投资	并　　购
缓解产能过剩	×	√
利于人才吸引	×	√
压缩经验曲线	×	√
借用高端品牌	×	√
增强渠道互补	×	√
移植研发能力	×	√
获得技术提升	×	√
社会/文化融合度强	×	√
整合难度较低	√	×
成功概率较高	√	×

资料来源：王志乐等著，《2012 走向世界的中国跨国公司》，中国经济出版社，2012（3）：213—219。

第四节　进入方式决策

一、国际市场进入方式的评价

企业选择不同的进入方式进入国际市场，是因为不同的进入方式有着不同的内在特性，能适合企业对特定环境的需要。

在国际市场营销中，可采用以下八项指标来评价各类进入方式的优劣，并据此作出合适的选择：1．贸易障碍的大小；2．营销规模的大小；3．启动成本的高低；4．运行成本的高低；5．进入方式对人才的要求；6．方式的可控性；7．方式调整的灵活性；8．进入方式的风险大小等。如表 8-1 所示。

从表 8-1 中可以看出，国际市场进入方式的各项特性的变化呈现某种规律性，从左到右：1．进入方式的贸易障碍从大到小，这是因为合约进入和投资进入可以绕过关税和非关税等贸易壁垒进入国外市场，而相对来说，出口进入方式则受贸易壁垒的影响较大；2．进入方式可实现的营销规模由小变大，这是因为出口产品由于受配额等的影响，无法形成大规模出口，而通过合同进入或投资进入则可以扩大产品的生产和营销规模；3．进入方式的启动成本（主要是指固定资产投资）由小变大，在这里，间接出口的投资较少，其中直接出口中通过国外中间商出口的投资增加，而通过国外子公

表 8-1　国际市场进入方式的内在特性

评价指标	国际市场进入方式							
	出口进入			合同进入			投资进入	
	间接出口	国外代理/经销	国外销售机构或子公司出口	许可经营	特许经营	合同生产	合资	独资
贸易障碍	大	较大	较大	较小	较小	较小	小	较小
营销规模	小	较小	较大	较大	较大	较大	大	大
启动成本	小	较小	较大	小	较小	较大	较大	大
运行成本	较大	较大	大	小	较小	较大	较小	小
人才要求	较低	较高	较高	较低	较高	较高	高	高
控制力	弱	弱	强	弱	较强	较强	强	强
灵活性	好	较好	较差	较差	较差	较差	差	差
风险	小	较小	较大	较大	较大	较大	大	大

司或分支机构出口的投资较大；而合同进入方式主要是进行技术或商誉的转让，一般不需要增加固定资产投入，故启动成本较少；投资进入显然需要较多的固定资产投资，启动成本大。4. 进入方式的运行成本由大变小，在这里，运行成本主要是指国际运输、保险、仓储、关税等，出口进入方式在这方面的成本显然是最高的；5. 进入方式对国际商务人才的要求由低变高，其中的许可生产较为特殊，因为许可生产是完全转让给国外厂商生产的，转让者不需要派遣国际商务管理人员；6. 国际企业对进入渠道的控制力由弱变强，中间的许可生产又是例外，一般来说，投资当地生产能更好地控制市场，而出口进入，尤其是间接出口和通过国外中间商出口，企业对国外市场的控制力就会大大减弱；7. 进入方式的灵活性由好变差，这是因为投资进入国外市场后，企业要退出该国市场较出口进入和合同进入更为困难；8. 进入方式给国际企业所带来的风险由小变大，一般来说，出口进入的风险最小、投资进入风险最大，尤其是投资当地进行独资生产，其风险是最大的。

二、国际市场进入方式决策的原则

1. 朴素原则。在这一原则指导下，企业在进入国际市场方式决策时，往往不管目标市场情况如何，不自觉地选择同一种方式进入所有国家市场，例如，采用出口方式进入所有国家市场。在这种“以不变应万变”指导思想下，决策过程简单，决策压力小。但它可能产生以下问题：一是它可能使企业错过机会以更有利的方式进入目标国家市场。例如，某一目标国家市场的潜力很大，但企业只是以出口的方式进入该国市场，则有可能不会获得最佳效益。二是企业可能无法进入该国市场。例如，某些目标国家的进口限制较多，企业只采取出口方式就可能无法进入该国市场。因此，如果企业以一个固定不变的模式去套用千差万别的市场，在许多市场难免会遭遇挫折。

2. 实用原则。在这一原则指导下，企业只选择可进入的方式进入国外市场，即什么方式通行就用什么方式。因为进入国际市场的方式风险有高有低，企业应先挑选风险最小的方式进入目标国家的市场。这种决策原则比较切实可行，但不够积极主动，企业虽然采取了可行的方式进入国际市场，但这种方式并不是最佳的，因此可能造成较大的机会成本。

3. 战略原则。在这一决策原则指导下，企业往往在综合考虑各方面因素的基础上，选择最佳方式进入目标国家市场。一般来说，企业需要考虑的各项因素如图 8-2 所示。

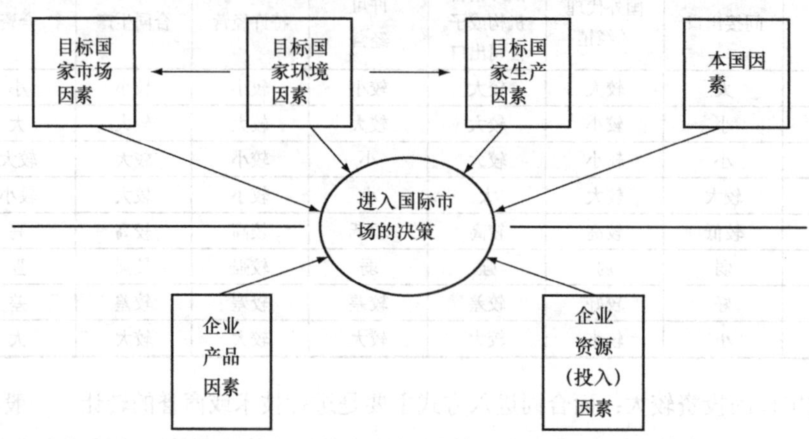

图 8-2 进入方式决策应考虑的因素

三、进入国际市场方式决策应考虑的因素

按照战略原则选择国际市场进入方式，则在进行进入方式决策时，应考虑以下因素，并采取相应的抉择。如表 8-2 所示。

表 8-2 企业进入国际市场方式决策应考虑的因素

影响因素	一般性选择			
	间接出口／直接国外中间商出口	许可证贸易	直接国外子公司出口	投资当地生产
外部因素（国外）				
销售潜力小	√	√		
销售潜力大			√	√
分散型竞争	√		√	
垄断型竞争				√
市场基础结构好	√			
市场基础结构差			√	
生产成本低				√
生产成本高	√		√	
限制进口政策		√		√
自由进口政策	√		√	
限制投资政策	√	√		
自由投资政策			√	√
地理位置近	√		√	
地理位置远		√		√
经济动荡			√	
经济稳定		√		
外汇管制		√		
外汇自由兑换				√

续表

影响因素	一般性选择			
	间接出口 / 直接国外中间商出口	许可证贸易	直接国外子公司出口	投资当地生产
汇率上升	√		√	
汇率下降				√
文化差异小			√	√
文化差异大	√	√		
政治风险小			√	√
政治风险大	√	√		
外部因素（国内）				
大市场				√
小市场	√		√	
分散型竞争	√		√	
垄断型竞争				√
生产成本低	√		√	
生产成本高		√		√
强力推动出口	√		√	
限制海外投资	√	√		
内部因素				
高优势产品	√		√	
一般性产品				√
服务密集型产品			√	√
服务型产品		√		√
技术密集型产品		√		
产品适应性差	√			
产品适应性好		√	√	√
资源有限	√	√		
资源丰富			√	√
低投入	√	√		
高投入			√	√

四、企业进入国际市场方式决策的方法

1．三优势模式法

三优势模式，又称国际生产折中理论，是由联合国跨国公司研究中心的高级专家邓宁提出的一种理论。根据这种理论模式，国际企业或国际市场营销者在选择国际市场进入方式时，往往考虑是否拥有以下三种优势：（1）国际企业本身是否存在某种特有的优势，如特有的技术优势、管理优势、品牌与商誉优势、规模效益或生产效率方面的优势等，这些特有优势是企业的无形资产；（2）国际企业能否运用自身的特有优势来降低或节约内部交易成本，即是否具有内部化优势；（3）国际市场营销的目标国家（东道国）是否具有区位优势，如自然资源优势、劳动力优势、政策优惠、基础设施完善等方面的优势。

在上述三种优势均具备的条件下，企业可选择直接投资方式进入目标国家市场；当东道国市场不具备区位优势，但企业具有特有优势和内部化优势时，企业可选择出口方式进入该市场；在只具备特有优

势的情况下，企业只能选择合同方式，通过转让企业无形资产以进入目标国家市场。如表 8-3 所示。

表 8-3　三大优势和进入方式选择

国际市场营销中的优势	国际市场进入方式		
	投资进入	出口进入	合约进入
企业存在特有优势（无形资产）	√	√	√
企业存在内部化优势（自产）	√	√	×
东道国存在区位优势（外产）	√	×	×

2．成本比较法

成本比较法是一种进入方式决策的定量方法，这种方法将国外生产方式分为两种情况：一是对外合作，包括许可贸易和合同制造等；二是直接投资，包括合资和独资等。成本比较法通过比较三种方式的生产成本和特殊费用，选出总成本费用最小的进入方式。

假定：

C_t 为企业国内生产某产品的第 t 期生产成本；

C_t^* 为国外生产该产品的生产成本；

m_t^* 为出口时的特殊费用（保险、运输、关税等）；

A_t^* 为直接投资的特殊费用（收集东道国环境信息所需的费用）；

D_t^* 为对外合作中的风险成本（由技术转让或丧失部分有利的竞争地位所造成的损失）；

企业可根据比较成本的高低来选择进入方式：

（1）如果 $C_t + m_t^* < C_t^* + A_t^*$，且 $C_t + m_t^* < D_t^* + C_t^*$，则选择出口；

（2）如果 $C_t^* + A_t^* < C_t + m_t^*$，且 $C_t^* + A_t^* < C_t^* + D_t^*$，由选择投资。

（3）如果 $C_t^* + D_t^* < C_t^* + A_t^*$，即 $D_t^* < A_t^*$，且 $C_t^* + D_t^* < C_t + m_t^*$，则选择合同进入。

3．净效益现值比较法

与成本比较法相比，这种方式不仅考虑了各种进入方式的成本，而且考虑了其收入差异。企业先用计算资金时间价值的方法，求出各种进入方式的净现值（NPV），然后选择 NPV 最大的进入方式。

假设各种进入方式的收入均为 R_t，t_0 为计算基期，其他均同上。三种方式的净现值分别为：

$$NPV_1 = \sum_{t=t_0}^{t} \frac{R_t - C_t - m_t^*}{(1+i)^t} \text{（出口）；}$$

$$NPV_2 = \sum_{t=t_0}^{t} \frac{R_t - C_t - A_t^*}{(1+i)^t} \text{（直接投资）；}$$

$$NPV_3 = \sum_{t=t_0}^{t} \frac{R_t - C_t^* - D_t^*}{(1+i)^t} \text{（合同进入）；}$$

$NPV_1 > Max（NPV_2，NPV_3）$，则选择出口；

$NPV_2 > Max（NPV_1，NPV_3）$，则选择直接投资；

$NPV_3 > Max（NPV_1，NPV_2）$，则选择合同进入。

五、进入方式的动态演进和发展趋势

从国内外企业的国际市场营销实践来看，企业的国际化过程主要为以下四个阶段，如图 8-3 所示。

第一阶段：企业的国际化水平较低，主要通过国内中间商间接出口商品。

第二阶段：企业开始在国内或国外自设机构或附属公司直接办理出口。此时，企业对国际市场的控制力加大，但风险也随之增大。

第三阶段：企业开展对外合作，通过与外国企业签订合同，进一步开拓国际市场。

第四阶段：企业直接投资，在国外开展生产经营活动，企业的国际化活动进入高级阶段。

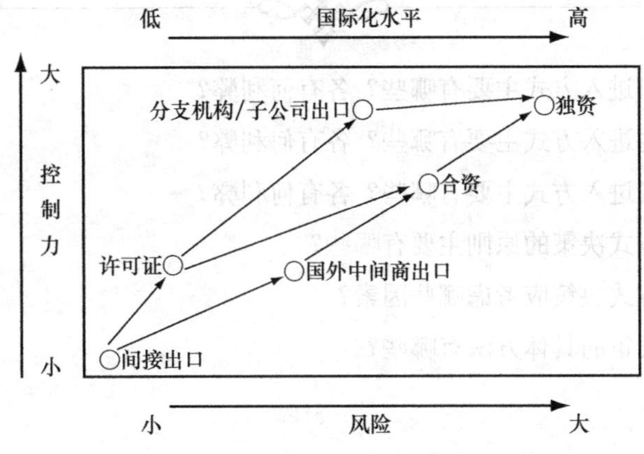

图 8-3　国际市场进入方式的演变

【案例精选 8-3】　　**万向集团国际化三步走战略体系**

	第一步	第二步	第三步
企业主体	产品出口	外派人员	企业对外投资
市场提升	维修市场	间接配套	直接配套
营销策略	打别人的品牌	用自己的品牌	组合品牌
技术进步	产品仿制	自己开发	合作开发
人才培养	国内外展	用人本土化	国内外一体化培养
效益增长	别人赚钱	自己赚小部分	开始高于国内利润
资金来源	向朋友借	国内批准投资	用国外银行的钱
战略延伸	国际市场营销	国际生产	资金全球配置
企业形象	国内企业认可	跨国公司认可	国内外政府认可

资料来源:王志乐等著，《2012 走向世界的中国跨国公司》，中国经济出版社，2012（3）：239。

本章小结

国际市场进入战略决策是关于国际企业应以何种方式进入目标市场的决策，它关系到企业长远的、全局性的发展，是企业发展的方向性决策。企业进入国际市场的方式主要有出口、合约和投资进入三种模式。出口产品是企业进入国际市场的最基本方式，它包括间接出口和直接出口两种具体形式，这两种产品出口形式各有利弊。合约进入方式是指企业通过与目标国家的法人实体签订长期的非权益性合同，使企业的技术或人力从本国转移到外国。合约进入包括许可证贸易、特许经营、合同生产等具体形式。由于合约进入输出的是无形产品，可绕过关税和非关税壁垒，顺利进入国外市场，并且投资少、风险小，但收益有限，容易为自己树敌。直接投资当地生产是企业进入国际市场的高级阶段，它可以采取合资和独资两种所有制形式，这两种形式各有利弊；根据海外企业的启动方式不同，国外企业的建立又可分为并购和创建两种方式，这两种方式同样各有利弊，因此，企业需要在综合考虑目标国家、本国及本企业各项因素的基础上进行慎重决策。

思考题

1. 国际市场的出口进入方式主要有哪些？各有何利弊？
2. 国际市场的合约进入方式主要有哪些？各有何利弊？
3. 国际市场的投资进入方式主要有哪些？各有何利弊？
4. 国际市场进入方式决策的原则主要有哪些？
5. 国际市场进入方式决策应考虑哪些因素？
6. 国际市场进入决策的具体方法有哪些？

4

第四部分

国际市场营销组合策略

国际市场产品决策 第九章

【本章学习目标】

- 把握国际市场的产品标准化和差异化决策；
- 了解国际市场新产品开发与扩散；
- 掌握国际市场产品的包装与品牌决策；
- 了解国际市场产品组合优化决策。

【导入案例】

20世纪90年代初，奥迪100在中国取得成功，使得当时仅有捷达一款产品的一汽-大众燃起了引进高档车的欲望。比起同在德国的两个高档竞争品牌奔驰和宝马，复兴不久的奥迪的品牌地位还不够稳固，对任何风险较大的决策都非常谨慎。然而，中方对市场潜力充满了自信，奥迪100的引进让一汽-大众完成了第一次市场“跳级”。尽管在中国人的心目中奥迪有着官车的印象，但中方相信，在高档车属于空白的中国市场上，奥迪A6将会独占鳌头。更重要的是，奥迪100项目的成功完成，也让大众汽车集团董事长皮耶希看到了中国高档车市场的希望，愿意做进一步的打算。在A6之前，奥迪100和奥迪200主要是作为官车存在，奥迪的品牌价值、核心理念及内涵是什么，卖车和买车的人似乎都不过分关心。如何让中国用户了解奥迪的品牌形象，关乎奥迪品牌在中国未来的命运。因此，选择哪款车型进入中国市场格外重要。经过缜密考量，大众汽车集团决定将在德国秘密研发的奥迪新车，改名为A6后引进中国市场。也许令皮耶希都没有料到的是，这个决定让奥迪书写了中国版的营销传奇①。

第一节 国际市场产品设计决策

一、国际市场产品的整体概念

产品整体概念是国际产品设计决策的理论依据。企业在国际市场营销活动中向国际市场所提供的也是整体概念的产品，它同样包括核心产品、形体产品、附加产品三个部分。

但不同国家对产品，整体的要求不同：一般来说，发展中国家较注重产品的核心部分，而发达国家较侧重产品的形体部分和附加部分。不过，随着技术和经济的发展，发展中国家也逐渐关注和重视产品的形体部分和附加部分。

不同性质的产品，用户和消费者对产品整体的要求也不同：对于工业品来说，用户更注重产品

① 参见：谢文心，《奥迪 A6 的中国市场策略》，载中国营销传播网，2009-9-30。

的附加部分；而对于消费品来说，消费者则需更侧重产品的形体部分。当然，无论是工业品还是消费品，产品的核心部分始终是消费者和用户追求的根本利益。

二、国际市场产品的标准化设计

国际市场产品标准化设计策略也就是企业将同样的产品输往世界各国市场，这是一种产品延伸策略。企业的产品直接从国内市场延伸至国外市场。

标准化设计策略有如下优点。

1. 有利于取得规模经济效益。由于企业输往各国市场的产品整体都是一样的，因此产品的开发设计、生产成本、促销成本等会随销量的扩大而降低。

2. 有利于统一产品形象。由于企业输往各国市场的产品从产品的效用、外观，到包装、品牌等都是相同的，有利于在全球市场上树立统一的产品形象。

3. 有利于节省营销成本。由于产品相同，企业在国际市场上所进行的产品促销、分销等活动的费用便可得到节省。

4. 有利于延长产品的生命周期。当产品在一国市场处于衰退期时，企业可将产品打入该产品仍处于投入期的国家，以延长产品生命周期。例如，20世纪70年代末80年代初，日本企业将大量在日本已处于衰退期的黑白电视机打入中国市场，而此时，中国的黑白电视机尚处于投入期，在随后的几十年中，日本电视机在中国市场一直占据着重要的市场地位。

标准化策略的缺点是不能满足不同国家不同消费者的不同需求。例如，可口可乐公司曾在西班牙推销其 2 升装的可乐，却没有注意到西班牙的冰箱比其他国家的小，结果是冰箱放不进该种规格的可乐瓶，于是可口可乐公司不得不设计另外的瓶子，在瓶子重新设计期，可乐的销量受到影响。

三、国际市场产品的差异化设计

国际市场产品的差异化设计策略实际上是一种产品本土化设计策略，是指企业按照市场当地的需求特点对产品进行更改的策略。

（一）产品更改的原因

一般来说，产品更改的原因不外乎两种：一是被动性更改，即由于东道国市场的硬性规定而必须改变产品，若产品不作改变，则无法进入目标国家市场。例如，我国的民用电压是220伏，而日本的民用电压是110伏，因此，日本的家电产品进入我国市场，必须进行更改，否则无法使用。二是主动性更改，是指企业为了更好地适应东道国市场需要而主动改进产品，如果产品不进行更改，也能进入目标国家市场，但是如对产品进行适应性更改，则更能符合目标国家市场的需要，有利于取得良好的营销效果。例如，荷兰的飞利浦电动剃须刀，在进入中国市场前，考虑到东方人的体形特征，特意缩小了产品的尺寸，以方便中国消费者的使用。

（二）产品更改的内容

产品整体的每个部分都可以作相应的更改，具体来说，主要有以下几个方面。

1．核心产品的更改：主要是提高或降低产品的效用。

2．形体产品的更改：主要是改变产品的款式、外形、品牌、包装等，这在产品更改策略中是最常见的。

3．附加产品的更改：主要是改进产品的服务等内容。

（三）产品更改与促销策略的结合

产品设计还可与产品促销策略相结合，形成以下组合策略。

表 9-1　　　　产品设计与促销的组合策略

<table>
<tr><th></th><th>使用条件相同</th><th>使用条件不同</th><th rowspan="3">开发新产品</th></tr>
<tr><td>用途相同</td><td>产品延伸
促销延伸</td><td>产品更改
促销延伸</td></tr>
<tr><td>用途不同</td><td>产品延伸
促销特设</td><td>产品更改
促销特设</td></tr>
</table>

1．当产品在两国市场的使用条件和用途相同时，企业可采取完全延伸策略，即产品延伸、促销延伸。例如，我国许多轻纺产品、食品等产品对新加坡、马来西亚等东南亚国家出口就可以采取此策略。

2．当产品在两国市场的使用条件相同，但用途不同时，可采取产品延伸、促销特设策略。例如，中药在国外也可用于防病治病，但由于不同的文化环境，外国人对中药传统理论中的补气、益气，调理阴阳等用途无法理解，因此，在国际市场营销中必须在促销等方面加以调整。

3．当产品在两国的用途相同，但使用条件不同时，可采取产品更改、促销延伸的策略。例如，在发达国家，洗碗机主要用于家庭，所以洗碗机的外形较小，便于家庭使用；但在发展中国家，洗碗机主要为餐馆、酒楼使用，要求容量大，才能满足一次清洗大量碗碟的要求。

4．当产品的使用条件和用途在两个国家均不相同时，企业可采取产品更改、促销特设的双重更改策略。例如，自行车在经济发展水平不同的国家其使用条件和用途是不同的。在发展中国家，自行车主要被用作交通和运输工具，而且发展中国家的道路状况也不理想；在发达国家，自行车是一种运动和娱乐工具，而且发达国家的道路条件较好。因此，当发展中国家向发达国家出口自行车时，必须对自行车进行改变：拆除书包架、去掉挡泥板，使车身更轻、车型更美观，并增加多挡变速。企业在促销宣传时，也应更突出其运动带给人们的享受，而不是发展中国家的负重效果。

5．由于不同国家和地区在经济、文化等方面的差异较大，有时仅仅对现有产品的更改，无法满足国外市场的需求。为了更好地开拓国外市场，满足国外用户的需要，有时必须专门为国外市场设计新产品，并采用新的促销策略。例如，埃姆科尔国际公司（Emcol International）就曾专门为发展中国家设计一种“柏油路速修材料”。使用者只需将新材料倒在路面的坑洼处，用铁锹铺开，即可通车。一般只需花 3 分钟就可修复一块路面。由于许多发展中国家的路面不平，加上维修技术落后，修复路面耗时耗力大，而这种新产品正好适应了发展中国家的需要，再加上公司采用了有效的广告宣传策略，因此，这种新产品在发展中国家受到欢迎。

四、国际市场产品设计决策应考虑的因素

既然产品的标准化设计与差异化设计各有利弊，企业应慎重地选择相应的策略，也可将其结合起来加以运用。

（一）标准化设计和差异化设计的适用条件（见表 9-2）

表 9-2　产品标准化设计和差异化设计的适用条件

标准化设计的适用条件	差异化设计的适用条件
1. 适应的成本较高	1. 技术标准存在差异
2. 主要用于工业化产品	2. 主要用于消费产品或个人用品
3. 不同国家市场有相同或相似的需求	3. 消费者的需求是不同的
4. 主要在城镇环境中应用	4. 使用条件是变化的
5. 在大体相似的国家进行营销活动	5. 人们的购买力不同，收入水平也有差异
6. 集中式管理	6. 使用者的技巧水平和技术熟练程度存在不同
7. 生产、研发、市场营销中采用规模经济	7. 存在较大的文化差异
8. 当竞争者也生产标准化产品时	8. 当地环境诱发差异性（原材料的可用性、法规限制等存在差异）
9. 消费者具有流动性	9. 竞争者采用此策略
10. 有积极的宗主国（起源国）效应存在	10. 各国人民的习俗不同

（二）国际市场产品设计决策应考虑的因素

具体来说，企业在进行产品设计决策时应考虑以下因素。

1．东道国的法律要求。不同的国家有不同的法律规定，这些法规很有可能会限制产品的标准化。例如，不同国家有不同的计量法，因此，产品的包装计量在不同国家就需要进行改变。又如，美国政府规定了严格的防污染法，其他国家向美国出口汽车，必须装有防污染装置，并达到美国政府规定的汽车排泄控制标准，否则汽车无法进入美国市场。

2．东道国的技术标准。不同国家的产品技术标准也有所不同，如英联邦国家，由于车辆是靠左行驶的，因此，要求汽车的驾驶操纵系统安装在车的右方；而大多数国家的车辆是靠右行驶的，汽车的驾驶操纵系统在车的左方，因此，要向英联邦国家出口汽车，必须对车辆进行更改。又如，有些国家的民用电压是 110 伏，有些则是 220 伏，有些则高达 300 多伏，由于技术标准不同，产品不得不采取差异化设计策略。

3．产品的使用环境。不同国家和地区，由于自然环境、经济水平、文化习惯等的差异，可能要求产品的差异化。例如，汽车轮胎的成分需要因不同国家的气候特点而异，在热带国家，轮胎应防高温融化，而在高寒地区，则要求轮胎具有防滑功能。再如，在欧洲，家庭的厨房一般比美国的小，且往往没有地下室，所以销往欧洲的厨房用具或厨房电器应设计得比销往美国的小，才能适应欧洲空间狭小的环境。

4．支撑系统。支撑系统也称支持系统，是指一个国家中能为企业从事营销活动提供服务和支持的机构，它包括批发商、零售商、销售代理、仓储和运输机构、广告媒介、信贷机构等。这个支撑系统是否健全、运作效率和运行成本的高低，在很大程度上影响到出口企业采取的产品设计策略。有时，国外市场的支撑系统不完善，企业就不得不采取差异化策略。例如，在有的国家，由于零售商没有冷冻设施，企业就无法向该国出口冷冻食品。

5. 市场需求的条件。由于各国经济、文化等环境的差异，消费需要也不尽相同，这就要求产品的差异化设计。就经济环境而言，不同国家的人均收入水平差距很大，在一个国家能被接受的产品，在另一个国家却无法被接受。例如，我国的牛肉罐头产品，由于选用上好的牛肉精制而成，在欧美国家备受欢迎，但在非洲市场却少人问津。究其原因是，非洲居民的收入水平低，大多数居民买不起这么好的牛肉罐头。在非洲市场上畅销的是一些用碎牛肉加上淀粉混合制成的牛肉罐头产品，由于其价格低廉，很受欢迎。而从文化环境来看，不同的消费习惯和需求偏好，也会产品的差异化。例如，英国人喜欢加奶的咖啡、法国人喜欢黑咖啡、拉美人偏爱菊苣口味的，因此雀巢公司的咖啡在不同国家的市场上就要做适当的调整。

6. 市场竞争状态。如果在国外市场上没有竞争者，企业可采取标准化设计策略；如果市场上出现竞争者或竞争对手较多，那么企业只有采取差异化设计策略，才能赢得竞争优势。

7. 产品的性质。不同的产品，对设计的要求也有所不同。美国的一项研究表明，一般来说，工业品比消费品较宜采用标准化；而在消费品中，非耐用消费品比耐用消费品更需要采取差异化策略。这是因为非耐用消费品更受个人喜好不同的影响。但在非耐用消费品中，也有例外，传统产品应该采用标准化，例如，外国人喜欢杭州的丝绸产品，这些产品没有必要印上西洋画，因为外国人可能更喜爱中国传统的大红大绿的图案。另外，某些旅游产品也可采取标准化，如拍立得、可口可乐饮料等，因为旅游者在不同的国家都会选购这些他所熟悉的产品。

8. 成本/利润关系。采用标准化设计策略，可降低成本，但由于销量减少，可能影响利润；而采用差异化策略，则需要追加成本，但可能增加销量，获得更多的利润。因此，国际市场产品设计决策，需要对这两种不同的策略的成本和利润进行对比分析，才能选择最佳的策略。在企业的决策过程中值得注意的是，应该考虑长期利润而非短期利润。对于产品差异化来说，短期利润可能不大，甚至出现亏损，但从长期来看，有可能获得较大的收益。

（三）“全球”地方化趋势

1.“全球地方化”的提出。由于全球化战略和策略面临的困难，近几年来，出现了一个新的概念，叫做“全球地方化”。全球地方化认识到，由于各种因素的限制，产品不可能完全的标准化，而另一方面，完全的差异化也无法做到。因此，就出现了将两者结合起来的做法。例如，麦当劳在全球提供标准化的菜单，但仍根据地方环境加以改变，它在巴西供应一种以浆果为主的饮料；在马来西亚、新加坡和泰国供应一种以水果为主的奶昔。麦当劳还在日本介绍一种中国炒米饭 Mchao；在澳大利亚供应羊肉馅饼；在菲律宾供应意大利式细面条；在中国香港供应椰子、芒果和热带薄荷奶昔。又如，骆驼（Camel）是一家在标准化运作方面很著名的公司，但它在全球各地的具体运作是有差异的。在绝大多数国家，骆驼香烟作为一种土耳其混合香烟来促销；而在希腊，它则是按美国混合香烟促销。骆驼公司的全球化活动是适应于不同的地理区域的。

2.“全球地方化”的实质。“全球地方化”实质上是一种“全球化思考，地方化行动”。它表现为某些产品的核心技术、主要零部件或装配线是可以在世界范围内标准化的，而它的另外一些部分却要适应当地情况。例如，麦当劳在中国浙江宁波城隍庙和杭州清河坊开设的连锁店，虽然仍供应“巨无霸”汉堡，但其店面的外形设计则完全是中式的。在古色古香的中式建筑中品尝西式快餐，这不能不说是“全球地方化”的突出表现。又如，惠尔普（Whirlpool）公司的洗衣机的绝大部分是由标准化的部件制造的，但其他部分则是按照不同国家的需求习惯做了调整，例如，为了方便印度妇女洗莎丽服，惠尔普公司研制了一种西方式的自动洗衣机，它结构紧凑，大小只有美国型号的一半，能适应印度的房间大小，并且有特别设计的不会缠绕莎丽服的搅拌器。惠尔普公司还设计了一种世界洗衣机——一种小巧、可拆开的自动洗衣机，用于满足发展中国家如巴西、墨西哥和印度等国的需求。这种洗衣机，虽然已是一种标准化产品，但必须根据当地需求的变化加以定制。由于世界各国的消费需求和偏好是不同的，惠尔普公司必须设立区域性的制造中心。另一方面，虽然在不同市场上，洗衣机的特征、大小、形状可能会不同。例如，法国人要求洗衣机的投衣口在上端，而英国人希望投衣口在洗衣机的前面；德国人需要高速洗衣机；意大利人需要转速较慢的洗衣机，但它们所包含的大部分技术和生产过程是相似的。因此，“全球地方化”与“地方全球化”可以说是并存的。

第二节　国际市场新产品开发决策

随着科学技术的迅猛发展，消费需求的日益变化，产品生命周期不断缩短，国际市场上新产品层出不穷。因此，企业要开拓国际市场，不能仅靠对现有产品进行更改，而必须不断地开发新产品，才有可能在国际市场上立于不败之地。

一、国际市场新产品开发的理论基础

产品生命周期理论是市场营销学的重要理论，也是国际市场新产品开发的理论基础。但在国际市场营销活动中，产品生命周期有更深的内涵，它是指导企业进行新产品开发和市场投向的重要理论。

（一）产品市场生命周期及其启示

产品生命周期是指产品从投入市场到被市场淘汰退出市场的整个过程，它一般包括投入期、成长期、成熟期、衰退期等阶段。在国际市场上，产品往往也存着市场生命周期，但是由于不同国家的经济和技术发展水平的差异，同一产品在同一时期可能处于市场生命周期的不同阶段。如图 9-1 所示。

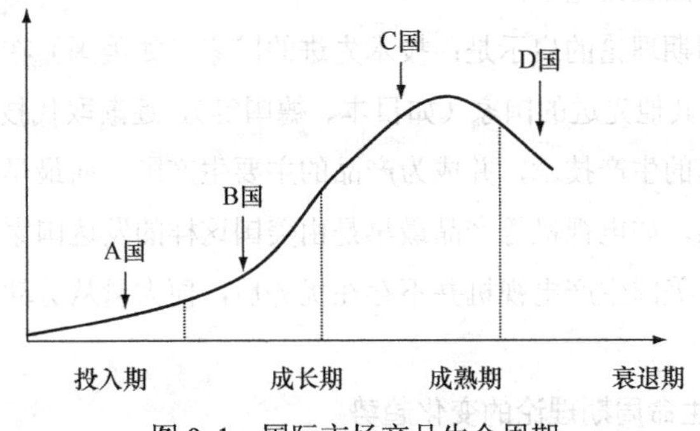

图 9-1　国际市场产品生命周期

如上图所示，在D国已处于衰退期的产品，在C国可能处于成熟期，而在B国则可能处于成长期，在A国有可能才刚刚投入市场。因此，企业在国际市场营销活动中可以通过将处于市场生命周期后期（成熟期或衰退期）的产品投放到该产品仍处于生命周期前期（投入期、成长期）的国家，以延长产品的生命周期，发挥产品的竞争优势。

（二）国际贸易产品生命周期及其启示

在国际市场营销活动中，我们还将引入一个新的概念，即国际贸易产品生命周期理论，这一理论是美国经济学家维农提出的。他认为许多产品都会经历这样一个周期，高收入、高消费的国家开始是某一产品的出口者，接着丧失出口市场，最后成为该产品的进口者；其他发达国家则由进口者变为出口者；最后，不发达国家从进口者变为该产品的主要出口者。这一产品的进出口变化表现为三个阶段的生命周期，如图9-2所示。

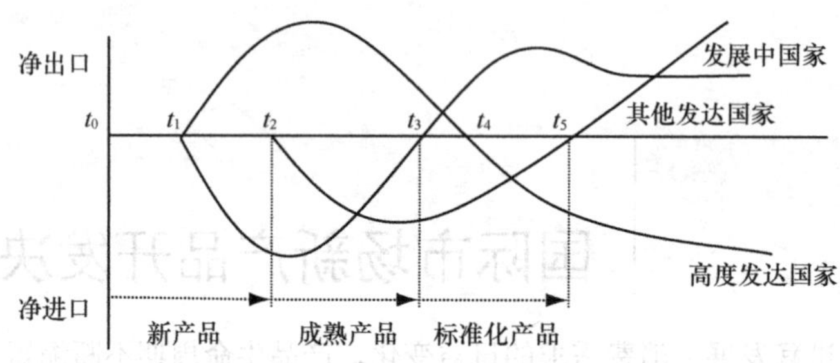

图9-2　国际贸易产品生命周期曲线

从上图中可以看出，国际产品生命周期可分为以下三个阶段。

1．新产品阶段（$t_0 \sim t_2$）。起初，产品在某一个高收入、高消费的发达国家（如美国）设计并生产，并在国内市场销售。随后，该产品便向国外市场出口。由于此时该产品尚处于新产品阶段，这个国家是唯一的生产者。随着产品生产技术的扩散，其他发达国家（如德国、法国等）也开始生产同样产品。

2．成熟产品阶段（$t_2 \sim t_3$）。其他国家由于生产成本、运输成本较低等因素，有可能在美国以外的市场销售产品，并与美国进行竞争，使美国的出口市场缩小。

3．标准化产品阶段（$t_3 \sim t_5$）。随着技术的进一步扩散，越来越多的国家，包括不发达国家，最终掌握了该产品的生产技术，并进行大规模的生产。由于它们的生产成本更低，从而有可能向美国出口，并与美国的同类产品直接竞争。

国际贸易产品生命周期理论的启示是：技术先进的国家（如美国）在产品的开发过程中起产品发明革新的作用；然后，其他先进的国家（如日本、德国等），逐渐取代技术最先进国家的地位；最后，落后的国家掌握产品的生产技术，并成为产品的主要生产国，向最早生产该产品的国家大量出口。事实证明：许多产品，如电视机等产品最早是由美国这样的发达国家首先生产并出口的，随着电视机生产技术的普及，美国生产电视机并不存在优势后，便大量从劳动力成本较低的国家进口电视机。

（三）国际市场产品生命周期理论的变化趋势

随着交通、通信的发展，各国对产品生产技术的掌握时间越来越快，产品生命周期也越来越短。

因此，企业必须把握新产品的开发趋势，不断开发出符合国际市场需要的新产品，才有可能在市场上立足。

二、国际市场新产品的含义

所谓新产品，并非单纯指新发明创造的产品，而是包括新发明产品、革新产品、改进新产品和仿制新产品等。一般来说，产品任何一个部分的改变都可能形成一个新产品。具体来说，新产品主要有以下几类。

1．新发明产品。是指采用新技术、新材料制造而成的前所未有的新产品。如第一台计算机的诞生。

2．革新产品。指企业采用新技术、新材料、新元件等，对原有产品作较大革新而创造出来的新产品。例如，电子计算机从最早的电子管，到今天已发展到具有人工智能的第五代产品。

3．改进新产品。这是指企业对原有产品在质量、性能、外观、包装、装潢等方面进行改进所形成的新产品。例如，计算机从最早的黑白显示器到彩色、纯平，乃至今天的液晶显示。

4．仿制新产品。这是指市场上已经出现，但本企业第一次生产的产品。有不少企业不具备生产开发能力，于是就将国际市场上的产品样本进行研究，然后如法炮制该产品并将其推向市场。

在上述四类新产品中，全新产品是最难研制的，但如果企业率先推出，则市场竞争对手较少，企业也可获得可观的收益。仿制新产品的研制相对较易，但市场竞争激烈。目前，从全球范围来看，全新产品的研究和开发越来越困难，因此，不少企业都将新产品的开发重点放在产品的改进或改良上。

5.再造新产品。所谓再造新产品是指企业将用旧了的产品进行翻新，让它获得新生，重新发挥其使用价值。

三、国际市场新产品开发的过程

国际市场新产品的开发是一项风险很大的工作。为了保证新产品开发的顺利进行，减少开发失败的风险，新产品的开发必须遵循一定的程序，它与国内市场营销一样，也可分为以下7个阶段。

1．产生构想。一切新产品的开发都源于构想，这些构想可以分别来自不同的途径，可以来自企业的内部，如科研人员的创意、员工的建议、企业市场调查的信息等；也可来自企业的外部，包括供应商的要求或建议、顾客的意见或要求、分销商的要求或建议，或研究机构的创意等。

由于企业规模与企业国际化程度的差别，企业在开发新产品时的构想来源途径也不同。一般来说，对于国际化程度较低、规模较小的企业，主要依靠企业内部的构想；而国际化程度较高的企业，则有可能通过多种途径得到有关构想。

2．筛选构想。筛选构想主要是看构想是否符合企业的营销条件，如生产和技术、分销渠道及营销经验等；目标国家市场的需求特点包括目标市场的消费习惯、消费心理等；东道国的相关法规规定等。

3．形成产品概念。产品概念指具有特定的产品功效、产品外形、品牌、包装、规格的具体产品。

例如，宝洁公司在中国市场推出润妍洗发水时，在这个阶段主要确定产品的具体功效、包装、型号，并进行产品概念的测试，以不断改进产品，使之更符合顾客的需求。

4. 进行商业分析。商业分析主要是通过对市场的销售潜力、企业的生产制造能力、财务能力和新产品的盈利能力的分析。在对新产品进行商业分析时，必须考虑以下问题：

（1）该地区或国家的市场需求是否达到一定的规模？这种需求是否具有持久性？是否值得进入该市场？

（2）这种新产品导入后，对企业整体的销售额、成本和利润有多大影响？

（3）企业研究、开发、制造能力是否能够完成这一项目？

（4）如果企业必须建立新厂或添置新设备，需多久才能完成？如果利用原有的厂房和设备，对新产品的存活率有多大程度的影响？

（5）新产品是否能够配合原有的产品组合？是否能与原有产品共享现有的营销资源，如分销渠道、促销资源等？

（6）开发与销售新产品所需的资金来源有无问题？新产品的投资报酬率如何？与其他投资开发机会相比，机会成本有多大？

（7）国际市场营销环境将会有何变化？这些变化对新产品的未来销售、成本、利润等将产生什么影响？

5. 研制新产品。在新产品的研制阶段，主要考虑是否应根据东道国的政策法规、技术规范和需求特点，对新产品进行适应性更改。

6. 进行新产品试销。在产品正式进入目标市场之前，还必须进行市场试销，以利于企业制定有针对性的营销策略。

一般来说，企业在对新产品进行试销的过程中，应该注意选择具有代表性的地区和顾客群，同时，选择试销的地区不宜过大，否则将加大试销成本。企业还应考虑到试销方式是否为东道国居民所接受。例如，在有些国家，免费试用不受欢迎，因为当地居民认为接受免费赠品有失面子。

7. 正式投放市场。在经过试销以后，如果市场对该产品的反应良好，便可正式将产品投放市场。但是，在向市场投放过程中，企业应选择合适的时间、地点和合适的目标顾客，以取得有效的销售效果。

四、国际市场新产品的市场扩散

在国际市场上，一个新产品投放市场后，能否尽快被消费者接受，这是国际市场营销人员必须重视的问题。新产品的扩散速度和扩散程度是与新产品本身的因素及消费因素相关的。

（一）影响新产品扩散的产品因素

1. 新产品的相对优势。相对优势是指新产品与现有市场上的竞争产品相比在效用、质量、款式、价格等方面是否有优越之处。新产品与老产品相比，相对优势越明显，其扩散的速度较快、程度较高。反之，新产品不具有优势或优势不明显，就会影响其扩散。

2. 新产品的适应性。适应性是指新产品适应东道国市场的政策法规、文化特点、消费习惯的程度。新产品适应性的好坏，将影响新产品的扩散。一般来说，不适应东道国的政策法规的产品，是不可能在东道国市场上扩散的；不适应东道国文化特点的产品和不适应东道国消费习惯的新产品也难以在当地市场上扩散。例如，由于微波炉不适合中国人的烹饪习惯，因此，20 世纪 30 年代在美国发明的微波炉直到 20 世纪 90 年代才广泛进入中国家庭。

3．新产品的简易性。简易性是指消费者认识和使用新产品的简易程度。新产品的简易程度是与其扩散程度成正比的。一般来说，新产品越简单易用，则越容易扩散。例如，在许多发展中国家，虽然也有发达国家的高级农机具供应，但这些国家的农户还是喜欢中国的农机产品，因为中国的产品虽然技术含量没有发达国家的高，但操作简单、维修简便。

4．新产品的可试用性。可试用性是指消费者在不承担风险的前提下，产品接受试验的程度。如果新产品是小包装的，便于试用，则容易扩散，反之，大包装、不便于试用的新产品则难以扩散。

5．新产品的可传递性。可传递性是指新产品的优势容易被觉察和传递的程度。新产品的相对优势或其性能特点越容易介绍、传递，则越容易扩散；反之，则不容易扩散。Dove 巧克力在进入中国市场时，在电视广告中强调其特点是"滑得像丝一样"的"丝般感受"，由于其介绍明确、具体，得以迅速在中国市场上扩散。

（二）影响新产品扩散的消费因素

与新产品扩散有关的消费因素主要有消费观念、消费水平、需求强度等。

1．消费观念。在这里消费观念主要是指消费者对待新产品的态度。在一些国家，消费者思想较开放，创新精神强，则对新产品持欢迎的态度，新产品在这些国家和地区容易扩散；在另一些国家，消费者思想较保守，对新产品持拒绝的态度，则新产品就不易扩散。一般来说，西方人较东方人思想开放，乐意接受新产品。此外，在一个国家中，不同的群体对新产品和新事物的态度也是不同的，一般来说，年轻人往往比老年人更容易接受新产品。

2．消费水平。一般来说，一个国家或地区的经济收入水平越高，消费能力越强，对新产品的接受越快；反之，消费能力弱，接受新产品的可能性相应就小。

3．需求强度。消费者对新产品的需求强度越大，就越容易接受新产品；反之，则不易接受新产品。例如，在一些国家和地区，消费者尤其是女性消费者对美白的强烈要求会促使其购买美白新产品；但在以黑为美的国家或地区，美白产品则没有市场。

（三）加快新产品扩散的对策

在分析了上述两大影响新产品扩散的因素后，国际市场营销人员应积极利用有利于新产品扩散的因素，克服或减少不利于新产品扩散的因素。

对于产品本身而言，企业可采取以下对策：1．赋予产品新的功能，以提高其相对优势；2．通过改进产品的款式，以提高产品的适应性；3．简化产品，以减少其复杂性；4．通过赠送样品、提供小包装产品等方式，提高可试用性；5．通过广告策划和营业推广等手段，提高其可传性。

对于消费者而言，当目标国家市场的消费者对新产品缺乏认识，拒绝新产品时，企业应加强广告宣传工作，向消费者传播新的消费理念，介绍新产品的特点，唤起其对新产品的需求；对于消费能力低的市场，企业应通过简化包装、减少不必要的功能等降低成本，从而使价格能为当地消费者所接受。

总之，国际市场营销人员可以运用各种营销策略，有效地加快新产品的扩散速度和程度。

【案例精选 9-1】　　　　雀巢公司这样卖冰棍

2012年春，雀巢公司的泰国冷饮开发团队设计出一款奇特的冰棍，这款产品外形颇似香蕉，剥开用果冻制成的可食用黄色外皮后，里面就出现了带有香草味的雪糕。雀巢公司根据它的外形和英文发音，起名为“笨NANA”，除了本身的味道不错，它的名字更是活泼可爱到极点，让这款剥着吃的冰棍迅速在泰国、马来西亚、菲律宾等亚洲国家热销。

在销售之初，雀巢公司原本将这款冰棍定位在未成年人身上，但他们很快发现，无论是东南亚还是和中国，这款雪糕受到了年龄更大的年轻人的追捧。他们在做推广活动的时候，很多年轻消费者直接就从冰柜里抢购“笨NANA”，一买就是十几根，用大塑料袋带走。推广活动的受众群毕竟有限，如何才能吸引到更多的人？从惯例上看，推出新产品一般都需要投入大量资金做电视广告，然而雀巢公司经过调查发现，现在各国的年轻人普通都是互联网和手机用户，他们对于网络的依赖远大于电视，而且他们喜欢谈论新鲜事物，相信口碑传播，剥开吃的“笨NANA”恰好可以迎合他们追求新鲜、时尚的心理。雀巢公司决定采用微博营销。相比于电视广告，网络微博是更适合传达此类主题的平台，不仅成本更低，还能通过年轻人热衷的转发、分享获得更多的推荐者。他们在多个国家开通了“笨NANA”微博，随着图文并茂的博文更新，粉丝们很快开始发表大量类似于“笨NANA太新奇了”、“我终于吃到了传说中的笨NANA”、“上海有好玩好吃的笨NANA了”之类的话题，发布者多是美食或时尚类微博，粉丝数量庞大。不满半个月，各网站的微博搜索结果就累计达数百万条，其中还有不少剥冰棍的直观图片。通过大量转发，越来越多的消费者都知道了有这么一种新鲜好玩的雪糕。“笨NANA为你揭开神奇乐趣”——对其可以像香蕉一样剥开吃的特性以及新鲜感进行传播，让“笨NANA”的销量随之迅猛提高。

资料来源：《销售与市场》，2012 年第 11 期。

第三节　国际市场产品包装决策

包装落后一直是影响我国产品国际市场营销的主要因素之一。长期以来国际市场上对中国产品的评价是“一等产品、二等包装、三等价格”。这种情况虽然近年来有所改观，但与国外产品的包装相比还有很大的差距。因此，做好国际市场产品包装决策，对于我国企业尤为重要。

一、国际市场产品包装及其作用

国际市场上，产品的包装与国内市场一样，主要包括三个层次，各个层次的作用及作用持续的时间也不同，如表 9-3 所示。

表 9-3　　国际市场产品包装及其作用

包装的层次	包装的作用	包装物的使用价值丧失时间	包装决策应考虑的因素
内包装	满足需要；方便使用	产品消耗尽	消费者……方便
中层包装	美化产品；刺激购买	销售过程结束；消费过程开始	分销商……美观节省空间（货架）
外包装	方便储运；保护产品	储运过程结束；销售过程开始	储运商……牢固节省空间

1．以包装容器形状分类：可分为箱、桶、袋、包、筐、捆、坛、罐、缸、瓶等。2．以包装材料分类：可分为木制品、纸制品、金属制品、玻璃、陶瓷制品和塑料制品包装等。3．以包装货物种类分类：可分为食品、医药、轻工产品、针棉织品、家用电器、机电产品和果菜类包装等。4．以安全为目的分类：可分为一般货物包装和危险货物包装等。

在国际市场营销活动中，产品包装的作用比国内营销更突出，表现为产品包装的两个最基本的功能，即产品的保护功能和促销功能。这是因为：第一，国际产品的运输距离相对长、流转次数相对多，易造成产品的损害，因此，要求产品包装具有更强的保护作用。第二，产品包装是无声的推销员，在国际市场上，包装应有利于产品信息的传递，达到良好的促销作用。

二、国际市场产品包装决策应考虑的因素

（一）国际产品包装决策应考虑的因素

如表 9-3 所示，国际市场的产品包装决策必须在考虑消费者的需求、分销商和储运商的要求等因素的基础上作出，除此以外，国际产品的包装决策还应考虑东道国政府的要求。一般来说，东道国政府要求产品包装必须符合相应的包装法规，能够保护消费者或用户的利益，并且有利于环境保护。目前，各国对于产品包装的要求越来越严格。例如，欧盟提出将在食品包装中体现出对食品健康及营养标准的要求，并且还要有明确的说明及公司的证明，以免食品企业误导消费者。美国的食品包装法规也要求食品加工企业必须在食品标签上清楚而准确地标明食品的成分，特别是易引起过敏反应的成分。

（二）国际市场产品包装设计决策的具体要求

当今国际市场商品竞争的诸多因素中，商品质量、价格、包装设计是三个主要因素。国外一位研究市场销售的专家曾说："通往市场的道路中，包装设计是最重要的一条。包装对整体形象的促进作用并不亚于广告。"国际市场对商品的包装总体要求是一要符合标准，二要能招徕顾客。具体的要求有以下几方面。

1．名称易记。包装上的产品名称要易懂、易念、易记。

2．外形醒目。要使消费者从包装外表就能对产品的特征了如指掌。

3．印刷简明。包装印刷要力求简明。那些在超级市场上出售的商品，因为是由顾客自己从货架上挑选，因此它们的包装就要吸引人，让顾客从货架旁边走过时能留意到它，想把它从货架上拿下来看看。

4．体现信誉。包装要充分体现产品的信誉，使消费者透过产品的包装增加对产品的信赖。

5．颜色悦目。一般来说，欧洲人喜欢红色和黄色。在超级市场上销售的高档商品，多采用欧洲流行色，即淡雅或接近白色的色彩。

6．有地区标志。包装应有产品地区标志或图案，使人容易识别。

7．有环保意识。国际上现在普遍重视环境保护工作，为此国际上有许多关于包装材料的新具体规定，总的趋势是用纸和玻璃取代塑料，塑胶等材料。如德国规定中国出口到德国的食品包装用瓦楞纸箱。

三、国际市场产品包装决策的发展趋势

1．环保化。环保化也就是要求企业采用符合环保要求的绿色包装。绿色包装概念是 20 世纪 80 年代提出的。所谓绿色包装是指包装产品在生产和使用过程中对人体和环境无危害，而且能够循环再生利用或能自然降解的适度包装。因此，绿色包装是一种资源节约型且在环境和资源的基础上都可以长期支持的新型工业发展模式。

2．方便化。即产品的包装要便于消费者的使用、携带、储运和处理。产品包装的方便化要求包装符合人性化需求，即方便使用和携带，例如，欧美国家有专门为老年群体或病人设计的 Ergonmics 包装。同时，产品包装能方便处理，如国外的自动降减包装，即可方便使用者处理，也可减轻环境压力。

3．特色化。产品的包装还应具有特色，体现产品的品牌内涵和文化底蕴。例如，湖南湘泉集团有限公司生产的酒鬼酒，因其包装瓶形似捆口麻袋，非常具有特色，其产品也迅速在市场上走俏。

【全球视野 9-1】　国际绿色包装 3R、5E 原则

3R

- Reduce：减少包装用材；
- Reuse：可重复使用的包装材料；
- Recycle：可循环使用的包装。

5E

- Ergonomics Package：即符合人体工学原理；
- Emission Low：低排放；
- Environment Friendly：环境友好；
- Energy Saving：节约能源资源；
- Easy To Service：服务方便一条龙。

第四节　国际市场产品品牌决策

一、品牌的含义和作用

（一）品牌

根据美国营销协会（AMA）的界定，品牌是一个名称、符号、标志、图案，或它们的组合，用

于区别一个或一群卖主的产品。

品牌一般由品牌名称和品牌标志两部分组成。品牌名称是指品牌中可以用语言称呼的部分，例如，索尼（SONY），麦当劳（Mc）等；品牌标志是指品牌中可识别，但无法用语言称呼的部分，如品牌中的符号、图案等。

（二）商标

1. 商标是一个法律名词，是指经过政府有关部门登记、注册后受法律保护的品牌或品牌的一部分。品牌不等于商标，只有经过法律程序的登记、注册，品牌才可成为商标，受到法律保护。

2. 国际上商标使用权的确认原则。在国际上，由于不同国家的法律体系不同，对商标使用权的确认原则也不同，但主要有以下几种。

（1）注册优先原则。在成文法系国家，商标的所有权归商标的首先注册人，即谁先注册，谁就拥有商标的使用权。像中国、日本、法国等成文法系国家都采用此原则。

（2）使用优先原则。在习惯法系国家，商标的所有权归首先使用商标者，但商标权仅限于使用所达到的地区，且必须是实际使用而非象征性使用。在英国、美国、加拿大、澳大利亚等习惯法系国家，商标的所有权采用使用优先原则。

（3）混合原则。主要分两种情况，一种是注册优先与使用优先结合，即在采用注册优先的国家，规定商标注册者在一定期限内无正当理由不连续使用商标，商标使用权将被撤销；另一种情况是使用优先与注册优先相结合，表现为在使用优先的国家也办理商标注册，但这种注册在一定期限内只起一种声明作用，如有首先使用者在此期限内提交首先使用证明，则注册无效，若一旦超过期限，任何人都不能以首先使用者身份要求撤销注册。

由于我国营销人员对国际上商标使用权的确认原则不了解、不熟悉，因此我国的驰名商标在国外市场经常遭遇被抢先注册或抢先使用等情况，给相关企业造成不必要的麻烦和损失。

3. 商标侵权。除了商标使用权的法律规定外，各国对商标侵权及处理办法也有明确的规定。

商标侵权是指在同一种商品或类似商品上使用与某商标相同或相近的品牌名称或标志，对消费者构成欺骗或误导，对原商标所有者造成声誉损害和经济损失的行为。

商标侵权主要有以下三种方式。

（1）假冒商标。即非商标所有人将一个已有的商标（通常为名牌商标）贴在其产品上出售。我们通常可在国内的大街小巷看到贴有阿迪达斯、耐克商标的低劣运动鞋，这是很显然的假冒商标侵权行为。

（2）仿冒商标。指非商标所有者模仿名牌商标，制造近似的品牌，贴在质量低劣的同类产品上出售，试图混淆消费者的视听，以达到鱼目混珠的目的。例如，美国的莱维斯公司的“Levi’s”牌牛仔裤非常著名，有法国商人就使用“Lewis”作商标，而德国商人则用“Levy’s”品牌，这几个商标名称发音十分相近，消费者根本无法辨别，这不但使大量劣质牛仔裤打着“Levi’s”的商标销往市场，而且使莱维斯公司的声誉受到严重影响。目前市场上也有不法商人仿冒推出的不少“山寨”产品，实际上是一种仿冒商标侵权行为。

（3）恶意抢注。这是指一些并非是商标的真正所有者，利用法律漏洞，抢先注册商标，取得商标的所有权，然后再高价出售给商标的真正主人。例如，我国南京某化妆品公司的“金芭蕾”牌护肤品一直在国内外市场上享有较好的声誉。后来，该品牌被澳大利亚一商人抢注，该公司为了夺回商标的所有权，只好忍痛出资80万美元买回原本就是自己的“金芭蕾”商标。像这样的例子，在国际市场营销实践中不胜枚举。

因此，我国企业在国际市场营销活动中一定要重视商标的注册和保护工作。首先应尽快取得商标的合法所有权；其次，不能侵害他人的商标权；最后，也要防止他人侵害自身的商标权益。

（三）域名

域名是企业的网上商标，但相对于一般商标而言，域名更具有排他性。例如，西湖可以成为啤酒、味精、电视等产品的商标，但是www.westlake.com这个域名却属于美国Westlake Chemical公司。对于企业来说，在国际市场营销活动中应该做好以下工作。

1. 设计好合适的域名。做到易识、易记，符合企业的业务特点，尽可能与企业的商标或企业名称一致。

2. 注册域名。域名为企业在Internet上建立信息宣传中心奠定了基础。绝大多数企业在建立自己的网页时希望使用企业的公司名或商标名作为域名。但国际域名的资源十分有限，且不受商标法保护，谁先注册，谁就有权使用。因此，中国企业要尽快抢占以企业名、缩写名或商标名命名的最佳域名。

（四）品牌的作用

1. 品牌有利于消费者进行产品选择，缩短消费者的购买决策过程。品牌在消费者心目中是产品的标志，它代表着产品的品质和特色，同时它还是企业的象征，蕴含着企业的精神、经营特色和管理水准。因此，品牌能解除消费者的种种疑虑，缩短购买的决策过程。

2. 品牌有利于企业形象的宣传和产品的促销。搞好一种品牌的宣传，突出产品的某些功效、特征和保证，正好能满足消费者追求的利益，就会在消费者的心目中打上深刻的烙印，同时也有助于企业良好形象的树立。

3. 品牌是产品差异化的手段，有助于减少价格弹性，促进产品组合的扩展。品牌使某种产品与其他竞争产品的差异凸显出来，使购买者往往不是从价格方面与其他同类产品相比较，因此，国际名牌比一般品牌商品的价格弹性要小，企业享有较高的利润空间。

4. 品牌可以超越产品的生命周期，是一种无形资产。一般而言，产品都有一个生命周期，会经历从投放市场到被淘汰退出市场的整个过程。但是一个品牌一旦拥有广大的忠诚顾客，其市场地位就可以经久不变，即使其产品已历经改良和换代，而品牌就成为一种无形资产。

二、国际市场的品牌使用决策

在国际市场营销活动中，品牌的使用策略主要有以下四种。

1. 采用统一品牌行销全球市场。即企业的产品在全球市场上使用相同的品牌名称和标志，例如，可口可乐在全球市场上的品牌名称和标志相同。这种策略的优点是：有利于统一产品形象；也有利于节省产品在全球市场的促销费用；采用统一的品牌也可使国际旅行者在不同国家的市场上见到相同品牌的产品，增加亲切感，有利于扩大销售量。但这种策略也可能会因为品牌名称在不同的社会文化环境中有不同的含义，易产生不良的反应，而影响产品的形象和销路。例如，日本的松下（National）电器，就是由于其品牌名称在有些国家不能被接受，最后改为“Panasonic”。

全球统一品牌策略往往适用于以下条件：（1）产品本身具有全球通用性，一般来说，工业品比消费品的这一特性更为突出；（2）品牌名称本身并无确切的含义，在不同国家和地区也不会产生歧义，例如，柯达（KODAK）本身就没有明确的意义，因此采用全球统一品牌也无大碍；（3）产品品牌名称或标志已在全球大多数国家市场得到认同，加以调整或修改反而得不偿失。

2．采用完全不同的品牌行销不同市场。当一个产品的品牌名称无法被译为当地语言，或企业的同一产品想在不同的国家采用不同的定位时，就可以采取此策略。这种策略的优点是：品牌能适应当地市场的特点；品牌之间不会产生不良影响，尤其是投入不同国家市场的产品质量和档次有较大差异时，采用完全不同的品牌，不会影响或破坏产品的原有形象。但这种策略不利于企业在全球市场树立统一的产品形象，也不利于节省产品的营销成本，尤其是促销成本。

3．采用稍有差别的品牌行销不同市场。一方面，由于各国的文化环境不同，要求企业对品牌名称和标志加以改变，以适应当地市场的需求；另一方面，企业在原有品牌的宣传等方面已有较大的投入，品牌也已有了一定的知名度，弃之可惜。于是企业就采用对原品牌稍作修改，利用稍有差别的品牌行销不同市场。这种策略考虑到第一种和第二种策略的优缺点，将两者的长处充分结合起来，以取得更佳的品牌使用效果。它既可以使原有的品牌优势不完全丧失，又不至于产生不良的影响。例如，雀巢（Nestle）公司曾在向欧洲市场投放新产品时采用过此策略。他们根据不同国家采用不同的品牌名称，将投放德国市场的速溶咖啡命名为“Nescafe Gold”，而将同样的产品以“Nescafe Gold Blend”投入英国市场。

4．采用分销商品牌行销当地市场。当一个新产品投入到另一个国家市场时，由于该国的消费者对该产品一无所知，要在短期内打开销路困难重重。此时，企业就可采取这种策略，借助当地一些有声望的分销商的品牌名称，来打开当地市场。例如，许多国家的新产品在打入美国市场时，经常借用美国著名的西尔斯、沃尔玛、凯玛特等美国零售商，使用这些零售商的知名品牌，顺利地将产品打入了美国市场。当然，一旦企业积聚了一定的实力，往往还是希望能拥有自己的品牌。

三、国际市场的品牌设计决策

品牌的设计是一门艺术，纵观世界名牌，其成功的重要经验之一，就是进行了完善的品牌设计。从国际市场上成功品牌的经验来看，一个优秀的品牌，应具备以下条件。

1．合法性。在国际市场上，一个好的名牌，首先必须是符合法律要求，受到法律保护的，这是品牌设计的最基本原则。如果只是将他人商标贴在自己的产品上，或者将名牌商标进行改头换面，这些都不是品牌设计，而且终将受到法律的制裁。

2．寓意性。这是指品牌必须反映产品的特性，寓意产品的功效。例如，世界名车中的“奔驰”、“宝马”、“美洲豹”等品牌名称都寓意着汽车的性能。又如世界著名的宝洁公司，其产品品牌均具有丰富的内涵，比如“舒肤佳（Safegaurd）”香皂、“海飞丝（Head&Should）”洗发水等。

3. 简易性。好的品牌应该是易识别、易发音、易记忆。如我国的“美加净（MAXAM）”品牌，因其字母的排列是对称的，所以容易记忆。类似的还有联合利华的“奥妙（OMO）”等。

4. 延伸性。好的品牌可以突破产品、地域、顾客群的限制进行拓展。一般来说，没有实质意义的品牌名称具有较好的延伸性，例如，国际著名品牌中的KODAK、EXXON、SONY等品牌名称本身没有明确的含义，相对有利于延伸，可用于不同产品；而含义越明确的品牌名称，越难扩展，例如，可口可乐（Coca-Cola）是非常成功的软饮料品牌，但将它用于服装或鞋帽则恐怕不太合适。同时，品牌一旦与某个特定产品联系起来，成为某一类产品的代名词，则也难以延伸。例如，“施乐（Xerox）”已成为复印机的代名词，就不适合用于其他产品。此外，品牌的延伸性还涉及地域的拓展。在市场全球化的今天，优秀的品牌应突破地域的限制，适合于不同的市场。目前我国不少优秀的品牌，尤其是寓意深刻的老字号都面临着在国际市场品牌延伸的问题，例如，“同仁堂”、“全聚德”、“杏花村”等。令人欣喜的是，随着我国企业的国际化进程的加快，越来越多的企业正在按照国际化的要求打造其企业形象和产品品牌，其中也不乏成功者。例如，1996年，青岛电视机厂改组为海信集团，汉字品牌名称为“海信”，同时，为了体现国际化策略，在汉字品牌的基础上增加了一个谐音的英文品牌—HiSense，来源于High Sense（高灵敏，高清晰），符合产品特点，它又可引申为“卓越远见”，体现企业的抱负。我国最大的彩管生产基地陕西彩虹集团导入CI，并对品牌进行了国际化。新品牌名称是一个典型的英文品牌，来源于Iris corporation（彩虹公司），Iris是古希腊神话中专门传播美好消息的彩虹女神，含义高雅，与原汉字品牌相关联。这些企业无论是品牌的设计，还是产品质量等都在向世界名牌靠拢。

【全球视野 9-2】　　全球化品牌建设的十条建议

1. 在全球品牌建设的大范围内了解各地的相似和不同之处。不同的国际市场可能在品牌开发、消费行为、竞争活动、法律法规等许多方面不同。

2. 不要在品牌建设上走捷径。在全新的市场里，品牌要从零做起，这体现在战略上，也体现在战术上。

3. 建立营销体系。公司必须在新市场上从头开始建立营销体系或者适应该国已有的体系。

4. 接受整合营销。在海外市场，公司往往需要多种传播手段，仅广告是远远不够的。

5. 建立品牌合作伙伴。绝大多数全球化品牌拥有营销方面的合作伙伴，以此来帮助公司在国际市场上获得分销、盈利性和附加值等方面的优势。

6. 在标准化和量身定做之间取得平衡。营销方案集中的一些组成元素是标准化的，另一些则要求更大程度的量身定做。

7. 在全球控制与当地控制之间取得平衡。在公司组织结构和分销决策等方面，公司必须权衡全球经理和当地经理的意见。

8. 建立操作指南。品牌的定义和指南让营销人员知道哪些该做，哪些不该做，以传递和加强为品牌定位和营销所制定的规范。

9. 实施全球的品牌资产度量系统。全球的品牌资产度量系统通过一系列的研究步骤来提供准确有效的信息。

10. 巧用品牌组成元素，包括品牌名称、标识等。

资料来源：菲利普·科特勒等著，《营销管理》（原书第 15 版），格致出版社&上海人民出版社 2012（8）：582。

第五节 国际市场产品组合决策

一个企业往往不仅仅生产一种产品，而是生产一系列产品。如何使企业生产、经营的产品既能满足全球不同市场的需要，又符合企业的市场定位，而且能保证企业资源的最有效利用，答案就是必须做好产品组合决策。

一、产品组合及相关概念

（一）产品组合的界定

1. 产品组合（Product Mix）：产品组合是指一个企业所生产经营的全部产品的总和，它包括产品线和产品项目。

2. 产品项目（Product Item）：是指产品线中具有不同品种、规格、质量和价格的特定产品，它是不可分割的产品。

3. 产品线（Product Line）：是指产品组合中的某一产品大类，是一组密切相关的产品。

（二）产品组合的相关概念

通常可用产品组合的宽度、长度、深度和关联性四个方面的内容来说明一个企业的产品组合情况，如图 9-3 所示。

个人护理	家庭护理	食品饮料	家庭净水
夏士莲洗发水	奥妙洗衣产品	和路雪冰淇淋	家庭净水宝
力士洗发水沐浴露	金纺衣物护理	四季宝花生酱	
清扬洗发水	晶杰清洁剂	家乐调味品	
多芬沐浴露		立顿茶饮	
凡士林护肤霜		老蔡	
旁氏护肤霜			
舒耐止汗香体			
中华牙膏			
凌仕男士香氛			

深度（纵轴）　宽度（横轴）

图 9-3　联合利华中国市场产品组合[①]

1. 产品组合的宽度：是指一个企业所拥有的产品线的数量。一个企业拥有多少条产品线，就表明其产品组合的宽度多宽。

① 参见联合利华中国官方网站，www.unilever.com.cn。

2. 产品组合的长度：是指一个企业所拥有的产品项目的总和，即各条产品线所包含的产品项目的总和。

3. 产品组合的深度：是指企业的每一条产品线中所包含的具体品种、规格、花色、款式等的数量。

4. 产品组合的关联性：是指企业的产品组合中各条产品线之间在最终用途、生产条件和销售渠道选择等方面的相关程度。

二、产品组合决策

企业在国际市场营销活动中，与单个产品的设计一样可采取的产品组合决策的标准化策略和差异化策略。

（一）产品组合的标准化策略

产品组合的标准化策略是指企业将本国的产品组合，包括所有的产品线或产品项目复制到其他国家的市场。

产品组合的标准化策略的优点是有利于发挥规模经济效应，产品的设计和开发成本较低。但其缺点是不能适应目标国家市场的要求。

（二）产品组合的差异化策略

产品组合的差异化策略是指企业将本国的产品组合进行一定的筛选，选择合适的产品线或产品项目进入目标国家的市场。例如，宝洁公司在美国总部的产品组合很宽，有包括止汗除臭产品、婴儿护理、化妆品、家居清洁用品、宠物保健营养品、处方药、饮料和小点心等20余条产品线，但进入中国市场的产品线仅婴儿护理、头发护理、口腔护理、个人护理、家居清洁等产品线，而且有些产品线的产品项目很少。产品组合差异化包括产品线的差异化和产品项目的差异化两个方面。

产品组合差异化策略运用的表现为企业往往会选择缩小产品组合的宽度、深度等做法，使产品组合更加符合目标国家市场的需要。

产品线的差异化策略运用通常表现为产品线向上或向下延伸，以适合当地市场的需要。产品线向下延伸是指企业原来生产高档产品，后来决定增加低档产品。企业采取这种决策的主要原因是：企业发现其高档产品并不适合目标国家市场的需求水平，因此，不得不将其产品大类向下延伸；或者是企业的高档产品在当地市场受到激烈竞争挤压，必须用侵入低档产品市场的方式来反击竞争者。产品线向上延伸是指企业原来生产一般产品，但在目标国家市场高档产品更畅销，销售额增长较快，利润率较高，企业转而推出高端产品，以更好地提升形象和扩大销售。

（三）国际市场产品组合决策应考虑的因素

企业在进行国际市场产品组合决策时应考虑以下因素。

1. 目标国家的经济发展水平。当目标国家的经济发展水平与本国相似时，企业可采取标准化产品组合，向目标国家推出相近的产品线和产品项目；反之则需要调整产品线或产品项目。

2. 目标国家的政策法规。当目标国家政府对产品没有相应的政策法规限制时，企业可采取标准化产品组合，向目标国家推出相近的产品线和产品项目；反之则必须调整产品线或产品项目。例如，宝洁公司的处方药进入中国市场的难度较大，所以宝洁在进入中国市场时并没有考虑引进这条产品线。

3. 目标国家的需求特点。当目标国家的需求水平、需求心理、需求结构等需求特点与本国相似时，企业可采取标准化产品组合，向目标国家推出相近的产品线和产品项目；反之则需要调整产品线或产品项目。

4. 目标国家的产品使用环境。当目标国家的产品使用环境与本国相同时，企业可采取标准化产品组合，向目标国家推出相近的产品线和产品项目；反之则需要调整产品线或产品项目。

5. 企业的因素。企业有没有条件进行产品组合的调整，也是产品组合决策必须考虑的因素。如果企业不具备相应的生产技术条件，不宜作产品组合的大调整。此外，如果调整产品组合能实现的收益无法弥补实行差异化策略付出的成本时，也不宜采取差异化策略。

【案例精选 9-2】　宝马产品组合全方位满足亚洲顾客需要

宝马进军亚洲市场时的几种不同车型是用来满足不同的消费人群的。

1. 宝马三系列定位是年轻，运动。三系列原为中高级小型车，新三系列有三种车体变化：四门房车、双座跑车、敞篷车和三门小型车，共有七种引擎。车内空间宽敞舒适。宝马三系列敞篷车和运动型多功能车X5是宝马家族的新宠，以浪漫和实用将力量、典雅和乐趣集于一身。

2. 宝马五系列定位商务，运动。备有强力引擎的中型房车五系列是宝马的新发明。五系列除了在外形上比三系列大，它们的灵敏度是相似的。拥有两种车体设计的五系列配有从1800马力到4000马力的引擎，四个、六个或八个汽缸。五系列提供多样化的车型，足以满足人们对各类大小汽车的所有需求。

3. 宝马七系列定位豪华商务。七系列无论从外观或内部看都属于宝马大型车等级。七系列房车的特点包括了优良品质、舒适与创新设计，已成为宝马汽车的象征。七系列除了有基本车体以外，还有加长车型可供选择。七系代表着杰出的工程设计、前沿的科技创新、无法比拟的震撼力、纯正的驾驶乐趣，是宝马品牌价值的最好诠释。宝马新七系手动模式下，取代自动排挡杆的是位于方向盘右上角，一个精巧的“变速柄”。换挡时，双手可不离方向盘，使驾驶更简便，更有乐趣。宝马新七系采用全新造型设计理念：均衡的动感、古典式的优雅、跑车的轮廓和完美的线条组合，尽显豪华气派而不失流畅和动感。

4. 宝马八系列定位超级豪华跑车。八系列延续了宝马优质跑车的传统，造型独特、优雅。该系列停产后，又有“宝马CS概念车——BMW8系”复活。

本章小结

国际市场的产品决策是国际市场营销组合决策的基础。国际市场产品决策主要包括产品设计决策、新产品开发决策、产品包装和品牌决策等内容。

在国际市场上，企业提供给消费者和用户的产品也应该是整体概念的产品，但是由于各国的环境有较大差异，因此国际市场产品设计涉及产品的标准化设计和差异化设计两种策略，企业应根据各国的政策法规、技术规范、市场需求和使用条件等因素来抉择。

在国际市场上产品同样存在着生命周期，企业只有不断开发出符合国际市场需要的新产品，并将新产品迅速推向市场，为市场所接受，才能在市场上立于不败之地。

要使产品在市场上迅速扩散，除了产品需要具有良好的性能外，还必须有合适的包装和品牌。国际市场上的产品包装决策需要考虑许多因素，当前尤其要关注发达国家对绿色包装的要求。同时，良好的品牌设计和品牌运用，也是帮助产品扩大知名度、提高市场占有率的重要决策。

在国际市场上，企业可以将在本国市场或其他国家市场的整个产品组合复制到目标国家市场，采取标准化产品组合；也可以根据目标国家的市场特点，对原有产品组合进行调整，筛选合适的产品推向目标国家市场。

思考题

1. 国际市场产品的标准化与差异化设计各有何利弊？
2. 国际市场产品设计决策应考虑哪些因素？
3. 国际新产品开发主要经历了哪些阶段？
4. 影响国际市场新产品扩散的因素有哪些？
5. 国际市场产品包装决策应考虑哪些因素？国际市场产品包装的发展趋势有哪些？
6. 国际市场产品的品牌使用决策主要有哪些？各有何利弊？
7. 国际市场产品品牌的设计决策应遵循哪些原则？
8. 国际市场产品组合决策应考虑哪些因素？

第十章 国际市场分销决策

【本章学习目标】

- 了解国际市场营销分销系统；
- 掌握选择国际市场营销分销渠道的原则与方法；
- 熟悉国际分销渠道管理策略；
- 了解国际实体分销的目标与管理。

【导入案例】

苹果在中国的渠道问题多年来一直被总部视为顽疾，曾经支撑了中国IT产业十多年的代理商层层分销的模式并不为苹果总部认可。尽管后来苹果默认了中国市场的特殊性，但一有机会，苹果还是会试图摒弃其认为不必要的代理商体系，尝试直接接入超市或者建设高端门店。

在苹果公司的全球渠道体系内，大型连锁商超渠道被称为CES，优质经销商被称为APR，这两类渠道被苹果视为理想的合作伙伴和自营零售店的重要补充。但在中国市场，尤其在2007年之前，苹果在这两个领域的多次尝试均以失败告终。根本问题在于苹果的电脑产品在当年属于小众消费，仅仅依靠iPod业务很难获得足够的利润支撑门店业务，而苹果10%左右的毛利在那个年代并不出众，相比索尼等产品线丰富且动辄拿出数万元来支持渠道建设专营店的厂商，苹果很难吸引到渠道的支持。

但今天的苹果显然不再是当初心有余而力不足的苹果。苹果现任CEO库克表示，在2007年iPhone进入国际市场前，苹果在中国市场的营收仅在数亿美元左右，但在2012年上半财年，苹果大中华区的营收已经高达124亿美元。分析师则预计苹果本财年大中华区的营收将达到250亿美元以上。

现在，苹果产品的卖气横扫一切电子产品，在其他电子产品毛利一降再降的情况下，苹果的毛利吸引力大增，申请成为苹果授权经销商的队伍每天都在加长。在此基础上，中国的APR（优质经销商）业务也已经步入正轨，占据了苹果在华产品销售额的40%。苹果真正有了对代理商动手的资格。

2012年初，苹果开始对大中华区的全国总代理商做出调整，取消了方正世纪、翰林汇的代理资格，只保留了长虹佳华和佳杰科技两家全国总代理。据报道，苹果态度强硬地要求方正世纪和翰林汇停止分销转做零售，两家曾经的总代理商被迫在零售市场上展开了搏杀。

虽然目前英龙华辰、酷动、新亚等苹果优质经销商备受苹果认可，但未必能够笑到最后。因为苹果在成熟市场上，会不断地增加直营店数量，以苹果业务为核心的优质经销商与其竞争时，往往会陷入被动。目前苹果在中国直营店的建设上并不顺利，所以优质经销商还没有明显感受到这一点。

但这并不是危言耸听，据法国《回声报》报道称，由于苹果正在加强自营零售店的发展，苹果在欧洲的授权经销商普遍表示，他们在苹果眼中的优先级已经大大下降。

2010年11月，苹果在法国最大的授权经销商eBizcuss对苹果提起诉讼。2011年第三财季，该公司的销售额同比下降了22%。eBizcuss拥有200名员工和15家门店，不过该公司已走到了破产的边缘。2010年，该公司股价下跌了50%。

即便在中国，经销商也已经感受到了苹果直营店的压力。先期入驻北京西单大悦城的英龙华辰在遭遇苹果官方直营店落户同一大楼后，销售量随即下降将近一半。一个更直观的例子是，2011年初，苹果推出iPad2后，对在直营店接近日期购买iPad的消费者补了差价，但其他渠道并无这一补偿。消息传出之后，优质经销商的门店挤满了讨要说法的人群。

苹果曾经计划两年内在华开设25家直营店的宣言言犹在耳，虽然如今这一任务仅完成了五分之一。苹果的优质经销商们只能希望苹果在中国的扩张继续这么低效，产品仍能吸引那么多的消费者，否则他们的春天肯定会提前结束，中国的代理商和法国的经销商都是前车之鉴。

国际市场营销分销渠道策略是国际市场营销组合策略中的重要组成部分。与国内市场分销相比，国际分销是跨越国界的营销活动，企业不仅要涉及国内分销渠道，更要考虑产品在国家之间的渠道，还要考虑产品销售国的国内分销渠道。由于各国的市场环境和市场体系千差万别，因此，国际市场营销分销渠道的管理远远比国内市场复杂得多。当企业采取不同的战略进入国际市场时，将面临不同的分销渠道决策。本章主要就国际市场分销系统、国际市场分销渠道决策、国际市场分销渠道管理和国际市场实体分销进行阐述。

第一节 国际分销系统

一、国际分销系统概述

（一）国际市场分销系统的概念

国际市场营销分销渠道是指参与将一国生产厂商的商品转移到另一国市场，销售给东道国消费者或最终用户的所有机构和个人，包括在商品转移的过程中那些获得商品所有权或帮助所有权转移的机构和个人。

国际市场分销系统由营销中介机构以及企业和消费者或用户构成，并涵盖了国际商流和物流的整个过程及其影响因素。在国际市场分销系统中，一般具有三个基本因素：制造商、中间商和最终消费者。制造商和消费者分别居于分销系统的起点和终点。当企业采取不同的分销策略进入国际市场时，产品或服务从生产者向消费者的转移就会经过不同的营销中介机构，从而形成不同类型的国际分销结构。

国际市场分销系统包含了以下三层含义：

第一，国际市场分销系统是由国际制造商与进出口经销商、代理商和营销辅助机构等企业或个人组成的一个系统，系统中的成员都被称为渠道成员。

第二，国际市场分销系统是一种产品的流通过程，包括产品的商流和物流，起点是该产品的国际制造商，终点是该产品的海外最终消费者，而处于中间环节的组织或个人都被称为“中间商”。

第三，国际市场分销系统成员相互依赖、相互制约，各自承担着相应的营销职能，起着便利交换、提高营销效率的作用。

（二）国际市场分销系统的结构

与国内市场分销相比，国际市场分销是跨越国界的营销活动，企业不仅要涉及国内分销渠道，更要考虑产品在国家之间的渠道，还要考虑目标市场国的国内分销渠道。因此，国际市场分销系统的结构包括了国际营销企业母国和目标市场国两大组成部分。如图 10-1 所示。

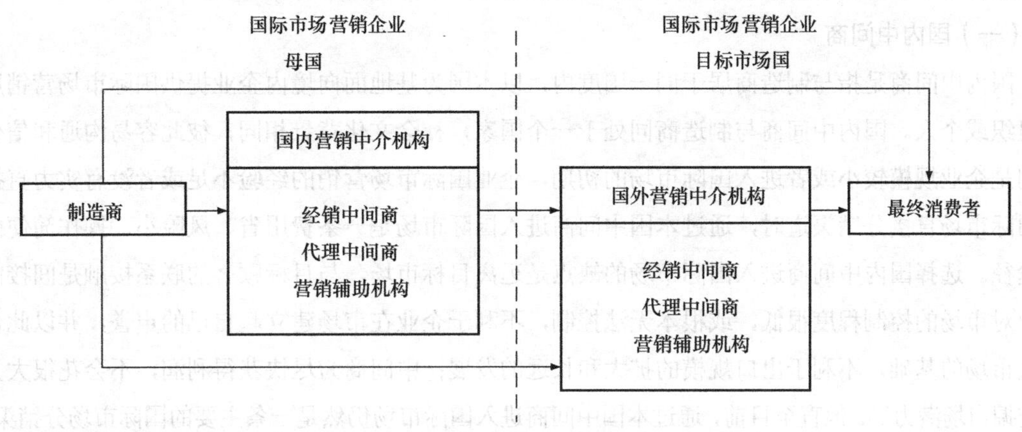

图 10-1 国际市场分销系统

从图 10-1 可以看出，由于国际市场分销系统存在着跨越国界的两大组成部分，国际市场营销企业进行分销活动时，其分销渠道模式的选择将更加复杂，而且依赖于企业已确定的国际市场进入战略。企业在选择具体的国际市场分销策略和设计国际市场分销渠道结构时，还必须充分地考虑企业自身的资源及其所在行业的特点，竞争者的渠道策略，目标市场特征，目标市场国家的法律环境以及消费者的生活方式和购买习惯等。此外，不论采取何种选择，国际市场营销企业都必须考虑渠道的效率和对渠道的控制。

【全球视野 10-1】　文化对分销渠道的影响

文化的多元性使得分销方式更具有灵活性。如在美国，西尔斯·罗巴克公司的大部分商品都采用自己的品牌销售。而在墨西哥，西尔斯为了满足当地文化的自豪感做了两项改变：其一，90%的商品从当地生产商处采购；其二，采用墨西哥制造的美国商标，满足以使用美国品牌为荣、生活达到小康水平的群体需要。

为适应当地环境，分销渠道有时可能需要做一定改变。雅芳采用上门推销或直销方式在美国取得了巨大成功，因为美国人珍惜在私宅或工作场所作购买决策的机会。然而，这种分销方式在有些国家却行不通。如欧洲女性怀疑雅芳销售代表打来的电话是刺探隐私，销售代表也觉得这样很别扭；该公司在日本也遇到了同样的问题。为了解决这个问题，它不得不把每个销售人员派到其熟悉的群体中去，在这个环境中，销售员对顾客已经有所了解，更易于交流。

另一个例子是文化影响了一家在非洲的法国公司划分销售区域。该公司决定根据市场潜力划分销售区域（即当地的行政区），这种划分方式已经在西欧市场获得了成功。然而，这种区域划分没有考虑拥有许多部落的非洲国家的实际情况——每个部落都有一个人负责采购。这种区域划分与部落势力范围不相符，结果在承担销售责任方面造成了混乱。

二、国际中间商类型

国际市场分销渠道的中间商是指渠道的中间环节，包括所有参与分销活动的个人和组织。中间商在国际市场营销活动中承担着企业与最终消费者之间中介和桥梁的作用。

（一）国内中间商

国内中间商是指与制造商居于同一国度内，以本国为基地面向境内企业提供国际市场营销服务的组织或个人。国内中间商与制造商同处于一个国家，社会文化背景相同，彼此容易沟通和信任。特别是企业规模较小或者进入国际市场的初期，企业国际市场营销的经验不足或者没有实力直接进入国际市场直接分销渠道时，通过本国中间商进入国际市场是一条费用省、风险小、操作简便的有效途径。选择国内中间商进入国际市场的缺点是远离目标市场，与目标顾客的联系接触是间接的，企业对市场的控制程度很低，或根本无法控制，不利于企业在市场建立起自己的声誉，并以此作为扩大市场的基础，不利于出口规模的扩大和长远的发展；中间商为尽快获得利润，不会花很大力气去挖掘市场潜力等。但直至目前，通过本国中间商进入国际市场仍然是一条主要的国际市场分销渠道。

根据国内中间商是否拥有商品所有权可将它分为两类：出口商和出口代理商。凡对出口商品拥有所有权的，称为出口商；凡接受委托，以委托人身份买卖货物而非拥有商品所有权的，称为出口代理商。通过出口商和出口代理商外销产品同属间接出口形式。

1．出口商。出口商是指以自己的名义，在本国购买商品，再卖给国外买主的中间商。出口商在与卖主的商品交易过程中，已实现商品所有权的转移。出口商可分为以下主要类型。

（1）进出口公司。承担着进口、出口商品的双重任务。出口生产企业主要是利用进出口公司出口商品的职能。多数进出口公司拥有独立的生产企业，或者与某些生产厂商存在长期分销关系，通过取得国外商人的购货合同，安排生产，然后组织出口销售。进出口公司在国外一般都拥有庞大的分销、信息网络，具有丰富的国际市场营销知识、经验和良好的商誉、公共关系，还有完备的设施和其他物质条件。

（2）出口行。出口行是出口国专门从事出口贸易的批发商。其经营特点是：从众多的生产厂商那里购买商品后运销国外，直接从事海外市场营销活动；可以经营不同企业生产的竞争性产品；根据盈利高低经营供应商的商品，一般不与供应商建立长期的合作关系；其分销网络可以是自设的机构或其他的中间商。

2．出口代理商。出口代理商指不获得产品所有权，只在合同规定的条件下代理本国委托人向国外市场销售商品，收取佣金的中间商。出口代理商的主要形式有以下五种。

（1）出口帮办。它是一种专门为出口生产企业外销产品提供经营服务的机构。这类机构可为多家出口生产企业提供服务，经营互补的、非竞争性的产品，并以委托人的名义开展业务活动，相当于委托人的分支机构，直接对委托人负责，与委托人的关系密切。出口帮办为出口生产企业提供的服务内容主要有：联系国外客户、进行销售谈判和承担商品促销、信贷安排、货物装卸、市场调研、信息搜集等全部或部分责任。

（2）厂商出口代理。它的服务内容与出口帮办相似，两者的区别是：厂商出口代理的市场范围较小，一般只涉足一两个市场；它不充任出口生产企业的分支机构；它与出口生产企业只有短期的关系，合同期限一般为数月、一年或两年左右；它以自己的名义开展业务活动。为此，出口生产企业进入多个外国市场时，只与某一出口帮办打交道即可，但必须与几家厂商出口代理打交道。

（3）独家外销代理。根据合同被授权对外销售某一出口生产企业的所有产品，起着厂商出口部门的作用，专门负责对外商务谈判及产品在国际市场的分销、定价、促销等营销活动。

（4）本国经纪人。经纪人的业务活动具有代理性质，但与上述的代理商又有一定的区别：经纪人是为买主和卖主牵线搭桥的中介，不进行具体的促销活动；经纪人与服务对象不是长期稳定的、连续的关系；大多数经纪人经营的都是大宗商品，且专注于一种或几种商品；经纪人的佣金比较低。

（5）联合外销机构。它是多家参加联合的出口生产企业的代理人。美国出口贸易公司（export trading company）、销售集团（selling groups）等均属这种性质的代理。这些出口代理机构的产品可以是竞争性产品，也可以是互补品、非竞争性产品。多家企业共同拥有一个外销机构，可以取得规模经济的效益，避免在国外市场上企业之间的恶性竞争，减少市场调研、产品出口、促销等方面的费用，还可以避免或减少贸易障碍。

（二）国外中间商

利用国外中间商是国际市场分销网络中的基本做法。国外中间商与产品消费者处在同一个国家，熟悉市场环境和顾客的消费行为，可以更方便地解决语言、运输、财务和促销等方面的问题。利用国外中间商熟悉当地文化、了解当地市场、在顾客中享有声望的优势，可以有效地降低分销风险、提高分销效率。国外中间商主要有以下类型。

1．进口经销商

进口经销商指从国外购进商品向其所在国市场出售的中间商。其在经营时取得商品的所有权，实际占有商品，承担商品经营的风险。主要类型有进出口公司、国外经销商和兼营进口业务的批零企业。

（1）进出口公司。进口国的进出口公司与出口国的进出口公司是同一种类型的中间商，当它们从国外购进商品时，就成为进口商。

（2）国外经销商。国外经销商是指通过签订经销合约，在一定区域、一定时间内经销有关进口商品，拥有商品所有权的国外中间商。国外经销商依经销合约规定向出口厂商购买商品，以自己的名义出售商品，他们独立组织商品的销售，承担各种风险，以低进高出的办法赚取进销差价，追求经营利润。一般来讲，需要进行大量广告宣传和提供售后服务的商品适合由国外经销商销售。

2．进口代理商

进口代理商与出口代理商是同一性质的中间商，只是所在国或委托人不同而已。进口代理商位于东道国，通常受东道国进口商委托寻找货源。它可以分为以下几个主要类型。

（1）独家代理商。独家代理商与委托人是委托代理关系，它没有商品所有权，不承担经营风险，其经营报酬是按一定比例所提取的佣金。另外，允许委托人在合同规定的区域内推销商品，但必须向独家代理商交付佣金。当进口国的独家代理商承担其所在国全国范围的销售责任时，则可称为"总代理"。

（2）一般代理商。一般代理商不享有独家经营权，不承担销售定额义务；委托人在某一地区可自己经营或交由几家代理商经营特定的商品。同时，它的主要业务活动是代表委托人招揽客户，成交合同多由委托人亲自与买主签订，或根据委托人所规定的各项条件由一般代理商同买主洽谈成交。这种方式对委托人有较大的好处，它可控制自己的商品在进口国的销售，但一般代理商的经营积极性不高，容易出现"代而不理"的消极现象。

（3）国外经纪人。国外经纪人与本国经纪人是同一性质的中间商，只是所在国不同，为出口生产企业服务的内容也仅在于出口商品与进口商品这一差别。

3．兼营进口业务的批零企业

某些批发商和零售商在主营批发和零售业务时也兼营进口业务，他们直接从国外市场进口商品，在其国内市场销售，是出口生产企业和出口中间商分销产品的重要力量。其包括下面两种类型。

（1）兼营进口批发商。即绕过进口中间商或出口中间商，从国外购进商品，然后批发销售给国内企业、零售商或其他批发商等的批发商。

（2）兼营进口零售商。即直接向国外购买商品然后零售给国内顾客的零售商。这类零售商主要有百货公司、超级市场、特级市场、邮购公司、连锁商店等。

【全球视野 10-2】　如何在迪拜市场做中国生意——代理和直营别搞乱

迪拜有为数不少的专业产品批发市场，诸如汽配、服装、纺织品、鞋类箱包、手机配件、建材五金等，而建材五金批发市场无疑是众多市场中最为活跃的市场之一。不同于国内的专业市场，迪拜所有的市场都是自发形成的，在沿迪拜湾的一片狭小空间里，每条街面都可以成为连接亚非大陆的货物场，每个店面都可以成为中转交易平台。

在经营方式上，印度人和巴基斯坦人喜欢代理制。在市场里转悠，随处都可以看到英国的涂料、意大利的锁具、德国的工具、日本的电机等，这些国际品牌都是由各自独立的经销商运作，有些品牌可能还不止一个经销商。

中国商人喜欢自销形式，以现货对现金。很多企业抛开中间商环节，直接来到迪拜设立门面或办事处。这种方式极大地刺激了整个市场的神经，由于厂商自销所具备的价格优势，直接影响了整个市场价格的稳定。当然中国商人中运用代理制的也不乏其人。但这种代理仅为一般代理或者是形式上的代理，受代理条款约束程度很低，更多的仅为松散型合作方式。一旦产品为普通常规产品或技术含量较低产品，代理的生存空间就比较脆弱，任何自销形式都会对其造成正面冲击。

如何平衡这两者之间的关系，还要看企业的具体目标而定。国内曾有一家锁具工厂，在众多地区有一般代理，但价格一直被压得很低。该厂负责人参加迪拜展览后发现市场利润空间比想象中大，最后决定直接入驻设点。这样一来，原代理的部分客户放弃代理而主动向该工厂门面进货，门面与代理形成一种竞争关系，最后致使代理转向其他国内供应商。最后该工厂只得适时调整政策，在价格上区别对待，才挽回了一些主要的代理客户。

宁波一家灯具工厂为更好地利用代理的销售网络，尽管已经进驻迪拜，但主动避开正面冲突，以办事处方式经营，取得代理的信任并开始推广其产品，从而花费相对较少的时间将产品打入这个市场。

三、国际市场分销渠道模式

分销渠道模式是指不同的特定构成和功能组合的分销渠道类型。在国际市场分销组织中，是否采用中间商、采用哪些中间商，不同的企业有不同的做法，因而众多企业之间的国际商品分销渠道有不同构成，进而造成渠道功能的分配方式多种多样。有的渠道是生产厂商直接将商品销售给他国的最终用户，有的则是经过出口商、进口商等多个中间商的转手，把商品最后销售给他国消费者。一般来说，国际分销渠道的基本模式有以下 10 种，如图 10-2 所示。

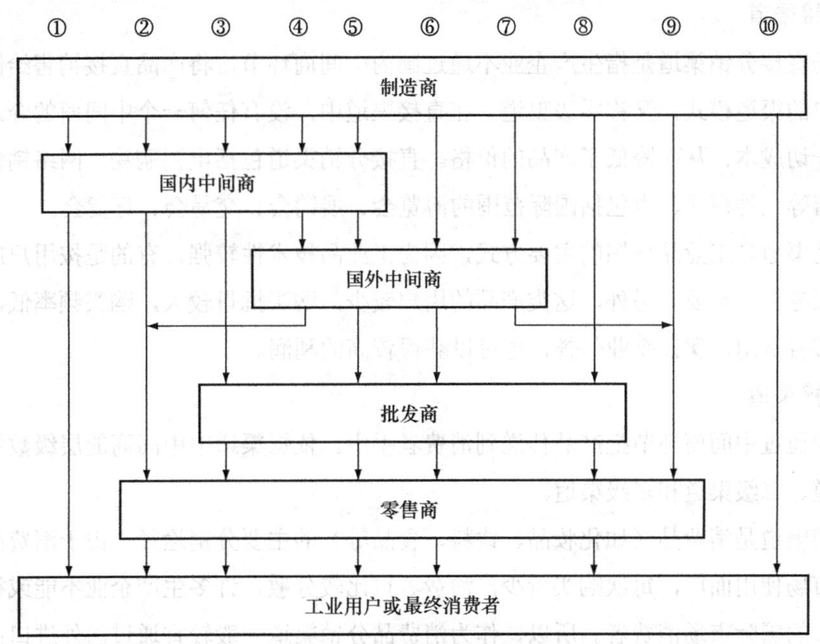

图 10-2　国际营销渠道模式

在图 10-2 中，国际分销渠道中的国内中间商和国外中间商包括许多不同性质的渠道参与，上图中第⑩种渠道结构是最短的国际分销结构，未经任何中间层次就完成了商品流通过程；第⑤种渠道所经历的中间环节最多，产品必须通过国内中间商、国外中间商、批发商、零售商等多个层次才能完成商品所有权的转移。前 5 种渠道均需要企业所在国国内的中间商环节实现产品的国际转移，我们将这 5 种渠道统称为间接渠道。在后 5 种渠道模式中，企业省去了国内的中间商环节，直接将产品销往国外市场，称之为直接渠道。

在第②、③、⑧、⑨渠道中，批发商和零售商也兼营了进口业务。

第二节 国际市场分销渠道决策

一、国际市场分销渠道的长度

国际市场分销渠道的长度是指产品或服务从生产者到最终用户或消费者所经过的渠道层次数。每个在推动产品及其所有权向最终购买者转移的过程中承担一定职能的中间商是一个渠道层次。国际营销企业在选择分销渠道时，应树立整体渠道的观念，即要考虑商品从生产者流转到消费者的全过程，而不能仅仅只关注其中一个环节。

渠道的长度决策涉及是否使用中间商，使用哪些类型的中间商以及每种类型中间商的数量问题。依据渠道中间商的层级多少和每一层级中中间商数量的多少，分销渠道分为直接渠道与间接渠道，间接渠道又分为短渠道与长渠道、宽渠道与窄渠道。

（一）直接渠道

国际市场直接分销渠道是指生产企业不通过国内中间商环节，将产品直接销售给国外最终消费者或工业用户的渠道模式，又称零级渠道。在直接渠道中，没有任何一个中间商的介入，节省了分销所产生的一切成本，从而降低了产品的价格。直接分销渠道包括电视购物、网络销售、上门销售和制造商商店等几种模式，也包括国际范围的博览会、展销会、交易会、订货会。

直接分销渠道是工业品分销的主要方式，因为工业品技术性较强，有的是按用户的特殊要求生产的，售后服务非常重要。另外，这类产品的用户较少，购买批量较大，购买频率低，直接分销方便，有利于节省费用，保证企业信誉，更可以获得较高的利润。

（二）间接渠道

生产企业通过中间商环节把产品传送到消费者手中。依据渠道中中间商的层级数量，间接渠道分为一级渠道、二级渠道和多级渠道。

间接分销渠道是消费品（如化妆品、饮料、食品等）的主要分销途径。由于消费品的技术性不强，在国际市场使用面广，每次购买量少，消费者也比较分散，许多生产企业不能或很难将产品直接销售给广大的国际市场消费者。所以，作为消费品分销渠道一般较宜通过国外进口商采取间接分销，而不是直接分销（当然也有特殊情况，如随着现代网络技术的发展，许多消费品生产企业也可以通过网络直销自己的产品）。

二、国际市场分销渠道的宽度

国际市场分销渠道的宽度是指渠道每个环节所使用的同类型中间商的数目多少。根据渠道的宽度，国际分销渠道可以被分为宽渠道策略与窄渠道策略。制造商在同一层次选择较多的同类型中间商（如批发商或零售商）分销其产品的策略称为宽渠道策略；反之，则称为窄渠道策略。具体来说，国际营销企业在渠道宽度上可以有以下三种选择：广泛分销策略、选择分销策略和独家分销策略。

（一）广泛分销策略

广泛分销，也称密集分销，是指在同一分销层次上尽可能多地使用中间商，以拓宽分销渠道。广泛分销的优点在于产品的高市场覆盖率，最大限度地便利消费者购买的同时，有利于企业迅速占领市场，提升销售额。广泛分销最适用于便利品和工业用品中供应品的销售。不足之处在于，广泛分销加剧了经销商之间的竞争，不利于形成经销商对生产商的忠诚度，经销商的服务水平也较难保证和控制。

（二）选择分销策略

选择分销策略是指在一定时间内、特定的市场区域内，精选少数中间商分销本企业的产品。选择分销策略，既便于企业与中间商建立良好的合作关系，也能保证企业获得适当的市场覆盖面。消费品中的选购品（如服装）、特殊品（如家电）和工业品中的零部件比较适合采用选择分销策略。与广泛分销策略相比，采用选择分销策略的企业对渠道的控制力较强，成本也较低。

有些产品为了能迅速进入国际市场，在开始时往往采用广泛分销策略。但经过一段时间之后，为了减少费用，保持产品声誉，转而选用选择分销策略，逐步淘汰那些作用小、效率低的中间商。缺乏国际市场营销经验的生产企业，在进入国际市场的初期，也可选用几家中间商进行试探性分销，待企业有了一定国际市场经验或其他条件比较成熟以后，再调整市场分销策略。

（三）独家分销策略

独家分销策略是指企业在某一时期、特定的市场区域内，只选择一家中间商来分销其产品。通常双方签订协议，规定这家中间商不能经营其他竞争性产品，而制造商也不能在该地区内直销自己的产品或使用其他中间商分销其产品。

采用独家分销策略，生产商在中间商的销售价格、促销活动、信用和各种服务方面拥有较强的控制力，并通过独家分销形式取得经销商们强有力的销售支持。独家分销的不足之处在于产品的覆盖面较小，导致顾客在购买地点的选择上感到不方便。独家分销适用于产品的市场竞争程度较低或者服务要求较高的专业产品或高档产品。当企业在国际营销活动中想与中间商建立长久而密切的关系时，独家分销策略也是一个很好的选择。但如果独家经销商选择不当，如在国际市场上资信条件不好，经营作风不正，工作能力差或效率低，可能会给企业带来失去市场的风险。

三、影响国际市场分销渠道选择的因素

在国际市场营销中，可供选择的分销渠道通常很多。为了找出直达企业目标市场的最佳途径，企业通常要考虑 6 个具体因素，它们分别是成本（Cost）、资本（Capital）、控制（Control）、覆盖（Coverage）、特征（Character）及连续性（Continuity）。这 6 个具体决策因素被称之为“渠道决策的 6 个 C”。

（一）成本（Cost）

成本是指渠道成本，即开拓渠道的投资成本和保持渠道的维持成本。通常，开发渠道的投资成本是一次性支出，而维持渠道的成本是长期的、主要的、经常的支出。后者包括本企业推销人员的

一切费用、各中间商的佣金、商品流转过程中的储运装卸费用、各种单据和书面工作费用、广告宣传费用和洽谈买卖等各种业务行为费用。

渠道费用构成了企业的销售成本。渠道费用过大，会严重影响企业开拓国际营销渠道的能力和效益。但是取消中间商，则需要企业承担中间商的全部职能。因此，支付渠道成本是任何企业都难以避免的，营销决策者必须在成本与效益间做出权衡和选择。较高的渠道成本常常是企业开拓国际市场的重要障碍。衡量渠道成本的基本原则是能否用最少的成本达到预期的销售目标，或这一渠道费用是否能最大限度地扩展其他5个“C”的利益。

（二）资本（Capital）

这是指建立渠道的资本要求。如果制造商要建立自己的国际市场分销渠道，使用自己的销售队伍，通常需要大量的投资。如果使用独家中间商，虽可减少现金投资，但有时却需要向中间商提供财务上的支持。因此，除了财力雄厚的企业有能力投入大量现金，建立自己的营销渠道之外，一般中小企业由于企业资源的限制，更适宜通过中间商间接出口。

（三）控制（Control）

控制是指国际营销企业对整个分销系统和中间商的有效管理。不同的渠道安排，对应着不同的营销控制程度。通常，企业自己投资建立国际分销渠道时，将最有利于渠道的控制。在市场变化和消费者需求变动的时候，可以及时感知，并迅速做出相应的策略调整——产品的调整、价格的调整以及促销策略的调整，但这样也往往是以增加分销渠道成本为代价；反之，如果采用中间商进行分销，企业对渠道的控制力度相对较弱，为了达到有效分销的目的，企业就必须投入资本以激励和控制中间商。此外，大量中间商的采用还会导致企业对于市场变化的反应迟缓，以致因此错失良机。

渠道控制与产品性质有一定的关系。对于工业品来说，由于使用它的客户相对比较少，分销渠道较短，中间商较依赖制造商对产品的服务，所以制造商对分销渠道进行控制的能力较强；而就消费品来说，由于消费者人数多，市场分散，分销渠道也较长、较宽，制造商对分销渠道的控制能力较弱。

（四）覆盖（Coverage）

这是指渠道的市场覆盖面，即国际营销企业在目标国家销售产品时，通过一定的分销渠道所能达到或影响的市场区域或细分市场。市场覆盖面的选择，以取得最大经济效益为前提，并不是越大越好。

营销者在考虑市场覆盖面时应注意四点：一是渠道所覆盖的每一个市场能否获取最大可能的销售额；二是这一市场覆盖能否确保合理的市场占有率；三是这一市场覆盖能否取得满意的市场渗透率；四是各类型以及具体中间商的市场覆盖能力。

（五）特征（Character）

营销者在进行国际市场分销渠道设计时，既要考虑自身的企业特征、产品特征，还要考虑目标市场国的市场特征和环境特征。

1. 企业特征。企业特征涉及企业的规模、财务状况、产品组合、营销政策等。一般来说，企业的规模越大，越容易取得中间商的合作，因此，可选择的渠道方案也越多。企业的产品如果种类多，差异大，则一般要使用较多的中间商，企业的产品组合中如果产品线少而深，则使用独家分销比较适宜；企业产品组合关联性越强，越应该考虑使用性质相同或相似的分销渠道。此外，企业的营销政策也对分销渠道的选择产生影响。如企业奉行的是快速交货的客户政策，就需要选择尽可能短的分销渠道。

2. 产品特征。产品的差异可能会对分销渠道具有不同的要求。一般来说，对鲜活产品、易腐产品、生命周期短的产品等，应尽量使用较短的分销渠道；单位价值较低的产品、标准化的产品，分销渠道可相应地长一些；技术要求高，需要提供较多客户服务的产品，如汽车、机电产品等，较宜采用直销的方式，或选择少数适宜的中间商销售；原材料、初级产品一般宜于直接销售给进口国的制造商。这一方面的要求与国内市场分销基本相同。

3. 市场特征。由于各国经济、文化、政治法律、物质、技术等环境的差异，各国的市场各有其自身的特征。分析、研究市场特征主要是分析、研究市场集中程度、潜在顾客的数量、顾客的购买习惯和购买频率、销售量的大小、分销渠道的结构和竞争产品的分销渠道等内容。

市场集中程度是指市场、顾客在地理上的集中或分散的程度。如果市场集中，可采用较短的渠道甚至直销渠道；如果市场分散，则需采用间接销售或长渠道；如果潜在顾客的数量多、市场容量大，分布地区广，可采用较长的分销渠道。

从顾客的购买习惯和购买频率来看，日用品一般是就近购买，可采用比较广泛的分销渠道。对于特殊品，顾客一般是向专业商店购买，则不宜采用广泛的分销渠道。如果市场中顾客购买某种商品的次数很频繁，但每次购买的数量不多，则宜使用中间商。顾客一次购买批量大的商品，可选择直接销售的方式。

销售量小的产品一般选用代理商较好，因为代理商可代表制造商向大型零售企业推销，避免经销环节过多而增加零售价格。

在国际市场营销中，渠道策略及其他营销策略的选择必须考虑各目标市场国家分销渠道结构的特点。如日本的分销渠道可以说是世界上最长、最复杂的，并且零售商总是期望退货可以被完全接受，以及大量融资和定期送货上门服务。

竞争者的分销渠道是渠道决策时需要考虑的另一重要因素。对于某些出口产品来说，制造商在确保产品质量并提供良好服务的前提下，往往希望采用与竞争者相同或相近的渠道来销售。一方面是利用该渠道的市场覆盖面和中间商的经验，另一方面是以此来与竞争者抗衡，争取一定的市场份额。

4. 环境特征。目标市场国家的政府可能会禁止或限制某些分销渠道的安排。如一些发展中国家规定某些进口业务必须由特许的企业经办。有些地区规定要对代理商征收代销税，因此代理商往往希望采用表面买断而实际上提取代理佣金的形式，为制造商提供分销服务。就经济环境来说，当经济衰退时，一般应尽可能地使用短渠道，以较低价格将产品尽快地卖给最终用户或消费者。

【案例精选 10-1】　　戴尔中国的渠道模式转变

2011年1月12日，戴尔第1000家售后维修服务站在福建省漳州市长泰县正式落成。该维修服务站的开业标志着戴尔在中国的售后服务体系建设取得了标志性进展，并初步建设完成覆盖全国的高效售后服务体系。

戴尔全球服务执行总监鲍勃·芬纳表示，“极具活力的中国县乡市场蕴含着巨大的发展机遇，戴尔在中国‘电脑下乡’的探索将为戴尔在全球的发展提供宝贵的经验。戴尔愿意继续扎根中国市场，把戴尔优质产品与系统服务拓展到全中国各级地区。”

戴尔中国大陆及港澳地区服务总监李文聪先生表示：“戴尔将从团队、产品、渠道、服务和培训五大方面继续加大对中国农村市场的投入，更好地服务于县乡农村农民朋友。”

相对过去戴尔的直销模式，戴尔2010年7月提出建设区域性售后维修服务站。专家认为，这是戴尔渠道方面的革命。过去戴尔专注于网络和电话直销，其在大城市发展较快，但在三四线城市和农村的覆盖率正与联想拉开距离。

目前，戴尔在中国共有超过200家维修服务中心，1000家维修服务站，对中国1—6级城市形成了有效的覆盖。维修服务中心分布于全国所有4级以上城市，维修服务站主要针对5—6级城市。

戴尔的目标是，今年戴尔维修服务能够覆盖中国1—5级所有城市，在6级城市也有30%左右的覆盖，同时这一比例还在不断增长。从现有网点上，如维修中心和维修服务站，戴尔主要是从提高服务质量上进行加强，这包括更快的反应速度，更短的备件周期，维修人员更高的技术等。

从未来维修网点拓展来看，戴尔认为2011年的发展重点是贴近中小城市和农村的消费者。在中国有超过60%的人口并不居住在大城市。因此戴尔计划通过进一步丰富4—6级城市的维修网络，让更多中国消费者免除后顾之忧，亲身体验来自戴尔的尖端科技和移动生活。

（六）连续性（Continuity）

一个企业国际市场分销渠道的建立往往需要付出巨大的成本和营销努力。而且，一个良好的分销渠道系统，不仅是企业重要的外部资源，也是企业在国际市场中建立差异优势的一个基础。因此，维持渠道的连续性对于企业营销者来说是一项重要的任务和挑战。分销渠道的连续性会受到三个方面力量的冲击。一是中间商的终止。中间商本身会存在一个寿命问题。例如，在国际市场上代理中间商大多是一些小机构，由于领导人及原业务人员的更迭而变更经营范围，甚至由于经营不善导致企业的倒闭都是常有的事情。二是激烈的市场竞争。当竞争激烈，商品销路欠佳，或者利润较低时，原来的渠道成员可能会退出。三是随着现代技术尤其是信息技术的不断变革，以及营销上的不断创新，一些新的分销渠道模式可能会出现，而传统的模式可能会因此而失去其竞争力。

因此，企业要维持分销渠道的连续性。第一，要慎重地选择中间商，并采取有效的措施提供支持和服务，同时在用户或消费者中树立品牌信誉，培养中间商的忠诚。第二，对已加入本企业分销系统的中间商，只要它们愿意继续经营本企业的产品，而且也符合本企业的条件和要求，则不宜轻易更换，应努力与之建立良好的长期关系。第三，对那些可能不再经营本企业产品的中间商，企业应预先做出估计，预先安排好潜在的接替者，以保持分销渠道的连续性。第四，应时刻关注竞争者的渠道策略、现代技术以及消费者购买习惯和模式的变化，以保证渠道的不断优化。

第三节 国际市场分销渠道管理

国际市场分销渠道的管理，包括国际市场分销目标的制定、渠道策略及对渠道成员进行选择、激励、评价、控制，以及渠道调整改进等的过程。其中渠道管理的核心是对中间商的管理。由于国际市场分销渠道管理涉及的因素很复杂，各国的分销体系及政治、经济、文化差异巨大，不存在通用的一致的办法，国际市场营销者应该对分销渠道进行认真研究，慎重决策，选择切实有效的分销渠道，并能对环境的变化予以调整，保持分销渠道的高效率。

一、制定国际市场分销目标

国际市场分销渠道管理的首要任务就是制定国际市场分销目标。国际市场分销目标具有多样性、层次性和动态性等特点。一般来说，企业进行国际市场分销管理的总体目标是取得较高的利润率，或一定的市场占有率等。为达到这些总体目标，又可分为达到预期的顾客服务水平、中介机构应该发挥的功能、在一定的渠道内取得大量的分销、以尽可能少的投资在新的国际市场上实现产品分销数量的增长、提高市场渗透率等。各个层次的目标应该是统一和协调的，但有时它们之间也存在着冲突。

企业国际市场分销的目标也可能随着营销过程和企业规模的扩大而予以适时调整。如制造商在进入国际市场的初期，由于缺乏国际市场营销的经验，并不要求对分销渠道取得大的控制权，只是逐步积累经验。随着出口规模的不断扩大，制造商要树立自己的品牌和企业形象，这时，对分销渠道的控制就会变得越来越重要。

在制定分销目标时，还要考虑目标市场顾客对分销服务的要求。顾客的分销服务可分为五大类，即批量规模、市场分散程度、等候时间、产品多样性和服务支持等。批量规模反映了顾客一次购买数量方面的要求。市场分散程度涉及购物地点的方便性。等候时间是指产品的交付速度。产品多样性是指竞争产品的数量和顾客选择范围的大小。服务支持是指分销渠道成员能够提供给用户或消费者的售后服务。

二、选择国内外中间商

中间商的选择是国际市场分销渠道管理中的一个重要环节。当企业决定使用国外中间商进入和开拓目标国家市场，在国际市场分销渠道设计和管理中，就需要对具体的中间商做出选择。国外中间商的选择，会直接关系到国际市场营销的效果甚至成败，因为中间商的质量和效率将影响产品在国际市场上的销路、信誉、效益和发展潜力。企业在选择中间商时都要有一个筛选的过程，需要充分评价每一个候选的中间商是否满足一些基本的条件。企业选择国外中间商一般应按照以下几个步骤。

（一）寻找中间商的来源

寻找中间商的最佳选择在于采取主动方式。企业寻找和了解中间商可以通过以下途径进行。

1. 通过银行调查。这是一种常见的方法，按国际习惯，调查客户的情况属于银行的业务范围。在我国，一般委托中国银行办理。

2. 通过国外的工商团体进行调查。国外的工商团体如商会、同业公会、贸易协会等，一般都接受其他国家厂商的委托，对所在地企业情况进行调查，但通过这种渠道得来的资信，要经过认真分析，不能轻信。

3. 通过我驻外机构和在实际业务活动中对客户进行考察。这样所得的资料一般比较具体可靠，对业务的开展有较大的参考价值。

此外，外国出版的企业名录、厂商年鉴以及其他有关资料，对了解客户的经营范围和活动情况也有一定的参考价值。

（二）确定选择中间商的标准

企业应根据分销目标和自身条件制定选择中间商的适应标准。这些标准中有一些是容易定量化的，对各中间商可以进行分析与比较，有些标准则只能定性化。企业选择中间商的主要标准有以下几个方面。

1. 中间商的市场范围。市场是选择中间商所必须考虑的最关键因素。首先，要考虑中间商的经营范围与本企业计划销售的产品、中间商的销售力量所覆盖的市场区域与目标市场是否一致；其次，要考虑中间商的客户与本企业的目标顾客是否一致。

2. 中间商的财务状况及管理水平。通常，国外市场需要通过较长的时间的培育，才能渐趋成熟。但是，如果企业在刚开始开展国际营销活动时，想要有一个良好的开局，中间商必须在实际销售活动开始前，投入人力和设备。因此，预期的分销商必须财务状况良好、有实力，能够承担相关风险。财务实力包括信用等级和现金流状况。管理水平则决定着中间商的营销效率和效果，直接影响到产品的销售业绩及其在市场中的声誉，因此选择中间商时还必须考虑它的社会地位、历史、经营作风、人员素质等因素。

3. 中间商的专业知识。这是指中间商所掌握的有关产品、顾客、竞争者、行业特点等方面的知识。专业知识强的中间商往往能够迅速打开市场，节约成本，并对生产企业提供大量有用的支持。

4. 中间商的地理位置和拥有的网点数量。地理位置对于批发商和零售商的选择都是一个重要的因素。理想的零售位置应是顾客流量大、交通便利的地点。对批发商的选择则主要看它的位置是否有利于产品的批量储存和运输，通常以交通枢纽为宜。一个中间商拥有的销售网点越多，销售能力越强，制造商与之合作的潜力也就越大。

5. 中间商的信誉。诚实、信用是对中间商的基本的道德要求。信誉不好的中间商不仅自身难以长期生存，而且也会损害所经营产品的形象。任何企业在国际市场分销管理中都应尽可能避开那些信誉不佳、不讲商业道德的中间商。

6. 预期合作程度。所选择的中间商必须要有积极合作的意愿和态度，否则将难以保证达到预期的分销目标。例如，有的中间商虽然有遍布整个目标国市场的销售网络，而且在目标国家的顾客中也具有良好的声誉和形象，但如果它对制造商的产品分销不能给予足够的重视，中间商所提供的货架空间、商品陈列位置等难以达到理想水平，制造商也应考虑其他的选择。

（三）中间商的筛选

企业按照其制定的标准和寻找到初步符合标准的中间商名单后，应对其进行逐一论证和筛选。企业可给每位中间商候选人去函，概述产品情况并提出对经销人的条件要求。对答复满意者再提出更为具体的询问，如商品种类、商场区域、销售人员数量及其他背景材料等。筛选的最好方法是与之面对面晤谈。

（四）双方签订协议

当国际营销者找到合适的中间商后，双方应签订销售协议书。协议书因具体情况不同没有统一的模式，一般应包括的条款有双方的权利与义务、合同期限、合作方式、终止关系和仲裁争议等。

三、国际分销渠道的控制

（一）激励渠道成员

企业不仅要选择中间商，而且要经常激励中间商使之尽职。对中间商给予适当激励，目的是促使双方友好合作，互利互惠，融洽感情。激励渠道成员的方法主要有以下几种。

1. 了解中间商的经营目标和需要。一方面，有利于帮助中间商实现目标，另一方面也有利于将企业的目标与中间商的利益结合起来，实现双赢。

2. 提供市场需要的优质产品。这是对中间商最好的鼓励，因为只有满足市场需要的好产品，才有销路，才能使双方实现营销目标。

3. 给予中间商适当的回报。企业应合理制定产品价格，适当降低价格水平，使中间商有利可图，这是最关键的激励。

4. 为分销商提供全面的服务。企业应在市场调研、产品促销宣传、人员培训等方面为中间商提供服务，以提高中间商的分销能力和分销效果。

5. 加强与中间商的联系与沟通。企业应与中间商之间建立长期、稳定的联合关系，并随时与分销商进行沟通，了解其需要，提供相应的帮助。

（二）评估渠道成员

生产企业并非被动地为中间商服务，为保证自身利益，企业在维护合作关系的同时，还应进行积极的引导和督促，以保证中间商正常开展推销业务。一般说来，企业要确立一定的评估标准，经常性地对中间商的推销业绩进行检查和评估，以便及时发现问题，采取调整措施。这些标准应包括：销售目标、市场份额、平均库存水平、市场成长目标、对顾客提供的服务水平、与企业的协作情况等。这其中，销售指标最为重要，因为国际市场营销中某一地区中间商的推销规模很大程度上就是企业在该市场销售目标实现的规模。根据销售业绩，企业可对各个中间商进行评价，鼓励先进，并对发现的问题及时采取相应措施。

四、国际市场分销渠道的调整

随着市场环境、分销渠道和企业内部条件的变化，国际市场营销企业将会适时对分销渠道进行调整。分销渠道调整的原因往往是出于两方面的原因：一是企业通过对中间商的考核，发现中间商不能履行分销合同所规定的义务，希望与某些中间商终止关系；二是企业希望通过调整渠道成员，提高渠道效率。

国际市场产品分销渠道的涉及面广而复杂，因此渠道的调整和改进工作尤其突出，其影响也较大。国际市场分销渠道的调整，一般有两种情形：一是该渠道成员的更换和调整；二是放弃原有渠道而采用新的分销渠道。

（一）渠道成员的更换和调整

如果中间商不能履行职责或者市场状况改变，企业应采取其他分销形式，因此会终止与某些中间商的协议，将其剔除出渠道体系。渠道成员若不能胜任其工作而被剔除，而又不能没有成员来承担其原有功能时，新成员就得被引入。当然新成员的引入也可能因渠道成员数量不足而不是因渠道成员被剔除而发生。

这里要注意的是，在某些国家终止协议是相当困难的。在挪威，制造商若要更换代销商必须列举其不称职的真实依据，即使解除了分销关系，也必须支付一大笔钱予以补偿。可见，渠道成员的更换和调整是十分复杂的一项工作，有时需要花费很长的时间和很高的代价。为了避免日后调整渠道成员的麻烦，企业在选择渠道成员时，就应慎重决策。

（二）采用新的分销渠道

出口企业的分销渠道的改进工作也许并不仅仅局限于渠道成员的更换和调整，而是原有渠道的完全放弃。渠道的放弃往往有三种情况：一是放弃长渠道采用短渠道，企业一般都会走这条路。二是放弃短渠道采用长渠道，这种情况的发生，可能是该市场已严重退化，企业几乎要放弃该市场，只是因为还有少量的市场需求，采用长渠道去满足其需要，而把资源投到其他市场上去，以免继续使用短渠道消耗企业资源。三是渠道的中间层次不变，但改变了市场区域，原有市场的该产品渠道网络因此而被出口企业废弃。

第四节 国际市场实体分销

前文讨论的主要是产品所有权在国际市场上的转移。在产品的分销过程中，还涉及产品实体的转移，它与产品所有权的转移是相辅相成的。产品实体的转移是否通畅，将直接影响产品所有权的转移和产品价值的实现。所谓实体分销，是指产品实体从企业手中运送到消费者手中的空间移动。国际市场实体分销主要包括国际市场营销中的商品包装、装卸、储存、运输、加工整理等。其中，储存与运输是实体分销的中心环节。

一、国际市场实体分销功能

国际市场实体分销的基本功能是向购买者在需要的时间和需要的地点，提供所需要的产品。具体来说，国际市场营销中实体分销具有下列功能。

（一）实体分销是实现市场营销的重要一环

市场营销的本质在于以市场为中心、以顾客的需求为出发点，通过产品、价格、分销、促销等营销工具的整合运用来满足消费者的需求。实体分销作为营销过程中的一个重要环节，它的运行状态会直接影响和制约其他营销工具的效用。

（二）合理的实体分销有利于降低成本

企业生产活动所需要的物质材料及半成品等的采购，往往占用了企业的大量资金，如果管理不善，可能导致质次价高、暗箱操作、库存积压等问题。因此，实体分销的严格管理及合理化对企业的成本有着重要的影响。

（三）合理的实体分销有利于提高产品的价格竞争力

企业实体分销的成本在产品的最终价格中占有一定的比例，产品能否及时销售关系到企业的存在价值是否被社会承认。因此，在国际市场营销中，为增强企业的竞争力，实体分销的合理化可以收到立竿见影的效果。

（四）合理的实体分销有利于提高顾客满意度

实体分销在三个方面影响顾客的满意度。一是产品的可得性。实体分销能否将产品及时地运送到顾客方便的购买地点，是顾客评价企业分销服务水平的一个重要指标。二是产品的安全性。产品实体在分销过程中应秋毫无损地转移到最终用户或消费者手中。三是分销过程的经济性。在保证产品安全的前提下，企业应选择最经济的实体分销方式和路线，以节省成本，降低实体分销的费用。因为实体分销费用的节省有可能降低产品售价，避免增加消费成本。

二、国际市场实体分销目标

企业的国际市场实体分销目标是以企业战略目标和销售目标为基础的，是为实现企业营销总目标而确定的一个次级目标。同时，它又是企业制定实体分销策略，进行国际市场实体分销管理的依据。归纳起来，国际市场实体分销目标可分为以下几类。

（一）经济性目标

经济性目标是企业把降低运输、储存、装卸等费用作为国际市场实体分销的目标。追求实体分销中的规模经济效益就是经济性目标的一种具体体现。要实现这一目标，企业应把实体分配中的各项费用作为一个整体，在不断改善服务的前提下，力求降低总费用的水平。因为各项费用是相互关联的，例如，以水运代替陆运虽然可以减少费用，却使资金周转延缓；又如节省了包装费用，往往会加大运输中的损耗。

（二）安全性目标

安全性目标是企业把保证按照正确的数量与质量，准确、及时、完整地将产品运送到指定的地点作为国际市场实体分销的目标。一般来说，安全性越高，代表着服务水平越高，顾客的满意度也就越高。

（三）灵活性目标

灵活性目标是企业把保证和提高实体分销系统的灵活性和应变能力作为国际市场实体分销的目标。在国际市场营销中，不断地跟踪企业环境的变化，特别是现代通信、交通运输、自动化、集装箱等技术的变化，并根据变化对实体分销系统做出调整和改进，有时可能会成为改善整个企业营销绩效的关键。在那些环境变化快的市场中，保持实体分销系统的灵活性往往是企业在国际市场实体分销决策和管理中的首要目标。

（四）方便性目标

方便性目标是企业在建立国际市场实体分销系统时，有时可能会选择以尽可能地方便顾客购买作为国际市场实体分销的目标。如日用消费品的国际市场分销中就往往以方便性作为企业的实体分销目标。

当然，除了上述几类目标外，企业在国际市场营销中可能还会制定其他实体分销的目标，如扩大市场覆盖面的目标。而且这里列举的几类目标之间，往往是相互矛盾的，例如，要提高顾客购买的方便性通常就需要以牺牲规模经济为代价，因此在同一时期应注意不要同时确立几类相互矛盾的目标，否则会在实体分销中引起混乱。

【案例精选 10-2】　　　　通用汽车公司的国际化物流

通用汽车公司在全世界超过175个国家中以不同的方式进行生产。为这些市场提供服务的方法，从当地通用汽车公司制造分公司，到特许装配生产，再到直接出口（一般对较小的市场）各不相同。

国际化出口销售（IES）是通用汽车公司为协调其全球出口而建立的一个部门。IES员工的主要工作，就是解决其出口汽车制造中的所有问题。例如，它修改其国际市场的产品设计。

IES船运通用汽车公司的产品，有的是完全拆卸的零件，有的是完全组装的成品。这些产品大大充实了国际经销商的网络。产品来自通用汽车公司的全球任何一家经销商，包括合资公司，例如，巴西的通用汽车公司、德国的欧宝、澳大利亚的Holden、日本的铃木和五十铃，以及北美的雪佛兰、Pontiac、别克、Oldsmobile、凯迪拉克和GMC卡车。哪种产品销往哪里由市场环境和需求决定。例如，许多发展中国家对商用车（最便宜的、比较适用的）的需求高于客用小轿车。在这种情况下，轻型商用车五十铃比GMC卡车更先出口，因为五十铃车一般比较便宜。

IES通过全世界11个地区性办事处和底特律的总部管理通用汽车公司的全球分销网络。底特律总部负责向加勒比地区、拉丁美洲、科威特和中国的出口。地区性办事处位于奥斯陆、维也纳、吕瑟斯海姆、毕尔、鲁顿、罗马、圣胡安、吉达、迪拜、墨尔本和东京，负责将产品销往世界其他地方。这些办事处也给当地经销商提供市场营销支持。

三、国际市场实体分销管理

企业开展国际市场实体分销活动，必须考虑企业市场营销整体活动与企业外部环境的协调，特别是与国际市场文化、政治、法律和经济环境的协调。国际市场实体分销应当以市场为出发点，充分考虑目标市场用户的位置、中间商和用户对产品流通的便利性需求以及竞争者的服务水平等，并在此基础上制定出有效的国际市场实体分销策略，不断改善对顾客的实体分销服务。国际市场实体分销管理主要包括仓储管理、订货决策、存货控制、运输方式的选择等。

（一）仓储决策

每个从事国际市场营销的企业，在其货物等待销售时，都必须将其储存起来。储存的功能解决了国际市场上商品供应与需求在数量、时间、空间差距等方面的背离。仓储管理的重点是确定存储地点的方案。储存的国家或地区越多，就越能及时地满足顾客需求，但储存成本会上升。因此，储存货物的地区或国家的数目、时间、储存量必须使满足顾客需求水平和分配成本之间达到平衡。从而就要求企业在仓库的选择与建设上注意以下三点：一是用户的地理分布和要求的运输量；二是用户要求的服务水平；三是仓库位置与仓库数量的配合关系。

（二）存货决策

企业在决定存货量时，总是难以决定，存得多了成本上升；存得少了又不能满足顾客需要。所以，企业在进行存货决策时，必须了解应在何时订货和订货数量的多少。企业应确定科学的订货点，订货点一般是对库存不足和积压的成本风险两者加以权衡。实际订货点高于计划订货点，以保证有一个安全的库存量。订货的数量决定要考虑到随着订货数量的增加，每单位的订货费用会减少，但同时每单位的储存费用会增加，企业要权衡订货费用和储存费用，求得总费用最少的订货数量，达到经济合理的储存量，即经济批量。

（三）运输决策

物流系统对运输的基本要求是使商品按照合理的流向，力求以最短的运输里程、最少的转运环节、最省的运输费用，安全完好地从产地运送到销地。然而，在国际运输中，不仅耗时长，中间环节多，而且托运人在相当长的时间内失去对自己货物的控制权。这就要求企业必须做到以下两点。

1．加强商品运输的计划性。搞好物流计划工作不仅是降低运费、加快商品运送速度、提高运输效率的需要，而且也是实现产、运、销整合的需要。要加强运输的计划工作，应处理好运输计划与生产计划和销售计划或销售合同之间的衔接。销售计划或销售合同是整个计划工作的起点，运输计划是完成销售计划的保证，而生产计划的完成又是保证计划发货的前提。

2．选择合适的运输工具。选择合适的运输工具，关键是把握好常见的运输工具及其主要特征。

（1）铁路运输。其主要特点是费用较低、运行速度快、运力大。

（2）公路运输。其主要特点是速度快、灵活、能提供良好服务，但费用高。

（3）水路运输。包括远洋运输、沿海运输、内河运输三种形式。其主要特点是价格低、运力大，是铁路、公路的辅助形式。

（4）管道运输。这是气体、液体运输的主要形式。其主要特点是专用性强、运量大、安全、便捷、无污染。

（5）航空运输。其主要特点是速度快、可靠、费用最高。

本章小结

国际营销分销策略是企业国际市场营销整体策略的一个重要组成部分，它涉及的范围很广，不但包括母国的销售网络，还包括目标市场国的分销渠道。国际市场营销的企业有多种分销渠道模式可供选择，这依赖于企业已确定的国际市场进入战略。

企业在国际市场分销中可利用的中间商有许多类型，依据这些中间商所处的国境的不同，可以把它们区分为国内中间商和国外中间商。这些中间商根据具体情况划分为各种不同类型。需要说明的是，中间商的划分类型并不是绝对的，有些中间商是混合型的。

在国际市场分销渠道策略的选择中，有长渠道与短渠道、宽渠道与窄渠道之分。企业选择渠道的策略，一般要考虑六个因素，即成本、资金、控制、覆盖、特性和连续性。

国际市场分销渠道管理，包括制定渠道目标和选择、激励、评价、控制渠道成员，以及渠道的改进等。国际市场分销渠道管理将更具有挑战性，也更应引进起相应的重视。

在激烈的市场竞争中，实体分销环节已越来越引起人们的重视，日益成为企业降低成本、扩大销售、提高竞争力的关键性环节。国际市场实体分销的管理需要在订货决策、存货决策、仓库管理、运输方式选择等方面做出有效选择。

思 考 题

1. 试简要分析国际市场分销系统。
2. 国际分销渠道中可采用的中间商有哪些主要类型？
3. 企业选择国内外中间商的标准有哪些？
4. 影响国际市场分销渠道选择的因素有哪些？
5. 如何对国际市场分销渠道成员进行有效激励？
6. 什么是国际市场实体分销？
7. 简述国际市场实体分销在国际市场营销中的主要功能。

第十一章 国际市场产品定价决策

【本章学习目标】

- 把握影响国际市场产品定价的因素；
- 了解和把握国际市场产品定价决策的内容；
- 了解国际市场产品的报价技巧；
- 理解和把握倾销与反倾销的含义；
- 把握转移价格策略的含义及运用。

【导入案例】

几年前，为了开辟美国的一次性童车市场，沃尔玛决定推出9.99美元/辆的童车，由于不到10美元的价格极其低廉，沃尔玛预计一次性童车的市场规模将达到120万辆。但强势的沃尔玛仍旧希望在这一廉价的童车项目中获得与过去相同的稳定利润，最后沃尔玛将“好孩子”的童车供货价格压缩到6.4美元。按照当时“好孩子”的成本情况，“好孩子”交给沃尔玛的同类型的童车成本是8美元多一辆。如果按照6.4美元的价格来做，就意味着做一辆亏损近2美元，做120万辆就等于饮鸩止渴。接还是不接？接单意味着亏损可能无法承受；不接又可能是放弃“好孩子”已经在美国市场拥有的低价童车市场，甚至可能因此失去沃尔玛在全球其他市场的低价童车渠道。“好孩子”决策者陷入了难熬的抉择。

价格是市场营销组合的一个重要元素。因为产品价格的高低不仅直接关系到产品是否能被市场所接受，而且决定着企业的收益水平。产品定价在国内市场营销中就是一项颇具挑战性的工作，而它在国际市场营销中就变得更为复杂。因为国际市场营销企业的产品定价主要涉及以下两个方面：出口定价和外国市场定价。

出口定价是指企业在本国制定的由外国市场上的中间商（偶尔也是最终用户）支付的产品价格，这是一种跨国境定价。外国市场定价是指企业在外国市场制定的由当地的购买者支付的产品价格。这是由跨国公司在国外的国内市场制定的价格。这两种定价在三个方面有所区别：定价的地点不同（本国对外国市场）；定价的人员不同（本国出口商或市场营销企业对本国企业的国外分支机构）；影响定价的限制条件不同。无论是出口定价，还是外国市场定价，国际营销的产品定价工作都是十分复杂的工作。在这里我们将这两种定价结合起来，着重讨论其共性的特点，力求比较透彻地对产品的国际市场定价进行分析。

第一节 国际市场产品定价决策的环境

无论是出口定价，还是外国市场定价，企业在国际营销活动中的定价行为都是在特定的环境中进行的，其决策会受到许多因素的制约和影响，这些因素主要包括以下几个方面。

一、成本因素

企业必须及时补偿成本以便继续经营，所以，成本核算在定价中十分重要。

（一）出口定价所涉及的成本要素复杂

产品不论是供出口还是国内销售，都要涉及各种成本，只是由于产品的去向不同，其成本构成可能有所不同。

出口产品的成本构成除了生产成本、分销成本、运输成本以外，还涉及其他成本，如关税等，而且出口定价的各项成本因素本身有变化。

1．生产成本的变化。如果出口产品为了适应外国的技术标准，如度量衡制度、电力系统和其他因素必须作出改动时，就可能意味着生产成本的增长。当然，与之相反，如果出口产品被简化或者去掉了某些功能，其生产成本可能会降低。

2．增加了运费及其他成本。由于在国际营销活动中，产品的生产者和消费者之间的空间距离相对较远，所以运费会相应增加。

3．风险成本加大。因为出口产品需要花更多的时间、更长的距离从生产者转移到消费者，加上汇率变化、币值换算、出口的坏账损失等引起的风险，因此出口产品的成本构成中风险成本明显加大。

（二）成本变化带来出口定价的价格升级现象

与国内市场营销相比，在出口业务中生产者与消费者之间自然的和经济的距离被拉远了。这种额外的距离意味着需要更多的运输和保险服务，需要更多的中间商和更长的分销渠道，还需要支付出口所需的各种案头工作费用和进口税。这种额外成本的逐渐加成，形成所谓的出口价格逐步上涨的现象。因为在出口活动中从生产者到最终消费者通常需要经过许多环节，而每经过一个环节都需要支出成本，从而导致产品在出口市场上的最终价格要比国内销售价格高。图 11-1 说明了在出口产品所需经过的额外环节以及相应的成本支出。进口商或代理商的利润率要比批发商高，是因为他们在处理进口商品时要做更多的工作。

表 11-1　出口产品的价格升级　单位：美元

	国内市场销售价格	国际市场销售价格
出厂价	100	100
国内运费	10	10
出口文书、包装费用		5
远洋运输费用及		25 140
保险费		
进口关税（到岸成本的 20%）		28 168
国内批发商加成（25%）	27.5 137.5	42 210
国内零售商加成（30%）	41.25	63
最终价格	178.75	273

上图所采用的数据和假设表明了出口价格的上涨现象，表 11-1 中外国市场的最终价格比国内市场价格几乎高出 100 美元。当然，此图仅是列举的一个例子，现实生活中出口产品的价格逐步上涨程度比它高或者低，都是可能的。但是，不论上述哪种情况，出口价格的上涨，就使得企业想把国外市场价格定得比国内市场低变得十分困难或不太可能。价格的上涨可能使企业的产品在外国市场上失去竞争力。

为了克服价格逐渐上涨这个难题，企业可能采取下列战略：一是改变运输方式或拆散整体产品，可能会降低运费和税金；二是在生产过程中降低出口产品的生产成本，从而减少所有增量的乘数效应；三是改变运费或税收的分类，可能会减少这方面的支出。近年来国际机电产品市场上盛行将机器设备拆卸后出口，很大原因是可以节省运费。例如，2009 年 9 月 1 日起，我国进口汽车零部件关税将统一调整为 10%，即价值等于或超过整车价格 60%的进口零部件将不再被按整车征收关税。进口零部件关税调整后，豪华汽车制造商的合资企业为了提高市场的竞争力，而把目前整车进口的项目转而实行总成进口，到中国组装。关税从 25%降到 10%，那么在其净车价基础计算的消费税、购置税等费用都将下降，最终散件组装的大排量乘用车成本将大幅下降。四是在出口市场直接生产，以减少额外环节带来的额外费用。

【全球视野 11-1】　价格升级

在国际市场上，由于一些产品在不同市场上的定位不同，超额利润是存在的，但通常，导致出口国和进口国之间价格不成比例的差异的原因是产品从一个国家出口到另一个国家的过程中附加了很多成本，这里称之为价格升级。

此处的价格升级指的是最终价格由于装运费、保险费、包装费、关税、较长的分销渠道、较高的中间商毛利、专门税费、行政管理费、汇率波动的上涨的情形。其中绝大部分成本是由进出口引起的。它们共同作用把最终价格提升到比国内市场高得多的水平上。

（三）外国市场定价的成本变化

1. 生产成本方面的优势。在外国市场上，跨国公司经常会比当地的本国公司拥有更大的成本优势。从生产的角度来看，跨国公司有可能达到生产的规模经济，成为最有效益的制造企业，从而使企业拥有很强的价格竞争能力。这是因为，跨国公司在该国或其他国家拥有工厂，这些工厂有着不同的生产成本和生产能力，跨国公司就可按照各厂生产成本的高低，在各个工厂之间进行选择，最后为该国市场提供成本最低的产品。例如，福特汽车公司的各个部件是分散在 5 个不同的国家生产的，最后在西班牙组装成整车。这种跨国生产方式，使得各个汽车部件的生产都能达到一定的规模经济。所以，福特汽车在许多市场拥有较大的价格竞争能力。又如，福特公司和通用汽车公司都在它们的欧洲和亚洲的汽车分厂制造汽车，然后供应到美国。与在本国投资建厂相比，这种方式更能使这两家公司以较低的价格出售自己的产品。

2. 其他成本相应变化。由于以下几个方面的原因，产品价格中所包括的市场营销成本在各子公司之间有所差异。一是因为在不同国家进行市场调查、广告宣传和产品分销等支出的费用不同，市场营销服务成本就会有高低。二是营业额的大小和产品大类的宽窄也会因子公司的不同而不同。大多数市场营销活动都应该达到一定的规模经济，所以产品销量较小、产品大类较窄的子公司，就不得不在其产品的价格中承受较高的市场营销成本。企业市场营销成本国际性变化的第三个原因是跨国公司的市场营销组合在各个国家也是各不相同的，各子公司之间的营销环境与营销战略的区别，使得企业在各外国市场上对价格、广告、人员推销、产品质量等的要求，也随情况变化而变化。例如，在美国，宝洁（P&G）公司采用电视广告作为它的主要的市场促销工具——一种“拉”的战略。在没有商业电视广告的外国市场，宝洁公司就必须改变它的市场促销组合，运用其他方法来赢得顾客。如在低劳动力成本国家，企业可以采用“推”的战略，雇佣几百名推销员，或步行或骑车、或坐公共汽车，走街串巷，上门推销。这样宝洁公司在全球各个子公司的营销成本就有较大的差异。

二、需求因素

在定价中还有一个比成本更为重要的影响因素，那就是目标国家市场的需求特点，包括：需求水平、需求结构和需求心理等。

1. 需求水平的差异性。需求水平是决定价格承受力的最重要因素。外国消费者的支付能力对企业出口产品定价影响较大。支付能力是消费者收入水平的体现，它的最好的说明是人均收入，而人均收入在世界各国则差距悬殊。对美国出口商来说，绝大多数的外国市场的支付能力都比国内市场小。所以，在美国企业的出口市场上，消费者都希望美国产品的出口价格最好能比美国国内市场价格低。如果仅仅通过定价不能满足外国消费者的这个愿望，那么企业可以通过对产品的改动，如缩小尺码、减少不必要的功能、简化产品或使产品实用而不豪华等措施，以达到目的。

2. 需求结构和需求偏好。有时候，哪怕是低收入的消费者，对某产品的迫切需求也可能导致此产品能卖出高价，如一条“李维斯”牌牛仔裤可在莫斯科卖出 80 美元的高价。某些出口产品在国外市场上的需求强度大，消费者对此有着迫切的需求，就可以定高价，反之，只能是定低价。例如，中国的大豆因为富含蛋白质深受日本消费者欢迎，而芬兰人喜欢含油量高的大豆，中国大豆在这方面不具有优势。因此，中国大豆销往日本的价格要高于芬兰。

3．需求心理的复杂性。有些国家的消费者追求价廉物美，而有些国家的消费者则坚信只有高价的产品质量才能得到保证。因此，在有些国家过低的价格不但不能赢得顾客，而且还会损害产品的形象。

三、竞争因素

市场营销人员都十分熟悉竞争对定价自由所造成的限制。企业常常不得不顺应市场价格。

如果目标国家市场竞争者较少，企业就可能有较多的定价自由，但是市场垄断者也可能对竞争者的价格施加压力。比如，当某汽车制造商降低汽车价格时，就会导致同行的效仿，该公司最后还是达不到预期的目的。在出口定价中，同样存在竞争的压力，它与国内市场竞争的主要差异在于：企业在每个出口市场上面对着不同的竞争形势和不同数量的竞争对手，同时，竞争者的规模和实力会参差不一，他们的定价战略也会千差万别。在那些竞争者防线稳固的出口市场，企业产品出口可能不得不制定跟随价格，或者制定比当地市场低的价格以进入这些市场。

一家美国汽车公司的经理曾说，他为什么不喜欢在法国销售，抢雷诺汽车的地盘，因为雷诺公司是国营企业，企业的基本目标是保持就业而不是追求利润。所以，雷诺公司能比竞争者承受更低的价格，迫使竞争者将价格压低到几乎无利可图的水平。而德国的汽车公司与美国公司一样，以利润最大化为企业的目标，所以这就允许竞争者在德国市场制定更为有利可图的价格。

在某些市场上，企业也可能没有什么竞争对手，特别对那些捷足先登者来说更是如此。在这些出口市场上，企业就可以制定一个比在竞争激烈的国内市场高得多的价格。通过对竞争影响的分析，我们可以得出这样的结论：出口市场的各种不同的竞争状态，也是导致出口商品价格不同于国内销售价格的重要影响因素。

四、政策因素

在国际市场产品定价决策中，通常会受到东道国政策的政府管制对定价的制约。主要表现政府对价格的管制与控制。

无论是发达国家还是发展中国家，世界上不少国家都对市场价格进行不同程度的控制。政府对企业价格控制的方法通常是限制价格变动、限制低价销售等。

1．限制价格上涨。东道国政府为了保护本国消费者的利益，往往对价格上涨有严格的控制，具体做法如下。

（1）严格的审批制度。通常在外国制造商提出价格上涨的要求时，东道国政府要求其必须提供各种资料以说明提价的理由（工资、原材料成本上涨等），如果要求有幸得以批准，那么在提交申请与可以真正提价之间，还需要有一段等候批准的时间。这个等候期在瑞典是一个月，在比利时是三个月。

（2）有限的上涨幅度。政府允许价格上涨的幅度通常是一个固定的百分比，或者是企业成本增加额的一定百分比。比如，在英国，企业能对增加的附加福利在价格中作100%的补偿，但这仅是已增加工资成本的2/3。企业常常抱怨政府允许价格上涨的幅度总是低于其实际成本增长率或通货膨胀率。

（3）不允许价格变动。政府允许价格上涨幅度太小还不是企业最为担心的事情，因为不管怎么说，这总还是对成本增长的一种补偿。真正令企业为难的是价格上涨的要求完全可能被拒绝，这种情况是屡见不鲜的。如果一个企业在成本加大的压力下，又得不到价格上涨的允许，那么企业的生存就岌岌可危了。

（4）直接干预市场。东道国政府为了稳定市场往往可能采取措施直接干预市场的价格，当外国企业酝酿涨价行为时，东道国政府利用其掌握的产品投放市场，造成市场供大于求的局面，使外国企业的涨价目的破产。

2．控制敏感产品的价格。药品、食品等关系国计民生的产品，一般具有较高的政治敏感度，易受政府的价格控制。例如，中东国家的政府对药品价格严格控制，同时它们还参照了英国医药月刊上所载的各种药品价格，因为英国对药品定价的严格控制是在国际上著名的。除了药品，食品也是一种受到严格控制的产品，因为它与国民的生活息息相关。许多国家的政府不断削减其直接控制的产品数量，但食品往往不在此列。

3．控制中间商毛利。许多国家政府，特别是发展中国家政府有时还会干涉企业对中间商的价格折扣。例如，1979 年，丹麦政府的反托拉斯部门指控丹麦的尤尼莱佛公司总经理，因为尤尼莱佛公司为了获得丹麦人造奶油市场的大多数市场份额，给了零售商超过 1000 万美元的贸易折扣。在丹麦，提供贸易折扣本身并不违法，但要遵守公平竞争原则，并要求企业报知对限制性贸易行为进行管理的政府部门，得到批准后方可实行。而尤尼莱佛公司在这两方面都没做到。

4．对倾销的指控。如果企业试图以较低的价格占领东道国市场，虽然能使企业扩大销售，又能取悦外国消费者，但容易被当地政府认定为倾销，而且常会引起当地竞争者的怨言。如长期以来美国企业对日本制造商充满怨气，那些抱怨还可能导致政府对外国企业采取反倾销措施。（详细内容将在第三节中讨论）

此外，某些国家的政府为了使本国的产品在国外市场上具有竞争力，有时采取对出口企业进行补贴的方式。因为对出口产品进行直接补贴，往往受到限制，因此，不少国家的政府补贴是间接补贴，如通过出口退税或通过减免费用的方式使产品的成本下降，竞争力提升。美国政府就曾对运输部门进行补贴，从而使出口产品的运费下降。

五、其他因素

在国际市场上影响产品定价的因素还有许多，包括通货膨胀、汇率变化及产品本身的因素等。在这里我们主要讨论通货膨胀对定价的影响。

在世界上，通货膨胀率经常会有戏剧性的变化。当目标国家市场的通货膨胀率居高不下时，企业产品定价就应该采取经常提价的方式，以跟上通货膨胀的上涨幅度。当然企业应注意目标国家的当地政府是否允许提价，也应密切注意竞争者的动态，不能将价格定得比竞争者高出太多。由于劳动力、原材料、间接费用、包装和运输等成本的通货膨胀率都是不相同的，企业还不能采用统一的通货膨胀率来核算企业的成本和价格。

在通货膨胀的经济中，企业定价所能遇到的最为严重的问题是：企业既受到通货膨胀的威胁，又受到政府的价格控制，可谓雪上加霜。虽然这种情况不太多见，但国际企业需要制定相应的策略，防止双重危机带来的影响。

对策之一是建立良好的成本核算系统，因为企业没被允许就不能提价，所以良好的成本会计核算，在企业为提价要求提出正当理由时就显得更为重要。跨国公司的子公司希望与东道国的贸易团体或竞争者一起，对该国价格管理部门施加压力。跨国公司有可能需要比东道国企业有更为高级的会计系统，从而可以对提价提出更为充分的理由。

对策之二是设法改变企业的投入组合。如果工资的增长比其他成本的增长更快，企业就可能考虑进行更为资本密集型的生产。美国和日本的汽车行业就曾这样做过。如果一些原材料和其他成本的价格上涨很快，那么企业就应该寻找价格相对稳定一些的材料作为替代。还有一种方法是核算和调整企业的产品大类。这有两方面的原因：一方面，不是所有的产品都受到相同的价格控制，这样企业就可以有所选择，尽量将生产从受价格控制的产品转移到不受控制的产品上去。另一方面，也不是所有的产品都受到相同程度的通货膨胀的影响。有些产品的成本价格相对稳定，企业就应该考虑将这样的产品列入生产范围。

企业应对通货膨胀和价格控制双重危机的最后一个方法是退出市场，这似乎是一个下策，但是在一些极端的情况下仍不失为明智之举。

第二节 国际市场产品定价决策的内容

一、确定国际市场的定价目标

定价目标是指企业通过定价决策要达到的目的。不同的企业有不同的定价目标，同一企业在不同国家的市场上有不同的定价目标，同一企业在同一国家市场上的不同时期也有不同的定价目标。可见，企业的定价目标并不是单一的，它往往是一个目标体系，企业可根据不同市场和产品的特点，在定价目标选择上有所侧重。

一般来说，企业在国际市场营销活动中的定价目标主要有以下几种。

（一）利润目标

获得最高利润往往是大多数企业的主要定价目标。当然，追求高利润，并不等于制定高价格，而是指企业期望实现长期的总利润目标。因此，企业在国际营销过程中，往往不在乎一时的得失，而是从长计议，追求长期利益最大化，有时，为了打好市场基础，国际企业不惜在有的目标国家市场承受亏损。例如，进入中国市场的许多国际商业集团，都有一个长期的目标，像沃尔玛、家乐福等国际零售业巨头在进入中国市场最初都是以低价策略的运用见长，从而迅速扩大市场。

（二）市场目标

赢得市场往往也是许多企业追求的定价目标。具体来说，企业的市场目标又可分为追求外销量目标和追求市场占有率目标。

1. 企业以外销量作为定价目标时，往往采取“薄利多销”的策略以量取胜。这种定价对于扩大产品销量，实现更多创汇有着重要意义。但是，这种定价目标有时会因为价格过低，往往会受到东道国的反倾销指控。

2. 企业为了保持或扩大其市场占有率，往往采取市场渗透策略，以较低的价格赢得市场。这种定价目标虽能帮助企业拓展市场，但同样存在着易受反倾销的问题。

(三) 竞争目标

价格策略是市场竞争的重要手段，企业在定价时往往考虑到产品的价格竞争力，使本企业的产品价格比竞争者更具竞争优势。根据市场竞争的态势，企业的竞争定价目标具体如下。

1. 高于竞争者的“领袖价格”。当企业在技术、产品质量、服务等方面具有优势时，一般说来消费者愿意支付较高的价格，企业也往往将产品价格定得高于竞争者，从而树立和维护企业的产品形象。

2. 追随“领袖价格”。当市场竞争者较多，而企业的竞争实力不够强时，往往采取这种定价目标，避免因价格过高或过低而造成不必要的损失。这是一种稳健的定价目标。

3. 低于竞争者的价格。企业为了取得有利的市场竞争地位，有时采取超低价格策略，或主动发起价格战。这种定价目标容易遭到竞争对手的报复，最终引发价格大战。

企业在以竞争目标为定价目标时，必须意识到价格并不是竞争的唯一手段，仅仅依靠价格已无法赢得市场。

因此，企业必须根据市场的需求和竞争特点、企业特点和产品本身的特点，科学地确定定价目标，并根据市场形势的变化及时地调整定价目标。

【案例精选 11-1】　　宜家在中国的定价策略

宜家采用市场渗透定价已在正在壮大的中国家具市场上占据一席之地。当这家瑞典家居巨头2002年在北京开设第一家专卖店时，许多商店正在出售山寨宜家产品，价格仅为宜家的一小部分。唯一一种能吸引中国节俭顾客的方法就是大幅度削减价格。通常西方品牌在中国把化妆品和跑鞋等产品的价格定于比市场高出20%～30%的水平，这样既可以弥补中国的高端进口关税，还可以为自己的产品提高威望。通过将产地移至中国，宜家在中国成功将价格减至比其他国家低70%的水平。虽然宜家仍然要与假冒产品斗争，但宜家在北京、上海、广州、成都、天津等地都开设了大型门店，并每年在一两个新的地点开设门店。

资料来源：菲利普·科特勒等著，《营销管理》（原书第 15 版），格致出版社&上海人民出版社 2012（8）：586。

二、选择国际市场定价的方法

根据影响国际市场产品定价的因素和企业的定价目标，企业可采取相应的定价方法。

(一) 成本导向定价法

这是从利润目标出发，以产品的成本为基础，加上预期利润，结合产品销售等情况，确定产品价格水平的方法。成本导向定价法是最基本、最普遍的定价方法。在运用成本导向定价法时，又有以下三种具体方法。

1．成本加成定价法

它是在单位成本的基础上，加上一定比例的目标利润，以确定产品的单位价格。其计算公式为：

$$单位产品价格=\frac{产品生产总成本+目标利润}{总产量}$$

或

单位产品价格=单位产品成本×（1+目标利润率）

成本加成定价法的优点是：（1）简便易行；（2）“将本求利”，公平合理。其不足之处是一厢情愿，忽视市场需求和竞争，所确定的价格可能不一定符合市场需求水平和需求心理，也可能无法获得竞争优势。

2．损益平衡定价法

这种方法是按照生产某种产品的总成本与销售收入维持平衡的原则来确定产品的保本价格。其计算公式为：

$$单位产品保本价格=\frac{产品生产固定成本}{总产量}+单位产品变动成本$$

或

$$产品保本销量=\frac{产品生产的固定成本}{单位产品价格-单位产品变动成本}$$

这种定价方法的思路是在市场销售形势不容乐观的情况下，只要做到不赔不赚总要比停产损失小。

3．边际成本定价法

也称边际贡献定价法。企业采用这种定价方法往往只考虑变动成本，只要产品定价高于变动成本，即有边际贡献，对抵偿固定成本有益处，都是可以接受的价格。其定价公式为：

$$单位产品价格=\frac{产品变动成本}{总产量}$$

这种定价方法一般适用于产品处于衰退期、市场竞争激烈、产品销售疲软等情况，是企业为了收回投资的一种无奈的定价方法。运用这种定价方法必须注意因低价而带来的一系列问题。

（二）需求导向定价法

需求导向定价是指企业根据国外市场的需求特点来制定产品价格的方法。按照这种方法，同一产品在不同市场上将制定不同的价格。需求导向定价法主要有以下两种。

1．市场倒推定价法。它是指企业预先估算出海外市场上消费者对产品的可接受价格，扣除各种费用和分销商加成，然后倒推出企业的出厂价，再考虑成本因素，最后确定价格。这种定价方法可以确保产品在国际市场上的竞争力和企业的预期收入，同时该方法也能有效地防止产品因价格过低而遭遇反倾销。我们可以从第一节中的表11-2，根据国外最终市场的价格倒推出企业的出厂价，如图11-2所示。

表 11-2　　出口产品的市场倒推定价法　　单位：美元

项目	金额
最终价格	273
国内零售商加成（30%）	–63 210
国内批发商加成（25%）	–42 168
进口关税（到岸成本的 20%）	–28 140
远洋运输费用及保险费	
FOB 价	–25 115

2．差别定价法。它是指企业根据产品的差异、消费群体和消费时间的差别、地区的差别而引起的需求的不同，制定不同的价格，以获得更大的收益。例如，销往欧美等发达国家的产品定价可比销往拉美、非洲等国的高。

（三）竞争导向定价法

竞争导向定价法是指企业以竞争对手的价格水平和价格策略作为定价依据，确定具有竞争力的价格。竞争导向定价法通常有以下几种具体做法。

1．通行定价法。企业为了减少或回避竞争，按照行业的现行价格来决定本企业的产品价格，如参加卡特尔或遵守卡特尔制定的价格。这种定价方法往往适合于以下情况：（1）企业难以估计成本；（2）企业不愿与竞争对手正面交战；（3）市场竞争激烈，是近似完全竞争的市场。

2．正面竞争定价。当企业具有较强的竞争实力时，往往以低于竞争者的价格水平进入市场。这种定价方法易引发价格战，但在激烈的市场竞争中，也是靠实力打垮竞争者常用的方法。

在国际市场营销活动中，以上三种定价方法中采取成本导向定价法往往会因为产品定价过低而导致反倾销指控，因此，采取需求导向定价法中的市场倒推定价法和竞争导向定价中的通行定价法是减少和避免反倾销指控的有效定价方法。

三、讲究国际市场的产品报价技巧

出口定价决策不仅非常复杂，而且出口产品的报价也是一项非常复杂而又带有很强技术性的工作。因为国际市场上的商品报价包括一系列内容，如“每打 200 美元 CIF 纽约”。在这一产品报价单中，至少包括以下内容：计量单位、单位价格、计价货币、价格条件等。除了单位金额以外，其他的内容都是国内市场营销中所没有的。因此，我们重点来探讨其余各项内容。

（一）价格条件

价格条件也即贸易术语，是国际市场产品报价的核心内容之一。因为采用哪一种价格术语实际上就决定了买卖双方的责权、利润的划分，所以，出口商在拟就一份报价单前，除要尽量满足客户的要求外，自己也要充分了解各种价格术语的真正内涵并认真选择，然后根据已选择的价格术语进行报价。根据《2010 年国际贸易术语解释通则》按英文字母 E、F、C、D 排列，将 11 个贸易术语分成四组，每一个价格术语都有特定的经济内涵，体现买卖双方相应的权利和义务。如表 11-3 所示。

表 11-3　2010 年国际贸易术语解释通则

组别	术语缩写	术语英文名称	术语中文名称
E 组发货	EXW	EX works	工厂交货（指定地点）
F 组主要运费未付	FCA FAS FOB	Free Carrier Free Along Side Free On Board	交至承运人（指定地点） 船边交货（指定装运港） 船上交货（指定装运港）
C 组主要运费已付	CFR CIF CPT CIP	Cost and Freight Cost, Insurance and Freight Carriage Paid to Carriage and Insurance Paid to	成本加运费（指定目的港） 成本、保险加运费付至（指定目的港） 运费付至（指定目的港） 运费、保险费付至（指定目的地）
D 组货到	DAP DDP	Delivered at Place Delivered Duty Paid	目的地交货（指定地点） 完税后交货（指定目的地）

上述 2010 版《国际贸易术语解释通则》新添加的术语 DAP，取代了 2000 版《国际贸易术语解释通则》的 DAF（边境交货）、DES（目的港船上交货）和 DDU（未完税交货）三个术语。以上，价格条件中，EXW 是卖方承担责任最小的术语。在国际营销实践中，企业可根据不同的市场营销形势，来选择适当的出口价格。通常，CIF 价格被认为是一种市场导向的定价方式。外国购买者对此感到十分方便，并易于将国内价格与外国供应商的价格进行比较。在 CIF 价出口的条件下，船货衔接问题可以得到较好的解决，使得出口商有了更多的灵活性和机动性。在一般情况下，只要出口商保证所交运的货物符合合同规定，只要所交的单据齐全、正确，进口商就必须付款。货物过船舷后，即使在进口商付款时货物遭受损坏或灭失，进口商也不得因货损而拒付货款。就是说，以 CIF 价成交的出口合同是一种特定类型的“单据买卖”合同。一个精明的出口商，不但要能够把握自己所出售货物的品质、数量，而且应该把握货物运抵目的地及货款收取过程中的每一个环节。对于货物的装载、运输、货物的风险控制都应该尽量取得一定的控制权，这样贸易的盈利才有保障。一些大的跨国公司，以自己可以在运输、保险方面得到优惠条件而要求中国出口商以 FOB 价成交，就是在保证自己的控制权。所以到底是迎合买家的需要，还是坚持自己的原则，出口商在报价时多加斟酌十分必要。

在目前出口利润普遍不高的情况下，对于贸易全过程的每个环节精打细算比以往任何时候更显重要。国内有些出口企业的做法不错，他们对外报价时，先报 FOB 价，使客户对本企业的商品价格有个比较，再询 CIF 价，并坚持在国内市场安排运输和保险。这样做，不但可以给买家更多选择，而且有时在运保费上还可以赚一点差价。

（二）定价的货币

企业在进行出口定价时，会遇到一个国内市场营销所没有的问题：企业不仅要制定一个合适的价格，还需为这一价格选择一种合适的货币。企业往往习惯于用本国的货币来进行交易，而它们的顾客则习惯于用它们本国的货币来做买卖。企业在国际贸易中就需要选择双方都能接受的货币，并进行准确的换算。

货币换算的主要依据是汇率，而汇率是变动的，汇率的变动可能给企业带来意外的收益，也可能带来额外的损失。浮动汇率给国际贸易带来了不确定性，所以企业在进行出口定价时，就必须慎重选择币种。在选择币种时，可考虑以下几个方面。

1．本国是否与进口国签订贸易支付协定，规定使用某一种计价货币。如果有支付协定，则必须按照协定报价。

2．如果两国未签订支付协定，则一般选择“可兑换货币”，即在国际外汇市场上可自由买卖的货币，如美元、英镑、欧元等。我国的人民币，已实行经常项目下可兑换，所以也是我国对外贸易中可使用的货币之一。

3.为了保证企业的利益，企业在出口产品时，宜选择“硬币”，即币值可能上升的货币；而在进口时则应选择“软币”，即可能会贬值的货币。这样，企业可以因货币升值而得到更多收益，或因为货币贬值而少支付。

4.在货币的换算过程中，还涉及具体计算问题。如在使用直接标价法的国家，将本币换算为外币，应使用买入价，即外币金额=本币金额÷该外币的买入价。因为企业得到外币后，将外币换回本币时，银行是以买入价结算的；反之，在实施间接标价法的国家，则应使用卖出价，即外币金额=本币金额×该外币的卖出价。如果将外币换算成本币，其操作方法也应作相应的调整。对于出口商来说，较为简便的方法是将出口产品的价格乘以大的数，除以小的数，即“乘大除小”，保证价格有利于卖方；进口商的操作相反。

【全球视野 11-2】　　货币条件变动情况下的国际定价策略

本国货币疲软	本国货币坚挺
强调价格优势	通过改善质量、交货期和售后服务，参与非价格竞争
延伸产品线，增加成本较高的性能	提高生产率，千方百计地降低成本
在本国市场采购和制造	到海外市场采购和制造
在所有市场中寻求出口机会	优先出口到货币相对坚挺的国家
实行传统的现金实物交易	与货币疲软的国家开展反向贸易
采用完全成本定价法，但如果进入新的竞争性市场，则采用边际成本定价法	降低利润率，采用边际成本定价法
尽快收兑，把海外收入汇回国内	把海外收入留在东道国，不急于收兑
尽量减少东道国货币的支出	尽量增大东道国货币的支出
在国内市场购买所需服务（如广告、保险、运输等）	在海外市场购买所需服务，并用当地货币支付
尽量不要在当地贷款	在当地筹集扩张所需资金
要求外国顾客用出口国货币支付	要求外国顾客用所在国货币支付

资料来源：苏比哈什．·C.贾毅著,吕一林等译,《国际市场营销学》（第6版），中国人民大学出版社，2004（11）：341。

（三）计量单位的换算

各国的计量单位有较大的差异，因此，出口产品的报价必须考虑计量单位的换算。如将产品以“件”为单位计价换算为以“打”（12 件）为计价单位；将长度单位由“公里”、“米”换算为“英里”、“英尺”等；将重量单位由“公斤”、“克”换算为“磅”、“喱”等；将容量单位由“升”换算为“加仑”、“品脱”等。

（四）支付方式

在产品报价过程中，企业还应考虑到支付条件，因为支付条件影响着企业的营销风险，因而在定价决策时必须考虑。

对于买卖双方来说，支付条件所要承担的风险是不同的，从预付货款到寄售，卖方的风险由低到高，买方的风险由高到低。这种关系可以通过图 11-1 的风险三角形来描绘。

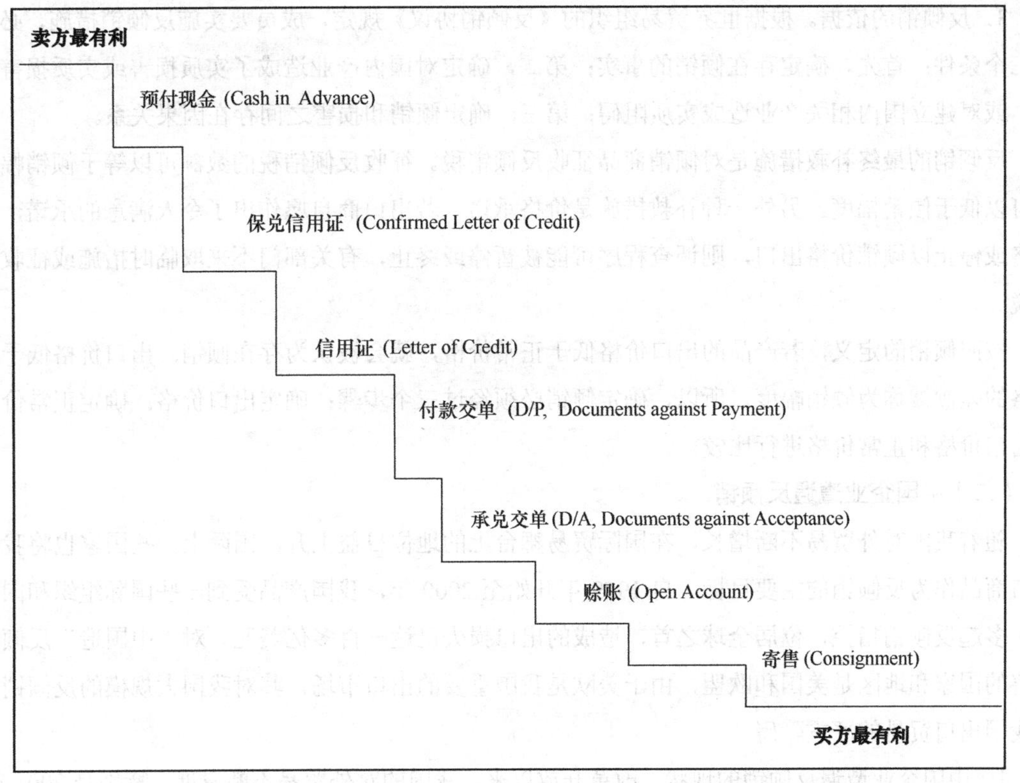

图 11-1　支付风险三角形

因此，国际营销人员在协商支付条件时，应考虑以下因素：1．支付数量和担保的需要；2．行业惯例；3．买卖双方的势力强弱。此外，还要考虑出口商品的市场销售情况，如果出口产品在市场上比较畅销，那么，支付条件可以根据出口方的要求而定，反之，则需更多地迁就进口商。如果出口商品将进入一个新市场，或市场竞争压力较大，支付条件应更多考虑进口商的要求。通常来说，当出口商承担高风险时，就宜报高价，从较高的价格中得到补偿；如果进口商面临高风险，那么成交的价格要低一些。有时，出口商为了减少风险，也可能通过低价，鼓励对方以有利于卖方的支付方式成交。

第三节 国际市场产品定价决策应关注的问题

一、倾销与反倾销

（一）倾销和反倾销的含义

1．倾销。在国际贸易中，倾销是指一国产品以低于正常价格进入进口国市场，并使进口国市场已建立的产业受到实质性伤害或构成这一威胁，或实际上使进口国产业延迟建立。

2．反倾销。受到倾销商品损害的进口国为此采取的抵制措施称之为反倾销。

3．反倾销的依据。根据世界贸易组织的《反倾销协议》规定，成员要实施反倾销措施，必须遵守三个条件：首先，确定存在倾销的事实；第二，确定对国内产业造成了实质损害或实质损害的威胁，或对建立国内相关产业造成实质阻碍；第三，确定倾销和损害之间存在因果关系。

反倾销的最终补救措施是对倾销商品征收反倾销税。征收反倾销税的数额可以等于倾销幅度，也可以低于倾销幅度。另外一种补救措施是价格承诺。若出口商自愿作出了令人满意的承诺，修改价格或停止以倾销价格出口，则调查程序可能被暂停或终止，有关部门不采取临时措施或征收反倾销税。

按照倾销的定义，若产品的出口价格低于正常价格，就会被认为存在倾销。出口价格低于正常价格的差额被称为倾销幅度。所以，确定倾销必须经过三个步骤：确定出口价格；确定正常价格；对出口价格和正常价格进行比较。

（二）中国企业遭遇反倾销

随着我国对外贸易不断增长，在国际贸易舞台上的地位日益上升，国际上一些国家也将我国的出口商品作为反倾销的主要目标。自 1979 年开始至 2000 年，我国产品受到一些国际组织和国家的 400 多起反倾销指控，位居全球之首，造成的出口损失已达一百多亿美元。对“中国造”反倾销最厉害的国家和地区是美国和欧盟，由于美欧是我国重要的出口市场，其对我国大规模的反倾销构成了我国出口贸易的严重障碍。

1．中国企业遭遇反倾销的现状。改革开放以来，我国的对外贸易不断发展，特别是 2001 年 12 月正式加入世贸组织后，我国积极参与经济全球化进程，抓住国际产业加快转移的历史性机遇，对外贸易发展焕发出勃勃生机，赢得了历史上最快最好的发展时期。加入世贸组织的 11 年中，我国对外进出口贸易年均增长 20.2%，对外开放已成为我国加快经济发展以及综合国力提升的重要支撑。当然在我国贸易不断发展的同时，贸易摩擦、贸易救济措施的应对工作任务也更加繁重。从 2002 年到 2012 年的十年间，我国应对的国外的贸易救济措施的案件一共 842 起，涉及案件金额 736 亿美元。这里面包括反倾销案件 621 起。

我国在对外贸易中基本处于顺差地位。这在一定程度上刺激了国外有关竞争者利用反倾销法，频频指控我国出口商品倾销。中国已连续 20 年成为遭遇反倾销调查最多的成员。2008 年全球 35%的反倾销、71%的反补贴涉及中国。据 WTO 秘书处发布数据显示，2008 年全球新发起反倾销调查 208 起、反补贴调查 14 起，中国分别遭遇 73 起和 10 起，占总数的 35%和 71%。2008 年全球新发起反倾销、反补贴调查数量分别增长 28%和 27%。

当前，国外对我国出口商品实施反倾销，主要有以下几个特点。

（1）提起反倾销诉讼的次数频繁。自 1979 年 8 月,发达国家频繁对华启动反倾销措施，其中仅在 2010 年一年中，中国共遭遇贸易救济调查 66 起，涉案金额 71 亿美元。根据世界银行数据，当年全球 47%新发起的贸易救济调查和已完成的案件都针对中国。

（2）被诉倾销产品的范围不断扩大。近些年来，西方国家对我国反倾销产品的范围不断扩大，只要他们认为危害到或将要危害到本国竞争力差的产业的产品，都可以列为倾销产品的范围。具体涉及纺织、机电、服装、大蒜、果汁、钢铁、彩电、海鲜、家具、皮鞋等 4000 多种商品，大部分都是我国出口支柱产品。

（3）对中国产品倾销的确定带有很强的主观性。一般来说，构成倾销必须具备三个条件：一是产品以低于国内的价格或低于向第三国出口的价格向进口国进行销售；二是销售的数量猛增；三是销售的产品对进口国造成实质性的危害，且这种危害与倾销之间存在因果联系。但是西方一些国家所确定的倾销并不完全具备这些条件，有时候甚至根本不具备任何倾销的条件，在确定哪些是倾销产品方面带有主观性。作为倾销产品的对象，大多数是我国竞争力较强的产业，特别是低附加值、劳动力密集的产品。如中国生产和出口到欧洲的棉坯布价格 1992～1996 年一直在上升，但占欧洲的市场份额 1995 年、1996 年、1997 年基本持平。在这种情况下还确定为倾销，其意图是十分明显的。那就是发达国家的纺织业在中低档产品上已经失去了对发展中国家的竞争力，所以他们为了保护这些不景气的企业，减少失业人数，一旦有企业提起反倾销诉讼，则这些发达国家一般会确定倾销存在。西方国家在确定反倾销税的征收上也带有很强的主观性。实践中，常常不用统一标准对待所有出口同一产品的国家。如 1998 年欧盟对中国及印度、埃及、印度尼西亚和巴基斯坦五国的棉坯布的反倾销中，征收的平均税率是 12%，但是对中国则是征收 6 个月 15.7%的临时反倾销税。而实际上，俄罗斯出口到欧洲的棉坯布价格比中国低 40%。再如，1999 年 2 月，欧盟宣布对中国、印度、墨西哥、波兰、南非和乌克兰的钢丝绳和钢缆征收 6 个月的惩罚性反倾销税，其中南非是 33%，而中国则是 74.8%。其目的就是要将中国的这些产品挤出欧洲市场。

（4）反倾销税的征收幅度大。西方一些国家反倾销税的征收幅度是很大的，从百分之十几到百分之几百乃至上千。如 1993 年 12 月，墨西哥对我国鞋类出口征收 165%、232%、313%～1105%的关税，再如 1997 年 7 月美国商务部对我国几家企业出口小龙虾征收的反倾销税率平均为 122.9%，最低的是 91.5%，最高的是 156.7%。面对如此高的税率，无论哪家企业都无法承受，这也就意味着中国的相关企业将不得不退出已经占有的市场份额。

2. 中国企业遭遇反倾销的原因。我国出口商品屡遭国外反倾销指控的原因是多方面的，既有国际的，也有国内的；既有客观的，也有主观的；除了经济因素的影响，还有法律因素的制约。综合起来，可主要从以下几个方面来分析。

（1）国际经贸形势所迫。一方面，近年来西方国家经济普遍不景气，他们为保护本国产品的国内市场，于是频繁运用反倾销措施来限制外国产品进入。另一方面，由于乌拉圭回合协议的生效，要求各国大幅度削减关税和取消进口数量限制，各国为抵消这一谈判结果对本国工业的冲击，纷纷采用反倾销这一便利而有效的措施。中国近年来经济发展迅速，出口产品种类多、数量大，保持对较多国家特别是西方国家贸易的顺差，自然成了反倾销的主要对象之一。

（2）制度差异引起歧视。国际上一些国家特别是西方国家对社会主义中国怀有偏见，对我国使用“非市场经济国家”的待遇，专横地以替代国价格作为计算基础，而在第三国参考价格选取上又别有用心或不负责任。它们并对我国外贸企业以“国有”为由，普遍实行单一的反倾销税率，甚至把对个别企业的反倾销当成对整个国家来裁决，即一家企业遭受反倾销起诉，全国同类出口产品同为被告，这显然有失公正合理。

（3）价格竞争过于激烈。我国产品本身就具有低成本的竞争优势，价格比较便宜。再加上出口秩序混乱，出口企业削价竞销，导致我国出口商品价格大幅下跌，对进口国企业构成一定的威胁。

（4）出口结构失衡。从产品结构看，我国出口的多是劳动密集型的纺织品。机电产品、化工产品，产品的附加值相对偏低，易给进口国造成低价倾销的印象。从市场结构看，出口地区过于集中，我国商品出口主要集中于欧美、日本等地，2012 年中国十大出口贸易伙伴详见表 11-4。

表 11-4　2012 年中国十大出口贸易伙伴情况

中国前十大出口伙伴		
排名	国家或地区	出口额（2010 年 1 至 11 月）
1	美国	3194.4 亿美元
2	欧盟	3022.7 亿美元
3	香港地区	2858.7 亿美元
4	东盟	1831.3 亿美元
5	日本	1388.7 亿美元
6	韩国	805.4 亿美元
7	德国	629.9 亿美元
8	荷兰	530.2 亿美元
9	印度	434.2 亿美元
10	英国	416.5 亿美元

（5）国际营销谋略不足。我国出口企业大多缺乏对国际市场的深入调研和总体把握，单纯依赖低价战略打入国际市场的居多，对外价格竞争手段重视不够。一方面，一些出口企业由于急于成交，即使在对进口国市场行情和价格水平真正掌握时，报价也较低，易使进口方形成“价廉质劣”的印象；另一方面，由于缺乏对进口国消费者风俗习惯的调查研究，不重视口味、款式、包装等方面的改进和创新，往往使一些“好货”卖不出“好价钱”；另一方面，一些企业未能把握国际市场和进口国行情及时调整出口商品的价格和数量，致使某些商品大量涌入进口国，增大了对华反倾销的概率。

（6）法律应诉不力。目前我国尚未建立起反倾销应诉机制，存在着应诉经费不足、专业人才匮乏、企业应诉意识淡薄等问题。国外对华反倾销案调查后，许多企业因多种顾虑往往不愿应诉。我国反倾销诉讼的被动与消极做法，易给人造成国外对华反倾销易于成功的错觉，结果往往使我国企业不仅丧失了多年开辟的市场，而且助长了有些国家肆意对华反倾销的气焰。

（三）中国企业如何应对反倾销

当前，政府部门和出口企业应加强联手，积极应对国外的反倾销，主要可采取以下措施。

1．强化法律意识，提高企业应诉的主动性。企业作为市场经营运行的主体，要参与国际市场竞争，必须更多地学习和掌握国际贸易的法律，强化自我保护、自我发展意识。尤其是近年来，许多国家改变了过去对中国所有企业裁定统一反倾销税率的做法，诸如美国对华反倾销案中，大部分都以中方应诉企业实际的“生产要素”为基础计算各个应诉企业的“倾销幅度”；欧盟自 1998 年 7 月份修改了对中国和俄罗斯的反倾销规则后，也规定在满足一定份额条件后，可以给予应诉企业以“分别的税率”。在这样的情况下，应诉企业有可能取得一个比较低的税率，而不应诉企业得到的“统一税率”往往大大高于应诉企业的税率（如美国对华金属锰反倾销案中，参加应诉的几家企业分别得到 3%、5%和 20%的反倾销税率，而未应诉的企业则被一律裁定征收超过 100%的高额反倾销税）。因此，面对国外对华反倾销指控和调查时，所有的相关企业都应积极参与应对并善于运用法律武器来保护自身合法权益，这样才能在国际贸易的激烈竞争中不断发展与壮大。

2．规范出口竞争秩序，提高企业竞争能力。一是要注重对出口产品在国外市场的调研工作，了解并掌握其同行对手的生产能力、市场销量和价格水平，防止一哄而上过量出口。二是要加速建立市场经济的价格运行机制，尽快形成合理的价格体系，切实做到商品价格由市场决定，从而使西方国家在反倾销中对我国实行价格歧视的借口失去依据。三是要加强对企业的宏观调控和协调管理，严禁出口企业低价竞销，以避免出口企业自相残杀而导致肥水外流。四是要优化生产要素的合理配置，通过降低成本提高竞争能力。

3．增强国际营销观念，实施出口多元化战略。在国际市场竞争日趋激烈的形势下，出口企业应尽快转换现有的竞争战略及策略，变“以廉取胜”为“以质取胜”，学会运用商标、包装、公关、广告等多种非价格竞争的手段，在出口商品的技术含量和创汇率上下工夫，扩大高技术含量、高附加值产品的出口。同时，应注重全方位地开拓国际市场，在巩固现有欧美市场的同时，积极开拓新兴的海外市场，尤其要加强对东欧、拉美、非洲等市场的开拓，以降低市场过于集中所带来的风险，并达到避免反倾销调查之效。

4．加大政府交涉力度，力促取消对华不平等待遇。一方面，政府要加大力度在国际上宣传我国向市场经济转轨的事实，通过政府之间的谈判，要求欧美等西方国家取消参照国做法，按我国国内价格确定产品的正常价格，并对涉诉企业采取实事求是、个别对待的做法。另一方面，加入 WTO 后，我国成为国际反倾销公约的签约国，可提高我国在反倾销谈判和诉讼中的地位，有效抵制国外对华反倾销的歧视，维护我国企业的合法权益。同时，我国也应加大对外国产品的反倾销追查力度，《中华人民共和国反倾销和反补贴条例》于 1998 年 3 月 25 日由国务院颁布实施，这是我国关于反倾销的第一部专门法规。2003 年—2012 年 9 月，我国共对外发起反倾销调查案件 131 起，反补贴调查案件 5 起，涉及进口金额近 200 亿美元。被调查产品涉及化工、轻工、钢铁、造纸、电子、纺织、机械、医药、汽车、农产品十大产业的 60 余类产品，涉案企业两百多家，分布在全国 27 个省区市。实践表明，通过依法、公正、合理地实施反倾销措施，遏制了境外倾销产品对国内产业的冲击，维护了公平竞争的贸易秩序，大部分受损害产业生产经营状况明显好转，产业竞争力迅速提升。但整体来看，我国的对外反倾销与外国对华的反倾销差距还较大。详见图 11-2 所示。

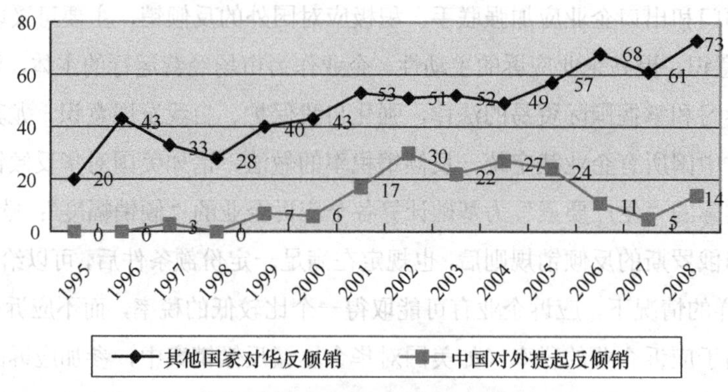

图 11-2 外国对华反倾销与中国对外提起反倾销对比

5. 建立健全反倾销应诉机制，全力做好反倾销应诉工作。为了有效应对国外对华反倾销，避免和减少国外反倾销造成的损失，政府及其出口商品管理部门和司法机构已经做了不少工作，商务部定期发布反倾销的预警信息，并加强了相应的培训工作。今后还需要进一步建立起应对国外对华反倾销的协调网络和加紧从事反倾销应诉的专门人才的培养。

【案例精选 11-2】 奥康六年半打赢反倾销官司

2005年5月，因欧洲鞋业联合会（CEC）的投诉，欧盟委员会（以下简称欧委会）启动了对原产中国和越南的进口皮鞋的反倾销调查。调查结果出来后，2006年，欧委会通过法规对原产中国和越南的进口皮鞋征收为期2年的16.5%反倾销税。当时欧盟的反倾销税涉及中国鞋企1200多家，200多万就业人口，直接导致了东南沿海一批出口导向鞋企的关门。欧委会的数据显示，反倾销之后，欧盟当年从中国进口的鞋子总量下降了15%，从20.8亿双降到17.8亿双。在中国皮革协会的协调下，154家中国鞋企积极抗辩和应诉，但随后被欧委会驳回。一审败诉后，同行者逐渐偃旗息鼓，只剩下奥康一家上诉至欧盟高级法院。

2005年5月欧委会发起反倾销调查后，共有154家中国鞋企应诉，由于被调查企业众多，欧委会依法采用抽样调查的方法来确定倾销幅度。根据事后法院的判决书，欧委会最后选择了其中的13家企业作抽样调查（奥康未在其中）。奥康的辩护律师在二审中继续阐述此案的这一关键突破点——欧盟在此前对中国企业的抽样缺乏代表性，且在未对中方企业认真审核的情况下，用统一反倾销税率来取代分别税率。奥康在上诉书中称，普通法院错误地混淆了欧盟《反倾销法》中的“单独倾销幅度”，与未被抽样的市场经济待遇（MET/IT）企业的倾销幅度这两个概念，并以抽样组企业的数据作为该倾销幅度的计算依据。而“单独倾销幅度”的计算过程与评估MET是完全不同的，采样技术清楚地显示了这些差异。奥康与欧委会之间的反倾销官司从2005～2011年整整打了六年半。二审判决，奥康胜诉。这是中国企业在此类案件中罕见的胜诉。

二、转移价格及其运用

（一）转移价格的含义及作用

前面讨论的内容主要是针对独立的外国购买者的出口定价策略，而当企业出口产品到自己的国外子公司时，其定价背景就有所不同。

1．转移价格的含义。转移价格也称内部转让价格，它是指跨国公司内部母公司与子公司，子公司相互之间进行内部贸易使用的约定价格。这种价格的最大特征是在一定程度上不受市场供求关系的影响，也不是买卖双方在公开市场上按“独立竞争”原则确定的价格，而是根据跨国公司的全球战略目标和谋求最大限度利润为目的，由公司上层决策人员确定的内部结算价格。

2．转移价格的表现形式。跨国公司内部贸易包括有形产品和无形产品两个方面，因此转移价格在形式上就不仅包括有形产品的转移价格，还包括无形产品的转移价格；从支付方式上既包括贸易性支付，又包括非贸易性支付。具体来说，跨国公司常用的转移价格有以下几种表现形式。

（1）货物价格。在跨国公司的转移价格中，货物价格的使用占了很大比重。所谓货物，包括了生产过程中的原材料、零部件、中间产品、制成品和机器设备等。公司通过使用货物转移价格高于或低于正常交易原则下的市场价格，实现利润的转移，资金的流动。

（2）劳务费用。在跨国公司体系中，各公司之间可以通过提供服务，收取高额或低额服务费用来实现转移价格。劳务费用有技术性劳务费和管理性劳务费两种。由于劳务费用具有不可比性，很难掌握其真实价格，所以跨国公司可以在这方面大做文章，灵活性较大。例如，特许权使用费是一种重要的国际资金流量，对特许权使用的支付，可以用单纯的形式或隐藏在其他价格中（如隐藏在设备价格中），特别是专利、专有技术和商标。另外，商业秘密、商业信誉等，也具有类似性质，这类费用支付也是跨国公司经常使用的转移价格形式。

（3）贷款利息。在母公司对子公司进行投资的过程中，贷款较之参股具有更大的灵活性。因为子公司用股息形式偿还母公司的投资，在纳税时不能作为费用扣除，但支付的利息则可以作为费用扣除，而且母公司还可以根据整个公司情况制定利息率的大小。例如，为了增强子公司产品的竞争能力，可以不收或少收利息，使子公司减少产品的费用；相反，为了造成子公司亏损的局面，达到在东道国少交税的目的，则按较高的利率收取利息。当然，母公司对子公司的放款不是无限制的，它要受到各国规定的公司债务产权比的制约。

（4）租赁费。租赁是一项相对较新的经济活动形式，近年来获得了迅速发展。随着租赁活动的发展，某些长期需要工业、商业或科学设备的企业发现利用租赁而不是购置这些设备具有许多好处，因为这样免去了筹资的负担，风险小，而且租赁费可以作为转移价格的一种形式，如利用很低的租赁费在跨国公司内部将一个公司的资产堂而皇之地转移给另一个公司，实现其经营目的。

转移价格形式的广泛性为跨国公司使用转移价格带来了很大的灵活性，如果有形产品的转移定价受到限制，它可以在无形产品上做文章，尤其商标、专有技术、专利等无形商品，对它们的价格实行限制是很困难的。

3．转移价格的作用。

（1）减轻所得税。跨国公司利用转移价格的主要目的是避税，其中主要是所得税。由于各国所得税税率的不同，跨国公司可利用转移价格将高税率国子公司的利润转移到低税率国的子公司，从而减少所得税款，增加公司总体利润。具体来说，由高税率国子公司按压低或低于成本的价格出售产品和劳务给低税率国子公司。也可以由低税率国子公司按抬高或高于市场的价格销售产品和劳务给高税率国子公司。跨国公司运用转移价格来减少所得税的另一种方式是通过“避税港”(Tax Havens)，即低税区或免税区。一般来说，这些低税区或免税区要求外国公司所缴纳的税率很低，或者根本无需纳税，对外国公司的法律管制也较松，公司资金进出和利润分配也较自由。跨国公司就可以利用这些特点，运用转移价格把利润转移到设在这些低税或免税区的控股公司进行逃税。例如，美国的跨国公司若向其设在英国的子公司出售商品，这时，美国的跨国公司可以先以低价将商品售给其设在某一个免税区的控股公司，该公司可以根本不经营具体业务，仅仅是有人接听电话的虚设机构，然后由这家控股公司以高价将该商品出售给设在英国的子公司。实际上，货物并不经控股公司，而直接由美国运往英国，但通过这种账面的周转，使美国的母公司因“低价”出售而无盈利，英国的子公司亦因“高价”购进而无盈利，设在低税区或免税区的控股公司则可两方盈利，这就减少了整个公司的所得税负，增加了利润。

（2）减轻关税。关税多为从价计征的比例税率，因此，制定低的转移价格可以降低过关的报价，从而减少应纳的关税。例如，某产品正常售价为 100 美元，若进口关税税率为 20%，则所征关税为 20 美元。现在，以低的转移价格售给子公司，发票标明为 80 美元，则所征关税为 16 美元，每件产品减少关税 4 美元。

运用转移价格减轻关税的另一途径，是利用区域性关税同盟或有关协定的优惠规定。例如，欧洲自由贸易区规定，如果商品是在贸易区外生产的，由贸易区某一成员国运往另一成员国时，需缴纳关税。但如果该商品的价值一半以上是在自由贸易区内成员国中增殖的，则在该自由贸易区内运销可以免交关税。如果美国一家跨国公司要把一批半成品运往其设在挪威的子公司，制成成品后在自由贸易区内销售，美国的母公司就可采用转移低价，人为压低半成品的售价，使在挪威制成成品后的价值一半以上在挪威增殖。该商品在运销到自由贸易区其他成员国时就不用缴纳关税了。

（3）加强竞争优势。跨国公司在国外建立一个新的子公司，除凭借其资金和技术的实力，从资金信贷和技术上提供有力支持外，还利用转移价格，给予新成立子公司以原料来源、中间产品和服务的低价扶植。这种实际上的补贴，旨在帮助子公司迅速打开局面，站稳脚跟，树立信誉，在当地市场获得更多的贷款机会。这种当地贷款对跨国公司最为有利，风险最小。良好的金融状况使公司的股票看涨，有利于公司投资。

另外，跨国公司发挥优势，集中人力、物力和财力，并以转移低价对开拓新市场或对付竞争者的子公司转入商品或劳务，维持其低价倾销，进行市场渗透，最终打败竞争者，占领市场。由于市场的高利润可能招来更多的竞争者，跨国公司常采用转移高价，降低在该国子公司的高额利润，从而避免潜在竞争者的介入。

【案例精选 11-3】　　定价转移是跨国企业避税的重要伎俩

2012年，全球最大的咖啡连锁巨头美国星巴克公司就因税务问题在英国犯了众怒。星巴克在英国14年的营业额达30亿英镑，但累计缴纳公司所得税仅为860万英镑，纳税额低于营业额的1%。2011年，公司甚至以“亏损”为由，未向英国政府缴纳一分钱税款。

星巴克绝不是跨国企业通过转移利润避税的个案。包括谷歌、微软在内的互联网巨头都是避税黑名单上的常客。美国财政部的经济学家们甚至估计，如不使用避税手段，苹果公司仅在2011年一年中，就需在美多缴纳24亿美元的税款。

一些跨国公司的避税行为在2012年被集中曝光，跨国公司的行为引发政府和民众的广泛不满。在2013年的二十国集团（G20）财长与央行行长会议上，G20承诺将在未来通过国际合作处理避税问题，限制跨国企业向海外低税率区域转移利润从而少缴税的做法。

（二）转移价格的制定

1. 分析影响转移定价的因素。跨国公司在制定转移价格时必须考虑各种因素，包括公司内部因素和外部因素。

公司的内部因素主要有以下几个方面。

（1）相关成本。产品成本按其经济职能分为生产成本、销售成本和管理成本等，其中生产成本包括直接材料、直接劳动力和制造费用。产品成本按其与产量的关系可分为可变成本和固定成本，其中可变成本包括直接材料、直接劳动力、可变制造费用、可变销售成本和可变管理成本；固定成本包括固定制造费用、固定销售成本和固定管理成本。此外，跨国公司在计算成本时还必须考虑公司总部摊在子公司上的其他费用。

（2）分权程度。公司分权或者集权经营方式是制定转移价格必须考虑的一个因素。完全的分权是子公司自己做生产和销售的决策，而公司总部按子公司的经营绩效来对之评价。在完全集权的情况下，则一切决策都由公司总部来做。因此，分权程度的不同，子公司和公司总部参与转移价格决策的程度也不同，从而影响转移价格的确定。

（3）相互依赖性。子公司之间的相关程度不同，对转移价格的制定也有影响。如果一个子公司的决策影响另一个子公司的经营，那么这两个子公司就是相关的。高度相关的子公司间往往采取纵向一体化的战略。是否采取纵向一体化，或者不同的纵向一体化程度，将导致不同的转移价格决策。

而外部环境因素包括以下几个方面。

（1）政治法律因素。各国政府，特别是第三世界国家政府，往往制定各种政策，如限制利润汇回母国和外汇管制等，来限制跨国公司的活动。许多国家在税法中都直接对转移价格的制定加以限制，并辅之以相应的财政规定。这些限制和规定以及东道国政局的稳定等，都对跨国公司的决策产生着重大的影响。

（2）经济因素。经济因素是影响转移定价的最广泛的一类因素，例如，所得税、关税与预提税税率、外汇汇率、外汇顺逆差，通货膨胀率以及市场竞争状况等，这些都是影响转移价格制定的经济因素。这类因素往往直接制约转移定价的动机，从而影响着整个转移定价决策，如税率与避税动机、市场竞争状况与增强竞争优势动机等。此外，经济因素对政治法律因素也产生着重要影响，从而间接地影响转移定价决策。例如，当某国连年出现外汇逆差时，该国政府很可能采取一些措施来改变这种情况，加强外汇管制就是一种常见的措施。

2．确定转移定价目标。

（1）目标一致是转移定价的最重要的基本目的，也是对转移价格的一项基本要求。它是指制定转移价格应使子公司的目标与总公司的全球目标达成一致，在制定转移定价政策时，上层管理人员鼓励子公司在对公司总体利益作出贡献的同时，实现子公司各自的目标。当然，在子公司与公司总体达成完全的目标一致是很难的，当两者目标有冲突时，应以公司总体利益为重，慎重选择转移定价政策。在子公司的目标与跨国公司全球目标不冲突或冲突不大的情况下，转移价格的制定应尽可能多地给予子公司自主性，以增强其经营过程中的积极性和灵活性，增强子公司实现与公司总体目标一致的自觉性和主动性。

（2）建立激励机制是制定转移价格的基本目标之一。子公司经理需要得到激励，以合适的转移价格在跨国公司内转移他们的产品和劳务，使他们分部的利润最大或有所增加，同时也激励着子公司尽可能地与公司总体达到目标一致。

如果跨国公司想给子公司强有力的激励以达到目标一致，那么转移价格对子公司绩效的影响就必须加以考虑，要有效衡量子公司经理的绩效。转移定价必须满足下列几个条件：①被子公司经理接受为一种有效的绩效衡量手段；②包含子公司经理可达到的目标；③考虑所有需履行的行动，跨国公司必须分析把转移定价用作激励对子公司经理绩效的潜在影响，设法使每个子公司的工作绩效得到公正的评价。

（3）有时使用同一转移价格的目标可能不止一个，例如，在实现避税目标的同时，可能还想达到避免风险的目标。有时不同的目标可以使用相同的转移定价方法来实现，有时不同的目标则要求使用不同的转移定价方法。就是同一类目标也有可能相互冲突，例如，同一种转移价格可能使减轻进口税的目标与减轻所得税的目标相悖，即少纳进口税就得多纳所得税。解决这一矛盾，要根据两国的具体环境来决定，一般所得税要比进口税重，减轻所得税负目标优先得到考虑。由此可见，应当分清各具体目标的主次关系，全面权衡利弊。

此外，具体目标应力求不与基本目标相冲突，否则就必须做出取舍，因为转移定价的目标大多是从公司总部角度提出的，所以与“目标一致”冲突较少。然而具体目标与“绩效评估”冲突则较多，因为转移价格的制定有时会使子公司的利润发生偏离，这时要想既达到“目标一致”，又要保持对子公司绩效的恰当评估，做两本账（即一本公开对外，以应付税务当局；另一本对内，以进行公司内部控制和绩效评估）是一个求全的办法。

3．转移价格的策略运用。跨国公司的转移价格的具体运用策略是多种多样的，但归根到底不外乎转移高价和转移低价两种。转移低价是指跨国公司母公司与子公司、子公司与子公司之间以低于市场正常交易价格水平的价格进行结算；反之，转移高价则是指以高于正常市场交易价格的水平结算。跨国公司采用转移低价还是转移高价要考虑多种因素，如表 11-3 所示。

表 11-3 跨国公司的转移定价策略

子公司东道国状况－母公司或其他子公司以转移高价提供商品或劳务	子公司东道国状况－母公司或其他子公司以转移低价提供商品或劳务
1. 存在当地合资或合作方 2. 东道国存在政治风险 3. 存在外汇和利润汇出限制 4. 存在以产品成本为依据的最终产品价格限制 5. 工会可能要求提高工资待遇 6. 子公司的高利润可能会引诱竞争者进入	1. 较低的公司所得税率 2. 较高的从价关税 3. 当地市场竞争激烈 4. 需要改善子公司财务形象以获取当地贷款或其他优惠 5. 较低的通货膨胀率 6. 政府对进口商品实施配额管制 7. 存在出口补贴或出口退税等优惠政策

4．选择适宜的转移定价方法。转移定价的方法包括市场基础法、成本基础法、线性规划法、数学分析模型法、协商法等。在选择定价方法时，应根据公司的定价目标、总体战略并结合内外环境因素来决定。

在这里，我们讨论转移价格这一问题的意义是：一方面，我国企业在国际市场上应充分利用转移价格策略以实现合理避税；另一方面，作为许多跨国公司的东道国，我国政府也应制定相应的政策法规，防止跨国公司在我国滥用转移价格策略，损害我国的利益。

本章小结

与国内营销一样，国际市场的产品定价也需要考虑成本因素、需求因素、竞争因素和政策因素等内容，但在国际营销活动中，这些因素的构成更为复杂多变，因此，企业需要充分重视这些因素。国际市场产品的定价决策也包括定价目标和定价方法等决策，除此以外，在国际营销活动中还应讲究产品的报价技巧。因为，在国际市场上产品报价涉及的内容包括计量单位、计价货币、价格术语和支付方式等，企业必须进行慎重决策，方可实现营销目标，否则可能导致意外损失。

在国际营销活动中，还有一些价格方面的特殊问题需要关注。在此，我们主要探讨转移价格策略及其运用，以及倾销与反倾销，因为这两大问题都是困扰我国企业开展国际化经营的现实问题，因此我们需要加以了解和把握。

思 考 题

1．企业在国际市场产品定价决策时应考虑哪些因素？

2．企业国际市场产品定价的目标主要有哪些？

3．企业的国际市场产品定价方法主要有哪些？

4．企业的国际市场产品报价应注意哪些方面？

5．什么是倾销？什么是反倾销？加入 WTO 后为何我国还是频繁遭遇反倾销？

6．什么是转移价格？跨国公司运用转移价格策略的目的是什么？

7．转移高价与转移低价策略的具体运用条件主要有哪些？

第十二章 国际市场沟通决策

【本章学习目标】

- 掌握国际广告活动的主要制约因素及相应决策；
- 熟悉国际市场人员推销的特点、组织形式以及推销人员的管理；
- 掌握国际市场营业推广的形式和决策；
- 了解国际市场公共关系的主要方法；
- 了解国际市场直复营销的特点和形式。

【导入案例】

2011年6月21日，H&M的2011设计师合作系列“Versace for H&M”在全球同步亮相，这是著名平价快时尚品牌H&M与国际一线奢侈品大牌Versace的合作，是由品牌创意总监设计的独家时装系列。这一系列在2011年11月17日在H&M全球约300间分店和网上发售，在中国指定门店销售。该系列在销售前夜即引发多家店铺的排队热潮，在诸多店铺更是上市4小时之内全部售罄。同时，根据H&M官方网站给出的2011年财务报表，可以看到，在“Versace for H&M”系列上市的月份（即2011年11月），H&M的总销售额与上年同期相比，增加了9%。

“Versace for H&M”系列的成功上市，与其整合营销传播策略密切相关，主要体现在其对事件营销的设计、对每一步整合营销策略的时间节点把握、对卖场终端传播的有效利用、对整合营销传播延续性的把握、对消费者接触点的注重、对整个舆论导向的掌控与操纵等方面。

巧妙把握传播时间节点。“Versace for H&M”系列在正式发售前采取了一步步预热、用传媒打造最热议的时尚话题的营销传播策略，同时节奏安排得当。在正式发售前半年的 2011 年 6 月 21 日，“Versace for H&M”影片在全球同步亮相。从此，从小道到官方都开始一点一点泄露着此次合作的“天机”，也在一步一步把大众热情勾引起来。从最初几款海报羞答答的登场，到海内外各国杂志中拍摄的大片露面，再到销售前各路时尚达人和明星们的提前体验频繁上镜，在正式发行的前一周，一个接一个、越来越大型、分量越来越重的活动，将消费者的情绪一步步调动起来。品牌出色的营销技巧把公众的好奇心和关注度都推向高潮。

有效利用卖场终端传播。卖场不再仅是陈列和出售商品的空间，而是传递品牌定位、设计品位和品牌背后所演绎的生活概念和文化理念的途径。从H&M在2011年11月10日（正式发售前7天）在各销售门店同时推出陈列橱窗起，“Versace for H&M”系列的卖场终端传播就正式拉开了帷幕，为其正式发售做了一次预热。接下来H&M在11月16日（正式发售前1天）曝光独家购物纸袋，这几乎是给原本就蠢蠢欲动的粉丝们沸腾的情绪上更增添了一抹激情，造成了狂热的粉丝们一派摩拳擦掌、蓄势待发的景象。11月17日，“Versace for H&M”系列正式发售，从店面设计、店员服装，到产品标签和价格，都充分体现了鲜明的该系列的特色与风格。

注重整合营销传播的延续性。在"Versace for H&M"系列发售结束后，通过官方微博的不断运作和公关活动，该系列仍在消费者、更在时尚圈内维持着较高的人气和话题性，避免了产品下架即营销传播结束的情况。在当天的销售结束后，H&M利用微博这个平台与消费者互动，鼓励消费者上传自己身着抢购到的"Versace for H&M"系列产品的照片，通过"晒单"的形式演绎自己的搭配，同时该活动还为最会演绎该系列搭配的粉丝提供再次挑选并免费获得该系列的一件单品的机会，弥补了粉丝对某个心仪产品抢购失败的懊恼心理。这一做法发挥了人际传播的功能，促进了该系列的品牌信息的二次传播，延续了品牌的曝光度，提升了品牌知名度，塑造了良好的品牌形象，巩固了其消费群体，加强客户对其的归属感、增强认同度。

注重消费者接触点传播。H&M通过其iPhone/iPad/Android手机应用和微博不断与粉丝互动，在"Versace for H&M"系列还未上市之时，就已经与一众粉丝形成了良好的关系。H&M更是在微博中，充分发挥了微博传播的即时性的特点：从2011年10月24至11月8日期间在H&M官方微博举行"我的最爱Versace for H&M"有奖评选活动，到2011年11月11日、14日、15日、16日在H&M官方微博上发起的四轮投票；从2011年11月15日在北京举行的ELLE风尚大典的堪比电视实况的微博现场直播，到2011年11月16日和17日对粉丝排队情况、抢购情况的即时报道，无不体现了H&M对微博这一平台的有效利用，不仅利用了其本身固有的发起活动、发起投票的功能，更是充分利用微博密切与受众的联系，很多对粉丝细节处的关怀（如提醒粉丝抢购时注意安全、为粉丝提供抢购策略等）在体现该品牌人文关怀、提升消费者对该品牌的好感度的同时，还收获了消费者对企业的认同感，进一步提升品牌的形象。

国际市场沟通是企业为实现其国际营销目标，影响已有的和潜在的国际市场消费者行为的各种沟通方式，是国际市场营销组合的一个重要组成部分。国际营销中，由于产品销售范围广，各国间不同的文化习俗、不同的政策法律等因素的影响，增加了买卖双方沟通的复杂性，加大了企业开展营销活动的难度。

本章主要研究国际营销中企业运用广告、人员推销、营业推广和公共关系等市场沟通手段所面临的特殊问题和策略技巧，以及直复营销在国际市场沟通中的发展和应用。

第一节 国际市场广告决策

一、国际广告发展

国际广告是国际营销企业为实现一定的目的，以支付费用的方式，通过广播、电视、报纸、杂志、网络等大众传媒，向目标国家市场的消费者和公众传递有关企业及产品信息的一种促销手段。由于当代信息技术、通信技术的迅猛发展，新闻媒体高度普及，国际广告已成为形式多样、十分有效的信息传播方式，在企业的国际市场营销活动中发挥着十分重要的作用。

近年来，全球广告业发展势头强劲，广告费的年均增长速度超过了世界经济的增长速度。1991年全球媒体的广告费仅为1846.5亿美元，2000年达到3154.6亿美元，至2012年全球广告市场总体规模已达到5387亿美元，较2011年增长8.1%。

当然，全球广告市场的发展并不均衡。与经济发展相适应，全球最大的经济体，美、日、欧、亚太等，在广告市场的表现都非常突出。2012年北美以1793亿美元的广告收入居各大洲首位，占全球广告市场的33.3%；亚太地区在近年来经济快速发展的驱动下，以1621亿美元列第二位；欧洲以1443亿美元列第三位；拉美地区广告市场规模以382亿美元列第四位；非洲/中东/其他地区市场规模最小，为178亿美元。北美和欧洲拥有相对成熟的广告业，两者占全球55.7%的市场份额。由于亚太地区、拉美地区、非洲和中东等其他地区的广告市场起步较晚，市场基数较小。

从国际市场的发展来看，尽管目前全球广告市场的主体是发达国家，但由于这些国家的广告市场已经相对发展成熟，增长速度趋缓。全球广告市场更多由发展中国家的市场推动，许多发展较快的国家都是广告业新兴国。广告市场从无到有、从小至大飞速增长，大多数发展中国家的广告业市场增长率在过去的几年中已达到两位数。中国、巴西等广告市场呈现勃勃生机。2007年全球前十大市场中的中国、巴西于17年前的1991年，在全球广告业排名，分别为第32位和第13位，当时他们在全球广告市场的份额，仅仅为0.3%和1.0%。经过17年的发展，这两个发展中国家分别跃居广告业世界排名第5位和第9位。中国更在2012年成为了全球第二大的广告市场。据国际知名市场研究公司eMarketer和Starcom MediaVest Group（SMG）预测，中国将在2013年成为全球第二大的数字广告市场。这得益于当地互联网和移动互联网用户的高速增长，以及数字广告支出的旺盛增加。亚太地区的广告市场将在2014年超越美国。

在全球广告市场中，最重要的广告媒体包括电视媒体、报纸媒体、互联网媒体、杂志媒体、广播媒体、户外媒体和电影媒体等。当代通信技术、信息技术的发展，使得广告媒体日益增多。特别是随着互联网络的高速发展，网络广告得到了较快的发展，网络已经成为继电视广播、报纸杂志和户外广告以外的又一种重要广告媒体。2007年，全球互联网广告规模首次超过广播媒体广告，成为第四大广告媒体；2009年，全球互联网广告规模再次超过杂志媒体，跃居第三大广告媒体。总体上看，全球电视广告、网络广告市场不断增长，互联网对平面媒体的冲击较大，报纸、杂志广告市场呈现萎缩趋势。随着国际互联网的进一步普及，在国际广告业务中，2011年全球网络广告同比增长13.9%，规模达到728.4亿美元，未来互联网广告的比重将快速上升，其巨大的发展潜力不容忽视。

二、国际广告的主要制约因素

利用国际广告进行促销必然面对跨越国界和跨文化环境两层障碍，制定和运用国际广告策略时也就不得不考虑语言、文化、媒体、法律等因素的影响和限制。

（一）语言的差异

语言是借助广告进行有效交流过程中最大的障碍之一，不同国家语言差异很大，有的一国之内语言差异也很大。在处理多国语言问题时，企业稍有不慎就可能犯错误。

语言涉及的不仅是不同国家的不同语言，同一国内的不同语言或方言，还有无声语言等问题。无声语言的障碍主要出现在与交往对方的直接接触的过程中，如谈判、推销、接待、拜访、考察等场合。

营销人员在东道国做广告时，可雇用当地雇员帮助审核广告稿本，也可以完全利用当地的广告代理商，使广告能得到当地消费者的正确理解，达到扩大销售、提高声誉的目标和扩展国际市场的目的。

【案例精选 12-1】　伊莱克斯的广告“糟糕透顶”？

斯堪的纳维亚真空吸尘器厂商伊莱克斯曾在美国投放了一个差评创造美国历史新高的广告，广告语是“没有什么能像伊莱克斯这么能吸(suck)”。但是，在美国，suck的意思是低劣的或者是“糟糕透顶”，结果可想而知，这个广告只能让观众厌恶地皱起眉头。

资料来源：迈克尔·怀特著，吴文清等译，《国际营销案例——警示篇》，中国人民大学出版社，2011：41。

(二)社会文化因素的差异

国际广告最大的挑战之一，是克服在不同文化的交流中遇到的问题。文化因素包括的范围很广，如传统习惯、社会价值观、宗教等。各国的风俗习惯、社会价值观、宗教信仰差异很大。如对时间的看法，美国人认为“时间就是金钱”，而有些国家的人会说“跑得快，死得快”。一国或地区之内的亚文化之间的差异同样值得注意。如在中国香港就有 10 多种不同的早餐方式。因此，企业应特别重视广告与东道国的文化习俗相适应。

(三)广告媒体的限制

目标市场中可以获得的广告媒体的数量、种类、消费者的媒体习惯等都会影响企业的广告活动。通常经济发达的国家广告业也较发达，可供选择的广告媒体有很多；而在一些经济落后的国家，宣传的媒体较少，大众传媒的普及率较低，可供企业选择的媒体非常有限。如许多非洲国家没有日报，一些广告人甚至泛舟河上，一边行进，一边向灌木丛里的人们播放流行音乐和广告。

(四)法律的限制

国际广告除了受文化、地理环境、经济发展水平等因素的影响外，还要受各国政府对广告的调控政策的影响。世界各地不同国家，在广告商品种类、广告内容、广告媒体、广告税收和管制等方面都有相应的法律规定。如果企业不了解东道国政府对广告的有关政策和法规，不仅不能达到预期的促销效果，而且可能由于广告方面的行为违反法律而受到处罚。了解各国的相关法律规定，适当调整广告策略，对于国际营销企业尤为重要。

【全球视野 12-1】　伊朗禁止名人做商业广告

2008年7月初，伊朗官方宣布禁止所有的伊朗名人出现在电视广告中，并且规定，他们的面孔也不能出现在平面广告或其他形式的广告中。伊朗文化与伊斯兰指导部的阿里·礼萨·卡里米在一份公告中说：“这些文化和体育名人是伊朗的榜样人物。他们应当倡导勇敢无畏的精神，而非消费主义。”

但是，消费主义文化普遍地存在于伊朗首都。德黑兰的街道两旁到处都是西方牛仔裤、香水和汽车的广告牌，它们常常在刻有赞颂“两伊”战争中的“烈士”的文字的墙壁旁边。2004年，印有英国足球明星大卫·贝克汉姆的广告牌被黑色覆盖，原因是政府认为这些广告牌在“倡导西方的价值观”。但是，4年过后，德黑兰北部矗立起美国演员乔治·克鲁尼为欧米茄手表拍摄的广告。伊朗演员对此非常不满，因为他们被禁止接这类工作。一位电影明星的经理人问：“为什么是他，一个美国人，而不是一个伊朗人?”女演员马赫塔卜·克拉马提说：“艺术家只能靠拍摄这类广告赚取外快。”克拉马提也是联合国儿童基金会大使，在伊朗从事维护儿童权益的工作。伊朗政府对于她的慈善工作没有异议。她说：“但是，作为一名女演员，我已经被禁止拍摄商业广告。新的规定真的做到了男女平等。”

三、国际广告的标准化和当地化决策

面对错综复杂的国际市场，企业的广告决策所面临的第一个难题就是广告的信息和媒体选择的标准化与否的问题：全球范围内的统一广告策略，抑或针对不同国家或地区市场的当地化广告策略。

（一）国际广告的标准化

国际广告的标准化，或称全球广告策略，是指在不同的地区或国家的目标市场上，对同一产品采用广告主题相同、形式相似的广告宣传。国际广告的标准化尤其适用于致力于塑造企业统一形象的国际性企业，例如IBM、奔驰、可口可乐等。体现在广告用语上，如NIKE的“Just Do It”，飞利浦的“让我们做得更好”，吉列的“男人最好的选择”。

国际广告的标准化突出了国际市场基本需求的一致性，既有利于企业建立全球统一的品牌形象，又节省了企业的广告费用。但是由于标准化广告忽略了市场之间的差异性，所以广告的针对性不强，往往不能满足目标市场的特殊需求。因此，一些跨国企业放弃标准化广告，转而采用当地化广告策略。

（二）国际广告的当地化

国际广告的当地化，或称差异化广告策略，是强调国家或地区的差异性，针对特定目标市场，传送不同的广告主题和广告信息，开展适合其顾客需求的广告活动。如雀巢公司在世界各地雇用了150家广告代理商，为其在40多个国家的市场上做各种主题的咖啡广告。

国际广告的当地化具有能够适应东道国文化环境，满足消费者需求，针对性强等优点，但也存在广告制作和播放成本费用相对较高，企业对各国市场的广告宣传较难控制，甚至会出现相互矛盾从而影响企业形象的情况。

国际广告的标准化和当地化各具特点，也有各自的适用范围。通常来说，消费类的产品或具有较多社会文化属性的产品，宜选用当地化广告策略。全球品牌、科技含量高的产品、工业产品多选用标准化广告策略。事实上，国际市场中很少见到绝对的标准化广告或绝对的当地化广告，大多数的跨国企业往往采取折中的广告策略，只是可能会在某种程度上更倾向于标准化或者当地化。

（三）国际广告的标准化和当地化相结合

标准化和当地化相结合的策略也称模式化广告策略，是在全球化统一促销概念下，针对单个的目标市场进行适度调整的广告策略。模式化广告策略的发展是与营销观念从全球化向全球当地化发展的趋势一致的。

跨国企业由重视全球性的统一广告策略，向所谓的“全球品牌当地化”、“跨国品牌区域化”的广告策略转变。全球当地化，也称全球兼顾当地，包含了“全球策略、当地执行”和“全球观感、当地策略”两个方面的含义。

国际广告的标准化和当地化相结合还体现在同一广告主题下的代言人的选择上。例如，SK-II在保持产品全球定位的同时，在不同的国家选择不同的代言人，以适应当地消费者的不同喜好和需求。

四、国际广告的媒体决策

（一）国际广告媒体的类型及特点

国际广告的媒体选择很多，包括报纸、杂志、电视、广播、户外和网络等多种媒体，各种媒体均各有一定的优势和劣势。

1. 报纸广告。报纸作为广告媒体具有许多特点，比如传播面广、反应快、制作简单、费用低廉和可信度高等，但也存在接触时间短、吸引力差等局限。报纸作为广告媒体在不同国家或地区的使用受到限制。例如，黎巴嫩人口才100多万，却拥有210多家报纸，但每家平均发行量才3500份。若消费者面广量大，就需要在多家报纸上同时刊登广告。日本情况刚好相反，日本人口高达1.27亿(2007年)，全国性的报纸才5家，每家发行量均在百万份以上。由于报刊数量少，发行量大，若想刊登广告也不容易。

2. 杂志广告。杂志作为广告媒体，具有专业性强、保存时间长、可信度高等特点。由于杂志的出版周期长，发行范围窄，灵活性与时效性较差，许多杂志仅有本国文字的版本，难以在更为广泛的国际市场发行。所以，企业在国际市场上很少采用杂志作为广告媒体。当然，有些工业品或者某些特定的消费品也利用杂志作为广告媒体。

3. 电视广告。电视广告由于实现了视、听的结合，画面形象生动有趣，且具有传播范围广、表现手法灵活多样及广告促销效果好等特点。随着视听技术的发展和电视普及率的提高，给电视作为国际性的广告媒体提供了有利的条件。近年来卫星电视及有线电视的发展，扩大了广告在各国和地区的传播范围。但电视作为广告媒体也有其自身的局限性，比如广告时间短，易受其他节目的干扰，费用昂贵，观众统计资料难以获得等。许多国家对电视商业广告或多或少有所限制，有时甚至很严格，不仅限制商业广告播出的时间，还限制广告的内容及其目标对象。

4. 广播广告。广播具有传播范围广、信息传递迅速及时、方式灵活多样、费用相对低廉等特点。尤其在文盲率较高或者电视机尚未普及的不发达国家或地区，广播更是传递广告信息的重要媒体。即使在发达国家或地区，无线电广播仍拥有许多听众，人们往往利用空余时间收听广播广告，甚至利用出行间隔，收听车载收音机上的广播广告。

5. 户外广告。广告牌、招贴画、霓虹灯、车体广告等都属于户外媒体，它具有形象生动、保存间长、成本费用低等特点。但户外广告缺乏针对性，信息表达的形式与内容受到限制，促销效果难以评估。许多国家对户外广告的位置、尺寸及其颜色等常常有不同的限制。

6. 新媒体。新媒体是针对传统媒体而言的，广义上的新媒体是指“互动式数字化复合媒体”，包括手机媒体、IPTV（交互网络电视）、数字电视、移动电视、博客、播客等。而狭义的新媒体则是指基于互联网这个传输平台来传播新闻和信息的网络。新媒体分为两部分，一是传统媒体的数字化，如报纸、期刊的电子版；二是因网络提供的便利条件而诞生的“新型媒体”，如谷歌网、百度网、淘宝网等。

借助于网络技术的发展而诞生的新兴媒体形式，最大的优点在于快速、即时，覆盖面广，互动性和大众参与性强。但是，新媒体的广泛覆盖面和其无所不在的信息展示，往往令消费者面对大量信息的包围而感到疲倦，甚至产生厌烦和抵触的情绪。尽管关于新媒体的界定和研究还不多，但不可忽视的是，新媒体在广告中的作用将会越来越重要。

（二）国际广告媒体的选择

媒体的选择是国际广告中十分重要的问题。世界各国的广告媒体类型基本相同，但又各有其特点，在选择广告媒体时，应着重考虑以下问题。

1. 各国采用的媒体。各种媒体在不同国家的影响作用不同。在各种宣传媒体中，电视影响最大的国家是秘鲁、哥斯达黎加和委内瑞拉。在那些没有商业电视、广播广告或者限制其使用的国家，印刷品的宣传占了很高的比重，如阿曼、挪威、瑞典等。户外和交通广告在玻利维亚的宣传媒介支出中约占 50%，而在美国却不到总广告费用支出的 2%。因此，企业必须根据各国目标市场常用的媒体加以选择。

2. 媒体的声誉与特点。广告媒体的声誉影响其传播信息的可信程度，企业应当选择信誉高的媒体做广告。媒体的特点，是指媒体的专业性因素。如有的适宜于发布娱乐性广告，有的则宜于宣传产品广告，等等。

3. 媒体发布广告的时间。广告播送必须及时，过时的广告是毫无作用的。只有了解广告媒体的广告周期和时间安排，才能及时发布国际广告。如印度由于纸张供应紧张，广告版面不足，要在六个月前预订位置；德国电视广告的全年安排一定要在前一年的 8 月底之前做好，但电视台仍不能保证夏天的广告不会延迟到冬天才播出。在计划广告时，就要把握时间，紧密结合商品上市时机做出恰当安排。

4. 媒体费用。各个国家广告媒体的广告价格很不相同，如在 11 个欧洲国家，广告传到目标受众的成本不等，在意大利是 1.58 美元或 5.91 美元，在丹麦是 2.51 美元，在德国是 10.87 美元，此外，还应考虑广告税率。各国的广告税收费标准和征收方法都不同，不同税率会影响广告费，如奥地利各个州、市都有本身的广告税率。

5. 媒体组合。由于世界各地的媒体的特点不同，广告管理法规不同。因此，在运用媒体组合策略时，必须考虑各国使用媒体的具体情况。在国际市场上，一般以报纸为广告的主要媒体，运用杂志做广告很少。但在某些国家也可运用有影响的杂志加以配合，如美国、欧洲国家，妇女杂志读者多，往往采用杂志做化妆产品广告。有些国家（如拉丁美洲国家）的广播广告成为主要的广告工具，有些国家则以电视作为广告的主要媒体。不少国家，如欧洲一些国家运用路牌广告作为开拓市场的重要工具。

五、国际广告预算

国际广告预算是国际营销企业广告活动中所计划使用的总费用。或者说，是国际营销企业投入广告活动的资金费用的使用计划与控制计划。企业通过长期实践，总结出以下一些便于实际操作的预算方法。

（一）量力支出法

这是指国际营销企业以本身的经济能力为基础来确定广告费用的绝对额。这种方法比较简单易行，但缺点是完全忽略了广告支出与销售额之间的因果关系，忽略了其他促销策略对销售额的影响。按照这种方法，企业每年的促销费用可能有较大差异，这不利于企业制订长期的市场拓展计划。

（二）销售比例法

该方法要求国际营销企业根据在某国的销售额来确定广告支出，使广告支出占销售额一定比例。这种方法把广告额与销售额紧密结合起来，能使广告支出保持在企业支付能力之内。如果企业在许多国家有销售业务，使用这种方法能够使广告预算在各国进行有效地分配。这种方法的主要优点就是简便易行，其主要缺点是颠倒了广告额与销售额的因果关系，限制了该方法的使用。

（三）竞争对等法

该方法要求国际企业确定与竞争对手大致相同的广告费用。许多国际营销企业在进入国际市场之初，由于缺乏国际广告经验，难以确定自己究竟该花多少广告费用。在这种情况下，企业便效仿竞争对手的做法，与其保持大致相近的广告支出。但这种方法不一定很科学。首先，竞争对手的预算不一定合理、有效；其次，企业与竞争对手在资源、营销目标、市场机会及市场竞争地位等方面不一定相同，所以对方的预算不一定符合自己的实际情况。

（四）目标任务法

按照这种方法，企业首先要确定广告目标(如销售额增长、品牌知名度提高等)，然后确定为达到这些目标而必须完成的任务，最后再估算完成这些任务所需要的广告费用。采取这种方法，最好作一次成本—收益分析，即把广告目标与成本进行比较，这种分析有助于达到最佳效果。使用这种方法的困难主要在于正确地确定广告目标。如果企业对市场上的情况了解不充分，所确定的广告目标本身就不合适，那么据此所预计的广告预算也就会出现错误。

上述几种方法，各有其优缺点，企业可根据自身条件、市场情况和产品特点等因素进行灵活的选择。

第二节 国际市场人员推销决策

一、国际市场人员推销的功能和特点

国际市场人员推销是指国际企业向目标市场国派出推销人员或委托、聘用当地或第三国的推销人员直接与顾客或潜在顾客接触、洽谈，并说服其购买本企业产品的促销活动。人员推销在工业品的国际营销中应用非常普遍，在消费品营销时，多用于向中间商的推销。

（一）国际市场人员推销的功能

1．市场调研与预测。推销人员通过市场研究，搜集国际市场信息，并及时反馈给企业，为企业营销决策服务。公司根据推销人员反馈的这些信息，制定营销战略和策略，开发新产品和新市场，使企业赢得市场竞争优势。

2．拓展市场与处理客户关系。通过派出推销人员拜访客户、发现和培养新的客户、维系老的客户是企业开拓市场的常用手段。为此，推销人员必须具备相当的产品和营销方面的知识，了解国际市场的发展趋势，以及开拓市场的能力，即善于发现市场机会，具有良好的专业推销技巧；同时掌握客户经营状况，提出合理分配资源的意见，做好商品供应工作。国际市场推销人员还必须精通各地语言、商务礼仪和文化习俗。

3．信息传递与沟通。推销人员通过向顾客介绍企业和产品，在顾客心目中树立产品品牌形象和信誉。可见，人员推销承担广告的功能，或者参与国际市场的广告活动。国际推销人员不仅要销售产品，还要承担传递与反馈信息的任务。

4．销售产品与售后服务。销售服务主要包括：免费送货，上门安装，提供咨询服务，开展技术协助，及时办理交货事宜，必要时帮助用户和中间商解决财务问题，搞好产品维修等。这就要求推销人员除承担推销工作以外，还要熟悉业务，精通技术，以便为国外客户提供各种销售服务。

（二）国际市场人员推销的特点

人员推销是最古老也是最常用的促销手段。尽管各国经济发展水平和富裕程度不同，但人员推销广泛存在于各个国家的企业促销活动中。之所以如此，是由于其自身在国际市场营销活动中有着其他促销方式无法替代的优点。

1．信息传递的双向性。人员推销作为一种信息传递形式，具有双向性。在人员推销过程中，一方面，推销人员通过向顾客宣传介绍企业产品的有关信息；另一方面，推销人员通过与顾客接触，能及时了解顾客对本企业产品或推销品的评价。

2．推销目的的双重性。一方面，推销人员施展各种推销技巧，目的是推销商品；另一方面，推销人员与顾客直接接触，向顾客提供各种服务，帮助顾客解决实际问题，满足顾客需求。推销人员只有做好顾客的参谋，更好地实现满足顾客需求这一目的，才有利于诱发顾客的购买欲望，促成购买，使商品推销效果达到最大化。

3．推销过程的灵活性。推销人员可以与潜在顾客直接接触，通过进行面对面的交谈，及时了解顾客的反应，并据此调整自己的推销策略，进行有针对性的说服。

4．可促进买卖双方建立良好的关系和友谊。推销人员与顾客直接见面，长期接触，可能促使买卖双方建立友谊，密切企业与顾客之间的关系，易于使顾客对企业产品产生偏爱。在长期保持友谊的基础上开展推销活动，双方有助于建立长期的买卖协作关系，从而稳定销售渠道。中东地区和非洲一些国家的企业就十分重视彼此间的友谊，它们很难同陌生人或关系不好的人谈生意。

当然，人员推销这种促销方式也有一定的局限性。首先，人员推销的市场覆盖面有限，推销费用较高，增加了产品的销售成本。其次，国际营销中对推销人员的综合素质和能力提出了更高的要求，他们在东道国应表现出很强的文化适应能力，包括语言能力、较强的市场调研能力和果断决策的能力。因此，企业有时可能很难找到合适的推销人才，选拔、培训出合格的推销人员也非易事。

二、国际市场人员推销的组织形式

国际市场人员推销的组织形式，指推销人员在国际市场的分布和内部构成。它一般包括四种类型。

（一）地区结构型

每个推销员负责一两个地区内本企业各种产品的推销业务。这种结构常用，也比较简单。因为划定国际市场销售地区，目标明确，容易考核推销人员的工作成绩，发挥推销人员的综合能力，也有利于企业节约推销费用。但是，当产品或市场差异性较大时，推销人员不易了解众多的产品和顾客，会直接影响推销效果。

（二）产品结构型

每个推销人员专门推销一种或几种产品，而不受国家和地区的限制。如果企业的出口产品种类多，分布范围广，差异性大，技术性能和技术结构复杂，采用这种形式效果较好。因为对产品的技术特征具有深刻了解的推销人员，有利于集中推销某种产品，专门服务于有关产品的顾客。但这种结构的最大缺点是，不同产品的推销员可能同时到一个地区(甚至一个单位)推销，这既不利于节约推销费用，也不利于制定国际市场促销策略。

（三）顾客结构型

按不同的顾客类型来组织推销人员结构。由于国际市场顾客类型众多，因而国际市场顾客结构形式也有多种。比如，按服务的产业区分，可以对机电系统、纺织系统、手工业系统等派出不同的推销员；按服务的企业区分，可以让甲推销员负责对A、B、C企业进行推销的任务，而让乙推销员负责对D、E、F企业销售产品；按销售渠道区分，批发商、零售商、代理商等，由不同的推销人员包干；按客户的经营规模及其与企业关系区分，可以对大客户和小客户、主要客户和次要客户、现有客户和潜在客户等，分配不同比例的推销员。采用这种形式的突出优点是，企业与顾客之间的关系密切而又牢固，因而有着良好的公共关系。但若顾客分布地区较分散或销售路线过长时，这种结构往往使推销费用过大。

（四）综合结构型

综合采用上述三种结构形式来组织国际市场推销人员。在企业规模大、产品多、市场范围广和顾客分散的条件下，上述三种单一的形式都无法有效地提高推销效率时，则可以采取综合结构型。比如，美国一些大公司根据产品和市场特点，对东亚、东南亚、西亚、非洲等地区，多采用地区结构型推销方式，而对西欧、日本、澳大利亚和拉美地区，则更多地采用产品结构式、顾客结构式和地区结构式相结合的形式组织人员推销。

三、国际市场推销人员的管理

国际市场推销人员的管理主要包括选拔、培训、激励、评估各环节。

（一）国际推销人员的选拔

1．国际推销人员的来源。一般来说，国际推销人员主要来自本国、东道国或第三国。就来自本国的推销人员而言，他们对企业及母国的情况较为熟悉，在与母公司的沟通方面无障碍，但与东道国各界的沟通中存在严重的障碍；来自东道国的推销人员可与当地公众保持良好的沟通，且熟悉东道国环境，但他们对母公司指令的理解及与母公司的沟通上有一定的障碍；而来自第三国的推销人员则可能在以上两方面都存在不足，不过，他们可能具有较丰富的推销经验。

2．国际推销人员选拔的标准。国际推销人员的选拔并没有千篇一律的标准。国际营销专家沃尔什曾提出过选拔推销人员的六条标准是：决断能力、调查能力、文化环境适应能力、独立工作能力、身体素质、外语能力。

从总体上看，国际推销人员应具备良好的思想品质、心理素质和业务素质。在这里，思想品质和心理素质尤为重要，因为它关系到推销人员的工作态度、对待顾客的心态等，不仅会影响产品的销售，而且可能影响推销人员乃至产品和企业在市场上的形象，而业务素质是可以通过培训得到提高的。

（二）国际推销人员的培训

1．培训的地点与培训内容。推销人员的培训既可在目标市场国进行，也可安排在企业所在地或者企业地区培训中心进行。跨国公司的推销人员培训多数是安排在目标市场所在国，培训内容主要包括产品知识、企业情况、市场知识和推销技巧等方面。若在当地招聘推销人员，培训的重点应是产品知识、企业概况与推销技巧。若从企业现有职员中选派推销人员，培训重点应为派驻国市场营销环境和当地商业习惯等。

2．对推销高科技产品推销人员的培训。对于高科技产品，可以把推销人员集中起来，在企业培训中心或者地区培训中心进行培训。因为高科技产品市场在各国具有更高的相似性，培训的任务与技术要求也更加复杂，需要聘请有关专家或富有经验的业务人员任教。

3．对推销人员的短期培训。由于科学技术的发展，新技术、新工艺和新产品不断涌现；由于市场供求关系或者竞争态势的变化，企业需要调整推销计划或者开拓新市场。为此，企业就需要对推销人员进行临时性的短期培训。对于这类性质的培训，企业既可采取组织巡回培训组到各地现场培训的方法，也可将推销人员集中到地区培训中心进行短期集训。

4．对海外经销商推销员的培训。企业在国际市场营销活动中，经常利用海外经销商推销产品。为海外经销商培训推销人员，也是工业用品生产厂家常常要承担的任务。对海外经销商推销人员的培训通常是免费的，因为经销商推销人员素质与技能的提高必然会带来海外市场销量的增加，生产厂家与经销商均可从中受益。

（三）对国际推销人员的激励

对国际推销人员的激励，可分为物质奖励与精神鼓励两个方面。物质奖励通常指薪金、佣金或者奖金等直接报酬形式，精神鼓励有进修培训、晋级提升或特权授予等多种方式。企业对推销人员的激励，应综合运用物质奖励和精神鼓励等手段，调动国际推销人员的积极性，提高他们的推销业绩。例如，菲利浦·莫里斯公司在委内瑞拉市场的做法，是定期公布最佳推销员的销售成绩，给予金钱奖励，并为销量居前四名的推销员举行宴会进行表彰。

对国际推销人员的激励，更要考虑到不同社会文化因素的影响。国际推销人员可能来自不同的国家或地区，有着不同的社会文化背景、行为准则与价值观念，因而对同样的激励措施可能会做出不同的反应。有研究表明，在日、美两国一些具有可比性的公司销售代表中，日本人比美国人更注重社会认可，而美国人更注重个人成长与发展。

（四）对国际推销人员业绩的评估

对于国际推销人员的激励，建立在对他们推销成绩进行考核与评估的基础上。但是企业对国际推销人员的考核与评估，不仅是为了表彰先进，而且还要发现推销效果不佳的市场与人员，分析原因，找出问题，加以改进。人员推销效果的考核评估指标可分为两个方面：一种是直接的推销效果，比如所推销的产品数量与价值、推销的成本费用、新客户销量比率等；另一种是间接的推销效果，如访问的顾客人数与频率、产品与企业知名度的增加程度、顾客服务与市场调研任务的完成情况等。

企业在对人员推销效果进行考核与评估时，还应考虑到当地市场的特点以及不同社会文化因素的影响。比如，产品在某些地区可能难以销售，则要相应地降低推销限额或者提高酬金。若企业同时在多个海外市场上进行推销，可按市场特征进行分组，规定小组考核指标，从而更好地分析比较不同市场条件下推销员的推销成绩。

第三节 国际市场营业推广决策

一、国际市场营业推广的特点和形式

（一）国际市场营业推广的特点

国际市场营业推广是指除了人员推销、广告和公共关系等手段以外，企业在国际目标市场上，为了刺激需求，扩大销售而采取的能迅速产生激励作用的促销措施。

国际营业推广与其他的促销手段相比，具有以下特点。

1．直接性。与其他促销方式相比，营业推广可以使广大潜在消费者更直接地接近企业的产品，它往往能直观地展示产品，使潜在顾客了解产品，并接受产品。

2．刺激性强。营业推广方式往往比其他促销方式能带给潜在顾客更多的实惠，具有较强的刺激性。例如，免费试用、赠品、有奖销售等，这在一些发展中国家尤其受欢迎。但必须注意的是，营业推广的某些方式不仅在有些国家达不到刺激购买的效果，而且可能带来负面效果。

3．灵活性强。营业推广的方式多种多样，企业既可灵活选择已有的推广方式，也可根据市场特点和产品特点，创造一些有效的营业推广方式。

4．整体性。营业推广必须与其他的促销手段综合加以运用才能达到预期的效果。如开展营业推广活动时，要培训相应的推销人员，要进行广告宣传。企业还可将营业推广与公共关系活动结合起来。

（二）国际市场营业推广的形式

营业推广的形式非常多，常被作为广告、人员推销的一种补充。不仅在发达国家的运用十分普遍，而且在一些经济文化落后或对广告限制比较严格的国家或地区，营业推广更具有非常独特的作用。国际营销中最常用的营业推广形式有以下几种。

1．针对消费者的营业推广

（1）免费样品。一般在新产品上市之初，企业向消费者免费赠送一定量的样品，以使产品能尽快地被消费者所了解和接受。这种做法在欧美各国非常流行。

（2）折价券。企业用商品的包装或广告或邮寄的方式向顾客赠送小面额的折价券，持券人可凭券在购买某种商品时得到优惠。

（3）现金兑换。消费者在购买产品后，可凭一定的票据向制造商索取折扣。

（4）竞赛抽奖活动。通过竞赛或抽奖活动，企业将奖品发给优胜者，吸引消费者参与。

（5）交易印花。消费者每购买单位商品就可获得一张印花，筹集到一定数量的印花后，就可换取这种商品或奖品。

（6）附送赠品。按消费者购买商品的金额比例赠送同类产品或其他廉价品。

（7）售点促销。放置于销售点的宣传广告。

2．针对中间商的营业推广

（1）合作广告。企业向经销商提供详细的产品技术宣传资料，帮助经销商培训销售技术人员，协助店面装潢设计等。

（2）交易推广。企业通过折扣或赠品形式来促进与经销商的合作。

（3）现场演示。企业安排经销商对产品进行特殊的现场表演、示范及提供咨询服务。

（4）业务会议和贸易展览。邀请中间商参加定期举行的行业年会、技术交流会、产品展览会等，传递信息，加强双向沟通。

（5）经销商竞赛。企业采用现金、实物、旅游等形式刺激经销商以达到促销之目的。

3．针对国际市场推销人员的营业推广

（1）红利及利润分成。企业与推销人员对产品销售数量进行协商，并根据实现销售的程度给予推销人员一定比例的利润分成。

（2）推销补贴。企业对推销人员开拓新的或难度较大的市场进行适当的经费补贴，以达到激励推销人员的目的。

（3）推销竞赛。企业通过现金、旅游、精神表彰等形式鼓励推销人员提升推销热情，达到促销的目的。

二、营业推广决策

企业要制定一套良好的国际市场营业推广策略，不只是选择一种或几种推广方式，还要结合产品、市场等方面的情况，慎重确定营业推广的地区范围、鼓励的规模、推广的目标、推广的时机和期限、推广预算以及不同国家法律文化习俗等方面的限制，在营业推广实施过程中和实施结束以后，企业还有必要不断地进行营业推广效果评价，以调整企业的营业推广策略。

（一）营业推广的对象与规模

一般情况下，企业营业推广的刺激对象应是企业现有的和潜在的顾客，他们最能有效地扩大企业销售，有时也可以是其他的消费者或公众。企业应在此基础上考虑确定营业推广的规模。规模太小不易引起消费者的注意或兴趣，规模过大虽能引起较高的刺激水平和更多的销售反应，但相应地会增大成本，反而会使效益递减。因此，企业应在权衡预期的成本、收益的基础上确定合理的促销规模。

（二）营业推广的时机和期限

营业推广时机的选择对于促销的成功是相当重要的。不同的产品和市场条件应选择不同的促销时机。如新产品的推出和在竞争激烈的市场条件下滞销产品的快速售出等应选择不同的时机。

营业推广时限的长短也很重要。时间太短，相当数量的潜在顾客可能无法及时购买产品，从而难以达到预期的促销效果；持续时间太长，会增大促销成本，降低对消费者的吸引力，也难以收到理想的促销效果。企业应考虑产品的性质特点、市场竞争和销售状况、消费者的购买习惯、消费的季节性等因素，把握营业推广的实施时机和期限。

（三）营业推广的目标

营业推广目标主要是指企业开展营业推广所要达到的目的和期望。营业推广目标必须依据企业的国际市场营销战略和促销策略来制定。每一次的营业推广活动都有其目标。营业推广的目标不同，其方式、期限等都不一样。比如，针对国内外中间商的营业推广，其目标与方式有以下几种：诱导、吸引国内出口商和国外进口商、中间商等购买新产品和大批量购买，可以采用推销奖金、联营专柜、赠送样品和资料等手段；鼓励国外老客户和新市场的新客户续购、多购，可以采用购货折扣、合作广告、推广津贴、特别服务、分期付款、发放奖券等手段；为了建立企业与出口商、国外进口商、经销和代理商的良好关系，培养他们对企业的忠诚和偏爱，除了加强业务往来和物质刺激以外，还要重视非业务往来和精神激励。比如，举办联谊会、恳谈会；在主要的节日和喜庆之日，赠送礼品和贺信；在资金上给予融通；邀请中间商来本国旅游、观光等。

（四）要注意各国的法律和文化习俗方面的限制

企业在国外市场运用营业推广的方式促销时，应特别注意各国法律对此类活动的限制。如德国禁止赠品、法国禁止抽奖、意大利禁止现金折扣，有些国家的法律限制零售的折扣率等。

营业推广的形式多种多样，但各种方式在不同国家受欢迎的程度及有效性是有很大差异的。有研究表明：在法国，最有效的形式是商店降价、免费样品和交易折扣；在德国，最有效的形式是商店降价、展销和交易折扣；在西班牙，最有效的形式是附送赠品等。企业应注意了解和掌握在目标市场国行之有效的形式。

（五）营业推广的预算

制定营业推广预算开支主要有两种方法：一种方法是根据制定的营业推广方案来估算确定预算开支；另一种方法是从总的促销费用中按一定比例提取，用于营业推广。

企业在制定出营业推广的方案后，需要在小范围市场内进行测试，测试成功后方可进入全面实施阶段。在这个过程中，企业应注意搜集反馈信息，及时了解产品的销售情况、竞争者和消费者的反应以及出现的种种问题，进而对营业推广方案进行必要的调整和实施控制。

三、国际会展

国际会展是国际营业推广中的主要形式，它以其“短、平、快”和集中影响的宣传促销效果吸引了众多的厂家、商家和广大顾客。在发达国家，企业通过参加会展进行产品推广已成为企业的重要营销活动。例如，在德国，企业将参展作为生产研发之后的头等大事，它们认为没有哪一项商业活动能够像参展这样每天与数十个客户面对面交谈，并最终促成签约。

（一）国际会展的特点和类型

1．国际会展的特点。国际会展具有其他促销手段所不具有的特点。这些特点是：

（1）真实性。国际会展传递信息的媒介是展品，其中主要是产品实物，因此，传递的信息具有真实性。

（2）交流的多向性。国际会展是国际上最常用的促销形式，因为在会展上促销的产品形象、生动、直观，能使参展者与参观者之间、参展者与参展者之间以及参观者与参观者之间形成最直接的沟通，具有很强的说服力。

（3）聚集性。国际会展是将不同国家或同一国家许多厂商的国际产品集中在同一场所进行展示，可聚集信息和人气，实现规模效应。

（4）综合性。国际会展利用一切可以传播产品信息的工具和手段，形成一种综合、立体和复合的传播系统，最大限度地刺激顾客心理。

（5）社会性。国际会展常由大型企业和政府出面主办，往往会构成新闻事件，被新闻媒体报道，从而进一步增加了会展的宣传促销效果。

2．国际会展的类型。国际会展按不同的标准有不同的分类。

按展览地点划分，可以分为国际、全国、地区、本地四个层次。本地会展的规模相对小，旨在吸收附近的参观者，如各城市举办的房展会等；地区性会展一般是全国性会展的一部分；国际性会展的参展商和观众往往来自许多国家。

按展览内容划分，可以分为综合性展览和专业性展览。综合性国际会展规模大、项目多、内容全面、综合概括性强。专业性会展的主题性比较强，是针对具有集中兴趣的顾客而举办的，其规模一般要小于综合性会展。随着经济的迅速发展，会展市场的逐步完善，众多的会展主办方为参展商提供了丰富的参展机会。参展商对市场细分的需求越来越迫切，专业性的会展成为会展的主流，几乎每个行业都有自己的会展。西方发达国家的会展已经完成从综合性会展向专业性会展的转型。

（二）国际会展的决策

1．办展与参展的决策。参与国际营销活动的企业自己办展，往往有以下优点：可以更全面完整地向国际市场展示企业及其产品；有利于迅速在国际市场上树立企业形象；有利于表现企业的实力和竞争力。

但是，企业要单独办展，必须具备以下条件：首先，企业在国际上具有较高的知名度和影响力；其次，有办展的需要，企业应当拥有众多的产品或业务，需要或值得花费精力和资金自己举办；再次，举办地应有较大的市场或市场潜力较大；最后，企业拥有办展的各方面能力，包括资金力量、组织能力和协调能力等。不具备以上条件时，企业可通过参展的方式达到目的。

参加他人举办的国际会展有以下优点：可利用办展者的国际市场声望来提升参展者的国际形象；与办展相比，参展的成本往往要低得多，而且没有条件限制，选择面较广。

2．国际会展促销决策。会展是一项极为复杂的系统工程，受制因素很多。从制订计划、市场调研、展位选择、展品征集、报关运输、客户邀请、展场布置、广告宣传、组织成交直至展品回运，形成了一个互相影响、互相制约的有机整体，任何一个环节的失误，都会直接影响展览活动的效果。因此，掌握国际会展促销的策略至关重要。

企业的国际会展促销策略从程序上来看，主要包括明确参展目的、选择会展、会前活动、会中活动、会后活动、营销策略效果评估以及作为补充的网上展览等。

第四节 国际市场公共关系决策

一、国际市场公共关系的特点

国际市场公共关系是指企业通过一系列活动与国际市场上的公众进行信息沟通，使企业与公众相互了解，消除公众与企业之间的隔阂，并在公众中树立良好的企业及其产品的形象，以促进企业产品销售的活动。一般来说，相比较其他促销手段来说，国际市场公共关系具有以下特点。

首先，公共关系是一定社会组织与其相关的社会公众之间的相互关系。国际营销企业作为公关活动的主体，其公关活动的对象，既包括企业内部职工，股东等内部公众，又包括企业外部的顾客、竞争者、新闻界、金融界、政府各有关部门及其他社会公众。这些公关对象构成了企业公关活动的客体。企业与公众对象关系的好坏直接或间接地影响企业的发展。

其次，建立公共关系的目标是在社会公众中创造良好的企业形象和社会声誉。企业以公共关系为促销手段，是利用一切可能利用的方式和途径，让社会公众熟悉企业的经营宗旨，了解企业的产品种类、规格以及服务方式和内容等有关情况，使企业在社会上享有较高的声誉并树立较好的形象，促进产品销售的顺利进行。

再次，公共关系的活动以真诚合作、平等互利、共同发展为基本原则。公共关系是以一定的利益关系为基础的，这就决定了主客双方必须均有诚意，平等互利，并且要协调、兼顾企业利益和公众利益。这样，才能满足双方需求，以维护和发展良好的关系。

第四，公共关系是一种信息沟通，是创造“人和”的艺术。公共关系是企业与其相关的社会公众之间的一种双向的信息交流活动。企业从事公关活动，能沟通企业上下、内外的信息，建立相互间的理解、信任与支持，协调和改善企业的社会关系环境。

最后，公共关系是一种长期活动。公共关系的效果不是急功近利的短期行为所能达到的，需要连续地、有计划地努力。企业要树立良好的社会形象和信誉，不能拘泥于一时一地的得失，而要追求长期稳定的战略性关系。

二、国际市场公共关系的任务

国际市场公共关系的中心任务是树立和维护企业良好的公众形象。具体来说，企业的国际公关工作的主要任务如下。

（一）宣传企业

企业可以向公众提供自己印制或正式出版的宣传品（书面资料或音像资料），向公众介绍企业、企业的产品以及企业所做的对公众有利的事情。企业还可以利用大众媒体为企业进行宣传，以建立良好的企业形象。如果能争取到新闻媒体的主动报道，则这种宣传的可信度会更高。

（二）加强与社会各方面的沟通和联系

企业通过与当地政府、经销商、社会事业人士和团体、消费者联系，可增进了解，加深感情。有的企业建立与国际市场目标公众固定的公开往来制度，经常向他们说明本企业对顾客、公众和社会可能作出和已经作出的贡献。为了完成这项任务，企业可以在国际社会搞一些赞助、捐赠、竞赛等活动，如赞助体育运动会，向社会团体赠送礼品，向对社会有突出贡献的组织和个人颁发奖金，为公用事业捐款，扶持残疾人事业，捐助文化、教育、卫生事业建设等。

（三）意见反馈

建立与公众之间的联系制度，答复他们向本企业提出的各种询问，提供有关本企业情况的材料，对任何来访、来电和来信的人，进行迅速、有礼、准确、友好的接待和处理。

（四）应付危机，消除不利影响

当企业的国际市场营销战略发生失误，或出现较大的问题时，可以利用公共关系给予补救；对不利于本企业发展的社会活动和社会舆论，要运用公共关系进行纠正和反驳。

在国际营销的实际工作中，各企业应根据不同时期不同的市场情况，确定公共关系的具体任务和公关方法。

【案例精选 12-2】　　　　苹果公司开始道歉

苹果成为2013年3·15期间的一个热门关键词。自2012年以来，由于中国消费者和媒体的轮番口诛笔伐，公众关心的苹果在中国的维修和保修政策问题在近日有了阶段性的成果。2013年4月初，苹果官网发布了由CEO Tim Cook落款的致中国消费者的道歉信：“在过去的两周里，我们收到了许多关于Apple在中国维修和保修政策的反馈。我们不仅对这些意见进行了深刻的反思，与相关部门一起仔细研究了‘三包’规定，还审视了我们维修政策的沟通方式，并梳理了我们对Apple授权服务提供商的管理规范。”

道歉信表示，苹果公司正在实施以下四项重大调整：改进iPhone 4和iPhone 4S 维修政策；在Apple官方网站上提供简洁清晰的维修和保修政策说明；加大力度监督和培训Apple授权服务提供商；确保消费者能够便捷地联系Apple以反馈服务的相关问题。

4月7日福布斯发文表示，苹果向全世界人口最多的国家——中国——的消费者做出道歉。事实上，苹果一般不轻易向外界道歉，如果它这样做了，也就意味着中国目前是苹果重要的市场。

对于苹果公司的此封道歉信，中国消费者协会的相关人士表示：虽然此次苹果在部分维修条款上有所改进，但做得还是不够，与我国“三包”规范仍有差距。不过，从此前苹果公司对中国消费者舆论表现出来的冷漠和不承认问题的态度，到现在能够公开发文向中国消费者道歉，这种态度上的转变值得肯定，我们也期待苹果公司能进一步改进完善自己的服务。

三、国际市场公共关系工作方法

国际市场公共关系可以以一定的公关目标和任务为核心，将若干种公关媒介与方法有机地结合起来，形成一套具有特定公关职能的工作方法系统。按照公共关系的功能不同，国际市场公共关系工作方法可分为五种。

（一）宣传性公关

是指运用报纸、杂志、广播、电视等各种传播媒介，采用撰写新闻稿、演讲稿、报告等形式，向社会各界传播企业有关信息，以形成有利的社会舆论，创造良好的气氛。这种方式传播面广，推广企业形象效果较好。

（二）征询性公关

这是企业运用开办各种咨询业务、制定调查问卷、进行民意测验、设立热线电话、聘请兼职信息人员、举办信息交流会等各种形式，通过连续不断地努力，逐步形成效果良好的信息网络，再将获取的信息进行分析研究，为经营管理决策提供依据，为社会公众服务。

（三）交际性公关

企业通过语言、文字的沟通，为企业广结良缘，巩固传播效果。企业可采用宴会、座谈会、招待会、谈判、专访、慰问、电话、信函等形式。交际性公关具有直接、灵活、亲密、富有人情味等特点，能深化交往层次。

（四）服务性公关

通过实惠性服务，以行动去获取公众的了解、信任和好评。这样不仅有利于促销，还有利于树立和维护企业形象与声誉。企业可以以各种方式为公众提供服务，如消费指导、消费培训、免费修理等。

（五）社会性公关

企业通过赞助文化、教育、体育、卫生等事业，支持社区福利事业，参与国家、社区重大社会活动等形式，来塑造企业的社会形象，提高企业的社会知名度和美誉度。这种公关方式，公益性强，影响力大，但成本较高。

第五节 国际市场直复营销决策

一、国际市场直复营销的概念

直复营销（direct marketing）又译作“直接营销”，也被称为直接订货营销（direct-order marketing）。它是一种将广告活动和销售活动统一在一起的营销方式。其做法是营销者通过一定的媒体把相关的商业广告信息传达给可能对其有兴趣的消费者，并提供一种回复工具(如免费电话、订单等)方便顾客订货。

与其他促销方式相比，直复营销突出的特点如下。

（一）互动性

直复营销的工作人员和目标客户之间是进行“双向信息交流”的，而在传统的市场营销活动中，营销人员却只能进行“单向信息传递”。所以，传统的市场营销人员存在着很大的决策误差。而在直复营销中，营销人员则能根据市场营销活动的效果和反馈信息进行分析，再行决策，从而避免了营销决策的盲目性。

（二）针对性

直复营销并不是完全采取大众营销策略以促使许多人购买某件产品的，而是努力创造出一个稳定的、经常购买的消费者群。直复营销的关键是顾客数据库的建设。可以想象得出一份制作、创意皆属上品的直接信函，如果寄错了对象，结果一定全军覆没。企业的顾客数据库中应存储有十分详尽的且是最新的顾客资料，凭借这些信息可以给产品以准确定位，可以有针对性地选择营销的对象，制作促销信息，以达到说服顾客购买的目的。顾客也因此会感到自己很受公司重视，而产生一种优越感，这是其他促销方式无法比拟的。

（三）效果可测性

直复营销的效果是可以测评的。顾客可通过多种方式，例如，电话反馈、直接邮购等，将自己的反应回复给直复营销人员。这种可衡量性可以使直复营销人员确切地知道何种信息交流方式使顾客产生了反应行为，并且能知道反应的具体内容是什么。这种来自市场的第一反应，将成为营销人员第二反应的基础和动因。不仅如此，更重要的在于这种第二反应的获得成本是很低的。

（四）通路的广泛性

直复营销的通路是广泛的。这种广泛性是一种市场的开拓能力和开拓途径。这种优势是传统营销所不具备的。不仅如此，在直复营销中，营销人员已经开始意识到维系良好的客户关系的重要性。

为了吸引经常购物的顾客，并且促使他们建立对自己品牌的忠诚，直复营销人员在实践中还总是试图将营销手段变得更富有人情味。

二、国际市场直复营销的形式

20 世纪 80 年代以来，随着通信技术、网络技术及信用手段的快速发展，直复营销获得了空前的发展，现已被世界所有发达国家的几乎所有企业普遍采用，甚至被称为 21 世纪最具发展潜力的营销模式。其形式也不再局限于邮购活动，而变得越来越丰富，常见的直复营销的形式主要有以下几种。

（一）直接邮寄（direct mailing）

直接邮寄通常指企业将广告信息印刷成信件或宣传品，直接邮寄或送达给目标顾客。具体的做法和送达方式有邮寄宣传品，专人逐户投递传单、企业宣传彩页、企业拍卖或展示活动的邀请等。

除邮寄书面的广告外，现在还有两种新的、应用非常普遍的传递方式。

1．传真邮件（fax-mail）。即用传真机将一方的书面文件通过电话线传到另一方。如国际营销中常需用传真机向对方发送报价单、产品目录等。

2．电子邮件（e-mail）。即通过计算机网络传输信息和文件。电子邮件传递不受国界的限制，传输速度快，成本低。

（二）目录营销（catalog marketing）

目录营销是直接邮寄广告的一种特殊形式，指企业向目标顾客邮寄产品目录，一般是印刷品但有时也有光盘、录像带、在线信息等，以期获得对方直接反应（电话订购、信函或传真订购）的营销方式。

适合目录营销的产品包括服装、饰品、家居用品、图书等，目录中可以包含产品的图片以及品质、规格和用途的说明，信息量大，有利于顾客进行比较和挑选。制作精美的目录，有利于刺激顾客购买。

（三）电话营销（telemarketing）

电话营销就是运用电话作为信息沟通的媒介，以期获得目标顾客直接反应的营销方式。电话的普及，尤其是 800 免费电话的开通使消费者更愿意接受这一形式。现在许多消费者通过电话咨询有关产品或服务的信息，并进行购买活动。电话已成为一项主要的直复营销工具。

（四）电视营销（television marketing）

电视营销是通过电视购物节目或家庭购物频道推销产品或服务。在美国，家庭购物网（HSN）是最大的购物频道，该频道一天 24 小时播出。产品类别从珠宝、台灯、玩具娃娃、服饰到电动工具、电子消费品等。顾客可通过免费电话订购商品，所订购的物品则在 48 小时内送到。

（五）网络营销（online marketing）

网络是目前最先进的直复营销媒体，其传播范围广且不受时间的限制，沟通最为方便快捷。目前，书籍、计算机软硬件、旅游服务等已普遍开展了网上营销业务，给消费者和企业带来了巨大的便利性。

网络营销的特点是，它提供图文并茂的用户界面，如果用户想要浏览或订购商品，所要做的就是按动鼠标进行选择，操作非常方便快捷。

三、制约国际市场直复营销的主要因素

直复营销在美国、西欧、日本等发达国家发展非常迅猛，已被广泛应用。据美国直复营销协会统计，顾客每年通过直复营销形式的购买花费达 2 千亿美元，直复营销的发展速度已达整个零售业发展速度的两倍。但在中国等许多发展中国家，直复营销尚处于生命周期的导入阶段，其蓬勃发展还需要一定的时间。其主要的制约因素有以下几点。

（一）传统消费观念和休闲方式的影响

在传统消费观念下，消费者愿意到商店去选择、购买所需的商品，而直复营销则是一种时空分离的购买方式，与传统的零售方式有很大的不同，消费者还需要一个接受、适应的过程。

从休闲方式上看，美国人的休闲消费在世界上水平很高，美国消费者认为，去商店买东西意味着休闲时间的浪费，要花上好几个小时，耗费相当的精力。而通过直复营销购物则只需在家看看目录，打个电话等，就可以等着送货，省心、省力，又省时间。而在许多发展中国家，消费者的收入水平和消费水平较低，逛街购物还是消费者重要的、经济的休闲娱乐方式之一。

（二）企业运作和商业信誉方面的问题

比如邮购这种方式，常常吸引一些不法之徒，他们常常买空卖空，骗取钱财，使得有关通过邮购欺骗消费者的事情时有发生。还有不少消费者投诉电视直销公司胡乱夸大商品的功能，电视直销存在节目内容平庸、格调低下，商品质量与价格背离，售后服务得不到保证等问题。还有垃圾邮件的泛滥、消费者隐私的侵害等，都对直复营销的发展构成了很大的障碍。

（三）相关的法律制度不够健全规范

直复营销行为具有一定的隐蔽性，出了问题不易查找。发达国家都制定有专门的《直销法》等法律法规来规范直复营销公司和直复营销人员的行为，并保护消费者权益。但是，发展中国家相关的法律制度亟待建立和完善。

（四）基础设施条件的限制

直复营销之所以能在发达国家迅速发展，是得益于成熟的市场条件，先进的科技手段和发达的媒体传载功能。但在许多发展中国家这些条件往往并不具备，信息基础设施的现行水平较低，使得直复营销的现代化方式不能充分体现；物流配送也由于运输方式的落后和不协调，导致客户从发出订单到收到货物的周期过长和成本过高；信用卡普及率不高，给支付和结算造成一定的困难。

上述种种原因，使得直复营销在各个国家的适用条件会有很大的差异，因此，企业需要根据具体国家的实际情况，灵活地选择适宜的沟通方式和工具。

本章小结

国际市场营销中，由于各国不同的文化、习俗、法律体系等因素的影响，增加了买卖双方沟通

的复杂性，因此，有效的沟通十分重要。国际市场沟通包括：广告、人员推销、营业推广、公共关系和直复营销5种手段，企业应对其进行有机的组合和运用。

国际广告是国际市场沟通的一种重要手段。企业在制定国际广告策略时，应特别注意各国社会文化、语言、消费者媒体习惯、政府法律等对广告的限制。国际广告决策的关键是对采用标准化、当地化策略或标准化与当地化相结合的策略进行选择。通常企业还要考虑国际广告媒体的选择和广告预算制定的问题。

国际市场人员推销是指国际企业向目标市场国派出推销人员或委托、聘用当地或第三国的推销人员直接与顾客或潜在顾客接触、洽谈，并说服其购买本企业产品的促销活动。与其他国际促销方式相比，国际市场人员推销具有信息传递的双向性、推销目的的双重性、推销过程的灵活性、利于促进买卖双方建立良好的关系和友谊等特点。

国际市场营业推广一般分为直接对消费者营业推广、直接对中间商营业推广和直接对国际市场推销人员的营业推广三类。企业应制定一套良好的国际市场营业推广策略。国际会展是国际促销中的主要形式，它具有真实性、交流的多向性、聚集性、综合性和社会性等特点。国际企业应根据自身情况和展会类型做出办展或参展，以及国际会展促销的决策。

公共关系在国际市场促销中起着十分重要的作用。国际公共关系的对象涉及顾客、经销商、新闻界、政府机构、企业内部职工等多方面。国际市场公共关系的主要任务有宣传企业、加强与社会各方面的沟通和联系、应对危机、消除不利影响等。

直复营销是一种将广告活动与销售活动统一在一起的营销方式。与其他促销方式相比，其突出的特点是：互动性、针对性强、效果可测性、通路的广泛性。直复营销的形式主要有：直接邮寄、目录营销、电话营销、电视营销、网络营销。

思考题

1．国际广告的主要制约因素有哪些？

2．举例说明国际广告标准化决策与当地化决策的优缺点。

3．如何选择国际广告媒体？

4．如何对国际市场推销人员进行有效的管理？

5．简述国际市场营业推广的主要形式。

6．试述国际市场公共关系的主要任务。

7．试述国际市场直复营销的概念和特点。

8．国际营销中制约直复营销的主要因素有哪些？

5

第五部分

国际市场营销管理过程

第十三章 国际市场营销的计划、组织与控制

【本章学习目标】

- 了解国际营销战略规划的内容，能够进行国际营销业务组合分析；
- 熟悉国际营销组织结构的不同类型及其演变；
- 掌握国际营销组织设计的具体内容；
- 理解国际营销执行的内涵及其执行过程；
- 了解国际营销控制的目标和类型。

【导入案例】

英荷壳牌石油公司（以下简称壳牌公司）是欧洲最大的公司。1994年利润达到创纪录的40亿英镑，比前一年增长了24%。规模如此庞大，经营还算不错的壳牌公司却于1995年3月底宣布将公司的组织结构进行重大调整。壳牌公司荷方董事长赫克斯特罗克的解释是：壳牌公司的表现远不如国际上其他竞争对手。公司10.4%的投资收益率在石油行业来说是相当一般的，不能满足公司长期发展的需要。公司现行的组织结构不适应油价低的商业环境，难以面对日益激烈的市场竞争。

作为一家大型国际企业，壳牌公司这次进行重大改组带有浓厚的“精官简兵”的味道。壳牌公司这次首先拿公司总部开刀，决定取消地区总公司和精简后勤服务部门，一些权力很大的地区总公司主管在这次机构改组过程中被“炒鱿鱼”。其中在伦敦和海牙两总部工作的职员人数由原来的3900名减少到2700名，裁减的幅度高达30%。仅此一项，壳牌公司每年就可节省1亿英镑的开支。

壳牌公司这次改组的主要内容就是打破公司在组织结构上传统的矩阵结构，减少管理层次，按公司的主要业务范围建立相应的商业组织，由过去按地区和部门的多头管理转变为按业务范围进行直接管理。

壳牌公司长期以来主要是按地理位置来安排公司的组织结构。公司不仅建立了4个州一级的地区总公司，而且还在有关国家或地区建立了分公司。这些分公司通过多层次的管理系统向位于伦敦和海牙的总部报告，人们习惯将壳牌公司这种传统的组织结构称为矩阵结构。从企业管理的角度看，这种矩阵结构是合理的。但在实际工作中，这种矩阵结构却引起了一些问题：每个分公司差不多都要从事勘探开采、炼油、销售等业务；总部的后勤服务部门负责向分公司提供法律、财务、信息及其他各项服务。因此，分公司往往要接受多部门和多层次的领导和管理，这就意味着区域总公司、总部的业务部门及后勤服务部门都可以对分公司发号施令。

改组后的壳牌公司将按其所经营的勘探开采、石油产品（炼油和销售）、化工、天然气及煤炭这五大主要业务建立相应的5个商业组织。这五大商业组织就成了壳牌公司的核心业务部门，壳牌公

司在世界各地的分公司都必须按其业务范围直接向相关的商业组织报告。由此可见，壳牌公司这次改革并没有对在各地的分公司进行改组，而是调整了它们与公司总部有关部门的关系。上述五大商业组织负责制定与各自业务有关的重大经营战略和投资决策。各地的分公司则负责具体实施这些战略和决策。这样，各地的分公司仍可保持其地方特色，使各自的经营更符合本地的特点。

壳牌公司这次调整机构的目的之一就是让下属分公司的主管既享有更大的自主权，又必须对本公司的经营状况直接负责。机构调整改变了以往多头管理的状况，从而使分公司主管能集中精力做好第一线的工作和更好地为客户服务。同样，壳牌公司希望借助这种组织结构在确保集团公司的经营战略得以实施和对下属公司实行有效的管理和制约的同时，能最大限度地发挥一线企业的主观能动性。

西方企业界人士认为，壳牌公司精简总部和取消矩阵结构的做法，充分表明西方大型国际企业的组织管理机构正在发生深刻的变化。

第一节 国际市场营销战略规划

企业的国际营销战略是企业为了在动态的国际市场的激烈竞争中求得生存和发展，通过分析国际市场环境和企业内部资源条件，对国际市场营销活动制定较长时期的全局性的行动方案。企业规划国际营销战略的目的是企业站在战略的角度，提高企业对不断变化的国际市场营销环境的应变能力。

企业国际营销战略要求企业一方面必须根据国际环境状况、资源供应等约束条件，确定未来一定时期能够实现的国际营销战略目标；另一方面，企业还要制定能够实现的国际营销战略目标，充分满足国际市场需要的行动方案，即要在营销战略制定的过程中对实现目标的方法进行要优化。

一、战略规划

当人类社会跨入21世纪以来，随着科学技术，特别是信息传播技术的迅猛发展，导致市场边界不断扩大，消费者需求日益多元、多样与多变，产品生命周期却越来越短，市场竞争形势瞬息万变，企业经营环境正面临着前所未有的变革。企业国际营销战略必须适应这一环境的发展与变化。

（一）认识和界定企业的使命

企业使命（Enterprise mission）的确定及阐述是营销战略规划过程中重要的第一步，企业使命的阐述为整个企业的战略制定和实施指明了方向。企业使命是企业核心价值观的载体与反映，是企业生存与发展的理由，是企业一种根本的、最有价值的、崇高的责任和任务，它回答的是“我们要做什么、为什么这样做”的现实问题。

企业在认识其使命时，都应该明确地回答以下几个问题：我们的企业是干什么的？我们的顾客是谁？我们对顾客的价值是什么？我们的业务将是什么？我们的业务应该是什么？通过对这些问题的分析与回答，基本上能够明确地指出企业的使命。

（二）确定企业的战略业务单位

企业在确定了企业使命与任务后，要对企业内现有的每一项业务进行分析，以确定各业务在公司未来的地位和走向。在现代营销观念的指导下，企业必须以市场导向来界定企业的业务，即要把企业经营看成是一个满足顾客需要的过程，而不是一个产品生产过程。

大多数企业，即使是一些较小的企业都可能同时或准备经营若干项业务。所谓战略业务单位，是指具有单独任务和目标，并可以单独制订计划而不与其他业务发生牵连的一个经营单位。一个战略业务单位可以是企业的一个部门或一个部门内的一个产品系列甚至是某个特定的产品，有时又可能包括几个部门、几类产品。区分战略业务单位的主要依据，是各项业务之间是否存在共同的经营主线，即目前的产品（或市场）与未来的产品（或市场）之间有无内在联系。

（三）制定企业的业务单位组合

战略业务单位确定后，企业管理层就要为每个业务单位制定适当的战略目标。许多企业视集合在一起的战略业务单位为业务单位组合（Business unit portfolio）。由于企业资源的有限性，企业必须以有限的资源保证具有良好市场（国家）发展潜力的业务单位发展，不得不削减其他一些较弱的业务项目的资源投入。

在规划分析企业业务投资组合时，主要使用以下两种模式。

1. 波士顿矩阵（市场增长率/市场占有率）。波士顿矩阵模型是波士顿咨询公司（BCG）于 1970 年提出的一种规划企业产品组合的方法（见图 13-1）。

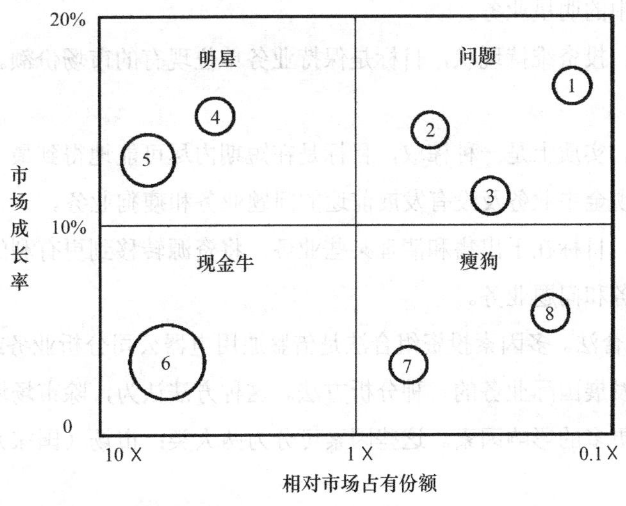

图 13-1　波士顿矩阵图

图 13-1 中，纵坐标市场成长率表示该业务的销售量或销售额的年增长率，用数字 0～20%表示，并认为市场成长率超过 10%就是高速增长。横坐标相对市场份额表示该业务相对于最大竞争对手的市场份额，用于衡量企业在相关市场上的实力，用数字 0.1（该企业销售量是最大竞争对手销售量的 10%）～10（该企业销售量是最大竞争对手销售量的 10 倍）表示，并以相对市场份额为 1.0 为分界线。八个圆圈代表企业的八个业务单位，它们的位置表示这个业务的市场成长和相对市场份额的高低；面积的大小表示各业务的销售额大小。

（1）波士顿矩阵模型将一个企业的业务分成四种类型：问题、明星、现金牛和瘦狗。

第一，问题业务指高市场成长率、低相对市场份额的业务。这往往是一个企业的新业务。为发展问题业务，企业必须建立工厂，增加设备和人员，以便跟上迅速发展的市场，并超过竞争对手，这些意味着大量的资金投入。

第二，明星业务指高市场成长率、高相对市场份额的业务。明星业务是由问题业务继续投资发展起来的，可以视为高速成长市场中的领导者，它将成为公司未来的现金牛业务。但这并不意味着明星业务一定可以给企业带来滚滚财源，因为市场还在高速成长，企业必须继续投资，以保持与市场同步增长，并击退竞争对手。

第三，现金牛业务指低市场成长率、高相对市场份额的业务。现金牛业务是成熟市场中的领导者，它是企业现金的来源。由于市场已经成熟，企业不必大量投资来扩展市场规模，同时作为市场中的领导者，该业务享有规模经济和高边际利润的优势，因而给企业带大量财源。

第四，瘦狗业务指低市场成长率、低相对市场份额的业务。一般情况下，这类业务常常是微利甚至是亏损的。瘦狗业务存在的原因更多是由于感情上的因素，虽然一直微利经营，但像人对养了多年的狗一样恋恋不舍而不忍放弃。

（2）在明确了各项业务单位在公司中的不同地位后，就需要进一步明确其战略目标。通常有四种战略目标分别适用于不同的业务。

第一，发展战略。继续大量投资，目的是扩大战略业务单位的市场份额。它主要针对有发展前途的问题业务和明星中的明星业务。

第二，维持战略。投资维持现状，目标是保持业务单位现有的市场份额。它主要针对强大稳定的现金牛业务。

第三，收获战略。实质上是一种榨取，目标是在短期内尽可能地得到最大限度的现金收入。它主要针对处境不佳的现金牛业务及没有发展前途的问题业务和瘦狗业务。

第四，放弃战略。目标在于出售和清理某些业务，将资源转移到更有利的领域。这种目标适用于无利可图的瘦狗业务和问题业务。

2. 多因素投资组合法。多因素投资组合法是借鉴通用电器公司分析业务或产品组合的方法，是企业选择国际市场，发展国际业务的一种分析方法。这种方法认为，除市场增长率和相对市场占有率之外，还需要考虑更多的影响因素。这些因素可分为两大类：市场（国家）吸引力和企业的竞争能力（见图 13-2）。

矩阵图中的圆圈代表企业的战略业务单位，圆圈的大小表示各个战略业务单位所在行业的规模，圆圈中的阴影部分表示各个业务的市场占有率。每项业务的评定主要依据市场（国家）吸引力与企业的竞争能力，这两个变量对评定一项业务具有重要的营销意义。企业如果进入有发展前途的市场（或国家），并拥有在行业中获胜的竞争能力，它就可能获得成功，若缺少其中一个条件，则很难取得预期的效果。

多因素业务组合矩阵依据市场（国家）吸引力的大、中、小，竞争能力的强、中、弱分为九个区域。它们组成了三种战略地带。

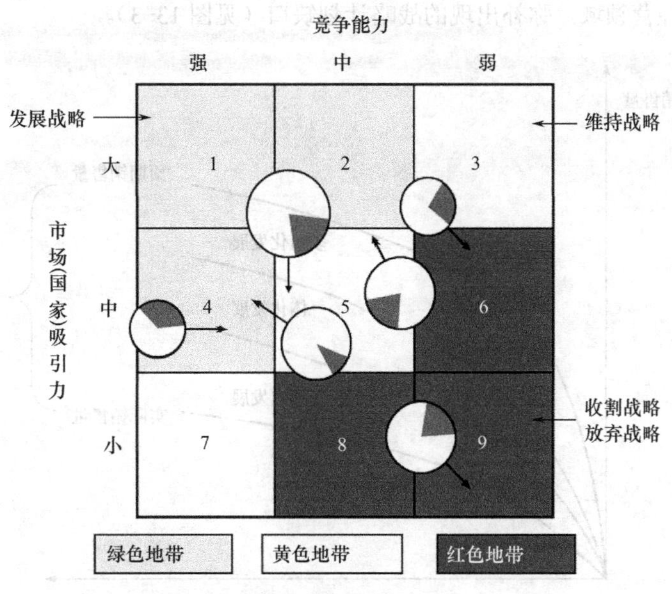

图 13-2　多因素矩阵图

（1）绿色地带。左上方 3 个方格，即“大强”、“大中”和“中强”三档。这个区域的市场吸引力和业务单位的竞争能力都最为有利。对于该区域的业务单位，企业应采取“发展”战略，增加资源投入，促进其发展。

（2）黄色地带。对角线上的 3 个方格，即“小强”、“中中”和“大弱”三格。这个区域的市场吸引力和业务单位的竞争能力，总的来说都是中等水平。对该区域的业务单位应采取“保持”战略，保持原投入水平和市场占有率。

（3）红色地带。右下方 3 个方格，即“小中”、“小弱”和“中弱”三格。这是市场吸引力和业务竞争能力都弱的区域。对该区域的业务单位应采取“收割”或“放弃”战略，不再追加投资或断然收回投资。

多因素矩阵模型可以为企业在国际市场环境中制定战略提供指导。一个公司可以通过将其产品或市场（国家）放入矩阵，并分析其目前的位置。其中市场（国家）吸引力表现为市场规模、市场增长率、政府控制、经济和政治稳定性等因素，企业可根据所搜集到的外部环境信息对这些构成因素逐一评估打分，然后按自己的战略计划观念赋予每个因素以不同的重要性权数，最后加权平均得到“市场（国家）吸引力”的分值；企业竞争力表现为企业的市场占有率、产品适应度、贡献毛利和资源供应等因素，企业可按上述类似的方法得到竞争优势的分值。一个位于左上方 3 个方格（绿色地带）的国家，可以采取投资与增长战略；对角线的国家（黄色地带），可以针对实际状况采取选择性战略；而位于右下方 3 个方格（红色地带）的国家，则不值得投资。

（四）制定企业新业务的增长战略

企业制定新业务增长战略的动因主要有两个方面。一方面，企业在对现有业务单位进行重新组合后，需要发展一些新业务，以代替被淘汰的业务；另一方面，当企业发现了新的市场机会，现有的业务难以匹配这些机会，与企业的目标存在差距时，将形成战略计划缺口，企业就需要开辟新的业务，扩大现有的经营领域，弥补出现的战略计划缺口（见图 13-3）。

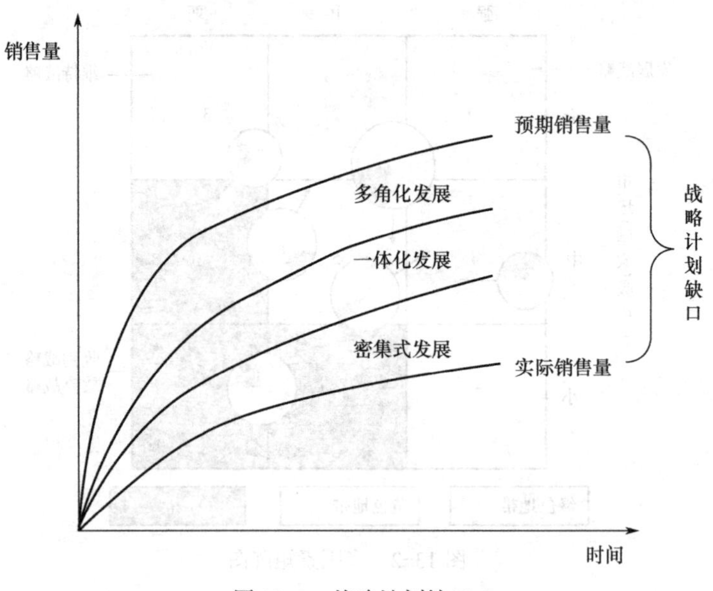

图 13-3　战略计划缺口

1．密集式成长战略。当一个特定的市场（或产品）还存在发展潜力时，企业可以采用密集式增长战略。该战略包括以下几个方面。

（1）市场渗透。即通过各种营销手段促使现有顾客增加产品的购买数量，使更多的潜在顾客、从未使用过该产品的顾客购买，也可以吸引竞争对手的顾客购买。

（2）市场开发。即努力开拓新市场扩大现有产品的销售量。实现形式主要有扩大现有产品的销售区域，在现有销售区域内寻找新的细分市场等。

（3）产品开发。通过向现有市场提供新产品或改进的产品，满足现有市场上消费者的不同需求，从而扩大产品销售，实现业务增长（见图 13-4）。

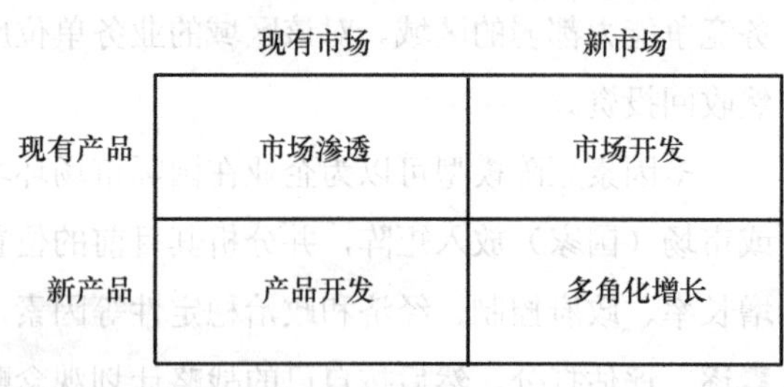

	现有市场	新市场
现有产品	市场渗透	市场开发
新产品	产品开发	多角化增长

图 13-4　产品/市场矩阵

2．一体化成长战略。当所在行业仍有前途时，企业可以重新融合供应链以提高效益，实行不同程度的一体化经营，实现业务增长。

（1）后向一体化。即企业收购、兼并上游的供应商，拥有或控制自己的供应系统。如饮料生产企业收购果园，实现原材料的自给自足。后向一体化既可以给企业增加收益，又可以减少受制于上游供应商的风险。

（2）前向一体化。即收购、兼并下游的中间商，拥有或控制自己的销售渠道；或将产品线向前延伸，从事原来由客户经营的业务。如服装制造企业自办服装专卖店，销售本企业生产的服装产品。

（3）水平一体化。即企业收购、兼并原有的竞争对手，或实行各种形式的联合经营，扩大经营规模与实力，实现业务增长。

3．多角化成长战略。如果企业在原有经营框架内已经无法发展，或在原经营框架之外有更好的机会，企业可以选择多角化成长战略。

（1）同心多角化。即企业利用原有的技术、特长、经验等发展新产品，增加产品种类，从同一圆心向外扩大业务经营范围。如电冰箱生产企业增加冰柜的生产。

（2）水平多角化。即企业利用原有市场或顾客，采用不同的技术来发展新产品，增加产品种类。如原来生产婴幼儿奶粉的企业，现在准备生产婴儿童装、学步车等产品。

（3）综合多角化。指企业以新业务进入新市场，新业务与企业现有的技术、市场及业务没有联系。如服装生产企业从事房地产项目、生物工程项目的开发与生产。

第二节 国际市场营销组织

一、建立国际市场营销组织的必要性

从管理的角度来看，组织是一种管理职能，是指企业为协调内部的各项活动而设置的管理结构体系；从企业营销活动的发展过程来看，组织是一个随着企业战略目标的调整而动态演进的过程。组织结构（Organization Structure）是组织中的职位安排，各种职位或角色有意识地结合在一起，以利于组织目标的实现。为了使企业的营销活动不断适应变化的市场，企业就应该建立一个与国际目标市场环境相适应的组织结构。当一家国内公司的业务不断发展壮大，想由国内市场向国际市场扩张时，它就会遇到如何去组织国际市场营销活动的问题。要解决这些问题，关键就是要建立能适应公司目标和任务，适应国际市场营销环境的国际市场营销组织。

二、国际市场营销组织设计的导向

国际市场营销组织设计的首要原则是要与企业的国际化战略相适应。国际市场营销组织根据企业国际化的程度、目标和倾向，可分为四种管理导向：本国中心主义、多中心主义、地区中心主义、全球中心主义。

1．本国中心主义。企业以本国中心主义作为管理导向，它会将国内的业务放在第一位，而将国际业务放在第二位。它主要是抓住本国的市场，只有在国内市场竞争激烈或是产品过剩，或是国际市场出现相当好的机遇时才会开展国际业务，开拓海外市场。采用这种管理导向的企业决策权可能集中于总公司，企业在管理国际市场时所采用的方式与国内的基本一致，不会花太多的精力与财务放在国际业务上面。企业的高级管理人员绝大部分由本国人担任，很少聘用外国人。

2．多中心主义。企业以多中心主义作为管理导向，就是把海外业务与国内业务看得同样的重要，把海外业务看成是企业整个业务中不可分割的一部分，企业充分认识到不同国家或地区的差异性，制定不同的营销战略，有针对性地开展营销活动。在不同的国家或地区的子公司可以独立地开展活动，独自制定相应的营销计划与目标。与采用本国主义管理导向的企业相比，母公司在国际市场营销战略的决策权相对弱一些，各个公司可以在当地聘用高级管理人员，并且采用当地的标准制定子公司的一些制度。

3．地区中心主义。企业以地区中心主义作为管理导向，就是根据某些地区内各市场具有一些共性的东西，企业抓住地区内的共性来开展营销活动。例如一些美国的公司，把它们的营销活动集中在北美自由贸易协定国——美国、加拿大、墨西哥，因为这些国家在文化、经济等领域有许多相似的地方，顾客有相似的消费行为习惯。许多从事多角色经营的国际企业采用这种管理导向，这种管理导向认识到某地区的成员国之间有差异，也有相似之处。在这种管理导向下，地区经理有较大的决策权。

4．全球中心主义。企业以全球中心主义作为管理导向，就是把全球作为自己的市场，从全球的角度通盘考虑，不是只着眼于某一个市场。实施全球战略的企业，国际业务的规模程度较高，内部分工水平提升，企业组织结构复杂，在管理决策方面母公司与海外子公司之间要求高度合作。这种管理导向只有发达国家的大型跨国公司才采用。

在国际市场营销管理中，奉行本国中心主义的企业是高度集权企业，奉行多中心主义的企业是地区分权的企业，奉行地区中心主义的企业是地区范围内实行集权和分权相结合的公司。上述不同的中心主义关键区别在于对每一取向的基本假设不同，本国中心主义取向基于母国优越性，多中心主义取向基于各国的文化、经济、市场基本情况的差异性，地区中心主义取向基于某地区的共性，全球中心主义取向基于各国的共性与差异性。不同管理导向将导致企业在国际市场营销中采用不同组织结构。

三、国际市场营销组织结构

（一）影响国际市场营销组织结构的因素

1．企业规模。开展国际业务的企业在刚开始涉足国际市场时，其规模不大，企业的营销重点还在国内市场，它的组织结构应该比较简单。但随着企业规模的扩大，资金实力、管理能力都增强了，这时它的组织结构会变得较为复杂，营销重心会向国际市场偏移。

2．地理位置。企业设在国外子公司地理位置影响着它的国际市场营销组织结构。如果企业的子公司设在文化、经济、政治环境相差不大的地区，那么企业应按地区来构建组织结构，充分放权，进行本土化管理。如果某些国家如加拿大、美国在一些产品的需求上有很大的共性，可以向两国市场提供某一同质产品，而向其他的国家提供分类产品时，企业的组织结构可以按产品来建立。

3．产品属性。产品属性包括物理性质、化学性质、通用性、普及性等。产品属性也会影响企业的组织结构。如麦当劳已成为全球消费者都喜欢的快餐食品，公司采用连锁店的统一管理模式。大部分人喜欢麦当劳快餐，这是由其通用性与普及性决定的。又由于该食品的保鲜、运输上的特点，只能在本土加工，公司的组织结构不得不考虑地区的特殊性。

4．外部环境。外部环境主要指企业的竞争者与消费者、供应商、中间商、公众等。竞争者的情况会影响企业对组织结构的选择与改变。如果竞争者对产品不断创新与发展，会迫使企业增设新产品开发部门或按产品来构建组织结构。消费者的不同文化水平、宗教习惯、经济状况、购买行为习惯也会使企业按地区来构建组织结构。

5. 战略意图。企业的高层管理者制定的公司发展战略不同，企业的组织结构也会不同。企业的产品进入国际市场是采用间接出口、直接出口，还是合同进入或是投资进入模式，会影响企业的组织结构。企业进入国际市场程度的深浅对企业组织结构的复杂程度也会产生影响。

（二）国际市场营销组织的类型

1. 出口部结构。企业进入国际市场之初，往往没有与外商建立直接联系，而是利用其他公司的服务与国际市场发生联系。出口业务隶属于原有部门，其组织结构与一般的国内企业无异。随着国际营销业务规模的不断扩大，出口部从原有的部门独立起来，作为一个单独的职能部门来负责处理国际业务（见图 13-5）。出口部经理专门管理其涉外营销业务，如在国外建立销售，服务和仓储设施，开展际市场调研等。由于缺乏公司总部和其他职能部门强有力的支持，出口部往往会影响其海外业务的扩展。由于此时企业的国际营销业务在企业全部业务中所占比重不大，因此公司总部对海外机构很少进行控制，它们之间维持一种较为松散的联系。

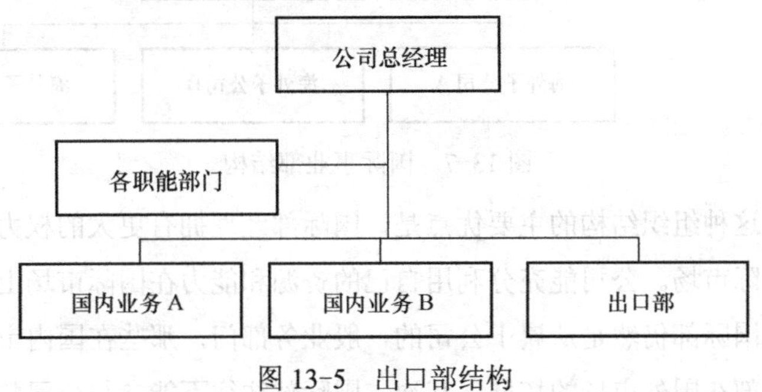

图 13-5　出口部结构

2. 自主子公司结构。海外自主子公司结构是国内企业走向国际化经营时在组织方面的一种过渡形式，它与企业国际化经营早期相对应。这一阶段，企业刚刚开始建立国外子公司，数量少、规模小、其营销成败对母公司不造成重要影响。由于母公司缺乏国际营销经验，对子公司缺乏有效的直接控制，实际上只起控股公司的作用。子公司基本上是独立活动的，子公司的经理们实际上拥有行动和决策的全权（见图 13-6）。在国际营销的早期阶段，欧洲国际化经营企业总部和海外子公司之间保持一种松散、非正式的关系。对于多数美国公司而言，海外子公司的迅速发展不仅能够积累财富，还能获得大量的国际市场的经验。海外子公司在整个公司的地位加强，母公司对海外子公司的统一控制和管理成为必要和可能。

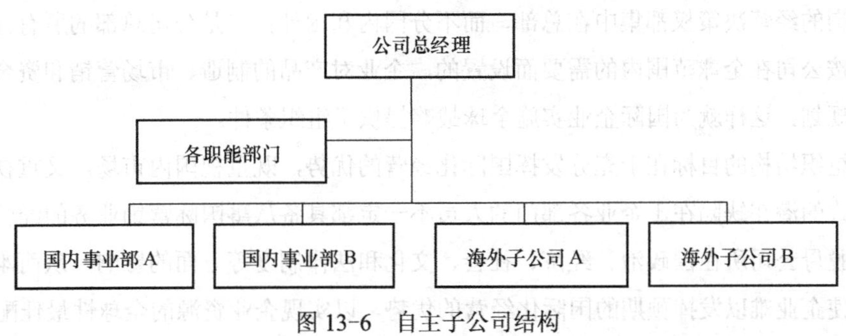

图 13-6　自主子公司结构

3．国际事业部结构。随着出口业务的不断扩大，企业进入国际市场的方式日趋多样化，导致协调国际市场活动的职责超出了出口部的范围。原有的出口部已不足以解决这些问题，而需要建立一个能统一管理和协调生产、财务等职能部门的机构，这个机构在很多公司被称为国际事业部。在这种结构下，公司销售活动分为两部分：国内部和国际部（见图 13-7）。国际部的主要职责是分管公司在国外的业务活动。国际部与公司其他职能部门平级，能够集中处理所有国外业务，并将相应的人事、计划、资金方面的业务转交给相应的国际部门。

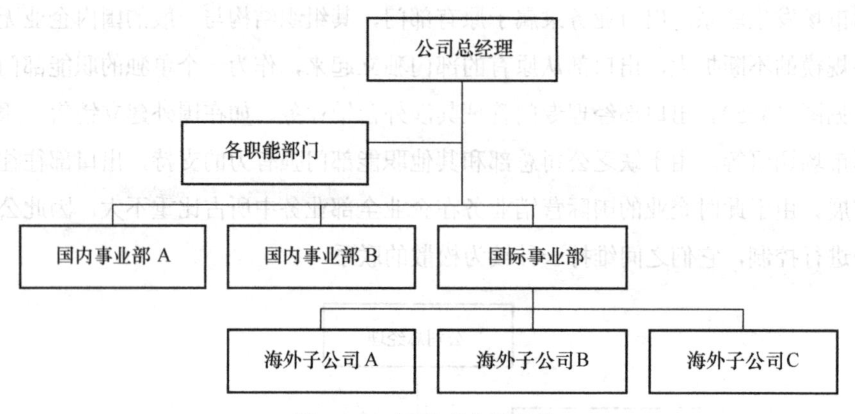

图 13-7　国际事业部结构

与出口部相比，这种组织结构的主要优点是，国际部经理拥有更大的权力，能在更大程度和范围内引导企业拓展国际市场。公司能充分利用自己的资源和能力在国际市场上施展拳脚。国际部的缺点表现为：首先，国际部仍然是从属于公司的一般业务部门，那些在国内市场占绝对重要地位的企业可能会限制国际部在国外市场的拓展；其次，国际部往往不能参与公司整体战略的制定，这导致国际部得不到足够的资源用于开发特殊产品、实施促销计划和开拓海外市场；随着海外业务的发展，高层经理之间的摩擦也将增加；此外，由于公司的研发以国内市场为导向，海外市场的研发往往沦为简单的产品改良。因此，到一定阶段时，这种组织结构形式就不能适应国际业务进一步发展的需要。

4．全球型组织结构。随着公司国际业务的日益扩展，公司总部需要从全球的角度来组织和协调整个公司的生产、财务计划，人力资源和营销工作，统一安排资金和利润，使国内经营和国外经营融为一体，强调各个部门都必须服从于公司全球营销的目标和任务。在这种情况下，公司会考虑采用全球型组织结构（Global Organization）。全球型组织结构具有两个显著的特点：一是在这种结构中，全球范围的经营决策权都集中在总部，而不分国内和国外；二是公司总部的所有部门都是从全球利益角度按公司在全球范围内的需要而设置的，企业对产品的制造、市场营销和资金流动等进行全球性统一规划，这样就为国际企业实施全球战略提供了组织条件。

全球型组织结构的目标在于充分发挥国际化经营的优势，既重视国内市场，又重视国际市场。这种组织形式的潜在缺陷在于企业各部门的人员不一定都具备从事国际营销业务的经验和技能，子公司难以摆脱母公司所在国政治、经济、社会、文化和法律制度等方面的影响，从而难免造成经营中的失误，使企业难以发挥预期的国际化经营的优势，以实现企业资源的全球性最佳配置的目标。

（1）全球产品型组织结构。采用这一组织形式的国际企业按产品系列划分部门，各产品部的经理负责该产品在全球范围内的各种职能（见图 13-8）。国际企业在总部还另设有地区专职人员，负责协调该地区内的各种产品的业务活动。这种组织结构适用于产品种类繁多、市场分布广泛、技术要求较高的国际企业，其特点是国际企业总部首先确定企业的总体目标和发展战略，然后各产品部据此制订出各自的业务发展计划。

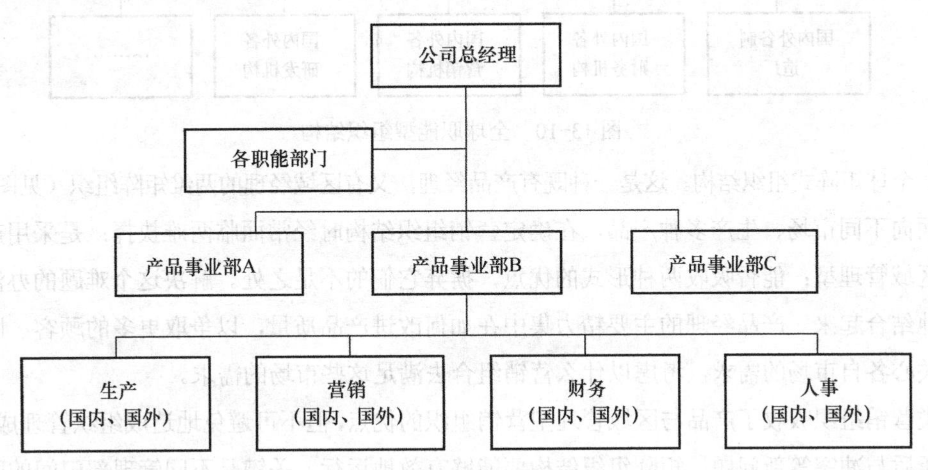

图 13-8　全球产品型组织结构

（2）全球地区型组织结构。采用这种组织形式的国际企业，按地区业务划分部门，其主要经营责任由地区部负责（见图 13-9）。总部及其所属的职能部门则从事全球发展战略的设计和控制，地区部控制和协调该地区的所有职能，这种组织形式一般适用于产品种类较少，市场销售条件、技术基础、生产方式较为接近的国际企业。一些食品加工、医药和石油企业具有上述特点。

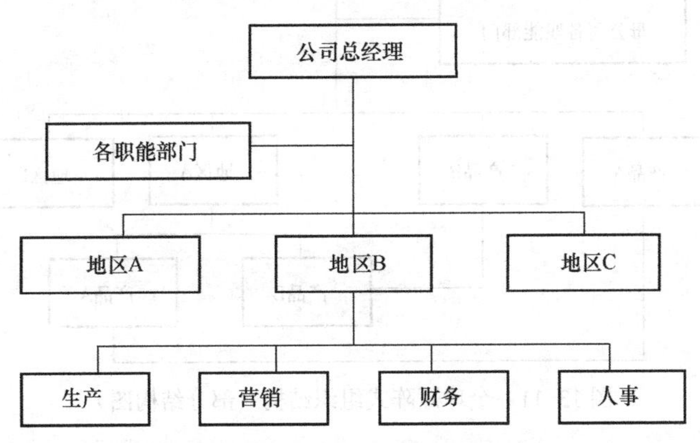

图 13-9　全球地区型组织结构

（3）全球职能型组织结构。采用这种组织形式的国际企业按市场、财务、人力资源、研发及生产等职能设置分部，各部由一位副总经理负责该职能在全球范围的活动（见图 13-10）。这种组织形式适用于产品系列不是很多，企业规模不是很大的国际企业，其特点是对各种职能本身控制很紧，但各种职能之间互不联系。由于采用这种组织形式的企业对其所属的各子公司进行多头控制，因而有些国际企业转而采用按地区划分的组织形式。

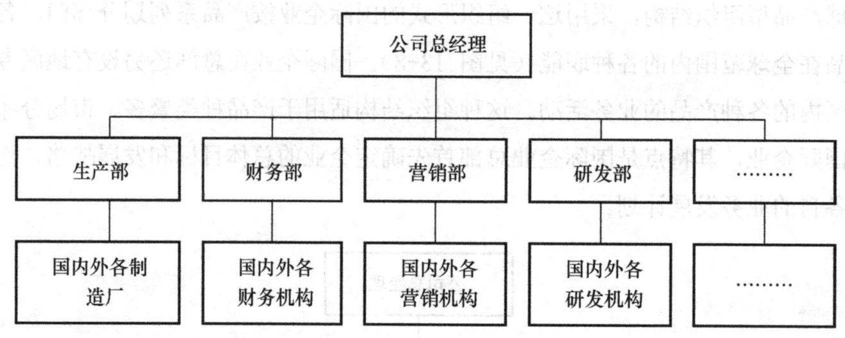

图 13-10　全球职能型组织结构

（4）全球矩阵式组织结构。这是一种既有产品经理，又有区域经理的两维矩阵组织（见图 13-11）。当企业面向不同市场、生产多种产品，在确定营销组织结构时经常面临两难抉择：是采用产品管理型还是区域管理型；能否吸收两种形式的优点，摒弃它们的不足之处。解决这个难题的办法是将两者有机地结合起来。产品经理的主要精力集中在如何改进产品质量，以争取更多的顾客；区域经理则主要关心各自市场的需求，考虑以什么营销组合去满足这些市场的需求。

这类营销组织吸收了产品与区域管理型营销组织的优点，但不可避免地造成组织管理成本过高、易产生矛盾与冲突等新问题。矩阵组织结构要能够有效地运行，关键是不同管理部门间的职权和责任分配必须合理和明确。矩阵组织结构主要适用于那些多角化经营程度较高、产品品种较多、同时经营区域范围较广泛的大型跨国公司。

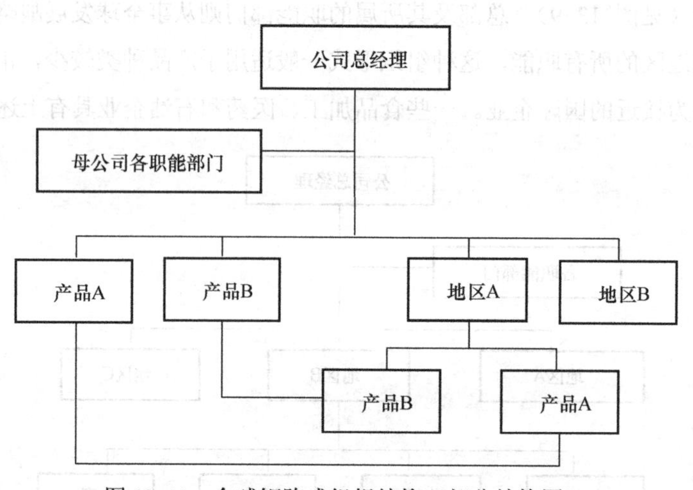

图 13-11　全球矩阵式组织结构（部分结构图）

【案例精选 13-1】　惠普公司销售团队的组织结构

惠普公司自身的“以客户为中心”的改革是从1999年4月开始的，这个模式称为“全面客户体验服务模式”（Total Customer Experience简称“TCE”）。TCE的核心是要让客户感受到惠普公司提供给他们的服务贯穿于产品生命周期的全过程，并且是以客户为中心完善地集成在一起。

为了实现TCE，惠普公司在组织结构上做了重大调整。在组织结构调整以前，惠普公司是以产品为中心来设计自己的组织结构和工作流程。惠普公司在美国有80多个事业部，如PC事业部，打印机事业部，服务器事业部以及软件部和系统集成部等。在过去，这些组织机构的建立完全是围绕着产品展开的，是以产品为中心来考虑和设计的，包括销售流程，以及技术支持与服务等。每个事业部都有销售、市场、服务、渠道、研发，制造等部门，每个产品事业部的销售部门都直接面对客户。如果一个客户既要买PC，又要买打印机的话，他就要和不同的部门打交道；同样售后服务也是由不同的部门来提供的。于是客户需要联系不同的人员，打不同的电话。惠普的客户调查显示，当时客户对惠普公司的印象是系统庞大而且结构复杂，就连惠普自己的员工都只了解本事业部内的产品和服务，而对其他事业部的情况知之甚少。调整以后的组织结构改变了过去的分散化的经营模式，将原来的80多个十几大类的事业部拆散后重新组合，按照客户的种类和需求进行划分，由共同的销售部门面对客户，它是对客户的唯一出口，市场、服务等部门支持销售部门为客户服务。现在如果客户既买PC又买打印机的话，他就不需要和不同的部门打交道，只需要和销售部门一个部门的人员打交道就可以了。

四、国际营销发展不同阶段组织结构变化

1．间接出口阶段。企业向国外出售的产品与国内销售的产品相同。如果仅限于等待买主上门，就不需要专门的国际营销组织结构；如果需要寻找买方，企业可以利用外贸公司之类的服务机构与海外市场建立业务关系。因此，这一阶段的企业组织结构与一般的国内企业并无实质性的差异。

2．直接对外销售阶段。在这个阶段，企业倾向于积极主动、直接地寻找海外客户，与他们保持联系，建立销售网络，开拓海外市场。因此，在这个阶段企业需要建立相对独立的出口部来处理其国外业务。出口部隶属于营销部，与国内销售处平级。只要企业能基本上在一个国家内实现生产，并向若干个国外市场销售，这种结构就能产生良好的效果。这时国内市场生产与国外市场销售之间的协调通过加强出口部门和生产部门之间的协调得以实现。如果企业在国外设立生产基地或销售网络，则应采用其他的组织结构。

3．国外市场相结合的阶段。在这一阶段，企业以各种投资和非投资形式进入国际市场，将大量的人力和物力投入海外经营，在海外建立若干个生产性和销售性的子公司，并与海外经营单位建立正式的联系，这就更需要紧密地协调研发、财务、生产和国际市场的活动。因此有必要在国内母公司组织框架内设置国际部，代替原来的出口处（科），以加强与海外子公司的联系和协调。

4．全球战略阶段。当国际企业发展到一定程度时，国际部对繁多的业务已不堪重负，也无法协调和处理母公司与子公司之间的矛盾冲突，因此有必要建立新的与公司战略相适应的组织结构，将国内经营和国际经营融为一体。在这种战略思想的指引下，企业或建立全球地区型组织结构，或全球产品型组织结构，或全球职能型组织结构，或全球混合型组织结构，以追求全球利益的最大化。

第三节 国际市场营销控制

企业的营销计划与方案能否实现的关键在于执行，但在执行的过程中由于企业内外部环境等不

确定性因素的存在，难免会使计划和方案出现偏差。因此，需要对营销计划的执行情况进行监测、检查，即进行有效的营销控制。

一、国际市场营销控制概述

（一）国际市场营销控制的含义

市场营销控制，是指市场营销管理者采取控制步骤，检查实际绩效与计划之间是否存在偏差，并采取改进措施，以确保市场营销计划的实现与完成（见图 13-12）。

国际营销控制是市场营销控制的一种，是指国际化经营企业的管理者对国际营销执行情况和效果进行检查与评估，了解计划与实际绩效是否一致，找出两者之间的偏差及造成偏差的原因，并采取修正措施以确保国际营销计划得到有效执行的管理活动。

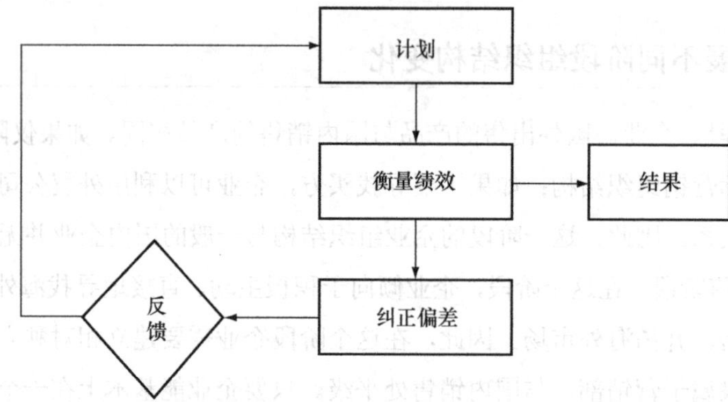

图 13-12　营销控制过程

（二）国际市场营销控制的类型

1. 正式的程序化控制。正式控制是使用比较成型、比较正规的规范来约束人们的控制方式。这些规范多数是用文字的形式表达的，并依照某种程序正式发布的。正式控制主要是用计划、预算、规章制度及量化的工作任务等来约束国际营销部门的成员。

按干预时间的先后，正式控制可分为：事前控制、过程控制、结果控制三种形式。其中，事前控制是在企业国际营销活动开展之前进行的控制，一般包括战略计划、标准制订、人员规划、培训、销售预算等；过程控制是指在企业营销活动实施过程中，对活动中的人和事进行指导与监督；结果控制是在国际营销活动结束以后，对本期的资源利用状况及其结果进行总结。

2. 非正式的控制。非正式控制是指使用不那么成型的规范来约束人们的控制方式。营销团队中常常运用道德、信任、群体压力、企业文化、愿景等一类看不见、摸不着但却感觉得到的手段来约束其成员。总体上非正式控制常常不是基于契约，而是基于人们的共同意识和认同感。特别是对于一些难以量化的控制目标，企业往往采用非正式的控制方法，如许多跨国公司日益重视运用“文化控制”。

文化控制是通过共享价值观、共同愿望、共同的行为标准等其他与组织文化相关的因素对组织中的个人和群体施以控制。国际营销企业可以通过对公司员工的精心挑选、培训等手段来达到文化控制。跨国公司的海外高级营销经理一般是由母公司派出的，这些经理已经接受了公司的规范和价值观，他们会以更加全球化的视角在海外开展营销活动，且有助于保证子公司与母公司营销决策的一致性。此外，企业还可以通过海外营销经理的管理培训项目和对总部的访问，向子公司的人员灌输公司的价值观与办事方式，增加成员的归属感。

（三）常用的营销控制手段

常用的营销控制手段主要有年度营销计划控制、盈利能力控制、效率控制和战略控制四种（见表 13-1）。

表 13-1　　常用的营销控制手段比较

控制类型	主要负责人	控制目的	方　法
年度营销计划控制	高层管理部门	检查计划目标是否实现	销售分析、市场份额分析、费用—销售额比率分析、财务分析等
盈利能力控制	营销审计人员	评价营销活动的盈利情况	盈利：各区域、产品、品牌、目标市场等
效率控制	直线和职能管理层 营销审计人员	评价和提高经费的使用效率	效率：销售队伍、分销、广告等促销活动
战略控制	高层管理者 营销审计人员	检查公司是否在市场、产品和渠道等方面找到最佳机会	营销审计、营销效益等级评价、道德与社会责任等

二、年度营销计划控制

年度营销计划控制，是指企业在本年度内采取控制步骤，检查实际绩效与计划之间是否有偏差，并采取改进措施，以确保年度营销计划规定的销售、利润和其他目标的实现与完成。年度营销计划控制的方法包括：销售分析、市场占有率分析、营销费用率分析、顾客满意度追踪等。

（一）销售分析

销售分析又称销售数据分析，主要用于衡量和评估经理人员所制定的计划销售目标与实际销售之间的关系，它可以采用销售差异分析和微观销售分析两种方法。销售差异分析主要用于分析各个不同的因素对销售绩效的不同作用，如品牌、价格、售后服务、销售策略等。微观销售分析则分别从产品、销售区域以及其他方面考察未能完成预定销售定额的原因。

销售分析是帮助营销管理者进行营销运营决策的一种有效工具。但由于没有反映企业相对于竞争者的状况，也没有办法剔除掉一般的环境因素对企业经营状况的影响，因此该分析方法在实际使用过程中也存在一定的缺陷。

（二）市场占有率分析

通常企业的销售绩效并未反映出相对于其竞争企业的经营状况如何。如果企业销售额增加了，可能是由于企业所处的整个经济环境的发展，或可能是因为其市场营销工作较之其竞争者有相对改善。市场占有率正是剔除了一般的环境影响来考察企业本身的经营工作状况。如果企业的市场占有率升高，表明它较其竞争者的情况更好；如果下降，则说明相对于竞争者其绩效较差。

市场占有率分析可以通过整体市场占有率、目标市场占有率、相对市场占有率 I（相对于三个最大竞争者）与相对市场占有率Ⅱ（相对于市场领导竞争者）等指标来进行综合分析。

（三）营销费用率分析

营销费用率是市场营销费用占销售额的比例。营销费用包括推销员费用、广告费、促销费、市场调查费、营销管理费等。在销售额一定的情况下，营销费用越低，企业的效益就越好。营销费用率分析的目的是监督营销费用的支出情况，确保其不超出年度计划的预算。

营销费用率＝营业费用/销售收入

其中，营业费用是指企业在销售产品、提供劳务等日常生产经营过程中发生的各项费用以及专设营销机构的各项经费。

营销费用率反映了取得一定的销售收入所需付出的营销成本，其高低可作为反映企业营销效率的重要指标。该比率受各种随机因素的影响而上下波动，一般允许有适当的偏差，但如果波动超出正常范围，就应引起注意，如果及时采取措施，便可控制住费用的上升趋势。

（四）顾客满意度追踪

企业建立专门机构来追踪其顾客、经销商以及市场营销系统其他参与者的态度，对于营销控制过程中分析原因、寻找调整措施，将是十分必要的。顾客满意度追踪分析，一般要做以下三个方面的工作。

1．建立听取意见制度。企业对来自顾客的书面的或口头意见应该进行记录、分析，并做出适当的反应。对不同的意见应该分析归类汇编成册，对意见比较集中的问题要查找原因，加以根除。企业应该鼓励顾客提出批评和建议，使顾客经常有机会发表意见，才有可能搜集到顾客对其产品和服务反映的完整资料。

2．固定顾客样本。有些企业建立由一定代表性的顾客组成的固定顾客样本，定期地由企业通过电话访问或邮寄问卷了解其需求、意见和期望。这种做法有时比听取意见更能代表顾客态度的变化及其分布范围。

3．顾客调查。企业定期采取随机抽样调查的方法，向被抽取的随机顾客回答一组标准化的调查问卷，其中问题包括员工态度、服务质量等。通过对这些问卷的分析，企业可及时发现问题并尽早解决。

三、盈利能力控制

盈利能力控制是跨国营销管理者对各种产品、区域市场、顾客群、渠道、订货量等盈利状况的分析和控制，这些信息有助于帮助跨国企业总部决定对区域市场或者营销活动进行决策。盈利能力控制一般由企业内部负责监控营销支出和活动的营销主管人员负责，是指在测定企业不同产品、不同销售地区、不同顾客群、不同销售渠道以及不同规模订单的盈利情况的控制活动。盈利能力的指标包括资产收益率、销售利润率和资产周转率、现金周转率、存货周转率和应收账款周转率、净资产报酬率等。此外费用支出必须要与相应的收入结合起来分析，才能了解企业的盈利能力，管理者如果不具体问题具体分析，过于主观地分配相关费用，则易误入歧途。

四、营销效率控制

假如盈利能力分析显示出企业关于某一产品、地区或市场所得的利润很差，那么紧接着的问题便是有没有高效率的方式来管理销售人员、广告、销售促进及分销。

（一）销售人员效率控制

销售人员效率控制，即企业分析本地区销售人员效率的几项重要指标，如每个销售员平均每天进行销售访问的次数、每次销售人员访问平均所需要的时间、平均收入、平均成本和平均招待费、每 100 次销售人员销售访问的订货单百分比、每一期新的顾客数目和丧失的顾客数目、销售队伍成本占总成本的百分比等，企业可以从以上分析中发现一些重要问题。

（二）广告效率控制

企业对广告效率进行控制，应至少做好如下统计：

1. 每一媒体类型、每一媒体工具接触每千名购买者所花费的广告成本。

2. 顾客对每一媒体工具注意、联想和阅读的百分比。

3. 顾客对广告内容和效果的意见。

4. 广告前后对产品态度的衡量。

5. 受广告刺激而引起的询问次数。

企业高层管理者可以采取若干步骤来改进广告效率，包括进行更加有效的产品定位、确定广告目标、利用计算机来指导广告媒体的选择、寻找较佳的媒体以及进行广告后效果测定等。

（三）促销效率控制

为了改善销售促进的效率，企业还需进行促销效率控制。为此，跨国企业管理者应该对每一销售促进的成本和对销售的影响做记录，然后向产品（或区域）经理提出最有效的促销措施。需要注意的统计数据主要有：促销所占的百分比、每一单位货币的销售额中所包含的陈列成本、赠券回收率、示范表演引起的询问次数等。

（四）分销效率

分销效率主要是对企业存货水准、仓库位置及运输方式进行分析和改进，以达到最佳配置并寻找最佳运输方式和途径。效率控制的目的在于提高人员推销、广告、销售促进和分销等营销活动的效率。营销经理必须关注若干关键比率，这些比率表明上述营销职能执行的有效性，显示出应该如何采取措施以改进执行情况。

五、营销审计

（一）营销审计的界定

营销审计指对企业或企业中的一个业务单位的营销环境、营销目标、营销战略乃至营销活动所做的全面、系统、独立和定期的检查。其目的在于发现企业营销中的问题和可能的市场营销机会，以提出企业营销的行动计划，改善企业的营销运作，提高企业的营销效率。

（二）营销审计的内容

1. 营销环境审计。营销环境是市场营销活动的根本制约因素，因而营销环境审计是其他审计内容的基础。企业通过对其所处的营销环境进行审计，以分析营销战略是否与营销环境相适应，以及是否要对原有的营销计划进行修订。营销环境审计的具体内容包括外部环境和市场环境两方面。前者指经济、政治、自然、技术等宏观条件对企业产生影响的因素。狭义的营销环境审计是指企业的市场环境即微观环境的审计，内容包括市场容量及规模的大小，对市场竞争者实力地位的评价，中间商的效率，供应商主要货源的供应前景及供应方式的变化等。

2. 营销战略审计。主要检查企业制定的目标和任务是否体现了市场导向，选择的竞争地位是否正确。具体包括：选择的目标市场是否科学，关键策略是否可靠，完成资源预算是否充分等。

3. 营销组织审计。主要审查营销领导机构选择决策和控制决策的能力，职能部门对营销工作的分析、规划和执行的能力，营销部门对市场环境的应变能力，以及与其他部门的联络工作是否存在问题等。

4. 营销系统审计。评估企业营销的控制系统、信息系统是否完善和有效，新产品开发系统是否健全。其中控制系统审计包括市场占有率审查、营销成本审查、边际贡献分析审查等。情报信息系统的审计包括营销信息系统的构成、设计、使用等方面的审查。对新产品开发系统的审查则包括：新产品开发观念是否正确、新产品开发方针是否体现用户导向、新产品开发计划是否科学等。

5. 营销效率审计。主要进行利润分析和成本效益分析。内容包括销售收入绩效审查、销售费用绩效审查、货款回收与存货绩效分析、成本支出是否过高及降低成本的措施等。

6. 营销职能审计。是指对营销组合诸因素，如产品、价格、分销、人员推销、营销组织的业绩考核以及广告管理、公共关系效果的审计。内容包括营销管理的总体审计、销售管理审计、市场调研管理审计、广告管理审计等。通过营销职能审计，企业可及时发现企业营销管理中的问题并提出改进意见。

【全球视野 13-1】 营销审计的演进

“二战”后，西方国家的市场竞争日趋激烈，企业的营销费用大幅度上升，效果却不尽如人意，使营销管理陷入困境。一些大型的工业企业为获取理想的经济效益，逐步开始对营销活动进行检查、分析和控制。

进入20世纪70年代以后，西方的营销审计逐渐成熟，众多工商企业特别是大型跨国公司对市场营销的审查范围日益扩大。其内容包括用户导向、市场营销组织、市场营销信息、营销战略及作业效率等诸多方面。同时企业还制定了审查的具体要求，确定审查标准并采用计分方法进行考核评审。从此，营销审计得以迅速发展，并成为提高企业市场营销管理水平的有效工具。

理论研究方面，早在1959年，哥伦比亚大学的艾贝·肖克曼就提出了“营销审计”的概念。他认为，众多的公司被关在生产产品或推销导向的圈子里，不知如何去寻找公司的发展机会和途径；许多公司濒临倒闭或正在走向死亡却浑然不觉，公司应该定期进行营销审计，以检查它的战略、结构和制度是否与它们最佳的市场机会相吻合。此后，菲利普·科特勒进一步对营销审计进行了界定，指出“营销审计是对一个公司或一个业务单位的营销环境、目标、战略和活动所作的全面的、系统的、独立的和定期的检查，其目的在于决定问题的范围和机会，提出行动计划，以提高公司的营销业绩。”他还详尽归纳了营销审计的六大组成部分：营销环境审计、营销战略审计、营销组织审计、营销制度审计、营销效率审计及营销功能审计的具体内容。

本章小结

在企业战略管理体系中，国际营销战略是一种职能战略。国际营销管理的一个关键因素是制定能够指导国际营销活动的具有远见和创造性的营销战略与计划。合理规划企业的国际营销战略，主要由确定企业使命与战略业务单位、制定企业业务单位组合与企业新业务增长战略等工作组成。

企业制定国际营销战略与计划后，需要通过科学地安排企业的人、财、物等各项战略资源进行配置与实施，而一个完善、高效的国际营销组织对企业国际营销战略与计划的实现至关重要。一般企业的国际营销组织结构主要有出口部、自主子公司、国际事业部、全球性组织（含地区型、产品型、职能型、矩阵式全球组织结构）等基本类型。每种营销组织结构都各有利弊，企业应根据市场、产品及营销职能的实际情况合理进行选择与调整。

企业的国际营销战略与计划能否实现的关键在于执行，但在执行的过程中由于企业内外部环境等不确定性因素的存在，难免会使战略与计划出现偏差。为了保证国际营销战略与计划的实施，应该对国际营销战略与计划的执行情况进行监测与检查，即进行合理控制。企业的营销控制可以分为正式控制与非正式控制两种，其中常用的正式营销控制手段主要有年度营销计划控制、盈利能力控制、效率控制和战略控制四种。

思 考 题

1. 国际营销战略规划的内容有哪些？
2. 如何进行国际营销战略分析？
3. 跨国公司国际营销组织结构有哪些形式？
4. 国际营销控制有哪些控制类型？各包括哪些内容？

6

第六部分

国际市场营销的发展趋势

第十四章 国际市场服务营销

【本章学习目标】

- 掌握服务与服务营销的内涵与特征；
- 了解国际服务市场特征和发展趋势；
- 了解国际服务营销常用战略；
- 掌握国际服务营销组合策略。

【导入案例】

希尔顿国际酒店集团（Hilton International）是总部设于英国的希尔顿集团公司旗下分支，拥有除美国外的全球范围内“希尔顿（Hilton）”商标的使用权。目前，希尔顿国际酒店集团旗下的酒店遍布全球的80多个国家，雇员超过7万名。

希尔顿国际酒店集团在国际市场上采用了品牌多元化的发展战略。它通过利用不同的酒店品牌提供不同档次的服务满足不同顾客需求，从而占领更多的细分市场以扩大市场份额。目前，希尔顿国际酒店集团在全球经营管理着403间酒店，其中包括261间面向国际高端商务和休闲旅游者市场的“希尔顿（Hilton）”酒店和142间面向中端市场的“斯堪的克（Scandic）”酒店，以及与总部设在北美的希尔顿酒店管理公司（Hilton Hotels Corp.）合资经营的、分布在12个国家中的18间“康拉德（Conrad）”（亦称“港丽”）酒店。

其中，“希尔顿”作为国际豪华品牌，主要位于世界各国的中心城市，它的市场目标主要是为商务和休闲旅游者提供高档的酒店服务和豪华的设施设备。“斯堪的克”则是经济型饭店品牌，主要位于城市中心或主要城镇的市郊，价格定位适中，主要服务于对价格比较敏感的中档旅游者，为客人提供良好的服务和必需的饭店设施，如舒适的床、实用的工作场所，通常在电视机前有舒适的沙发和必备的温馨浴室。而“康拉德”作为超豪华品牌，它主要为商务和休闲旅游者提供一流的服务和豪华的环境与设施。它专门选址在欧洲、亚洲、大洋洲、南美和中东地区的国家首都和极具异国情调的旅游胜地的主要商务和休闲地区，建立起豪华酒店、度假村。

如今，希尔顿国际酒店集团与希尔顿酒店管理公司组建成立了全球营销联盟，令双方在世界范围内旗下酒店的总数超过了2 700间，而整个希尔顿酒店家族品牌更是达到了10个。①

如今，服务业在不断扩张的世界经济领域中占据着举足轻重的地位，服务营销与服务管理的技巧变得日益重要。而服务与有形产品有很大差别，所以用于指导有形产品营销的传统市场营销理论不应被照搬用来指导服务营销。本章将论述在国际环境下的服务营销相关理论和策略，首先介绍国际服务营销的特点，然后叙述国际服务营销战略，最后分析国际服务营销组合策略。

① 资料来源：《希尔顿酒店集团旗下品牌》http://travel.sohu.com/20080328/n255970132.shtml 和百度百科“希尔顿酒店”词条 http://baike.baidu.com/view/270078.htm。

第一节 国际市场服务营销特点

一、服务与服务营销

（一）服务的内涵与特征

服务与有形产品是市场上最主要的两类市场供给物，而服务一般被营销学者从区别于有形产品的角度进行界定。例如，菲利普·科特勒（Philip Kotler）将服务定义为“一方面提供给另一方不可感知且不导致任何所有权转移的活动或利益，它在本质上是无形的，它的生产可能与实际产品有关，也可能无关”；克里斯托·格罗鲁斯（Christian Gronroos）认为，“服务是一系列或多或少具有无形特征的活动所构成的一种过程，这种过程是在顾客与员工、有形资源的互动过程中进行的，这些有形的资源（有形产品或有形系统）是作为顾客问题的解决方案而提供给顾客的”；美国市场营销协会（AMA）定义服务为“用于出售或者是同产品连在一起进行出售的活动、利益或满足感”。

综合以上定义，可以认为服务是涉及某些无形因素的活动、过程和结果，它包括与顾客或他们拥有的财产间互动过程和结果，并且不会造成所有权的转移。服务不仅是一种活动，而且是一个过程，还是某种结果。在提供服务的过程中，服务可能是在为顾客提供的有形产品上所完成的（如维修服务、产品售后服务），也可能是在为顾客提供的无形产品上所完成的（如会计、律师服务）；还可能是向顾客交付的无形产品（如传授知识、演出服务），甚至是为顾客提供或创造的氛围（如宾馆、饭店服务）。

根据顾客在服务中的参与程度可以将服务分为三大类，即高接触服务、中接触服务、低接触服务。其中，高接触服务是指顾客在服务过程中参与其中全部或大部分活动，如电影院、娱乐场所、公共交通、学校等部门所提供的服务；中接触服务指在服务过程中顾客只是部分或在局部时间内参与活动，如银行、律师、房地产经纪人等提供的服务；低接触服务是指在服务的过程中顾客与服务的提供者接触很少，他们的交往大多是通过仪器设备进行的，如信息中心、邮电业等所提供的服务。

与有形产品相比，服务具有如下特征：

1. 无形性。服务的无形性是其最显著的特征，无形元素往往主导了服务的价值创造。顾客无法感知到这些元素，难以评估服务的质量和效果，他们只好更多地根据服务设施和环境等有形线索来进行判断。因此，需要通过实物展示使服务更有形，有形展示便成了服务营销的一个重要工具。

2. 不可分割性。服务的不可分割性指的是服务需要生产者和消费者共同参与，它的生产过程往往与消费过程同时进行、不可分割。顾客与服务供应商的设备、场所和系统互动。如果顾客方面的任务完成得不好，那将会影响生产效率，破坏服务体验，减少收益。

3. 不可贮存性。因为服务的无形性，服务是无法贮存的。顾客在寻求服务的时候，可能会被服务供应商拒绝，或是被要求等候。与有形产品相比，服务的不可贮存性产生了对服务的供求进行更为准确地平衡的需要。

4．差异性。服务无法像有形产品那样实现标准化生产，服务的供应会因为提供者的不同或是接受者的不同，而导致每次同种服务带给顾客的效用、顾客感知的服务质量存在差异。一方面是因为服务人员之间的心理状态、服务技能、努力程度和敬业程度等方面存在差异，导致他们提供同种服务在质量上和水平上存在差异；另一方面是因为不同的顾客在知识水平、爱好、性格等方面存在差异，这直接影响其接受服务的质量和效果；还有就是由于服务人员与顾客在服务提供过程中相互作用，使得同种服务在不同次数的购买和消费过程中，即使是同一服务人员向同一顾客提供的服务也可能存在差异。

【全球视野 14-1】　　服务在大多数国家占据主导地位

在世界各地，无论是发达国家还是新兴国家，或是其他发展中国家，服务业的规模都在不断扩大。

图14-1显示了2004年美国的经济组成，其中服务业占国内生产总值（GDP）的2/3以上。若把联邦、州和当地政府的产量也算上的话（因为它们主要提供服务），则服务业的总量几乎达到GDP的80%。

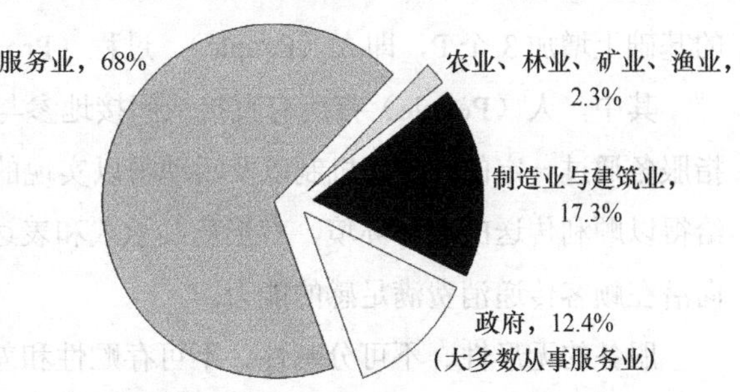

图 14-1　2004 年美国经济（GDP）构成

图14-2显示了规模从小到大的各种经济类型中，服务业所占的相对比例。在大多数较为发达的经济体中，服务业占GDP的比重在2/3～3/4之间。

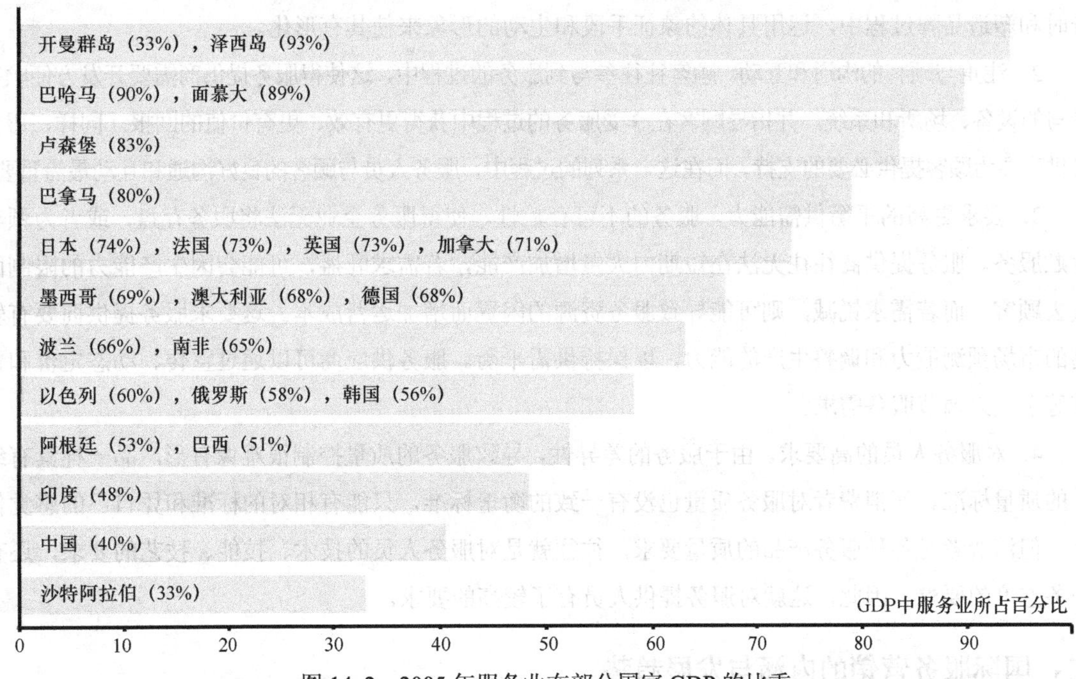

图 14-2　2005 年服务业在部分国家 GDP 的比重

资料来源：《服务营销》（第六版），克里斯托弗·洛夫洛克，约亨·沃茨，中国人民大学出版社，2010 年，pp.4—6。

（二）服务营销的内涵与特征

全球经济在第二次世界大战结束后的几十年中得到了飞速发展，人民生活水平不断提高，服务业由此也得到迅速发展。营销理论界自20世纪60年代起开始对服务予以越来越多的关注。

1966年，美国的约翰·拉斯摩（John Rathmall）教授最早从特性上区分了无形的服务与有形的实体产品，提出要以非传统的方法研究服务的市场营销问题。1974年，由他所写的第一本论述服务市场营销学的专著在美国出版，标志着服务营销学的诞生。该著作明确指出仅把传统市场营销学的概念、模型、技巧应用于服务领域是行不通的，服务营销必须建立以服务为导向的理论架构。

1981年，伯纳德·布姆斯（Bernard Booms）和玛丽·比特纳（Mary Bitner）提出在服务营销战略中需要在传统市场营销理论4P，产品（Product）、价格（Price）、渠道（Place）、促销（Promotion）的基础上增加3个P，即人（People）、过程（Process）和有形展示（Physical Evidence）。

其中，人（People）指所有直接或间接地参与某种服务的消费过程中的人员；过程（Process）指服务通过一定的程序、机制以及活动得以实现的过程；有形展示（Physical Evidence）包括服务供给得以顺利传送的服务环境，有形商品承载和表达服务的能力，当前消费者的无形消费体验，以及向潜在顾客传递消费满足感的能力。

服务的无形性、不可分割性、不可存贮性和差异性特征决定了服务营销同产品营销具有很大的不同。这些不同具体表现在以下几个方面：

1．服务需要借助有形来展示。创造服务大部分价值的元素是无形的，如服务流程、服务人员的技能和态度，这使得顾客很难感知和判断服务的质量和效果。因此，顾客只好更多地根据服务设施和环境等有形线索来进行判断。服务营销需要强调服务的实体线索来使其更有形，并在对服务做广告时和塑造品牌过程中，运用具体的象征手段和生动的形象来使其有形化。

2．注重与顾客的沟通和互动。顾客往往参与到服务的过程中，这使得服务提供商需要开发方便顾客参与的设备、场所和系统，并指导顾客在享受服务的过程中获得更有效、更有价值的回报。同样，服务提供商要为顾客提供必要的支持。而在这一系列的过程中，服务人员与顾客的良好沟通和互动最为重要。

3．要求更高的平衡供需能力。服务的不可存贮性，使得服务企业无法将服务存盘，或者为顾客存贮服务。服务提供商往往无法在短期内大量增加产能，若需求旺盛，可能会因生产能力的限制而失去顾客。而若需求锐减，则可能导致服务资源的闲置而增加运营成本。这要求服务提供商要有较高的市场预测能力和调整生产的能力，以保持供需平衡。服务供应商可以通过宣传、动态定价和预订等手段来调节服务需求。

4．对服务人员的高要求。由于服务的差异性，导致服务的质量控制很难像有形产品一样具有统一的质量标准。而消费者对服务质量也没有一致的衡量标准，只能有相对的标准和凭自己的感觉体会。但消费者对各种服务产品的质量要求，往往就是对服务人员的技术、技能、技艺的要求，还有服务态度的要求。因此，这就对服务提供人员有了较高的要求。

二、国际服务营销的内涵与发展趋势

国际服务营销是指跨越国界的服务营销活动，其目的是使服务产品更好地满足国际市场顾客的需求，使企业在国际市场上获得竞争优势。早期的国际服务营销活动主要是国际服务贸易，可以说，国际服务营销是随着国际服务贸易的产生与发展而发生。而如今的国际服务营销的内容要比早期的国际服务贸易丰富的多得多。

有学者指出，国际服务的核心是国际服务的提供过程受不同文化的影响，因为国际服务的性质如此地不同，所以不太可能出现唯一的、能包容一切的理论。因此，服务的国际营销也应该因地区的不同、服务产品种类的不同而采取不同的策略。当下的国际服务营销表现出了不同以往的发展趋势，具体如下：

1. 国际服务市场的快速增长

依据发展经济学的经济增长阶段论，国家经济能力的增长会促进该国产业结构的升级，首先会由农业经济过渡到工业经济，再从工业经济发展到服务经济。20 世纪 60 年代初，西方国家基本上完成了工业化进程，逐步进入后工业化的发展阶段，即国内经济重心向服务业偏移。如今在西方发达国家，服务业已经占据了国民经济的主导地位。而发展中国家也随着国家经济的不断增长，经济结构也在发生着变化。在大部分的发展中国家，尤其是新兴经济体中，服务业取得了不俗的发展与进步，在其国内经济中的地位变得举足轻重。

正是由于世界各国经济能力增长所带动的产业升级，整个世界的产业结构正在经历着较大规模的调整。而在这一过程中形成了世界经济的不平衡，从而导致了国际市场对跨国境的服务有了大规模的需求，全球服务性产业的贸易总额有了高速增长。自 20 世纪 70 年代以来，国际服务贸易有了突飞猛进的发展。1970 年，世界服务贸易总额只有 710 亿美元，而到 1980 年则猛增至 3830 亿美元，10 年间增长 5 倍多。20 世纪 90 年代，全球的服务贸易额已超过万亿美元，在全球贸易总额中的比重超过四分之一。进入 21 世纪，国际服务贸易占据全球贸易总额已经超过了三分之一。

当前，国际服务贸易和国内服务业的发展已成为各国关注的热点和重点给予扶持和发展的对象。尤其是发展中国家，更是在该领域投入极大的努力，它们一方面对开放金融、保险、运输及商业销售等市场仍持谨慎的保护主义态度，另一方面又非常重视这一领域的研究，力图在这一新的国际经贸领域中真正做到知己知彼，以便在进入和开放国际服务贸易市场的实践中处于主动地位。在 2003 年以前，发达国家的服务贸易增长速度都快于发展中国家，但是从 2004 年起，情况发生了逆转，发展中国家的服务贸易增长率开始大大提高，且远远高于发达国家的增长率。

2. 国际服务市场的领域不断扩张

依据国际服务贸易项目与国际市场中的商品贸易和直接投资的密切程度，国际服务项目可以分为三大类：（1）同国际货物贸易直接相关的古典国际服务贸易项目，如国际运输、国际维修和保养、国际金融服务（主要是贸易结算服务）、商品的批发和零售等；（2）同国际直接投资密切相关的要素转移性质的国际服务贸易项目，如股票、债券等形式的证券投资收益，经营管理的利润收益，建筑和工程承包等劳务输出以及金融服务业的国际信贷等；（3）相对独立于货物贸易和直接投资的新兴产业的国际服务贸易项目，如国际旅游业提供的服务、世界信息网络的服务、视听产品与知识产权服务等。

世界贸易组织（WTO）的前身，关贸总协定（GATT）主持下的 1994 年“乌拉圭回合”签订了

《服务贸易总协定》，其中列出的服务行业有12大类156个具体项目。随后，WTO统计信息系统局最终列出的服务贸易包括 11大类54个小类116个服务项目：（1）商业服务业；（2）通信服务业；（3）建筑工程服务业；（4）销售服务业；（5）教育服务业；（6）环境服务业；（7）金融保险服务业；（8）健康及社会服务业；（9）旅游服务业；（10）娱乐、文化、体育服务业；（11）交通运输服务业。

目前，国际服务贸易涉及的范围具体包括：（1）国际运输（海运、空运和陆运）；（2）国际旅游；（3）国际金融服务（包括保险）；（4）国际信息处理和传递软件资料服务；（5）国际咨询服务（包括会计、律师等）；（6）建筑和工程承包等劳务输出；（7）国际电讯服务；（8）广告、设计、会计管理等项目服务；（9）国际租赁服务；（10）商品的维修、保养、技术指导等售后服务；（11）国际视听服务；（12）教育、卫生、文化艺术的国际交流服务；（13）商业批发与零售服务；（14）知识产权（工业产权和版权）服务；（15）国际投资服务；（16）其他官方国际服务等。

3．发达国家与发展中国家国际服务贸易差异突出

由于当代世界各国经济和服务业发展水平的不平衡，发达国家和发展中国家的对外服务贸易水平及在国际服务市场上的竞争实力悬殊。与国际商品贸易相比较，世界各国的服务贸易发展的不对称性更加突出。在国际服务贸易中，无论是规模还是结构上，与发达国家相比，发展中国家都处于劣势地位。

发达国家在世界服务贸易中占有更大比重。1990年，发达国家的服务贸易出口额为6686.05亿美元，占到世界服务贸易出口总额的70.1%；2005年为18350.2亿美元，占到世界服务贸易出口总额的73.6%，到2006年，发达国家服务贸易出口额达到19876.0亿美元，占世界服务贸易出口总额的72.7%。而1990年、2005年和2006年，发展中国家的服务贸易出口额分别为1543.5亿美元、5934.3亿美元和6697.5亿美元，分别占到世界服务贸易出口总额的18.6%、23.8%和24.5%[①]。

发达国家和发展中国家在国际服务贸易的结构中存在很大差异。以2005年美国和中国的国际服务贸易数据为例，美国的服务贸易结构中，运输、旅游和其他服务贸易的比例分别为17.8%、28.8%和53.3%；而中国这三类服务贸易所占的比重分别为20.9%、39.6%和39.5%。综合其他发达国家和发展中国家的国际服务贸易数据，可以看出，发达国家服务贸易的比较优势主要集中在以通信、计算机和信息服务、金融、保险、专有权利使用费和特许权为代表的其他服务类型。而发展中国家的比较优势主要体现在旅游，旅游服务贸易额在其服务贸易总额中占有相当大的比重。

4．新科技革命和全球化有力推动国际服务市场发展

自20世纪60年代兴起的以信息技术发展为代表的新科技革命，有力地推动了国际服务贸易的迅猛发展。这些高新技术的发展被广泛地应用到了服务产业，使许多原先“不可贸易”的服务转化成“可贸易”的服务。例如，传统的教育服务、健康服务一向被认为是“不可贸易”的，而现今可被储存在磁盘或软件中进行买卖。这些高新技术的应用，使得国际服务贸易的种类增加，范围扩大。同样，随着信息技术和通信技术的发展，银行、保险、商品零售等得以在全球范围内开展业务，为跨国界服务带来了机遇。

① 资料来源：朱远程，张春霞，《当今国际服务贸易发展的特征与趋势研究——基于发达国家与发展中国家比较》，2007首届国际服务贸易论坛论文集，pp.209—217。

随着科技的进步，发达国家的产业结构逐渐向技术密集和资本密集的高科技产业转移，把劳动密集型产业转移到新兴工业化国家和部分发展中国家，使这些国家和地区能够利用本地区丰富廉价的劳动力资源，赚取外汇服务收入，形成大规模的境内服务输出。这样一方面促进了国际服务市场的结构优化和改变，使得发展中国家参与到国际服务竞争市场中，扩大其份额，另一方面还加速了国际服务市场的全球化大发展。

伴随着世界经济的一体化，以及人类社会生活的国际化，国际服务市场获得了更大的发展空间。当下，世界经济区域化、一体化的发展和各国人民生活水平的大幅度提高，并且由于科学技术革命加快了劳动力和科技人员的国际流动，特别是促进了专业科技人员和高级管理人才向他国流动，这些都极大地推动了国际服务贸易流量的扩大。随着现代人的社会生活越来越国际化，无论是发达国家还是发展中国家的人们都已经开始了逐渐适应出国旅游、接受国外教育以及聘请海外人才等方式。

【全球视野 14-2】　国际服务贸易领域第一个法律性文件——《服务贸易总协定》

1995年1月1日正式生效的《服务贸易总协定》是多边国际贸易体制下第一个有关服务贸易的框架性法律文件，是乌拉圭回合达成的三项新议题之一。为在服务贸易领域建立多边原则和规则，增强各国服务贸易管制的透明度，促进服务贸易的逐步自由化，乌拉圭回合最终达成了《服务贸易总协定》。该协定的制定与生效是国际服务贸易的一个重要里程碑，它不仅扩大了关贸总协定机制的管辖范围，而且是迄今为止服务贸易领域内第一个较系统的国际法律文件。

《服务贸易总协定》有广义和狭义之分。狭义的《服务贸易总协定》仅指协定本身；广义的《服务贸易总协定》指与服务贸易有关的附件及补充协议等，主要包括五个部分。

1. 适用于所有成员的一般规则与纪律的原则性框架文件，即《服务贸易总协定》条款。

2. 作为《服务贸易总协定》有机组成部分，涉及各个具体服务部门特殊情况的附件。

3. 根据《服务贸易总协定》的规定附在《服务贸易总协定》之后的，包括初步自由化承诺的各国承诺表。

4. 关于服务贸易自由化的九项有关决议。

5. 在世贸组织成立后的后续谈判过程中所达成的三项协议，即《全球金融服务协议》、《全球基础电信协议》和《信息技术协议》。

狭义的《服务贸易总协定》的内容包括六个部分，29项具体条款。

正文之前的简短“序言”确定了各成员参加及缔结《服务贸易总协定》的目标、宗旨及原则。

第一部分（第1条）为“范围和定义”（scope and definition），其主要内容是就协定中的服务贸易予以界定。

第二部分（第2条至第15条）为“一般义务与纪律”（general obligations and disciplines），确定了服务贸易应遵循的几项基本原则，这些原则具有一般的指导意义，是各成员在服务贸易中各项权利和义务的基础。

第三部分（第16条至第18条）为“具体承诺”（specific commitments）是该协定的中心内容，包括“市场准入”（market access）和“国民待遇”（national treat ment）两个方面，规定了各成员应承担的特定义务。

第四部分（第19条至第21条）为“逐步自由化”（progressive liberalization），主要确定服务贸易自由化的进程安排和具体承诺表制定的标准，规定各成员尤其是发展中国家服务贸易自由化的原则及权利。

第五部分（第22条至第26条）为“组织条款”（institutional provisions），主要内容有协商机制，争端解决与执行，服务贸易理事会，技术合作及与其他国际组织的关系等。

第六部分（第27条至第29条）为“最后条款”（final provisions），内容是就该协定中的重要概念作出定义，并规定了各成员可拒绝给予该协定各种利益的情形。

参考资料：涂永世，江若尘，李颖灏，《国际市场营销》，科学出版社，2009，pp.337—339。

第二节 国际市场服务营销战略

一、服务营销战略的内涵

企业的服务营销战略是指服务企业为了谋求长期的生存和发展，根据外部环境和内部条件的变化，对企业所作的具有长期性、全局性的计划和谋略。营销战略往往是企业在组织目标、资源和它的各种环境机会之间建立与保持一种可行的适应性的市场营销活动管理关系的过程。

1．基于服务特性制定营销战略

鉴于服务营销与传统商品的市场营销存在明显的差异，因此在制定服务营销定位战略时，服务企业需要基于服务本身无形性、不可分割性、不可储存性和差异性等特征进行战略定位。针对服务的无形性，企业需要对服务提供环境进行有策略的设计，让顾客通过环境对服务的理念、质量和水平形成感知。针对服务的不可分割性，企业需要将服务网络化在服务过程中得到充分的运用，使客户不仅能够享受专业服务，更能使客户在交易过程中感受到方便和快捷。同时，企业在营销过程中应着重注意关系营销，与顾客建立良好的关系。

而针对服务的不可贮存性，企业可以通过对信息技术和网络技术，如电话、网络等多种方式的服务过程进行调整，以更好地满足客户需要，使服务效率化，充分利用服务的时间资源提高服务的时间效率。企业还可以通过建立客户关系数据库，实现顾客服务预约等功能。针对服务的差异性，企业可以要求服务规范化。好的服务理念、服务标准化等都能够在服务过程中得到较高的顾客评价。同时，企业应该加强服务可控化，使服务活动及质量的偏差被控制在尽可能小的范围内。

2．强化营销战略管理，提高服务质量和服务生产率

为了更好地贯彻服务营销战略，企业需要加强内部管理，改善服务质量。优质的服务是客户满意的保证，也是客户忠诚的重要依托，更是核心竞争力的所在。因此，企业对服务质量管理尤为重要。企业一方面应对客户进行服务承诺，制定高标准的服务规则，不惜以较高的客户赔偿为代价；另一方面，企业应加强对员工的管理和培训，加强企业内部的监控控制。

企业应提高服务生产率，创造更高价值。企业都是以盈利为最终目的，因此通过对服务生产率的管理，可以取得更好的经济效益。在服务业中，生产率是指在服务或者制造过程中将投入的资源转化成客户价值的效益，包括内部效益和外部效益。为了取得更好的经济效益，企业应该提高服务生产率。企业一方面要加强对员工的培训，同时合理设置服务过程中的技术难度和销售难度。另一方面，在服务过程中，企业应提高顾客的参与程度，让顾客能够掌握更多的信息，也让顾客感受到更加优质的服务。

二、国际市场影响服务营销的主要因素

当企业进入国际市场时，它面临着更加复杂的宏观环境，其中最具影响力的因素包括国际经济、社会文化、政治法律、技术水平和国际竞争等。因此，服务企业在进行营销战略制定的过程中，必须考虑这些因素。

1．经济环境

在国际服务市场上，服务产品的经济环境受到经济的成熟度及其发展速度等因素的影响。例如，在某个国家或地区，随着经济的发展，服务企业为了与之保持同步，不得不扩展其服务的范围，消费者的服务支出也因此水涨船高。

2．社会文化环境

社会文化的差异，一直都是国际服务市场的隐形壁垒。企业需要根据不同国家的社会文化对其服务产品、服务方式做适当的改变。同时，服务产品的社会文化环境会随着时间的改变而改变，会相应地引起消费者对服务偏好的改变。例如，在很多国家，由于工作时间的增加，或是因为通信与信息技术的提高，人们花在工作上的时间变得更长。这就要求人们必须更加合理地安排时间，以使自己能更有效率、更为充分地享受假日。于是，很多发达国家的白领工作人员开始雇佣休闲顾问以咨询如何打发他们的闲暇时间。而在几年前，这种类型的需求根本不存在，更谈不上有服务了。

3．政治法律环境

政治和法律是另一个国际服务市场的隐形壁垒。服务产品的政治法律环境会随着服务国别的不同而改变。服务型企业在寻求海外发展时，海外地区的政治法律环境也是必须要考虑的重要因素之一。例如，在拉丁美洲一些国家，政府对金融服务业的限制减少了，这使得其他国家的会计公司、保险公司和银行在那里发展成为可能。

4．技术环境

现有实践和研究表明，服务产品的技术环境可能会成为未来服务产业增长的决定性因素。技术优势能够提高服务业从业人员的生产率，带来新的分销方法，甚至可以创造企业扩张的机会。

5．竞争环境

在国际服务市场上，许多服务型产业，特别是对那些受政府管制的服务型产业而言，竞争可能更多来自于政府而不是其他的服务型企业。另外，价格竞争在某些服务领域，比如通信、法律和医药服务等，也会受到限制。许多服务型产业设置了很多的壁垒，新竞争者要想进入，就必须投入大量的资金或者对企业人员进行专门的教育和培训。

【案例精选 14-1】　　　　　服务贸易第一案：2004 年美墨电信服务案

1997年之前，墨西哥的国内长途和国际电信服务一直由Telmex公司所垄断；1997年之后，墨西哥政府授权多个电信运营商可以提供国际电信服务。但根据墨西哥国内法，在国际电信市场上对外呼叫业务最多的运营商有权利与境外运营商谈判线路对接条件。而Telmex公司作为墨西哥对外呼叫业务最多的运营商，自然就享有了该项谈判权利，事实上也就拥有了排除外部竞争者的权利，从而引发了希望大举进入墨西哥市场的美国电信业巨头的不满。

2000年8月17日，美国以墨西哥的基础电信规则和增值电信规则违背了墨西哥在GATS中的承诺为由，向墨西哥提出磋商请求。之后，美墨双方进行了两次磋商，但未能达成共识。

2002年4月17日，双方根据DSU第6款，欲成立专家组，但因双方未能在规定期限内就专家组的组成达成一致，2002年8月26日，WTO总干事最终任命了以Ernst-Ulrich Petersman为首的三人专家组。另有澳大利亚、巴西、加拿大、欧盟、古巴、日本、印度、危地马拉、洪都拉斯和尼加拉瓜提交了他们的书面意见。专家组分别于2003年11月21日和2004年4月2日提交了中期报告和最终报告。

2004年6月1日，经过再次磋商，墨西哥放弃了上诉，正式接受了专家组的最终报告，并最终就此电信服务争端与美国达成协议。协议中，墨西哥同意废除本国法律中引起争议的条款，并同意在2005年引进用于转售的国际电信服务；美国同意墨西哥继续对国际简式电信服务进行严格限制以组织非授权的电信传输。

三、国际服务营销的定位与差异化战略

1．定位

定位是树立产品在消费者心中的独特形象，以便与竞争品相区别。服务企业在国际市场上面临的竞争程度往往非常激烈，因而寻求一个好的定位，对服务企业来讲异常重要。好的定位能够使企业的服务产品被国际消费者所识别和接受，并且在某些方面让顾客感觉到比竞争品更好、更有特色。

企业进行定位战略需要遵循一定的步骤，一般包括以下五个步骤。

（1）决定定位层次。定位可以在多个层次上进行：行业定位——把服务行业作为一个整体来定位；组织定位——把一个组织作为整体来定位；产品组合定位——把组织提供的一组相关产品或服务作为一个整体来定位；个别定位——即对某一特定产品或服务进行定位。

（2）识别重要属性。顾客基于自身所感受到的不同服务机构之间的差异作出购买选择，但有时这种差异并非行业中最重要服务产品属性之间的差异。因而，识别影响目标市场顾客购买决策的重要因素非常重要。

（3）绘制定位图。企业在识别出了重要属性之后，可绘制定位图，在定位图上标示各服务企业所处的位置。定位图既可以基于客观属性，也可以基于主观属性。利用定位图我们不仅可以确定竞争企业的位置，而且可以发现顾客的核心需要所在，从而沿着满足核心需要的路径对自己进行重新定位。

（4）评估定位选择。企业需要评估定位选择。评估定位选择有三种结果：一是强化现有位置，避免正面打击冲突；二是寻找市场空隙，获取先占的竞争优势；三是给竞争者重新定位，即当竞争

者占据了它不该占有的位置时，让顾客认清对手“不实”或“虚假”的一面，从而使对手为自己让出它现有的位置。

（5）执行定位。执行定位的营销组合策略必须以与目标细分市场相关的、关键的、突出的属性为基础。确认这些属性并据此分析竞争者的位置以发现其弱点所在。服务营销组合代表着定位的机会，每一组合因素都可以用来支持服务企业的定位。

2．差异化

服务企业定位的目的即是实现其服务产品差异化。产品差异化一般指某一企业生产的产品，在质量、性能上明显优于同类产品的生产厂家，从而形成独自的市场。企业主要可在企业形象和目标市场上实现差异化。企业形象化指企业实施品牌战略产生的差异。企业能通过强烈的品牌意识，借助媒体的宣传，在消费者心目中树立起优异的形象。市场差异化指由产品的销售条件、销售环境等具体的市场操作因素而生成的差异。它大体包括销售价格差异、分销差异、售后服务差异。

在国际市场上，实施差异化营销策略，需要科学、缜密的市场调查、市场细分和市场定位作为基础。因为市场调查、市场细分和市场定位能够为企业决策者提供国际市场上的顾客对服务产品的需要和欲望的信息，从而使企业能准确地把握“顾客需要什么服务”。在此基础上，企业分析满足顾客差异需要的条件，要根据企业现实和未来的内外状况，研究是否具有相应的实力，目的是明确“本企业能为顾客提供什么服务”。

差异化策略是一个动态的过程。任何差异都不是一成不变的。随着国际上的社会、经济和科学技术的发展，顾客对服务的需要也会随之发生变化。往往服务的任何差异都不会永久保持，企业必须不断创新，用创新去适应顾客需要的变化。同时，实施差异化策略要加强营销全过程的管理和控制。

四、国际服务营销的人才国际化战略

在国际市场上进行服务营销，雇佣本地员工、招聘国际化人才必不可少。服务企业要实现国际市场上的顾客满意的目标，首先需要提高服务水准，而提高服务水准的首要条件是企业要有高素质的员工队伍来负责为顾客提供服务的工作。这些员工必须具备为顾客服务的意识和责任感，同时应该具备相当水准的专业知识，然后才有可能为终端顾客提供全方位的、满意的服务。为此，企业要制定人才国际化的战略，并且做好以下几方面的工作。

1．教育培训员工，提高员工素质

服务过程中员工是使顾客满意和忠诚的关键人员。而在海外市场，企业必须适应当地文化，雇佣当地人员，而且必须将使顾客满意的经营理念渗透于每个员工的头脑中，要让每一个员工都认识到使顾客满意是其工作的最高目标。同时，企业要建立企业与员工共同利益点，使员工对企业目标充分理解。这样，员工的责任感就会大大增强，每个部门每个人都会为服务对象提供高质量的服务，为外部顾客满意创造良好的基础。

针对服务的特点，企业还要重视对员工从事各项服务工作技能的培训。企业要将培训国际化人才看作是一项长期战略投资，要设计与企业特点相适应的合理的培训计划，将培训计划作为系统的一个部分。企业要特别重视员工沟通技巧与解决问题技巧的培训，使员工能够充分了解当地顾客需求，及时解决顾客的问题，最终通过保证服务质量，实现优质服务。

2．重视服务企业内部顾客，满足员工需求

服务营销中非常重要的一点是，企业要想让顾客感到满意，首先必须让自己的员工感到满意。当员工感到满意，就会在与顾客接触中以极大的热情投入自己的智力资本。而在国际市场，这一点更为重要。往往因为文化的不同，员工的需求不同，表达方式不同，企业需要积极发现国际员工的需求动向，积极做好内部营销，紧紧把握住他们的心，令其满意。

企业员工同顾客一样也有其生理及心理的需求，管理者要把国际员工看作是自己的顾客，通过各种渠道与员工沟通，了解员工的需求，充分满足员工需求。首先，在生活上多关心，从而使其安心工作；其次，要维护国际员工的合法权益，尊重其文化风俗习惯，履行企业保障员工福利义务；最后，尽量为国际员工创造学习的机会，增长员工的才智。另外，还要特别注意满足员工发挥才能的需要，实现自我价值的需要，通过关心和爱护国际员工，激发他们的奉献精神。

3．充分激励员工，调动员工积极性

企业必须要为国际市场上的员工建立完善的激励体系，通过多种激励方法，充分调动员工的积极性。企业在进行具体激励时，要因人而异，因地制宜，根据员工的不同需要进行激励，要坚持公开、公正、适度的原则，提高员工的满意度。

企业应建立起与员工双向交流的渠道，使员工及时了解企业的最新变化和各方面的信息。企业还应真诚地征求员工的意见和建议，对能提出改善工作进程良好建议的员工给予重奖。同时，在服务工作中，管理者要善于将特定的权力授予员工，以激发员工的积极性和主动性，使其创造性地为顾客服务。

第三节　国际市场服务营销组合策略

基于第一节的介绍，服务营销不同于传统的商品市场营销。传统的4P营销组合策略在服务市场营销中具有局限性，营销学者在它的基础上又增加了3个P：人员（People）、有形展示（Physical Evidence）和过程（Process）。因而，国际服务营销的营销组合策略制定，即是企业如何运用7Ps组合策略来与国际市场的需求相适应的过程。

一、国际服务产品策略

国际服务市场的需求基于不同的国家或地区，甚至同一个国家的内部，都存在较大的差异性。因而，这就要求服务企业在进入国际市场时，需要根据各目标国家市场的需求调整其服务供给品，并且实行差异化营销策略。

对于有形产品来说，常见的国际市场进入战略是把产品出售给国内的出口商或者目标市场国家的进口商或经销商。这种战略显然不能用于无形的服务产品。由于服务的不可感知，以及服务过程中人员和人员间的接触对于服务质量的重要性，特许经营、合资经营以及给予当地管理者一定的所有权成了国际服务营销中的主要进入战略。

二、国际服务定价策略

服务定价是服务企业补偿成本和获取利润的主要手段，因而给服务定一个恰当的价格往往是服务企业成功的关键。同样，顾客在区别一项服务和另一项服务时，价格往往是一项非常重要的识别方式，它同时还包含了一定的产品信息。而服务企业在进行定价时，应该考虑价格水平、折扣、折让和佣金、付款方式和信用等方面的因素。

国际市场营销的定价十分复杂，定价目标与服务企业本国会有很大差异。但需要注意的就是，服务的价格必须反映消费者感知的服务质量或价值。一般来说，在全球市场中执行统一的服务价格策略是不现实的。在管理咨询服务行业，即使同样的服务项目和服务内容，而且为客户创造的服务价值相同，所支付的费用相同，但在不同的国家，其收费可能需要作出巨大的调整。

国际市场营销中也存在统一定价和差别定价问题。由于汇率不断变化，税赋不同，竞争态势不同，各国购买力不同，顾客认知价值各异，服务统一定价一般比较难以实行。所以，差异化定价比较普遍。当然，价格差异化也不能过大，否则由于"价格倾销"问题，会使价格回归趋同。

三、国际服务分销策略

国际市场的复杂且多变，往往使得建立可靠的分销渠道成为国际服务营销面临的最富有挑战性的任务。而建立分销渠道的关键是要了解各国不同的分销结构，因为各国的分销结构差异极大且变化多端，分销的效率也有显著的不同。

因为服务没有所有权，所以大多数服务的归属权利无法在分销渠道之间转移。再加上服务是无形的，且不易持久，因此不存在库存，使得存储不再是一个必需的功能。这些使得服务不能像产品那样生产、存储然后销售。许多适合产品生产的渠道，对服务公司来说是不可行的。因此，分销渠道提供的许多功能——存储、保管以及取得商品所有权，在服务分销中没有意义。尽管中间商给商品制造商提供的许多功能对于服务公司来说是不重要的，但是服务中间商经常为服务主供商传递服务，并完成了一些重要功能。例如，双方可以合作生产服务，以及使服务地方化等。

四、国际服务促销与沟通策略

在国际服务营销中，服务的促销策略会因为不同国家的经济、社会、文化等环境的不同而有所调整。例如，德国人与日本人在对航空公司服务的评价上存在很大的差异。德国乘客对飞机能否准时到达预定地点最感兴趣；而日本乘客认为飞行中的舒适与否最重要。因此，航空公司的服务和广告需要反映这种差异。

语言沟通技巧现在已经成为国际服务营销沟通的关键。例如，美国跨国咨询公司麦肯锡咨询专门招募获得过美国 MBA 学位的外国人在其国家为麦肯锡开拓市场。它这样做并不只是因为派遣美国人去这些国家需要给他们支付较高的报酬，更重要的是为了向外国客户提供更有效的服务，因为这些人更能够适应当地的文化语言环境，能更好地与当地客户沟通。这样做的意义并不仅仅在于克服语言的障碍，还在于这些被招募的外国人接受过两种文化的训练，他们可以在两种文化间架起一座桥梁。

服务企业还需要注意的是，非语言行为往往也会影响服务质量。因为在跨文化的环境下，非语言线索成为人们寻求理解的重要工具，但这通常比较难了解且容易被误解。例如，笑、皱眉头、沉默的时间、插话、语气、用双手递名片，等等，这些非语言线索在不同的文化中可能表达的方式不同，会有不同的解释。但这些非语言行为往往都预示服务提供者与顾客之间的关系。因此，对服务人员进行理解顾客非语言行为能力的训练非常必要，它是保证服务效率和顾客满意度的一个关键。

五、国际服务人员策略

通过对服务营销理论的理解，在服务过程中，人员（服务员工，有的还包括顾客）对服务质量有重要影响。一方面，在服务业公司担任生产或操作性角色的人，在顾客眼中其实就是服务产品的一部分，其贡献也和其他销售人员相同；另一方面，对某些服务业务而言，顾客与顾客间的关系也应重视，因为一位顾客对一项服务产品质量的认知，很可能是受到其他顾客的影响。

同样，因为在不同的环境下，在国际服务营销中，管理一支全球的员工队伍不是一件容易的事情。管理者必须考虑文化对雇员行为的影响。不同文化间的相互作用和冲突是无可避免的。由于顾客参与服务过程，服务提供者可能直接与外国的顾客打交道，文化的差异可能导致国际服务营销比有形产品的国际营销困难和复杂得多。正是由于文化的差异，进入国际市场的服务企业在人员管理的政策上有时需要作出一定的调整。例如，因国际间文化的差异，服务人员的激励制度就可能需要作出调整。

六、国际服务的有形展示策略

由于服务的不可感知性，不能实现自我展示，它必须借助一系列的有形证据才能向顾客传递相关信息，顾客才能据此对服务的效用和质量作出评价和判断，因而，服务的有形展示在国际服务营销中特别重要。顾客往往会根据服务的有形展示的部分来评价一家服务营销企业和其提供服务的水平。

服务营销中，有形展示的要素包括实体环境（装潢、颜色、陈设、声音）以及服务提供时所需要的装备、实物（如汽车租赁公司所需要的汽车），还有其他的实体性线索，如航空公司所使用的标示或干洗店将洗好衣物加上的“包装”。

作为引导顾客感知的重要手段，有形展示一方面有利于企业有效地加深消费者对服务产品的认知、理解，提高消费者的消费素质；另一方面，它又能有效地排除外来干扰，在顾客面前更好地展示自己的服务产品。企业在国际服务营销中，要充分考虑不同国家的特性、企业服务产品的市场定位以及目标群体的特殊文化，如审美观、习俗、偏好的差异等，推出合理的有形展示。

七、国际服务过程策略

服务的过程性是服务不同于有形产品的另一大特征。服务过程是指一个产品或服务交付给顾客的程序、任务、日程、结构、活动和日常工作。服务产生和交付给顾客的过程是服务营销组合中的一个主要因素，因为顾客通常把服务交付系统整体感知成为服务本身的一部分。顾客从服务中所获得的利益或满足，不仅来自服务本身，同时也来自服务的递送过程。因此，服务体系运行管理的决策对服务营销的成功十分重要。

国际服务市场上，因为顾客的文化背景和风俗习惯等的不同，使得顾客对服务过程的感知有很大差异。因而在设计服务流程时，企业要充分考虑到这一点。世界上绝大部分的顾客都希望能够获得高效的、无需等待的极快捷的服务。因此，服务企业若是要求顾客等待，往往会丧失业务机会或导致顾客不满意。企业可以考虑以下改进策略：采用运营管理，尽量消除无效率的工作；建立预订流程；区分不同的等待顾客；使等待变得有趣或至少可以忍耐等。

【案例精选 14-2】　　麦当劳的国际服务营销策略

麦当劳这个世界闻名的快餐连锁店，在50多年前只是美国加州的一间默默无闻的小店，后来经营麦当劳汉堡包出了名。它目前在超过119个国家设有26000多家餐厅，并每17小时新开一家的速度继续扩张。

麦当劳快餐店之所以能获得如此迅速的发展，有赖于其多年来所坚持的“S.Q.C”精神。所谓“S.Q.C”，是英文“服务”、“优质”、“清洁”的第一个字母。“S.Q.C”的企业精神是麦当劳快餐店在激烈的市场竞争中处于不败之地的立足之本。

麦当劳快餐店从一开始就把为顾客提供周到、便捷的服务放在首位。麦当劳在为顾客提供快速服务的同时，十分重视食品的质量，不断改进菜谱、作料，努力迎合不同年龄、性别、层次、地区消费者的不同口味。它建立以竞争、风险、质量、服务、效率、效益以及企业社会责任等经营哲学和价值观念为主要内容的新型企业文化。

麦当劳的经营哲学是高标准的食品质量，快捷友善的服务，百分之百顾客满意，清洁卫生和舒适明亮的用餐环境，物有所值的对客承诺。麦当劳一贯致力于完善顾客的用餐经历——热且新鲜的食品，热情、友善的对客服务以及舒适温馨的就餐环境。雷·克洛克曾经说过：麦当劳应该为社会的发展作出贡献。为此，各地的麦当劳作为一个大家庭，多次出资用于支持社区的公益事业。

麦当劳在国际市场上成功的另一诀窍在于尽量同当地文化相结合。麦当劳公司总裁说，“别人称麦当劳是跨国或多国公司，我更喜欢称它是多地方公司。麦当劳进入一个新的市场，总是尽量寻找当地供应商。例如，在中国，麦当劳就培训当地农民种植炸薯条的专用土豆，麦当劳还找当地管理人员经营。尽管麦当劳在世界各国有那么多快餐店，但从总部派出的人员非常少。

参考资料：麦当劳营销策略分析，http://www.71096.com/News/NewsItem/981072。

本章小结

服务具有不同于有形产品的特点，服务营销不应照搬传统有形产品的市场营销理论和策略。

经过半个多世纪的发展，国际服务市场占据了国际市场的巨大份额，且仍在不断成长，并呈现出了新的发展趋势。

企业的国际市场营销战略，需要在把握服务于服务营销的基础上，认识到差异化的国际环境下服务营销策略的改变。

企业国际服务营销的有效开展，需要制定正确的战略和策略。国际服务营销战略包括定位与差异化战略和国际化人才战略等。国际服营销组合策略，需要结合服务营销理论中的 7Ps 营销组合，即服务产品、价格、促销、渠道、人员、有形展示和服务过程等策略。

思考题

1. 简述当代国际服务市场的基本特征及发展趋势。
2. 国际服务营销战略主要包括哪些?
3. 影响国际服务营销战略的宏观环境因素包括哪些?
4. 国际服务营销组合策略的内容包括哪些?

第十五章 网络时代的国际市场营销

【本章学习目标】

- 了解互联网对传统营销的冲击；
- 了解互联网对国际营销活动的影响；
- 掌握国际市场网络营销的价格策略；
- 熟悉国际网络分销渠道中间商的类型；
- 掌握国际市场网络营销沟通策略的内容和实施程序；
- 熟悉国际市场网络营销的实施和组织管理。

【导入案例】

1995年，皮耶尔·奥米迪亚首次将“跳蚤市场”搬上了互联网，1997年，该拍卖网站更名为eBay。2000年起，eBay开始在全球大举扩张，并于2002年收购PayPal，逐渐成为全球最大的电子商务平台及在线支付平台之一。

随着电子商务产业链趋于完善，特别是亚马逊在物流体系、IT系统等方面的逐渐成熟，以及用户对购物体验的要求越来越高，eBay拍卖模式受到严重冲击。

2008年多纳霍接管eBay后，开始进行全面整顿。如今的eBay已不仅仅是一家线上跳蚤市场，固定价格商品交易已占据eBay平台交易额大半，PayPal支付业务成为亮点，是公司业绩增长的动力，此外，eBay还收购了GSI电商解决方案公司，由此构成了当前三大业务线。

eBay和PayPal对于买家是免费的，营收主要来自向卖家收取商品展示费、交易佣金、支付佣金等与交易相关的费用，此外，还拥有少量广告及分成收入等。其中，与交易相关展示费及佣金是eBay主要收入来源。2011年的117亿美元总营收当中，交易相关佣金、展示费等贡献收入100亿美元，广告等其他项目收入16亿美元。这种模式下，持续从商家一方获利的前提是平台流量大、用户多。

2003年，eBay通过收购易趣网进入中国市场。然而，淘宝的免费模式给中国网购市场带来了颠覆性的变革。通过免费模式，淘宝迅速聚拢了中国零售市场大批分散的中小型卖家，并开发即时通信工具，提高商家和买家的沟通效率。eBay因此折戟中国C2C市场，并于2006年年底转型跨境B2C交易。不仅在中国市场，eBay采取这种收费的模式并非基于“效果”收费，且收费不低，导致包括美国本土在内的多个市场的一部分商家出逃。它们或转投亚马逊等其他电商平台，或直接建立自己独立的网站，通过购买谷歌关键字获取流量。

随着物流体系的完善、产业链走向成熟以及互联网的普及，用户对于网购体验的要求也越来越高。亚马逊在品类、品质、低价、物流、供应链管理、信用等方面的优势逐渐显现，拍卖模式遭遇严重挑战，eBay电子商务老大的宝座于是让位于亚马逊。

为了抵御亚马逊的竞争，eBay放弃单一拍卖业务，开始鼓励规模较大的商家在eBay上开店，固定价格商品在线销售业务逐渐取代拍卖业务，成为公司在线销售业务增长的主要动力。2011年，eBay

平台业务686亿美元交易额当中有63%来自固定价格商品交易，拍卖业务仅占37%。

与此同时，eBay重新重视起产品及技术创新，重整搜索、分类功能，将PayPal向开发者开放，搭建X.commerce开放平台，并收购了一系列提供本地服务以及移动支付服务类的公司，这些举措减轻了拍卖业务下滑带来的负面影响。

第一节 网络时代的国际市场营销变革

随着 Internet 技术与信息技术的迅速发展，互联网正迅速渗透到社会政治、经济、文化各个领域，带来社会经济、人们生活方式的重大变革。作为一种全新的营销方式，网络营销具有传统市场营销方式无可比拟的优越性，在对传统营销带来全方位冲击的同时，也为企业国际营销带来了新的空间与机遇，成为全球企业竞争的锐利武器。

一、互联网对传统营销的冲击

21 世纪是信息和网络的世纪，无论自身意愿如何，企业的营销活动已经进入信息化和网络化的阶段。在互联网上开展的网络营销活动在很大程度上有别于传统营销，对传统营销所带来的冲击也是多方面且不可避免的。

1．网络营销对传统营销策略的冲击

传统营销致力于建立并维持和依赖层层严密的渠道，在市场上投入大量的人力、物力和广告，这些投入在网络时代实际效果越来越不明显，很有可能成为企业的负担，影响企业的竞争力。在网络时代，传统营销手法需要与网络相结合，通过有效整合互联网上的各项资源，形成以最低成本投入获得最大市场销售量的新型营销模式。

（1）对标准化产品的冲击。作为一种新型媒体，互联网可以在全球范围内进行市场调研。通过互联网，企业可以迅速获得关于产品概念和广告效果测试的反馈信息，也可以测试顾客的不同认同水平，从而更加容易地对消费者行为方式和偏好进行跟踪。因而，在互联网大量应用的情况下，对不同的消费者提供差异化的商品将不再是天方夜谭。如 Dell 公司在网上进行的计算机直销，这种销售方式的驱动力来自最终消费者，而非经销商。客户自己按照需要提出一个设备的配置方案和要求，企业再根据客户的需求进行生产、配送给相应的客户。因此，怎样更有效地满足各种个性化的需求，是每个网上营销公司面对的一大挑战。

（2）对品牌全球化管理的冲击。企业开展网络营销的一个主要挑战是如何对全球品牌、共同的名称或标志识别进行管理。企业在进行国际营销时，往往会对公司的品牌管理采取一些不同的管理方式。如企业允许国际市场的不同分支机构根据需要发展有本地特色的区域品牌，但在网络与全球化的时代，这也造成消费者对企业品牌认知混乱的问题；也有企业为所有品牌设置统一的品牌形象，期望利用知名品牌带动相关产品的销售，但这也有可能由于某一个区域品牌的失利而导致公司全局受损。因此，开展网络营销的企业是实行具有统一形象的单一品牌策略，还是实行有区域特色的多种区域品牌策略，以及如何加强对区域品牌的管理是公司面临的现实问题。

（3）对定价策略的冲击。如果企业某种产品的价格标准不统一或经常改变，顾客将会轻易地通过互联网获知，并可能导致对企业的不满。相对于各种传统媒体而言，互联网会使变化不定且存在差异的价格水平趋于一致。这将对有分销商分布在海外并在各地采取不同价格的跨国公司产生巨大冲击。例如，如果一个公司对某地的顾客提供20%的价格折扣，那么在世界各地的互联网用户都会了解到这项交易，从而可能会影响到那些通过分销商或本来并不需要折扣的业务。通过互联网搜索特定产品的代理商也会认识到这种价格差别，从而加剧了公司采取价格歧视策略的不利影响。因此，互联网将导致国际间的价格水平标准化或缩小国别间的价格差别，这对于执行差别化定价策略的跨国公司来说确实是一个严重的问题。

（4）对营销渠道的冲击。在网络的环境下，生产商可以通过互联网与最终用户直接联系，这将削弱中间商在交易过程中的重要地位。这种情况会造成以下两种后果：由跨国公司所建立的传统的国际分销网络对其他小竞争者或新的进入者造成的进入障碍将明显降低；对于目前直接通过互联网进行产品销售的生产商来说，其售后服务工作是由各分销商承担，但随着他们代理销售利润的消失，分销商将很有可能不再承担这些工作。所以，在不破坏现存营销渠道的情况下，如何提供这些售后服务将是开展网络营销的企业不得不面对的又一问题。

（5）对传统广告障碍的消除。企业开展网络营销主要通过互联网发布网络广告进行网上销售，网络广告将消除传统广告的障碍。首先，相对于传统媒体来说，由于网络空间具有无限扩展性，因此在网络上做广告可以较少地受到空间篇幅的局限，可以尽可能地将必要的信息一一罗列。其次，网络广告迅速提高的广告效率也为网上企业创造了便利条件。例如，有些公司可以根据其注册用户的购买行为信息很快地改变向访问者发送的广告；有些公司可根据访问者的特性如硬件平台、域名或访问时的搜索主题等方面有选择地显示其广告。

2．对传统营销管理方式的冲击

随着网络技术迅速向宽带化、智能化、个人化方向发展，用户可以在更广阔的领域内方便地实现声音、图像、动画和文字一体化的多维信息共享和人机互动功能。“个人化”把“服务到家庭”推向了“服务到个人”，正是这种发展将使得传统营销管理方式发生革命性的变化。

（1）重新营造顾客关系。网络营销的企业竞争是一种以顾客为焦点的竞争型态，争取新的顾客、留住老顾客、扩大顾客群、建立亲密的顾客关系、分析顾客需求、创造顾客需求等都是最关键的营销课题。因此，在网络环境下，企业如何与散布在全球各地的顾客群保持紧密的关系，并能正确掌握不同市场顾客的特性，再通过对顾客的影响和企业形象的塑造，建立顾客对于虚拟企业与网络营销的信任感，这些都是网络营销成功的关键。基于网络时代的目标市场、顾客形态、产品种类与以前传统的一切会有很大的差异，如何进行跨越地域、文化和时空的差距重新营造企业与顾客的关系，将需要许多创新的营销行为。

（2）对营销战略的影响。由于互联网所具有的平等性、自由性和开放性等特征，使得网络时代企业的市场竞争是透明的，人人都能掌握竞争对手的产品信息与营销作为。因此，胜负的关键在于如何适时地获取、分析、运用这些在网络上获得的信息，来研究并采用具有优势的竞争策略。从这一点来看，网络营销可以使小企业更易于在全球范围内参与竞争，这是跨国公司所不能忽视的。无论怎样看，网络营销都将降低传统环境下跨国公司所拥有的规模经济的竞争优势。在互联网的环境下，企业间联盟是网络时代的主要竞争形态，如何运用网络来组成企业的合作联盟，并以联盟所形成的资源规模创造竞争优势，将是网络时代企业经营的重要手段。

（3）对跨国经营的影响。在网络时代，企业开展跨国经营是非常必要的。在过去分工经营的时期，企业只需专注于本行业和本地区的市场，而将其在国外的市场委托给代理商或贸易商去经营。但互联网所具有的跨越时空、连贯全球功能，使得进行全球营销的成本低于地区营销，因此企业将不得不进入跨国经营的时代。网络时代的企业，不但要熟悉不同国度的市场顾客的特性以争取他们的信任，并满足他们的需求，还要安排跨国生产、运输与售后服务等工作，并且这些跨国业务都是经由网络来联系与执行的。

可见，尽管互联网为现存的跨国公司和新兴公司（或他们的消费者）提供了许多利益，但对于企业经营的冲击和挑战也是令人生畏的。任何渴望利用互联网进行跨国经营的公司，都必须为其经营选择一种恰当的商业模式，并要明确这种新型媒体所传播的信息和进行的交易将会对其现存模式产生什么样的影响。

（4）企业组织的重整。互联网（Internet）的发展带动了企业内部网（Intranet）的蓬勃发展，使得企业的内外沟通与经营管理均需要依赖网络作为主要的渠道与信息源。其结果对企业所带来的影响包括：业务人员与直销人员减少、组织层次减少、经销代理与分店门市数量减少、营销渠道缩短，以及虚拟经销商、虚拟门市、虚拟部门等企业内外部的虚拟组织盛行。这些影响与变化，都将促使企业对于组织再造工程（Reengineering）的需要变得更加迫切。

此外，企业内部网的兴起，改变了企业内部的作业方式以及员工的工作方式。个人工作室、在家上班、弹性上班、委托外包、分享业务资源等行为，在未来将会十分普遍，也使企业组织重整成为必要。上述情况，使企业为适应网络环境必须对企业的组织结构进行调整，这是对将全球业务转换到互联网上的公司提出的组织性挑战。

二、互联网对国际营销活动的影响

互联网作为国际商务的推进器，被认为是开展全球营销的重要工具之一，它将公司的所有利益相关者（员工、顾客、供应商、分销商、政府等）紧密地联系在一起。它给大大小小的致力于在国际市场开展业务活动的公司带来了无尽的机遇与挑战。

1．全球品牌的建设

社交网站与网络购物平台的在线评价的广泛影响，使公司的全球品牌推广从单向的信息传递转变为企业与消费者、社会公众双向信息互动与传递。各种网络已经使网民成为活跃的发言人，因此他们也会成为品牌的积极推动者，成为线上品牌大使。这种转变使全球品牌建设更加开放、复杂，也更有挑战性。跨国公司能够而且应该利用新技术，继续在移动网络体验、社会化媒体的应用等方面进行探索，以更好地塑造品牌。此外，对于国际营销者而言，全球品牌的管理和公司名称（或标识）的管理也是一个挑战，如果公司在不同市场、网站上的品牌、形象和内容等千差万别，甚至相互矛盾，消费者将会不知所措。

2．一对一营销

互联网即时互动的特点使消费者参与营销管理过程成为可能，而个性化需求使消费者的主动性大大增强，企业在全球范围内实现大规模个性化定制的条件已具备。传统的营销方式受技术条件的制约，只能实行大众化的营销，局限于单向的沟通和交流。互联网技术的飞速发展，给企业了解每个消费者的个性化需求提供了可靠有效的渠道，使企业不受时空限制地与不计其数的消费者互相交流。由此，企业能够准确地得知广大消费者各自不同的需求，从而为企业实施一对一的营销策略创造了充分的条件。戴尔电脑公司正是认识到了广大消费者普遍存在个性化的需求特征，以发展成熟的互联网为营销渠道，通过与全球供应商建立合作伙伴关系，大规模按单定制，实时生产和零库存，并将定制的产品直接销售到客户手中，从而取得了举世瞩目的成就。

3．标准化定价

网络的开放性和及时信息共享特征，使得公司产品在全球不同市场的价格标准一旦存在经常改变或者不统一的情况，顾客就可以利用互联网迅速地知晓该价格歧视，并可能引起他们的不满。同时，顾客和分销商们也可以很容易比较不同品牌产品的价格，对价格更加敏感，从而降低了品牌忠诚度。因此，在目前的网络市场中，同类商品的价格越来越趋于一致，这对传统市场中分销商分布全国各地甚至海外而采取不同产品价格的企业会产生巨大冲击。互联网的特点导致国际间的价格水平趋于标准化或至少缩小了国别地域间的价格差别，削弱了公司的价格控制能力与利用价格差异获取更高消费者剩余的能力。

4．分销渠道

互联网的发展和商业应用，使得传统营销中间商凭借地缘原因获取的优势被互联网的虚拟性所取代，同时互联网的高效率的信息交换，改变着过去传统营销渠道的诸多环节，将错综复杂的关系简化为单一关系。一方面，传统中间商也可以通过融合互联网技术，提高交易效率、专门化程度和规模经济效益。另一方面，通过互联网实现的从生产者到消费（使用）者的网络直接营销渠道（简称网上直销）的建立，使得生产者和最终消费者直接连接和沟通。这时传统中间商的职能发生了改变，由过去交易环节的中间力量变成为直销渠道提供服务的中介机构。当公司将互联网纳入国际营销时，必然会面临网络营销渠道与传统渠道的平衡取舍、现有分销商的角色与功能转变等问题。

第二节 国际市场网络营销决策

网络营销是以现代电子技术、通信技术与互联网技术的应用与发展为基础，与市场的变革、市场竞争以及营销观念的转变密切相关的一门新学科。现代市场营销的主旨是用户导向，然而迄今为止，大多数企业的市场营销都是单向的，即依赖各种各样的媒体广告来促进顾客的接受，再以各种各样的调查研究方式了解顾客的需求。两种过程在大多数场合下是分离的。而互联网则提供了企业与顾客双向交流的通道，使企业得以发展规模化的交互式的市场营销方式。互联网的商业应用改变了传统的买卖关系，带来了企业市场营销方式的变革，对市场营销提出了新的要求。

国际市场网络营销就是企业整体营销战略的一个组成部分，是建立在互联网基础上，依托网络工具与网络资源，开展国际市场营销活动，实现企业营销目标的一种营销手段。随着互联网广泛的信息技术和国际市场营销相互结合，相互作用，形成了国际市场网络营销的产品、价格、渠道和促销组合。

一、国际市场网络营销的产品策略

（一）国际市场网络营销产品的概念

在网络营销中，产品的整体概念可分为以下 5 个层次。

核心利益层次。这是指产品能够提供给消费者的基本效用或益处，是消费者真正想要购买的基本效用或益处，如消费者购买空调是为了调节温度。由于网络营销是一种以顾客为中心的营销策略，企业在设计和开发产品核心利益时要从顾客的角度出发，要根据以往的营销效果来进行新产品的设计与开发。由于网络营销的全球性，企业在提供核心利益和服务时要针对全球性市场。

有形产品层次。这是指产品在市场上出现时的具体物质形态，包括产品的品质、式样、特征、商标及包装等。即使是纯粹的服务等无形产品也具有类似的形式特点。因为产品的基本效用必须通过特定形式才能实现，所以营销人员应努力寻求更加完善的外在形式以满足顾客的需求。

期望产品层次。这是指顾客在购买产品时期望得到的与该产品密切相关的一系列属性和条件。在网络营销中，顾客处为主导地位，消费呈现出个性化的特征，不同的消费者可能对产品的要求不一样，因此产品的设计和开发必须满足顾客这种个性化的消费需求。这种顾客在购买产品前对所购产品的质量、使用方便程度、特点等方面的期望值就是期望产品。

延伸产品层次。这是指顾客购买形式产品和期望产品时，附带获得的各种利益的总和，即能够帮助用户更好地使用核心利益的各种服务。在网络营销中，对于物质产品来说，延伸产品层次要注意提供满意的售后服务、送货、质量保证等。

潜在产品层次。这是指现有产品包括所有附加产品在内的，可能发展成为未来最终产品的潜在状态的产品，即由企业提供能满足顾客潜在需求的产品层次，它主要是产品的一种增值服务。在高新技术发展日益迅猛时代，有许多潜在需求和利益还没有被顾客认识到，这就需要企业能够引导和支持该产品层次的发展，以便更好地满足顾客的潜在需求。

（二）国际市场网络营销的产品特点

在基于互联网的国际网络营销中，企业的产品和服务要有针对性，要能够体现互联网的特点。

产品形态。在互联网上，信息产品和有形产品的销售是不一样的。信息产品直接在网上销售，而且一般可以试用，而有形产品只能通过网络展示。尽管多媒体技术可以充分生动地展示产品的特色，但顾客无法直接尝试，而且要通过快递公司送货或传统商业渠道分销。因此，网络营销的产品和服务应尽量是信息产品和服务、标准化的产品、在购买决策前无须尝试的产品，才能有利于在网上销售。

产品定位。在消费者定位上，网络营销的产品和服务的目标应与互联网用户一致，网络营销所销售产品和服务的消费者首先是互联网的用户，产品和服务要尽量符合互联网用户的特点。如在产品特征定位上，互联网用户的收入水平和教育水平都较高，喜欢创新，因此要考虑产品和服务是否有创意、是否能给顾客提供与众不同的消费体验。

产品开发。由于互联网体现的信息对称性，企业和顾客可以随时随地进行信息交换。在产品开发中，企业可以迅速向顾客提供新产品的结构、性能等各方面的资料，并进行市场调查，顾客可以及时将意见反馈给企业，从而大大地提高了企业开发新产品的速度，也降低了开发新产品的成本。通过互联网，企业还能够迅速建立和更改产品项目，并应用互联网对产品项目进行虚拟推广，从而以较快的速度、较低的成本实现对产品项目及营销方案的调研和改进，并使企业的产品设计、生产、销售和服务等各个营销环节能共享信息、互相交流，促使产品开发能够多方面地满足顾客需要，最大限度地实现顾客满意。

产品品牌。网络营销具有互动性，但消费者除了有目的地搜寻外，一般不会主动地去一些不知名的网站。在网络营销中，生产商与经营商的品牌同样重要。一方面企业要在网络海量的信息中获得浏览者的注意，必须要有明确、醒目的品牌；另一方面，由于网上购买者面对多种选择，但又无法获得在实体店中的购物体验，因此会更倾向于通过品牌来进行决策。

产品体验。网上购物是孤独的，无法体会到与家人或朋友一起上街购物时的闲暇与乐趣，也无法体会出入商场并亲手挑选商品的愉悦感。因此，如何通过设计参与式的消费感受，是网络产品策略能否成功的关键。

（三）国际市场网络营销新产品开发

1. 新产品的构思与概念形成

新产品的构思可以有多种来源，可以来自于企业外部的顾客、竞争对手、合作伙伴，也能够通过企业内部的研发人员、销售人员、各级管理人员等，但最主要来源还是依靠顾客来引导新产品的构思。网络营销的一个重要特征是与顾客的交互性，企业可以通过信息技术和网络技术来记录、评价和控制国际营销活动，掌握国际市场的需求状况。企业应充分利用其网络数据库系统来处理营销活动中的各类数据，从中能够挖掘和发现顾客的现实需求和潜在需求，从而形成产品的构思，并按一定的标准与准则对产品构思进行筛选，形成产品的概念。

2. 新产品研制

通过互联网，企业可以与供应商、经销商和顾客进行双向沟通和交流，最大限度地提升新产品研制与开发的速度。在网络时代，合作伙伴、顾客参与新产品的研制与开发不再是简单的被动接受测试和表达感受，而是主动参与和协助产品的研制开发工作。特别是企业在进行国际市场网络营销时，由于国际营销环境的差异与动态变化，企业只有通过加强与合作伙伴、顾客的协作才能开发出更适应市场需求的产品，才能在激烈的市场竞争中立足。

3. 新产品试销与上市

与传统新产品一样，网络新产品上市销售之前，要经过试销阶段，以便为决策提供所需的信息。网络市场作为新兴市场，消费群体对新产品一般具有很强的好奇心与较高的接受度，比较愿意尝试新的产品。因此，通过网络营销来推动新产品试销和上市，方便、快速，能够迎合消费群体的心理需求。如有的企业通过招募网络新产品试用者，通过网络跟踪试用过程、反馈试用信息、解决试用问题等方式，有利于顾客更充分地了解新产品的性能，增强产品与品牌的认知，缩短新产品试销的时间。

（四）国际市场网络营销品牌策略

1．企业域名品牌

互联网上的商业应用将传统的以物质交换为基础的交易带入以信息交换替代物质交换的虚拟交易世界，实施媒体由原来的具体物理层次上的物质交换上升为基于数据通信的逻辑层次上信息交换。这种基于信息交换的网上虚拟市场同样需要交易双方进行协商和参与。随着互联网上的商业增长，交易双方识别和选择范围增大，交易概率随之减少，因此互联网上同样存在一个如何提高被识别和选择概率的问题，及如何提高选择者忠诚度的问题。传统解决办法是借助各种媒体树立企业形象，提高品牌知名度，通过在消费者中树立企业形象来促使消费者购买企业产品，企业的品牌就是顾客识别和选择的对象。

企业应用互联网进行国际市场营销活动时，同样存在被识别和选择的问题，由于域名是企业站点联系地址，是企业被识别和选择的对象，因此提高域名的知名度，也就是提高企业站点知名度，也就是提高企业被识别和选择的概率。域名在互联网上可以说是企业形象的化身，是在虚拟网上市场环境中商业活动的标识。所以，企业必须将域名作为一种商业资源来管理和使用，推动企业域名品牌建设。

2．网络品牌的建设思路

（1）借鉴传统品牌营销方式，向传统媒体投放广告是重要的手段。除利用网络广告进行品牌宣传外，越来越多的企业开始利用电视、杂志、报纸、户外标牌广告等传统广告形式树立网络品牌形象，以便那些还未接入互联网的用户在上网前就接受其宣传的品牌，同时也增强网民在离线状态下对品牌的认知程度。如 Amazon 曾在非网络媒体投入了大量的资金以塑造品牌。

（2）借助专业的品牌管理策划人员。创建网络品牌的基础是建设企业的网站，由于品牌的创建、维护、管理需要专业的商业知识，因此网站的开发与运作不应完全由技术人员来实施。如世界最大的电子邮件出版发行商 Mercury mail 更名为 InfoBeat，为树立 InfoBeat 成为个人信息分发领导者的形象，专门聘请了 P&G 公司一位有 22 年产品包装经验的资深策划人员进行策划。

（3）借助原有企业的品牌优势。虽然网上市场可以让消费者更方便、便宜购买到相同品质与数量的商品，但消费者仍愿意花更高的价格购买日常生活中熟悉的品牌商品，而这些商品品牌往往是传统业者通过经年累月的广告投入和店铺印象树立起来的。因此，为了在网络中取得竞争优势，企业在进入网络这一新的经济环境后，除需制定一些特殊的品牌策略，让用户认识到网上市场的优越性外，还必须与既有品牌的传统业者合作，发挥原有品牌的优势，让用户通过网上市场获得与原有品牌相同的产品及服务。

（4）现有品牌的转移。把现有品牌转移到互联网上或用互联网维系现有品牌，比在互联网上创建新品牌容易而且成本低。公司的品牌应出现在产品包装以及电视、电台和印刷媒体等传统媒体广告上，同时保证网站能被多种搜索引擎找到，并在每个网页上出现公司的标志。以上两种方式，能够有效提升企业在目标访问者中的知名度。

（5）关联营销。关联营销是建立在双方互利互益的基础上的营销，通过在事物、产品、品牌等所要营销的东西上寻找关联性，来实现深层次的多面引导。关联营销是一种企业在网站上运用的低成本提高收入与推广产品、品牌的营销新方法。在关联营销中，一家企业的网站（即关联企业）上有另一家企业的网站所售产品的描述、评价、评级和其他信息及与后者的链接。Amazon 是一个在互联网上成功应用关联营销的网站，它有 10 万多家关联网站。这些网站大多专注于某个特定的问题或领域，选择顾客感兴趣的图书，并在其页面上有 Amazon 网站链接。

二、国际市场网络营销的价格策略

（一）国际网络营销定价基础与特征

1．国际网络营销定价基础

产品定价的基础是成本

在国际网络营销中，企业可以从降低国际营销及相关业务管理成本费用、销售成本费用两个方面来控制成本。

（1）降低采购成本费用。互联网可以减少采购进程中存在的人为因素和信息不畅通的问题，最大限度地降低采购成本。首先，利用互联网可以将企业各个分支机构的采购信息进行整合和处理，通过统一订货，获得最大的批量折扣。其次，企业通过互联网可以实现库存、订购管理的自动化和科学化，最大限度地减少人为因素的干预；通过提升采购效率，企业可节省大量人力和避免人为因素造成不必要损失。

（2）降低库存。利用互联网将生产信息、库存信息和采购系统连接在一起，可以实现实时订购，企业可以根据需要订购，最大限度地降低库存，实现“零库存”管理，减少资金占用及仓储成本，规避价格波动对产品的影响。企业通过互联网可以与供应商进行信息共享，可以帮助供应商按照企业生产的需要进行供应，有利于供应商安排生产运行等各项工作，降低供方库存的成本。

（3）生产成本控制。一方面，利用互联网可以实现远程虚拟生产，在全球范围寻求最适宜生产厂家的产品；另一方面，利用互联网可以大大节省生产周期，提高生产效率。此外，使用互联网与供货商和客户建立联系使公司能够比从前大大缩短用于收发定单、发票和运输通知单的时间，提高工作效率。

2．国际网络营销定价特点

（1）全球性。国际网络营销市场面对的是开放的和全球化的市场，顾客可以在世界各地直接通过网站进行购买，而不用考虑网站是属于哪一个国家或者地区的。企业在进行国际网络营销产品定价时要考虑目标市场范围的变化，不能以统一市场策略来面对差异性极大的全球性市场。因此，企业进行网络营销必须采用全球化和本地化相结合的原则进行。

（2）低价位定价。在互联网的发展过程中，网上信息产品大多是免费的、开放的、自由的。目前电子商务领域一般都遵循着互联网的免费原则和间接收益原则。互联网能够帮助企业降低成本费用，为企业拓展了价格调整的空间。因此，如果在网上产品的定价过高或者降价空间有限的产品，最好不要线上、线下同时销售。当然，如果面对的是工业、组织市场，或者产品是高新技术的新产品，顾客对价格敏感度不高，则不一定要考虑低价定价的策略。

（3）顾客主导定价。顾客主导定价是指为满足自身的需求，顾客通过互联网上充分的市场信息来选择购买或者定制生产自己满意的产品或服务，同时以最小代价（产品价格、购买费用等）获得这些产品或服务。顾客主导定价的主要策略有顾客定制生产定价和拍卖市场定价。顾客主导定价既能更好地满足顾客的需求，保证企业的收益，还有助于企业的经营生产和产品研制开发可以更加符合市场竞争的需要。

（4）价格透明化。在国际网络营销中，买方拥有越来越多的信息。由于互联网的跨时空性和信息共享性，顾客可以掌握同类产品的不同价格信息，甚至同一类产品在不同地区或销售网点的价格信息。

（二）国际网络营销的定价策略

除了采用传统的定价策略外，企业在进行国际营销时，还可能针对网络营销的特性选择以下几种定价策略。

（1）低价定价策略。借助互联网进行销售，比传统销售渠道的费用低廉，因此网上销售价格一般来说比流行的市场价格要低。直接低价定价策略就是由于定价时大多采用成本加一定利润，有的甚至是零利润，因此这种定价在公开价格时就比同类产品要低，制造业企业在网上进行直销时往往采用这种定价；另外一种低价定价策略是折扣策略，这种定价方式可以让顾客直接了解产品的降价幅度以促进顾客的购买，网上零售商往往采用这种价格策略。

（2）拍卖竞价策略。随着互联网市场的拓展，将有越来越多的产品通过互联网拍卖竞价。拍卖竞价针对的购买群体主要是消费者市场，个体消费者是拍卖市场的主体。因此，采用拍卖竞价并不是企业首要选择的定价方法，因为拍卖竞价可能会破坏企业原有的营销渠道和价格策略。采用网上拍卖竞价的产品，比较适合的是企业的一些库存积压产品；也可以是企业的一些新产品，通过拍卖展示起到促销效果。许多公司将产品以低廉价格在网上拍卖，以吸引消费者的关注。

（3）个性化定价策略。消费者往往对产品外观、颜色、样式等方面有具体的内在个性化需求，个性化定价策略就是利用网络互动性和消费者的需求特征，来确定商品价格的一种策略。网络的互动性能即时获得消费者的需求，使个性化营销成为可能，也将使个性化定价策略有可能成为网络营销的一个重要策略。

（4）集体议价策略。在互联网出现以前，这一种在国外主要是多个零售商结合起来，向批发商（或生产商）以数量换价格的方式。互联网出现后，普通的消费者也能使用这种方式购买商品。集合竞价模式，是由消费者集体议价的交易方式，但在国内的网络竞价市场中，还是一种全新的交易方式。提出这一模式的是美国著名的Priceline公司。

（5）自动调价、议价策略。这是指根据季节变动、网络供求状况、竞争状况及其他因素，企业在计算收益的基础上，设立自动调价系统，自动进行价格调整。同时，企业建立与消费者直接在网上协商价格的集体议价系统，使价格具有灵活性和多样性，从而形成创新的价格。这种集体议价策略已被一些中外网站中采用。

（6）使用定价策略。使用定价就是顾客通过互联网注册后可以直接使用某公司的产品，顾客只需要根据使用进行付费，而不需要将产品完全购买。这一方面减少了企业为完全出售产品而进行的不必要的大量的生产和包装浪费，同时还可以吸引过去那些有顾虑的顾客使用产品，扩大市场份额。顾客每次只是根据使用次数付款，节省了购买产品、安装产品、处置产品的麻烦，还可以节省不必要的开销。

（7）免费价格策略。在网络营销中，免费价格不仅仅是一种促销策略，它还是一种非常有效的产品和服务定价策略。免费价格主要有产品和服务完全免费、产品和服务实行限制免费、产品和服务实行部分免费和产品和服务实行捆绑式免费等多种形式。免费价格策略可以培养顾客的使用习惯，为收费打下基础，也能够帮助企业在市场上获得先占优势。一般来说，免费产品具有易于数字化、无形化、零制造成本、成长性、间接收益等特点。

三、国际市场网络营销的渠道策略

国际市场网络营销渠道是指企业通过互联网从生产者向全球顾客转移产品的过程中，取得其所有权或帮助其所有权转移的所有网上企业或个人。

（一）国际网络营销渠道的功能

以互联网作为支撑的国际网络营销渠道具备传统营销渠道的功能，但与实体营销渠道相比，仍存在一些差异。

（1）订货功能。网络营销的订货系统为顾客提供产品信息，同时方便厂家获取顾客的需求信息以达到供求平衡。一个完善的订货系统，可以最大限度地降低库存，减少销售费用。

（2）结算功能。消费者购买商品后，可以运用多种方式进行付款，那么厂家（商家）也应相应有多种结算方式。目前国内外流行的结算方式主要有：信用卡、电子货币、网上汇款等几种，各大电子商务公司网上支付平台的推广（支付宝、财付通等）也进一步加速银行的业务网络化，加速电子商务的发展。

（3）信息功能。互联网具有交互性，生产者通过网络渠道向顾客提供产品的种类、价格、性能等信息，获取顾客的需求信息。企业通过网络渠道可以与顾客进行交易，拥有顾客对产品的评价与购买的相关数据、信息，合理、科学地利用这些信息有利于企业的生产和营销决策。

（4）物流配送功能。物流是指计划、执行与控制原材料和最终产品从产地到使用地点的实际流程，并在盈利的基础上满足消费者的需求。一般来说，产品分为有形产品和无形产品。无形产品如服务、软件、音乐、点卡、充值等可以直接网上进行配送的，因此配送系统主要解决有形产品的配送问题，其中涉及运输与仓储等配套服务，可以通过与专业的第三方物流及配送服务商合作来解决该类问题。

（二）国际网络营销渠道的分类

（1）网络直接营销渠道。网络直接营销渠道即网络直销，是指通过互联网实现的从生产者直接到达消费者的网络渠道。网上直销与传统直接分销渠道一样，都是没有营销中间商。网上直销渠道一样也要具有网上订货功能、支付功能和配送功能。网上直销与传统直接分销渠道不一样的是，生产企业可以通过建设网络营销站点，让顾客可以直接从网站进行订货。企业通过与一些电子商务服务机构如网上银行合作，可以通过网站直接提供支付结算功能，简化了过去资金流转的问题。对于配送方面，网上直销渠道可以利用互联网技术来构造有效的物流系统，也可以通过互联网与一些专业物流公司进行合作，建立有效的物流体系。

【案例精选 15-1】　　　　　　　　戴尔公司的在线销售

戴尔计算机公司由当时年仅19岁的迈克·戴尔在1984年创立，当时注册资金为1000美元。目前，戴尔公司已成为全球领先的计算机系统直销商，跻身业内主要制造商之列。截至2013年财年第一会计季度中，戴尔公司的收益达到144亿美元，是美国排名第1位，全球第2的PC供应商。

1996年8月，戴尔公司的在线销售开通，6个月后，网上销售额每天达100万美元。1997年高峰期，已突破600万美元。Internet商务给戴尔的直销模式带来了新的动力，并把这一商业模式推向海外。在头6个月的时间里，戴尔电脑的在线国际销售额从零增加到了占总体销售额的17%。到2000年，公司收入已经有40%～50%来自网上销售。

目前，戴尔公司利用互联网推广其直销订购模式，再次处于业内领先地位。戴尔PowerEdge服务器运作的www.dell.com网址包括80个国家的站点，目前每季度有超过4000万人浏览。客户可以评估多种配置，即时获取报价，得到技术支持，订购一个或多个系统。

通过平均四天一次的库存更新，戴尔公司能够把最新相关技术带给消费者，而且远远快于那些运转缓慢、采取分销模式的公司。

戴尔公司革命性地改变整个行业，使全球的客户包括商业、组织机构和个人消费者都能接触到计算机产品。今天，在全球销售的5台基于标准技术的计算机产品中就有1台来自戴尔。这样的全球覆盖表明戴尔的网络直销模式对所有产品线、所有地区和所有细分客户都适用。

（2）网络间接营销渠道。由于网络的信息资源丰富、信息处理速度快，基于网络的服务可以便于搜索产品，但在产品（信息、软件产品除外）实体分销方面却难以胜任。目前出现的许多基于网络的提供信息服务中介功能的新型中间商，可称之为电子中间商，即是通过融入互联网技术后的中间商机构提供网络间接营销渠道。传统中间商由于融合了互联网技术，大大提高了中间商的交易效率、专门化程度和规模经济效益。

（3）双渠道。所谓双渠道，是指企业同时使用网络直接销售渠道和网络间接销售渠道。在买方市场条件下，通过两条渠道销售产品比通过一条渠道更容易实现“市场渗透”。因此，这是生产企业网络营销渠道的最佳策略。

（三）国际网络市场中间商的类型

中间商是指在制造商与消费者之间“专门媒介商品交换”的经济组织或个人。网络中间商就是基于网络的提供信息服务中介功能的新型中间商。

（1）目录服务商。目录服务商对互联网上的网站进行分类和整理并形成目录的形式，使用户能够方便地找到所需要的网站。目录服务包括三种形式：一种是综合性目录服务，比如 Yahoo 等门户网站，为用户提供了各种各样的不同站点的综合性搜索，在这类站点上通常也会提供对索引进行关键词搜索的功能；第二种是商业性目录服务（如互联网商店目录），仅仅提供对现有的各种商业性网站的索引，而不从事建设和开发网站的服务，类似于实际生活中出版厂商和公司目录等出版商；第三种是专业性目录服务，即针对某一专业领域或主题建立的网站，通常是由该领域中的公司或专业人士提供信息内容，包括为用户提供对某一品牌商品的技术评价信息，同类商品的性能比较等，对商业交易具有极强的支持作用。

（2）搜索引擎服务商。它为用户提供关键词搜索，用户可以通过搜索引擎对互联网进行实时搜索。

（3）虚拟商场。虚拟商场与目录服务商的区别在于，虚拟商场为需要加入的厂商或零售商提供建设和开发网站的服务，并收取相应费用，如租用服务器的租金、销售收入的提成等。

（4）互联网内容提供商。即在互联网上向用户提供所需信息的服务提供商。这类站点提供了访问者感兴趣的大量信息，目前互联网上的大部分网站都属于这种类型。然而现在大多数互联网内容提供商的信息服务对网络浏览者是免费提供的，其预期的收益主要来源于以下方面：在互联网上免费提供信息内容以促进传统信息媒介的销售；降低信息传播的成本，从而可以提高利润率；为其他的网络商家提供广告空间，并收取一定的广告费用。

（5）网络零售商。和传统零售商一样，网络零售商通过购进各种各样的商品，然后再把这些商品直接销售给最终的消费者，从中赚钱差价。网上开店费用低，固定的成本也就低于同等规模的传统零售商店。另外，网上零售商店的每笔业务都是计算机自动生成的，大大节约了人力，而且不受时间地域以及自然环境的影响，所以在网上开店的个人越来越多。

（6）虚拟评估机构。互联网是一个虚拟的世界，其本身的性质是开放的，可共享的，因此保障机制是很重要的。虚拟评估机构就是一些根据预先制定的标准体系对网上商家进行评估的第三方评级机构，通过为消费者提供网上商家的等级信息和消费评测报告，降低消费者网上购物的风险，对网络市场中的商家的经营起到了间接的监督作用。

（7）网络统计机构。即为用户提供互联网统计数据的机构，如我国的CNNIC（中国互联网信息中心）。

（8）网络金融机构。即为网络交易提供专业性金融服务的金融机构。现在国内外有许多只经营网络金融业务的网络银行。大部分的传统银行都开设了网上业务。特别是近年来还出现了不少第三方网络支付企业，专门代理进行网络交易的支付业务，为网络交易提供了专业性的服务。

（9）虚拟集市。为那些想进行物品交换的人提供了一个虚拟的交易场所，任何人都可以将想要出售的商品相关信息传递到虚拟集市网站上，也可以在站点中任意选择和购买。虚拟集市的经营者对达成的每一笔交易都要收取一定的管理费，网上拍卖站点是比较具代表性的一种虚拟集市。

（10）智能代理。就是利用专门设计的软件程序（智能代理软件或程序），根据消费者的偏好和要求预先为消费者自动进行所需信息的搜索和过滤服务的提供者。在搜索的同时还可以根据用户自己的喜好和别人的搜索经验自主学习，优化搜索标准。对于那些专门为消费者提供购物比较服务的智能代理又称为比较购物代理、比较购物引擎、购物机器人等。

四、国际市场网络营销中的促销策略

（一）国际市场网络营销促销概述

国际市场网络营销促销指以现代营销理论为基础，利用现代化的国际网络技术向网上虚拟市场传递有关商品和服务的信息，以激发客户需求，引起客户购买欲望和购买行为的各种活动的总称。国际市场网络营销促销具有以下特点。

（1）通过国际网络技术传递信息。国际网络沟通是通过网络技术传递产品和服务的存在、性能、功效及特征等信息。它是建立在现代计算机与通讯技术基础之上的，并且随着计算机和网络技术的不断改进而改进。

（2）网络促销是在虚拟市场上进行的，这个虚拟市场就是互联网。互联网是一个媒体，是一个连接世界各国的大网络，它在虚拟的网络社会中聚集了广泛的人口，融合了多种文化。

（3）互联网虚拟市场是全球性的。互联网虚拟市场的出现，将所有的企业，不论是大企业还是中小企业，都推向了一个世界统一的市场。传统的区域性市场的区隔正在被一步步打破。

（二）国际市场网络营销促销的功能

（1）告知功能。网络沟通能够把企业的产品、服务、价格等信息传递给目标公众，引起他们的注意。

（2）说服功能。网络沟通的目的在于通过各种有效的方式，解除目标公众对产品或服务的疑虑，说服目标公众坚定购买决心。例如，在同类产品中，许多产品往往只有细微的差别，用户难以察觉。企业通过网络促销活动，宣传自己产品的特点，使用户认识到本企业的产品可能给他们带来的特殊效用和利益，进而使用户乐于购买本企业的产品。

（3）反馈功能。网络沟通能够通过电子邮件及时地收集和汇总顾客的需求和意见，迅速反馈给企业管理层。由于网络促销所获得的信息基本上都是文字资料，信息准确，可靠性强，对企业经营决策具有较大的参考价值。

（4）创造需求。运作良好的网络沟通活动，不仅可以诱导需求，而且可以创造需求，发掘潜在的顾客，扩大销售量。

（5）稳定销售。由于某种原因，一个企业的产品销售量可能时高时低，波动很大。企业通过适当的网络促销活动，树立良好的产品形象和企业形象，往往有可能改变顾客对本企业产品的认识，使更多的客户形成对本企业产品的偏爱，达到稳定销售的目的。

（三）国际市场网络营销促销的手段

传统营销的促销形式主要有四种：广告、销售促进、公共关系和人员推销。网络营销是在网上市场开展的促销活动，相应形式也有四种，分别是网络广告、网络销售促进、站点推广和网络公共关系。其中网络广告和站点促销是网络营销促销的主要形式。

（1）网络广告。指通过信息服务商（ISP）进行广告宣传而开展的促销活动。网络广告类型很多，根据形式不同可以分为搜索引擎广告、旗帜广告、电子邮件广告、电子杂志广告、新闻组广告、公告栏广告等。

（2）网络销售促进。指企业在网络销售活动中，采用一系列能激发需求、激励购买的促销方法的总称。网络销售促进的方式主要有网上有奖促销、免费促销、折扣促销、赠品促销、积分促销、拍卖促销等。

（3）站点推广。利用网络营销策略扩大站点的知名度，吸引网上流量访问网站，起到宣传和推广企业以及企业产品的效果。站点推广主要有两类方法，一类是通过改进网站内容和服务，吸引用户访问，起到推广效果；另一类通过网络广告宣传推广站点。前一类方法，费用较低，而且容易有稳定顾客访问量，但推广速度比较慢；后一类方法，可以在短时间内扩大站点知名度，但费用不菲。

（4）网络公共关系。即通过借助互联网的交互功能吸引用户与企业保持密切关系，培养顾客忠诚度，提高顾客的收益率。网络公共关系主要通过密切监控公共论坛等社区对公司的评论、与国际网络新闻媒体合作、宣传和推广产品、网络危机公关等方式来实现。

（四）国际市场网络营销促销的实施

（1）确定网络促销对象。网络促销对象是针对可能在网络虚拟市场上产生购买行为的消费者群体提出来的。随着网络的迅速普及，这一群体也在不断膨胀。这一群体主要包括三部分人员：产品的使用者、产品购买的决策者、产品购买的影响者。

（2）设计网络促销内容。网络促销的最终目标是希望引起购买。这个最终目标是要通过设计具体的信息内容来实现的。消费者的购买过程是一个复杂的、多阶段的过程，促销内容应当根据购买者目前所处的购买决策过程的不同阶段和产品所处的寿命周期的不同阶段来决定。

（3）决定网络促销组合方式。网络促销活动主要通过网络广告促销和网络站点促销两种促销方法展开。但由于企业的产品种类不同，销售对象不同，促销方法与产品种类和销售对象之间将会产生多种网络促销的组合方式。企业应当根据网络广告促销和网络站点促销两种方法各自的特点和优势，根据自己产品的市场情况和顾客情况，扬长避短，合理组合，以达到最佳的促销效果。

（4）制定网络促销预算方案。在网络促销实施过程中，使企业感到最困难的是预算方案的制定。在互联网上促销，对于任何企业来说都是一个新问题。所有的价格、条件都需要在实践中不断学习、比较和体会，不断地总结经验。只有这样，企业才可能用有限的精力和有限的资金收到尽可能好的效果，做到事半功倍。

（5）衡量网络促销效果。网络促销的实施过程到了这一阶段，必须对已经执行的促销内容进行评价，衡量一下促销的实际效果是否达到了预期的促销目标。如通过对主页访问人次、点击次数、千人广告成本等指标的衡量，对网络促销的传递效果、促销效果、销售效果进行分析，提高网络促销的成功性。

（6）加强网络促销过程的综合管理。在衡量网络促销效果的基础上，对偏离预期促销目标的活动进行调整是保证促销取得最佳效果的必不可少的程序。同时，在网络促销实施过程中，要不断进行信息的沟通与协调，以保证促销的连续性与统一性。

第三节 国际市场网络营销管理

一、国际市场网络营销的实施管理

（一）国际市场网络营销的实施过程

国际市场网络营销的实施是一项系统工程，涉及资金、人员、物资、技术四个方面，需要专门组织机构进行组织和管理。企业实施国际市场网络营销不单是技术方面的问题，更多的是管理和组织方面的问题，而且涉及企业高层的战略决策和业务管理流程。国际市场网络营销计划和方案制定需要从企业管理高层组织实施，因为网络营销实施影响的不仅是某个业务和某个部门，它将影响到企业各个层面和整个业务流程，而且影响与企业相关联的其他企业。

国际市场网络营销实施的过程包括若干环节：企业内部和市场竞争环境分析，制作计划和确定实施方案，组织实施。

1. 企业内部和市场竞争环境分析

国际企业通过了解企业内部经营状况和国际市场竞争环境，以分析实施国际市场网络营销的可能性和可行性以及实施的必要性和重要性。

首先，分析可能性，主要考察企业内部是否成熟，企业的目标市场是否愿意接收网络营销模式。其次，分析可行性，主要考察企业内部是否有信息化基础，是否有足够的资金、技术和人才；再次，分析必要性，主要考察企业竞争环境的变化，企业的竞争者是否启动网络营销，是否已对企业造成潜在威胁；最后，分析重要性，企业在面对市场竞争威胁时，是否可以通过网络营销的实施增强企业竞争能力，以削弱竞争对手竞争能力。

2. 制订计划和确定实施方案

计划制订必须由企业管理高层统一领导和协调，因为企业间电子商务的实施可能对企业整个组织和各个方面的管理产生影响。计划制订必须从企业整体出发，由上到下而不能从下到上，否则会导致本末倒置。确定计划后，企业要拟订方案，同时邀请相关电子商务方案提供商参与招标，从而确定最好的方案。

3. 组织实施

国际市场网络营销方案确定后，关键是组织实施。国际市场网络营销实施是一项系统工程，它需要资金准备、设备采购、软件采购、人员组织等几个方面协调工作。国际市场网络营销系统建设好后，企业面临的是管理和组织上的问题。企业必须适应国际市场网络营销的业务流程变化，自行调整组织结构，通过对组织结构重组和建立新的管理体系发挥网络营销的竞争力。否则，组织结构和管理体制的滞后可能对企业原有营销体系起到负面影响。

（二）国际市场网络营销实施的时机决策

一些企业实施国际市场网络营销的经验表明，国际市场网络营销的实施可以给企业带来很大的竞争优势。但是，实施国际市场网络营销是一项投资较大、涉及高新技术、有很大风险的决策。任何一种信息技术，只要在社会上存在，就会为企业利用。正因为信息技术的应用必须能够切合企业的核心业务，因而信息技术的应用必然受到行业特点的制约。虽然国际市场网络营销已经在一些行业中得到了成功的应用，但仍有相当多的行业未找到有效运用网络营销的途径。企业面临着实施国际市场网络营销时机的选择问题。

掌握进入国际市场网络营销的时机，必须能够判断出国际市场上行业竞争、消费行为、经济与社会在2～7年内的变化趋势及其对信息技术的影响。企业主管必须积极主动地制定国际市场网络的实施规划，如果采取消极观望的态度，很可能贻误商机。

（三）国际市场网络营销实施的决策

国际市场网络营销实施的重点是网络营销信息系统的建设。作为国际市场网络营销信息系统的基础，网络及其配套信息设备与技术的投资之所值得企业主管的高度重视，是因为成本的潜在增长性。根据国外研究，当企业决定投资100万美元用于新的网络系统开发时，该企业必须准备好在未来的5年里至少再投入300万美元的巨资。一般而言，在软件开发上每1美元的花费，意味着今后每年将造成0.2美元的营运成本以及0.4美元的维修成本，因此100万美元的初始投入将造成每年60万美元的额外开销。由此可见，企业在进行国际市场网络营销时必须进行投资决策，分析网络营销带来的经济效益。

企业在进行经济效益分析时，常采用费用效益分析的方法，即对费用（或成本）及效益分别进行估计，然后将两者进行比较。

系统费用是国际市场营销系统在建立和实现过程中费用的总和。从费用的用途划分，它包括购置软件和设备、人力、外部费用等，所以成本是不难识别和估算的。

估计收益涉及的范围较广，很难用数字精确表示，对不同系统也不一样。一般来说，国际市场网络营销的收益来源有三个方面：一是由于国际市场网络营销的实施减少了经营管理成本；二是收益来自经营收入的增加；三是管理效益，即通过实施国际市场网络营销产生的间接经济效益或社会效益。

【全球视野15-1】　　埃森哲将为宝马部署全球网络营销平台

美通社上海2013年5月10日电　德国汽车制造商宝马已选择埃森哲作为其服务商，双方致力于打造一个全新的客户定制化的网络平台，并在2014年前部署至宝马全球各大主要市场。同时，埃森哲还将负责管理宝马全球数字营销活动，并且与全球各地市场合作进行内容维护。

根据首份协议，埃森哲将为宝马在全球100个市场中部署这一全新平台。埃森哲负责全方位管理此次平台的推出，包括联系其中牵涉的经销商、界定数字要求的范围、培训当地的内容管理员和经销商以妥善使用新平台，以及协调测试工作并提供上线后的支持。全新网络平台的推出将充分利用CRM（客户关系管理）技术和网络分析工具，将有效改善客户的数字互动营销体验。

根据第二份协议，埃森哲将负责运营宝马统一制定的网络营销活动，监督其实施情况并通过各国网站向每一主要本地市场传递相关内容。埃森哲还会为各市场提供内容本土化服务，包括全面应用社交媒体渠道，如Facebook，以及开发营销网站的移动版本。该协议同时还覆盖了对CRM活动的支持。除此以外，埃森哲还将为宝马在当地的市场团队提供相关培训。

埃森哲汽车行业服务全球董事总经理卢卡·门图萨表示："我们需要设计出一种方法来支持宝马公司推出市场领先的网络平台并在未来开展数字营销活动，而埃森哲的全球服务网络、在汽车行业的深厚经验以及有效的交付模式都是确保成功的关键所在。"

埃森哲互动数字营销服务欧洲、中东和非洲地区的董事总经理安纳托利·卢特曼（Anatoly Roytman）分析说："在最近一项针对全球11个国家1.3万名车主的调查中，埃森哲发现消费者认为购车过程可以变得更为简单快捷。80%的受访者表示他们想要获得更加直观、定制化的内容服务，而77%的人则希望汽车制造商提供更加简单的车辆配置方案。调查表明，汽车制造商有必要加强数字化工作，并更好地整合数字营销，以便充分满足消费者的需求。"

埃森哲将采用一种分阶段的方法来履行服务协议，目前工作已在首批16个国家展开。基于埃森哲同宝马此前长达15年的良好合作，双方对这次全新的合作都充满信心。

二、国际市场网络营销组织的管理

（一）国际市场网络营销组织的重组

1．国际市场网络营销对组织的影响

国际市场网络营销的实施对组织的影响很深，它将影响组织形式摆脱传统地域的限制，组织结构可以更加灵活地适应市场环境的变化。

（1）组织形式的变化。基于互联网的国际市场网络营销实施可以实现营销组织结构跨地区、跨时空运转，而不用过多考虑地理位置的限制。

（2）对组织结构的影响。国际市场网络营销的实施使企业组织结构可以运作在互联网平台上，可实现平等交互式的信息沟通。因此，国际市场网络营销实施后，营销组织结构可以扁平化，减少中间层次，加强不同部门之间合作，以统一协调的工作方式面对市场。

（3）对组织运行影响。随着组织形式的变化和组织结构的调整，营销组织的运行方式也将进行相应的调整。企业实施国际市场网络营销后，组织的运行是市场驱动的模式，根据市场变化由相关营销实施部门组成临时团队应对变化，通过部门之间的直接沟通解决问题。因此，国际市场网络营销实施后企业工作流程非常通畅，当然，这对企业组织人员素质和信息沟通渠道也提出了很高的要求。

2．实施国际市场网络营销的组织结构特点

企业实施国际市场网络营销后，企业各个营销部门对外必须协调统一面对市场，为顾客提供统一直接的服务；对内必须同其他业务部门进行紧密合作，使企业能及时提供产品和服务满足顾客，同时企业必须建立与供应商之间的畅通的渠道以支持企业的生产。

企业实施国际市场网络营销后组织结构有如下特点。

（1）统一顾客服务部门。国际市场网络营销的主要目标是满足国际市场需求，为顾客提供更好的产品和服务。因此，简化和统一地为顾客服务、方便顾客购买产品和寻求支持服务，是网络营销取得成功的关键。

（2）横向信息沟通。为顾客提供统一的服务，需要不同职能部门的协调配合。国际市场网络营销系统为部门之间的横向沟通提供了渠道和基础。

（3）组织结构扁平化。国际市场网络营销要求实时为顾客提供服务，对企业反应速度的要求很高。如果企业组织层次过多，势必影响对市场反应的效率。另一方面，国际市场网络营销实施也为组织结构扁平化提供了技术支持。

（二）国际市场网络营销的人员组织

企业实施网络营销后，营销组织结构必将发生变化，原来的岗位也将相应发生变化。下面就几个重要岗位的变化进行分析说明。

1．顾客服务部门岗位变化

在传统营销组织机构中，顾客服务岗位主要是接待顾客，记录顾客提出的问题，然后将问题移交给有关单位处理，处理完成后再反馈给顾客。因此，顾客的等待周期长，而且经常出现无人过问的现象。在网络营销中，顾客服务成为重要岗位，而且要求能直接给顾客进行答复。因此，许多企业都成立了顾客服务中心，中心由许多有技术背景的专业人员提供服务。

2．销售部门岗位变化

在国际市场网络营销中，企业可以通过互联网进行直接销售，传统的推销人员的岗位就要受到冲击。随着越来越多的顾客在网上自主购物，推销员的上门销售将不再是主要渠道。尽管对于一些企业、组织客户，还需要销售人员上门推销，但其职能将发生变化。现在销售人员在企业不再简单推销，而是给客户进行产品介绍和说明，为客户的理性购买提供决策支持。

3．市场部门岗位变化

传统营销中，市场部门岗位主要进行广告宣传和促销策划。在国际市场网络营销中，市场部门不但要在传统市场上继续进行活动，而且还要面对网上市场开展促销活动。同时，由于顾客购物由过去被动的有限选择变成主动的大范围选择，企业营销策略也由过去的推式营销转变成拉式营销。市场部门的任务在采用传统营销手段的同时，还要考虑促销活动如何吸引顾客注意，这对市场部门的岗位的要求更高。

本章小结

随着网络技术的迅速发展和经济全球化进程的推进，网络时代已经全面到来。互联网作为国际商务的推进器，已成为开展全球营销的重要工具之一。

国际市场网络营销作为新的营销方式和营销手段，它的内容非常丰富。企业在开展国际营销时，必须改变传统的营销手段和方式。国际网络营销应结合网络营销的特点，调整适应网络时代的产品策略、价格策略、渠道策略和促销策略。

国际市场网络营销的实施是一项系统工程，需要专门组织机构进行组织与管理。同时，国际市场网络营销的实施对组织的影响也是深远的，它使传统的条块分割的部门组织结构转为统一地为顾客服务，同时企业必须建立与供应商之间的畅通的渠道以支持企业的生产。

思考题

1. 网络营销对传统营销带来哪些冲击？
2. 互联网对国际营销活动有何影响？
3. 国际市场网络营销的定价基础是什么？可以采用哪些定价策略？
4. 国际网络营销渠道的形式有哪些？
5. 国际市场网络营销实施过程包括哪些环节？

参考文献

[1] Warren J. Keegan. Global Marketing Management，7e. 北京：清华大学出版社&Prentice-Hall International，Inc. 2007.

[2] PlihipR. Cateora，MaryC. Gilly，JohnL. Graham. International Marketing，14e. 北京：中国人民大学出版社，2009.

[3] Stanley J. Paliwoda. International Marketing. 北京：中国人民大学出版社＆Prentice-Hall International，Inc. 1997.

[4] [美]菲利普·科特勒，等，著.《营销管理》(原书第 14 版). 王永贵，等，译. 格致出版社＆上海人民出版社，2012.

[5] 王志乐. 2012 跨国公司中国报告. 北京：中国经济出版社，2012.

[6] 王志乐. 2012 走向世界的中国跨国公司. 北京：中国经济出版社，2012.

[7] 逯宇铎，等. 国际市场营销学——经典案例分析与练习. 北京：清华大学出版社，2012.

[8] [美]唐 E. 舒尔茨，等，著. 全球整合营销传播. 黄鹂，等，译. 北京：机械工业出版社，2012.

[9] [美]菲利普 R. 凯特奥拉，等，著. 国际市场营销学.（原书 15 版）. 赵银德，等，译. 北京：机械工业出版社，2012.

[10] 张晓，王岩. 国际市场营销理论与实务. 北京：中国人民大学出版社，2011.

[11] [美]迈克尔. 怀特，著.《国际营销案例-警示篇》. 吴文清，等，译. 北京：中国人民大学出版社，2011.

[12] 顾春梅. 国际市场营销学. 上海：上海财经大学出版社，2010.

[13] 陈祝平. 国际营销教程. 北京：中国发展出版社，2009.

[14] 顾春梅. 新编市场营销学. 杭州：浙江工商大学出版社，2009.

[15] 郭国庆，张平淡. 国际市场营销学. 北京：中国人民大学出版社，2008.

[16] 李威，王大超. 国际市场营销学. 北京：机械工业出版社，2008.

[17] 何杰明. 运营中国：从战略到执行. 北京：机械工业出版社 2008.

[18] 安之龙. 首席代表——中国第一部海外商战小说. 西安：陕西师范大学出版社，2008.

[19] [美]彭慕兰，史蒂夫·托皮克，著. 贸易打造的世界. 黄中宪，译. 西安：陕西师范大学出版社，2008.

[20] [美]萨拉·邦焦尔尼，著. 离开中国制造的一年：一个美国家庭的生活历险. 闾佳，译. 北京：机械工业出版社，2008.

[21] 郎咸平. 产业链阴谋. 北京：东方出版社，2008.

[22] [日]大前研一. 全球新舞台. 北京：中国人民大学出版社，2007.

[23] [日]大前研一. 无国界的世界. 北京：中信出版社，2007.

[24] 张远昌. 全球化生存. 北京：东方出版社，2007.

[25] 中央电视台. 跨国风云. 北京：中信出版社，2007.

[26] 薛求知，沈伟家. 国际市场营销管理. 上海：复旦大学出版社，2006.

[27] 吴晓云. 中国跨国公司全球营销战略——理论模型、检验指标及其实证研究. 北京：高等教育出版社，2006.

[28] 马斯基. 科塔比，等，著. 全球营销管理（第三版）. 刘宝成，译. 北京：中国人民大学出版社，2005.

[29] [美]菲利普 R. 凯特奥拉，等，著. 国际市场营销学（原书 12 版）. 周祖城，等，译. 北京：机械工业出版社，2005.

[30] 吴晓云. 国际市场营销学教程. 天津：天津大学出版社，2004.

[31] 顾春梅. 国际市场营销管理学. 杭州：浙江人民出版社，2002.

[32] 顾春梅. 国际市场营销学. 北京：中国物资出版社，2002.

[33] [美]保罗 A. 郝比格，著. 跨文化市场营销. 芮建伟，等，译. 北京：机械工业出版社，2000.

注：杂志、网站等参考文献恕不一一列举。